AF567446

Jessikka Aro

Moskaus Schattenkrieg

JESSIKKA ARO

MOSKAUS SCHATTENKRIEG

Das geheime Terror- und Propaganda-netzwerk des Kreml und seine Gefahren für die demokratische Welt

Aus dem Finnischen von Reetta Karjalainen
und Tanja Küddelsmann

GOLDMANN

Die finnische Originalausgabe erschien 2024 unter dem Titel
»Putinin maailmansota« bei Johnny Kniga, Helsinki.

Penguin Random House Verlagsgruppe FSC® N001967

1. Auflage
Deutsche Erstausgabe November 2024

Redaktion: René Stein
Umschlag: Uno Werbeagentur, München
Umschlagmotiv: © FinePic®, München
Satz: Uhl + Massopust, Aalen
Druck und Bindung: CPI books GmbH, Leck
Printed in the EU
EB · CF
ISBN 978-3-442-31741-7

www.goldmann-verlag.de

Inhalt

Einleitung

Die Massenmedien sind eine Waffe.
Information ist eine Waffe.

Der ehemalige russische
Verteidigungsminister Sergei Schoigu, 2015

Im Sommer 2016 lernte ich in der polnischen Hauptstadt Warschau den Journalisten Michał Rachoń kennen.

Ich sprach auf einer Konferenz, die im Zusammenhang mit dem NATO-Gipfeltreffen veranstaltet wurde, über den russische Informationskrieg in den sozialen Medien, und Michał interviewte mich für den polnischen öffentlich-rechtlichen Sender TVP.

Der redegewandte Journalist blieb mir im Gedächtnis. Er hatte bedeutende Artikel zu Russland veröffentlicht, in denen er kritische Töne anschlug. Im Jahr darauf traf ich ihn ein zweites Mal, um ihn seinerseits zu meinem Buch über die russischen Trolle und den Informationskrieg des Kreml zu interviewen.

Doch Michał erzählte mir von einer Katastrophe, die durch die anschließend verbreiteten Lügen vonseiten Russlands das polnische Volk und die Journalisten im Land in gegnerische Lager gespalten hatte: den Flugzeugabsturz 2010 im russischen Smolensk, bei dem der polnische Präsident und 95 weitere Passagiere ums Leben kamen.

Ich wusste natürlich von dem Unglück, und meine Information war, dass der Absturz auf einen Pilotenfehler zurückging. Der Pilot hatte auf Druck des polnischen Präsidenten und des Befehlshabers der Luftstreitkräfte und trotz der Warnungen der russischen Fluglotsen versucht, in dichtem Nebel zu landen, wobei die Maschine gegen einen Baum geprallt war. Diese Theorie wird auch heute noch von vielen vertreten.

Doch im Herbst 2017 saß mir mein geschätzter polnischer Kollege in einem Warschauer Restaurant gegenüber und erzählte mir, dass nie eine ordnungsgemäße Untersuchung des Absturzes stattgefunden hatte. Es gab Beweise, die nahelegten, dass Russland in den Unfall verwickelt gewesen sein könnte. Journalisten und Sachverständige, die einem Bezug zum Kreml und einer möglichen Explosion an Bord nachgingen, wurden in Polen als Verschwörungstheoretiker angeprangert, manche verloren sogar ihren Arbeitsplatz.

Weil glaubwürdige Untersuchungen auf sich warten ließen, musste ein Teil der Hinterbliebenen selbst inoffizielle Ermittlungen finanzieren, um die Wahrheit herauszufinden.

Ich hatte auch nicht gewusst, dass in dem Sommer, in dem ich Michał kennenlernte, auf polnischen Friedhöfen die Gräber der sechs Jahre zuvor beerdigten hohen Regierungsbeamten geöffnet wurden, die bei dem Absturz ums Leben gekommen waren. Dabei machte man eine grauenvolle Entdeckung nach der anderen. Die aus Russland nach Polen überstellten sterblichen Überreste waren teils geschändet und teils in den Särgen mit anderen vermischt worden; die damalige polnische Führung hatte den Hinterbliebenen untersagt, die Särge vor der Bestattung zu öffnen.

Ich werde nie vergessen, wie Michał davon erzählte. Die Zeit schien stillzustehen.

Möglich, dass dieser Bericht bei mir einen Schock auslöste. Aber als Journalistin war ich überrascht und alarmiert, dass ich nur durch die persönliche Bekanntschaft mit einem renommierten polnischen Kollegen an diese wichtigen Informationen gekommen war.

Obwohl auch damals in Polen immer noch täglich über das Flugzeugunglück von Smolensk berichtet wurde, war es den Verantwortlichen auf mysteriöse Weise gelungen, den Anteil Russlands an der Tragödie in den größeren polnischen Medien auszublenden.

Ich war fassungslos. Anders als bei den meisten Nachrichten wusste man international nichts darüber. Die Informationen flossen einfach nicht. Als habe man in der journalistischen Sphäre zwischen Polen und dem Rest der Welt einen Eisernen Vorhang heruntergelassen.

Wie in der Sowjetunion.

Wie im hybriden Krieg des Kreml gegen die westliche Welt.

Michał empfahl mir verschiedene Quellen, in die ich mich einarbeitete. Dazu gehörten einige hervorragende polnische Investigativjournalisten sowie eine Internetseite, die über Jahre die wichtigsten Artikel zum Thema sowie einen Teil der wissenschaftlichen Erkenntnisse zum Unglück von Smolensk in englischer Übersetzung veröffentlichte.

Je mehr ich mich mit den Machenschaften der russischen Führung und der Behörden in Smolensk beschäftigte, desto klarer wurde mir, wie systematisch und zügellos mordlüstern Russland seit den 2000er-Jahren bei seinen Maßnahmen gegen den Westen vorgeht. Und wie viele Operationen konstant vom Kreml aus gesteuert wurden, verborgen hinter einem durch Cyberattacken aufgezogenen Schleier, während seine westlichen Verbündeten nach wie vor am guten Ruf Russlands festhielten.

Es dauerte Jahre, bis ich über Smolensk schreiben konnte. Ich wurde wegen meiner Arbeit zur Zielscheibe so vieler krimineller Angriffe, dass sich das Projekt immer weiter verzögerte. Erst als der Kreml im Februar 2022, es war während meiner Elternzeit, seinen völkermörderischen Krieg gegen die Ukraine eskalieren ließ, wurde ich aktiv. Es war an der Zeit, nicht nur über Smolensk zu schreiben, sondern auch über den hybriden terroristischen Krieg des Kreml gegen die gesamte westliche Welt.

Ich knüpfte Kontakte nach Polen. Ich traf die wunderbaren Hinterbliebenen von Natalia Januszko und Janusz Kochanowski, die bei der Flugzeugkatastrophe ums Leben kamen. Ebenso traf ich polnische Investigativjournalisten, deren Arbeit ich schon länger verfolgt hatte. Ich lernte einen dänischen Ingenieur und eine polnische Dokumentarfilmerin kennen, die sich trotz unmenschlicher Rahmenbedingungen der Untersuchung des Flugzeugunglücks verschrieben haben.

Die Inspiration für dieses Buch war der außergewöhnliche Mut dieser Menschen, die Wahrheit herauszufinden und ihre Einsichten zu veröffentlichen, und das trotz eines immensen Drucks von außen, ihre Erkenntnisse für sich zu behalten. Und ihr Mut ist eine Inspiration für alle, die sich dafür entschieden haben zu kämpfen. Diese Menschen haben mir geholfen, den Leserinnen und Lesern dieses Buches das zu zeigen, was sie schon seit Jahren erfahren und mit ansehen: den Schattenkrieg, den Putin an vielen Fronten im Herzen Europas führt, unter unser aller Augen, und der sich gegen alle Werte richtet, die uns lieb und teuer sind.

In diesem Buch berichte ich von den Hybridoperationen des Kreml gegen Estland, Finnland, Deutschland und die USA sowie viele weitere Staaten, teils auf dem Umweg über Deutschland und verschiedene afrikanische Länder. Auch in diesen Kapiteln kommen unglaublich mutige, opferbereite Bürger sowie Wissenschaftler und Journalisten zu Wort.

Mein Ziel ist es einerseits, die Angriffe des Kreml sorgfältig zu dokumentieren, und andererseits zusammenzutragen, wie die Behörden der angegriffenen Länder darauf reagiert haben – oder nicht reagiert haben. Wie man für diese Länder und ihre Staatsbürger eingetreten ist – oder eben nicht eingetreten ist. Es ist nicht verwunderlich, dass von Moskau aus eine terroristische Materialschlacht gegen uns im Gange ist. Verwunderlich ist vielmehr, dass sich bestimmte westliche Länder nicht dagegen wehren.

Im August 2022 reiste ich nach Warschau, um Informationen für dieses Buch zu sammeln. Bevor ich mich mit meinem Freund

Michał traf, spazierte ich allein zum Piłsudski-Platz im Zentrum der Stadt. Ich wollte zum Denkmal für die Opfer von Smolensk.

Das Monument am Rande des Platzes zeigt eine massive Flugzeuggangway aus schwarzem Granit. Auf dem Flughafen gelangen die Reisenden über eine solche Treppe ins Flugzeug. Diese hier führt in den Himmel.

Aus einer anderen Perspektive betrachtet ähnelt die Gestaltung dem Seitenleitwerk eines Flugzeuges. Außerdem symbolisiert das Monument einen Katafalk, also eine Erhöhung, auf der in der Kirche der Sarg ruht.

Ich halte einen Moment ruhig inne. Wie so oft im Zusammenhang mit diesem Buch spüre ich Tränen aufsteigen. Ich gehe um das Monument herum. An seiner Seite sind die Namen der 96 Todesopfer des Smolensker Flugzeugunglücks in den Granit eingraviert.

SMOLENSK

96 Namen

Lech Kaczyński, Präsident der Republik Polen

Maria Kaczyńska, Ehefrau des Präsidenten

Ryszard Kaczorowski, letzter Präsident der polnischen Exilregierung

General Franciszek Gągor, Chef des Oberkommandos der polnischen Streitkräfte

Generalleutnant Tadeusz Buk, Oberbefehlshaber des polnischen Heeres

General Andrzej Błasik, Oberbefehlshaber der polnischen Luftstreitkräfte

Vizeadmiral Andrzej Karweta, Oberbefehlshaber der polnischen Marine

Generalleutnant Włodzimierz Potasiński, Befehlshaber der polnischen Sondereinheiten

Generalmajor Bronisław Kwiatkowski, Befehlshaber der operativen Abteilung der polnischen Streitkräfte

Generalmajor Kazimierz Gilarski, Befehlshaber der Garnison in Warschau

Generalleutnant Tadeusz Płoski, katholischer Militärbischof der polnischen Streitkräfte

Generalleutnant Miron Chodakowski, orthodoxer Militärbischof der polnischen Streitkräfte

Brigadegeneral Adam Pilch, evangelischer Militärpfarrer der polnischen Streitkräfte

Militärpfarrer Oberst Jan Osiński, Sekretär des katholischen Militärbischofs der polnischen Streitkräfte

Joanna Agacka-Indecka, Vorsitzende des polnischen Rechtsanwaltsverbandes

Ewa Bakowska, Aktivistin im Opferverband der Familien von Katyn

Krystyna Bochenek, stellvertretende Vorsitzende des polnischen Senats

Anna Maria Borowska, Mitglied des Opferverbandes der Familien von Katyn

Bartosz Borowski, Mitglied des Opferverbandes der Familien von Katyn

Czeslaw Cywinski, Vorsitzender des Veteranenverbandes der Widerstandsorganisation Polnische Heimatarmee

Leszek Deptula, Parlamentsabgeordneter

Oberst Zbigniew Debski, Oberst der polnischen Streitkräfte, Mitglied des höchsten polnischen Virtuti-Militari-Ordens

Grzegorz Dolniak, Parlamentsabgeordneter

Katarzyna Doraczyńska, Mitarbeiterin im polnischen Präsidialamt

Edward Duchnowski, Generalsekretär des Verbandes Związek Sybiraków

Aleksandr Fedorowicz, Übersetzer

Janina Fetlińska, Senatorin

Oberst Jarosław Florczak, Mitarbeiter des Geheimdienstes

Leutnant Artur Francuz, Mitarbeiter des Geheimdienstes

Grażyna Gęsicka, Parlamentsabgeordnete und frühere polnische Ministerin für regionale Entwicklung

Przemysław Gosiewski, Parlamentsabgeordneter, früherer

Vizepremierminister sowie stellvertretender Vorsitzender der PiS-Partei

Pfarrer und Kanoniker Bronisław Gostomski, Pastor des früheren Exilpräsidenten Ryszard Kaczorowski und des Londoner Opferverbandes der Familien von Katyn

Mariusz Handzlik, als Staatssekretär im Präsidialamt zuständig für außenpolitische Angelegenheiten

Prälat Roman Indrzejczyk, Pfarrer von Präsident Kaczyński

Stabshauptmann Paweł Janeczek, Mitarbeiter des Geheimdienstes

Dariusz Jankowski, Beamter im polnischen Präsidialamt

Izabela Jaruga-Nowacka, Parlamentsabgeordnete

Pater Jozef Joniec, römisch-katholischer Pfarrer, Vorsitzender des Parafidia-Verbandes

Sebastian Karpiniuk, Parlamentsabgeordneter

Oberst Mariusz Kazana, Protokollchef des Außenministeriums

Janusz Kochanowksi, Staatssekretär im polnischen Verteidigungsministerium

Generalmajor Stanisław Komornicki, hochdekorierter Kriegsveteran und Kriegshistoriker

Stanisław Komorowski, Staatssekretär im polnischen Verteidigungsministerium

Fähnrich Paweł Krajewski, Mitarbeiter des Geheimdienstes

Andrzej Kremer, Staatssekretär im Außenministerium

Pfarrer Zdzisław Król, Kanzler der Kurie, Pfarrer des Warschauer Opferverbandes der Familien von Katyn (1987–2007)

Janusz Krupski, Leiter des Büros der Kriegsveteranen und der Opfer von Unterdrückung

Janusz Kurtyka, Leiter des polnischen Instituts für Nationales Gedenken

Kanoniker Andrzej Kwasnik, Pfarrer des Opferverbandes der Familien von Katyn

Brigadegeneral Dr. Wojciech Lubiński, Arzt von Präsident Kaczyński

Tadeusz Lutoborski, Mitglied des Opferverbandes der Familien von Katyn

Barbara Maminska, Leiterin des Präsidialamtes

Zenona Mamontowicz-Łojek, Leiterin der polnischen Katyn-Stiftung, Mitglied des Opferverbandes der Familien von Katyn

Stefan Melak, Leiterin des Katyn-Komitees

Tomasz Merta, Historiker und Staatssekretär im Kulturministerium

Major Dariusz Michałowski, Mitarbeiter des Geheimdienstes

Stanisław Mikke, Vizevorsitzender des nationalen polnischen Rates zum Schutz kriegshistorischer Stätten

Aleksandra Natalli-Świat, Parlamentsabgeordnete

Janina Natusiewicz-Mirer, Aktivistin, Kunsthistorikerin, Archäologin

Leutnant Piotr Nosek, Mitarbeiter des Geheimdienstes

Piotr Nurowski, Präsident des polnischen Olympiakomitees

Bronisława Orawiec-Löffler, Mitglied des Opferverbandes der Familien von Katyn

Katarzyna Piskorska, Mitglied des Opferverbandes der Familien von Katyn

Maciej Płażyński, Parlamentsabgeordneter, Vorsitzender des Verbandes »Polnische Gemeinschaft«

Andrzej Przewoźnik, Generalsekretär des nationalen polnischen Rates zum Schutz kriegshistorischer Stätten

Krzysztof Putra, stellvertretender Vorsitzender des polnischen Parlaments

Ryszard Rumianek, Rektor der Kardinal-Stefan-Wyszynski-Universität

Arkadiusz Rybicki, Parlamentsabgeordneter

Andrzej Sariusz-Skąpski, Präsident des Opferverbandes der Familien von Katyn

Wojciech Seweryn, Mitglied des Opferverbandes der Familien von Katyn

Sławomir Skrzypek, Direktor der polnischen Zentralbank

Leszek Solski, Mitglied des Opferverbandes der Familien von Katyn

Władysław Stasiak, Direktor des polnischen Präsidialamtes

Fähnrich Jacek Surówka, Mitarbeiter des Geheimdienstes

Aleksandr Szczygło, früherer Verteidigungsminister, Leiter der polnischen Nationalen Sicherheitsbehörde

Jerzy Szmajdziński, früherer Verteidigungsminister, früherer Innenminister, stellvertretender Vorsitzender des polnischen Parlaments

Jolanta Szymanek-Deresz, Parlamentsabgeordnete

Izabela Tomaszewska, Leiterin des diplomatischen Protokolldienstes im Präsidialamt

Fähnrich Marek Uleryk, Mitarbeiter des Geheimdienstes

Anna Walentynowicz, eine der Gründerinnen der Solidarność-Bewegung

Teresa Walewska-Przyjałkowska, stellvertretende Vorsitzende des Vereins zur Erinnerung an die Opfer von Katyn, Vorsitzende des Vereins zur Erinnerung an den Heiligen Andreas Bobola

Zbigniew Wassermann, Parlamentsabgeordneter

Wiesław Woda, Parlamentsabgeordneter

Edward Wojtas, Parlamentsabgeordneter

Paweł Wypych, Staatssekretär im Präsidialamt

Stanisław Zając, Senator

Janusz Zakrzeński, Schauspieler

Gabriela Zych, Mitglied des Opferverbandes der Familien von Katyn

Besatzung

Major Arkadiusz Protasiuk, Pilot der polnischen Luftstreitkräfte

Oberstleutnant Robert Grzywna, Pilot der polnischen Luftstreitkräfte

Fähnrich Andrzej Michalak, Pilot der polnischen Luftstreitkräfte

Kapitän Artur Zietek, Pilot der polnischen Luftstreitkräfte

Fähnrich Agnieszka Pogródka-Węcławek, Mitarbeiterin des Geheimdienstes, Flugbegleiterin

Barbara Maciejczyk, Flugbegleiterin

Natalia Januszko, Flugbegleiterin

Justyna Moniuszko, Flugbegleiterin

Alle Opfer von Smolensk, die einen militärischen Dienstgrad hatten, wurden posthum befördert. In der Liste sind die höchsten zuletzt bekannten Dienstgrade aufgeführt.

Natalia Januszko

Natalia Januszko war das jüngste Opfer von Smolensk.

Die 22-jährige Flugbegleiterin liebte Tiere und wollte für sie da sein. Im Frühjahr 2010 machte sie in Warschau eine Ausbildung zur Tierpflegerin. Daneben verdiente sie sich als Flugbegleiterin etwas hinzu und trat damit in die Fußstapfen ihrer Mutter.

Natalia hatte zunächst als Stewardess bei LOT begonnen, aber vor Kurzem die Stelle gewechselt und war nun bei den polnischen Luftstreitkräften beschäftigt.

Ihr Arbeitsplatz war nur eine russische Tupolew-Maschine, die nach wie vor von den Luftstreitkräften verwendet wurde, um wichtige Persönlichkeiten zu fliegen. Natalias Mutter Izabela hatte ihre Tochter vor Flugzeugen russischer Bauart gewarnt: Sie war selbst zu Sowjetzeiten in den 1980er-Jahren zwischen Warschau und Moskau mit Tupolews unterwegs gewesen und hielt sie für unzuverlässig.

Natalia hörte, was ihre Mutter zu sagen hatte, und nahm die Warnung zur Kenntnis. Doch als sie ihren Entschluss gefasst hatte, war daran nicht zu rütteln. »Ein Ding der Unmöglichkeit«, sagt Natalias Vater Greg Januszko.

Natalia nahm ihre Arbeit sehr ernst. Wenn beispielsweise eine Reise zum Luftwaffenstützpunkt Bagram in Afghanistan anstand, erzählte sie ihren Eltern nichts davon. Sie erfuhr immer erst kurz vorher von einem bevorstehenden Einsatz, wenige Tage im Voraus, und flog oft mit dem polnischen Präsidenten Lech Kaczyński und dessen Frau Maria Kaczyńska.

Sie sprach stets positiv über den Präsidenten. Wann immer seine Ehefrau mit an Bord war, verhielt er sich nach ihren Worten sehr,

sehr ruhig. Er gab also nicht den Ton an, wie die russischen Medien nach dem Flugzeugabsturz behaupteten.

Die First Lady wiederum sorgte sich um das Wohlergehen der Flugbegleiterinnen, hatte Natalia erzählt. »Haben Sie denn keine wärmere Jacke?«, habe Frau Kaczyńska die Stewardessen beispielsweise gefragt.

Aber der Präsident und seine Frau waren nicht die einzigen hochrangigen Passagiere, mit denen Natalia regelmäßig flog. Ihr Vater Greg erzählt, dass Natalia sehr stolz auf ihre Arbeit war.

Die Tätigkeit als Stewardess sollte allerdings nur eine Übergangslösung sein. Langfristig wollte Natalia sich an der Universität für Tiermedizin einschreiben, um Tierärztin zu werden.

Im Frühjahr 2010 untersuchte sie gerade die Auswirkungen von Stress und Licht auf die Eierproduktion von Hühnern.

Natalias Tod

Der Tag hatte ganz normal angefangen, erzählt Natalias Vater Greg Januszko, der zu dieser Zeit Englisch an der Łasarski-Universität unterrichtete. Am 10. April hielt Greg Januszko eine Morgenvorlesung, obwohl es ein Samstag war. Irgendwann fiel ihm auf, dass viele Studierende plötzlich auf ihre Handys starrten. Einer sagte, das Flugzeug des Präsidenten sei abgestürzt.

»Ich rief meine Frau Izabela an, die die Nachricht im Fernsehen gesehen hatte, und ging sofort nach Hause«, erinnert sich Januszko.

Der Absturz, die *Katastrophe* von Smolensk, war das Hauptnachrichtenthema auf allen Kanälen.

Ein Nachbar von Natalias Familie war ein ehemaliger Offizier des Sicherheitsdienstes mit guten Kontakten zum Flughafen in Warschau. Er fragte bei seinen Bekannten nach, wer in der Unglücksmaschine gesessen hatte. Schließlich überbrachte er den Januszkos die traurige Nachricht: Natalia hatte sich in dieser Maschine befunden.

Auch die Eltern von Mutter Izabela kamen in das Haus der Familie Januszko am Stadtrand von Warschau. Ebenso Natalias ehemaliger Freund Michał. Auch Natalias 14-jährige Schwester Małgorzata war zu Hause. Die Familie beschloss, einen Spaziergang zu machen, nur Vater Greg blieb im Haus.

Während der Rest der Familie unterwegs war, klopften vier fremde Personen an die Tür: Natalias direkter Vorgesetzter sowie ein weiterer Soldat in Uniform, ein Arzt und ein Psychiater.

»Ich rief meine Frau an und bat sie, nach Hause zu kommen. Denn nun waren ›sie‹ da.«

Soldaten überbrachten die Todesnachricht. Hielten seine Hand.

»Jetzt war es offiziell: Natalia war tot.«

Greg Januszko erzählt, dass die Nachricht professionell nach dem Reglement der polnischen Streitkräfte überbracht wurde. Die Soldaten waren damit vertraut, Hinterbliebenen von Kameraden solche Botschaften zu überbringen, und hatten dafür ein festes Prozedere. Sie boten der Familie psychologische Hilfe an und unterstützten bei der Regelung der notwendigen Angelegenheiten.

»Einer von ihnen kannte Natalia persönlich. Er und viele andere verloren in Natalia eine Freundin.«

Noch am selben Tag wurden in Fernsehen verschiedene Theorien zur Absturzursache vorgestellt, erzählt Greg. Die ganze Familie verfolgte die Nachrichten gebannt. Dort hieß es, der Pilot habe versucht zu landen, doch die Landung sei missglückt, weshalb er es anschließend noch ein paar Mal versucht habe.

Viel später berichteten die Medien, dass verschiedene Politiker direkt nach dem Absturz vom Parteivorstand des polnischen Premiers Textnachrichten bekommen hätten, in denen es hieß, die *Katastrophe sei die Schuld des Piloten* gewesen. General Sławomir Petelicki brachte die Sache an die Öffentlichkeit.

Am Tag nach dem Absturz, am Sonntag, dem 11. April 2010, wurden die Angehörigen gebeten, nach Moskau zu reisen. Es ging darum, die Opfer zu identifizieren.

Die Identifizierung

Die offizielle Ladung zur Identifizierung in Moskau erging von der damaligen polnischen Gesundheitsministerin Ewa Kopacz und dem Kanzleichef des Premierministers Donald Tusk, Tomasz Arabski.

Natalias Familie stand unter Schock, aber sie taten wie geheißen und entschieden sich dafür, dass Ex-Freund Michał, der fünf Jahre mit ihr zusammen gewesen war, und ihre Mutter Izabela nach Moskau fliegen sollten.

In Russlands Hauptstadt wurden die Hinterbliebenen im Hotel Renaissance untergebracht. Izabela erinnert sich, dass andere Gäste dort nicht zugelassen waren. Im Foyer erklärten Gesundheitsministerin Kopacz und Kanzleichef Arabski das weitere Vorgehen und teilten die Angehörigen in Gruppen ein.

In der ersten Gruppe waren diejenigen, bei denen die Prozedur aller Wahrscheinlichkeit nach schnell gehen würde. Je höher die Nummer der Gruppe, desto geringer wurde die Wahrscheinlichkeit der Identifizierung eingeschätzt.

Natalias Mutter Izabela und Michał wurden der letzten Gruppe zugeteilt.

Die Ministerin Ewa Kopacz, von Hause aus Ärztin, hielt die Angehörigen dazu an, »stark zu sein und die Opfer genau in Augenschein zu nehmen«. Eine zweite Gelegenheit würde es nicht geben. Die Särge würden versiegelt werden und weitere Untersuchungen würde es in Polen nicht mehr geben.

Am Montag um fünf Uhr nachmittags wurden Izabela und Michał mit ihrer Gruppe zu dem Institut gefahren, in dem die Identifizierungen stattfinden sollten. Die Ministerin und Arabski nahmen sie in Empfang.

»Sie sagten noch einmal, besonders nachdrücklich, wir sollten dafür sorgen, dass die Identifizierung gelingen müsse. Dies sei unsere letzte Gelegenheit«, erzählt Izabela Januszko.

Sie hatte den Eindruck, dass die Ministerin ihre Worte gar nicht an die Angehörigen der Opfer richtete, sondern vielmehr an die anwesenden Russen. Davon gab es im Institut viele: Ärzte, Dolmetscher, Psychologen und ein Staatsanwalt.

Im Institut kam Izabela das Zeitgefühl abhanden. Sie wurde zum Blutabnehmen in ein Labor geführt. Man fragte sie nach Details. Ob ihre Tochter besondere körperliche Merkmale aufwies, ob sie an Krankheiten litt, ob sie Operationen gehabt, welche Kleidung und Unterwäsche sie getragen habe.

Das dauerte vielleicht eine Stunde, vielleicht auch drei.

Das Personal des Instituts hatte die Leichname und anderen sterblichen Überreste für die Identifizierung vorbereitet. Sie wiesen Izabela und Michał einen Raum an, in dem Natalia sich *möglicherweise* befand.

»Ich konnte nicht durch die Tür gehen, dazu fehlte mir die Kraft. Michał ging hinein. Aber es war eine andere Stewardess«, berichtet Izabela.

Danach kümmerte sich niemand um sie und den Ex-Freund ihrer Tochter. Sie irrten durch die Gänge. In den Räumen befanden sich offenbar persönliche Gegenstände der Opfer von Smolensk: Schmuck, Uhren und Kleidung. Auch dafür war offenbar niemand zuständig. Izabela hatte den Eindruck, dass das Hauptaugenmerk auf den Angehörigen der prominenten Opfer lag; die Familie einer Flugbegleiterin hingegen war sekundär.

Als sie auf dem Gang saßen, sprach sie ein Besatzungsmitglied eines polnischen Rettungshubschraubers an. Er riet ihnen, im Erdgeschoss nachzufragen.

»Dort werden immer noch Leichen und Leichenteile eingeliefert, die noch nicht identifiziert sind«, erklärte er.

In der Abteilung trafen sie den Leiter der polnischen Rettungseinheit an. Er bestätigte, was sie gehört hatten, aber er fügte hinzu: »Wenn Sie bisher die Leiche nicht identifizieren konnten, dann wird es jetzt nahezu unmöglich. Denn nun kommen nur noch Körperteile, die nicht mehr zu identifizieren sind«, zitiert Izabela aus dem Gedächtnis.

Sie kehrten Dienstagnacht gegen ein oder zwei Uhr ins Hotel zurück, ohne jegliche Informationen über Natalia. Am Dienstag nach dem Frühstück beschlossen sie, zurück nach Warschau zu fliegen. Das war eine weise Entscheidung. Manche Angehörige der Opfer warteten tagelang auf die Identifizierung ihrer Lieben vergebens.

Natalias Mutter hatte erwartet, dass die Reise nach Moskau schnell erledigt sein würde. Doch als die Prozedur sich hinzog, schien ihr das zuerst wie ein gutes Zeichen. Aus ihrer Sicht hieß das, dass die zuständigen Dienststellen ihre Arbeit sorgfältig erledigten.

»Man stellt sich vor, dass die Behörden ihr Bestes tun und in unserem Sinne handeln«, sagt Greg Januszko.

Aber es zeigten sich immer mehr Ungereimtheiten.

Zwei Tage nach dem Absturz teilte die polnische Gesundheitsministerin den Angehörigen mit, dass die DNA-Tests der Opfer abgeschlossen waren. Doch zur gleichen Zeit befand sich ein Teil der sterblichen Überreste noch in Smolensk. Es war unmöglich, dass in dieser kurzen Zeit alle Opfer getestet werden konnten, bemerkt Greg Januszko.

Erst später erfuhr Natalias Familie, dass laut der internationalen Polizeibehörde Interpol die Identifizierung von Opfern einer solchen Großkatastrophe nicht in erster Linie durch die Angehörigen geschieht: Stattdessen verwendet man DNA-Tests, Fingerabdrücke, den Zahnstatus und andere gesundheitliche Parameter. Die Identifizierung ist primär die Aufgabe der Forensiker, nicht die der Angehörigen.

In Russland fanden diese internationalen Regeln keine Anwendung. Greg Januszko fragt sich, ob das auf die Faulheit der russischen Behörden zurückzuführen war oder ob die Opferfamilien absichtlich in Schock versetzt werden sollten.

Soldaten einer polnischen Spezialeinheit suchten die Wohnungen der Opfer auf. Sie wühlten in Mülleimern und Wäschekörben, zupften Haare aus Bürsten und nahmen Zahnbürsten und Rasierer mit. Dinge, die bei einer üblichen DNA-Testung benutzt würden.

Diese Prozedur gab Natalias Familie ein Gefühl der Gewissheit. Sie verstärkte das Bild der Professionalität und Entschlossenheit der Behörden.

»Wir wurden ruhiger. Wir haben weniger gezweifelt, als wir es hätten tun sollen.«

In Polen war für die Ermittlungen zum Absturz von Smolensk ein Militärstaatsanwalt zuständig. Ein halbes Jahr nach ihrer Reise nach Moskau, im Spätherbst 2010, suchte Izabela Januszko in Warschau den Staatsanwalt auf, der sich scheinbar mit dem Unglück beschäftigt hatte. In seinem Büro behauptete er wiederholt, dass Natalias Mutter gar nicht in Moskau gewesen sei. Und das, obwohl man Izabela offiziell gebeten hatte, nach Moskau zu kommen, und sie dorthin geflogen hatte; obwohl sie dort von polnischen Behördenvertretern in Empfang genommen worden war und sogar einen DNA-Test gemacht hatte.

»Da wurde mir klar: Hier stimmt etwas nicht. Die Behauptungen des Staatsanwalts waren absurd«, berichtet Izabela Januszko.

Die Ehrenformation

Der Sarg, in dem sich (zumindest nach den Aussagen der Behörden) Natalias sterbliche Überreste befanden, wurde dreizehn Tage nach dem Absturz mit dem Flugzeug von Moskau nach Polen gebracht. Als Erster kam der Sarg von Präsident Lech Kaczyński. Natalias geschlossener Sarg war unter den letzten, die eingeflogen wurden.

Die ganze Familie war zum Militärflugplatz von Warschau gekommen, um die Tochter in Empfang zu nehmen. In einer Zeremonie wurden die Särge von Natalia und den anderen Absturzopfern aus dem Flugzeug in die bereitstehenden Leichenwagen getragen.

Von dort kamen sie in Vorbereitung auf die Beisetzung in die Mehrzweckhalle von Torwar.

Die polnische Bevölkerung erwies den Verstorbenen an den Straßen die letzte Ehre. Tausende säumten den Weg des Leichenzuges und nahmen aus Respekt ihre Hüte und Mützen ab, als die Leichenwagen vorbeifuhren. Blumen wurden auf die Motorhauben der Autos geworfen.

In Smolensk waren auch drei weitere Flugbegleiterinnen gestorben, aber Natalias Schicksal wurde in den Schlagzeilen besonders ausgeschlachtet. Ihr Vater Greg erinnert sich, dass eine Zeit lang jeder den Namen der jüngsten Stewardess kannte, die bei dem Absturz ums Leben gekommen war. Das sei für die Familie phasenweise sehr unangenehm gewesen.

Die Medien waren voll von Smolensk. Die Minister von Donald Tusks Partei Platforma Obywatelska (Bürgerplattform) sprachen mit der Presse und viele Medien übermittelten diese Aussagen ungefiltert.

»Gesundheitsministerin Kopacz hatte versprochen, dass alle Särge bis zu einem bestimmten Tag zu einer bestimmten Zeit in Polen sein würden. Das machte mich misstrauisch«, sagt Greg Januszko.

So geschah es. Zu einer vorher vereinbarten Zeit veranstaltete die Gesundheitsministerin auf ihrem Lieblingssender eine Pressekonferenz, in der sie verkündete, dass die Särge in Polen angekommen seien und die Identifizierung der Verstorbenen abgeschlossen sei. Aus Greg Januszkos Sicht wirkte die Pressekonferenz politisch motiviert.

»Die Kommunikationsstrategie gefiel mir nicht. Ich hatte erwartet, dass wir einen Anruf erhalten, in dem uns persönlich mitgeteilt würde, dass unsere Tochter nun zweifelsfrei identifiziert ist. Aber nein, es wurde im Fernsehen verkündet«, sagt Greg Januszko.

Wie die Ministerin in Moskau angekündigt hatte, durften die Angehörigen die Särge nicht noch einmal öffnen lassen. Zeit wäre genug gewesen, denn es dauerte zwei Wochen, bis alle Särge in Polen angekommen waren. In Polen ist es gesetzeswidrig, den Hinterbliebenen vor der Beisetzung dieses Recht zu verwehren. Und unerhört ist es ohnehin.

Trotz allem durften weder Natalias Vater, Mutter, Schwester, ihr ehemaliger Freund oder sonst jemand, der ihr nahestand, den Sarg noch einmal öffnen.

Die Trauerfeier fand in der Warschauer Altstadt in der Feldkathedrale der polnischen Armee statt. Als Natalias Sarg auf dem Soldatenfriedhof Powązki im Westen Warschaus in die Erde hinabgelassen wurde, flogen Jagdflugzeuge der polnischen Luftwaffe in Ehrenformation über den Friedhof.

»Neben Natalia liegen eine andere Stewardess und Geheimdienstoffiziere von demselben Flug«, sagt Greg Januszko. »Wir sind beruhigt, dass Natalia hier unter Freunden bestattet wurde.«

In Powązki liegen 28 Opfer von Smolensk begraben.

Noch während der Trauerzeit gewannen viele Hinterbliebene der Opfer von Smolensk den Eindruck: Hier geht alles etwas zu schnell vonstatten. Es schien, als wolle die polnische Regierung den Absturz von Smolensk unter den Teppich kehren. Vor allem sollte die Frage kleingeredet und umgangen werden, ob die russischen Behörden in die Ursachen involviert waren, die zum Absturz der Tupolew und dem Tod aller ihrer Passagiere führten.

Die polnische Regierungspartei versuchte, die öffentliche Debatte über Smolensk zu kontrollieren. Premier Donald Tusk sagte, es sei *gefährlich*, über eine russische Beteiligung an den Geschehnissen von Smolensk zu spekulieren, eine Sichtweise, die sich durchsetzte.

Es hieß auch, dass Polen *sich selbst* in Schwierigkeiten bringen würde, wenn der offizielle polnische Untersuchungsbericht nicht im Wesentlichen mit dem Bericht der russischen Behörden übereinstimmte.

Greg Januszko fand diese Aussagen seltsam. Er wollte die Gründe dafür wissen.

Die russischen Obduktionsberichte

Es dauerte ziemlich lange, bis die russischen Behörden den Hinterbliebenen die Dokumente übermittelten, die sie als Obduktionsberichte der Todesopfer bezeichneten. Natalias Familie erhielt die Unterlagen erst rund ein Jahr nach dem Absturz. Es waren auch Fotos dabei.

Die Berichte, die Natalia betreffen, befinden sich noch heute, vierzehn Jahre nach dem Absturz, in einem ungeöffneten Briefumschlag. Weder Greg Januszko und erst recht nicht seine Frau wollen sie sich ansehen oder sie lesen, denn sie enthalten vermutlich falsche Angaben.

Die Angehörigen von anderen Absturzopfern erzählten Greg und Izabela, dass sie aus Russland Obduktionsberichte mit unzutreffenden Informationen über ihre Familienangehörigen bekommen hatten: falsche Augenfarbe, falsche Körpergröße, falsche Blutgruppe, falsche Schuhgröße. Teilweise waren die Fehler so gravierend, dass die Hinterbliebenen ihre Lieben mit den gemachten Angaben nicht in Verbindung bringen konnten.

»Ich begreife nicht, wie die Berichte so fehlerhaft sein können, obwohl es ein Jahr gedauert hat, sie zusammenzustellen«, wundert sich Izabela.

Die russischen Berichte mit den falschen persönlichen Kennzeichen warfen bei den Hinterbliebenen unter anderem die Frage auf: Lagen in den Gräbern wirklich die richtigen Verstorbenen?

»Da verlangten die Leute erstmals, dass Gräber geöffnet werden sollten«, berichtet Greg Januszko.

Eine Exhumierung wurde als einzige Möglichkeit gesehen, die wahre Identität der Bestatteten festzustellen.

Der Druck auf Premier Tusk wuchs, Gräber öffnen zu lassen, doch er lehnte Massenexhumierungen ab. Einigen Familien gelang es jedoch, die Behörden zu zwingen, einzelne Gräber öffnen zu lassen. Als die Familie eines ranghohen Opfers das Grab untersuchen ließ, stellte sich heraus, dass dort ein anderes Absturzopfer bestattet war.

Die Familien, die Exhumierungen forderten, sahen sich wachsender Kritik ausgesetzt. Weitere Untersuchungen wurden abgelehnt, weil sie angeblich für den polnischen Steuerzahler zu teuer würden. Manche waren der Meinung, die Familien, die sich für Exhumierungen einsetzten, sollten der Prozedur beiwohnen und sie mit eigenen Augen ansehen.

Etwa zur selben Zeit, rund ein Jahr nach dem Absturz, kamen aus Russland weitere *Leichenteile* an, berichtet Greg. *Große* Leichenteile, ergänzt Izabela.

Die russischen Behörden schickten plötzlich im Nachhinein Teile der sterblichen Überreste der Absturzopfer von Smolensk an den polnischen Militärstaatsanwalt. Niemand konnte sagen, warum sie so lange in Russland herumgelegen hatten. Greg Januszko kann sich vorstellen, dass sie möglicherweise in einem russischen Labor aufbewahrt wurden. Aber genaue Informationen gibt es dazu nicht.

Der damalige polnische Militärstaatsanwalt delegierte den Empfang der sterblichen Überreste, die Identifizierung und das weitere Vorgehen angeblich an die Hinterbliebenen. Diese wiederum gingen davon aus, dass die polnischen Behörden die Überreste vorschriftsmäßig untersuchen und dabei helfen würden, sie in den bereits bestehenden Gräbern zu bestatten.

Manche Angehörigen ließen die im Nachhinein eingetroffenen Leichenteile einäschern. Andere wiederum ließen das Grab öffnen und legten einen Behälter mit den sterblichen Überresten zum Sarg, die aller Vermutung nach ihren Familienmitgliedern gehörten.

Greg sagt, Leichenschändung sei in der Geschichte der Menschheit universell und in allen Kulturen tabu. Doch Russland sei nicht Teil dieses zivilisatorischen Konsens. Stattdessen benutze es Leichenteile, um seine Feinde zu erniedrigen.

Erst Jahre später stellte sich heraus, dass die polnischen Behörden nicht überprüften, wessen sterbliche Überreste aus Russland angekommen waren und in welchen Gräbern sie bestattet wurden.

»Die Behörden wussten nicht, was sie tun sollten. Nur im Fall der kremierten Körperteile war das Problem endgültig vom Tisch«, sagt Greg Januszko.

Die Konferenzen

Eines Tages saß Izabela Januszko auf dem Friedhof von Powązki. In der offiziellen Flugunfalluntersuchung hieß es, dass die Maschine vor dem Absturz in der Luft in eine unkontrollierte Rollbewegung geraten sei; wenn so etwas geschieht, dreht sich das Flugzeug um seine Längsachse und kippt zur Seite.

Izabela fand die Theorie merkwürdig. Sie war ja früher auch Stewardess gewesen und hatte ihr ganzes Arbeitsleben in Flugzeugen verbracht.

»So ein Flugzeug ist riesig, es wiegt zig Tonnen. Wie sollte es ins Rollen gekommen sein? Ich bekam Zweifel«, erzählt sie.

Greg Januszko berichtet, dass es für ihn nicht den einen Moment gegeben habe, in dem ihm bewusst geworden ist, dass an den Erzählungen über die Geschehnisse von Smolensk etwas nicht stimmte. Er habe von Anfang an Fragen gehabt, denn in den Medien seien merkwürdige Theorien über die Ursachen der Katastrophe verbreitet worden.

»Anfangs hatte ein regierungsnaher Fernsehsender berichtet, dass die Piloten vier Mal zu landen versucht hätten. Damit wollten sie wohl andeuten, dass die Piloten eigenmächtig gehandelt hätten. Ich fragte mich, was das sollte.«

In den Augen der Familie Januszko bekam die Glaubwürdigkeit der offiziellen russischen und polnischen Verlautbarungen auch dadurch Risse, dass die polnische Führung sich öffentlich bei Russland für die Zusammenarbeit bedankte. Laut den polnischen Behörden habe der Absturz von Smolensk dazu geführt, dass *beide Länder sich einander angenähert* hätten.

Gesundheitsministerin Kopacz sagte, man müsse sich eigentlich für die Probleme entschuldigen, die Polen Russland verursacht habe.

»Das war unglaublich«, findet Greg Januszko.

Zur Zeit des Absturzes von Smolensk war Wladimir Putin russischer Ministerpräsident. Greg ist der Meinung, dass Putin die polnische Kriecherei bei gemeinsamen Pressekonferenzen als geradezu peinlich empfunden habe.

Natalias Mutter Izabela berichtet, dass weitere Zweifel im Oktober 2012 aufkamen, zwei Jahre nach dem Unglück. Damals organisierte eine Gruppe von Professoren und Forschern in Polen die erste wissenschaftliche Konferenz zum Absturz von Smolensk. Dort präsentierten Experten verschiedener Fachrichtungen ihre Erkenntnisse zu Materialschäden und möglichen Absturzursachen.

Mathematiker, Ingenieure, Physiker sowie Fachleute für Luftfahrt und Aerodynamik hielten Vorträge. Durch die auf der Konferenz zusammengetragenen Erkenntnisse gelangten die Wissenschaftler zu der einhelligen Erkenntnis, dass die offizielle Untersuchung zum Absturzhergang nicht verlässlich war. Smolensk hatte das akademische Interesse in aller Welt geweckt.

Durch Satellitenbilder der Absturzstelle, die riesige Menge an weit verstreuten Flugzeugteilen, die auf Fotos zu sehen ist, sowie die Art der Schäden am Flugzeug kamen die Wissenschaftler zu dem Schluss, dass das Flugzeug *von innen heraus* zerstört worden sein musste. Das Material, das zahlreiche Fachleute aus verschiedenen Quellen und mit verschiedenen Methoden zusammengetragen hatten, deutete darauf hin, dass es in der Maschine eine oder mehrere Explosionen gegeben hatte.

Während sich das Flugzeug noch in der Luft befand.

Natalias Eltern erfuhren zum ersten Mal durch die Wissenschaftler von der Explosionstheorie. Das kam für sie nicht sonderlich überraschend, denn sie erklärte die großen Schäden an der Maschine. Erstaunlicher fanden sie hingegen, dass die polnische Gesundheitsministerin Kopacz nicht eins und eins zusammenzählen konnte, obwohl sie Ärztin war.

»Obwohl sie sich in unserem Beisein darüber gewundert hat, in welchem Zustand sich die Leichen befanden. Aber sie verschwendete keinen Gedanken daran, warum es so war«, sagt Izabela Januszko.

Im Fernsehen erklärte die Ministerin, sie hoffe, *nie wieder im Leben so etwas zu sehen, wie das, was sie in Moskau gesehen habe.*

»Eben. Sie ist Ärztin, aber sie hat sich trotzdem nicht gefragt, wie zum Teufel es dazu kommen konnte. Es ist nicht normal, dass ein Flugzeug in Zehntausende Teile zerbirst«, sagt Greg Januszko.

Wenn ein Flugzeug als Ganzes mit einer Geschwindigkeit von 280 Stundenkilometern aus relativ niedriger Höhe auf den weichen Erdboden aufprallt, könnte man annehmen, dass die Bruchstellen im Material eher sauber sind, glatt. Wie die Stücke einer Schokoladentafel, sagt Greg. Aber diese Maschine habe ausgesehen wie ein Spielzeug, auf das ein psychopathisches Kind mit einem Hammer eingedroschen hat, so Greg. »Bei den Konferenzen haben die Experten Fotos gezeigt, auf denen die Außenhaut des Flugzeugs nach außen gewölbt ist. Das kann nur durch eine Krafteinwirkung aus dem Innern geschehen.«

Wie so viele Hinterbliebene nahmen Greg und Izabela über viele Jahre jedes Jahr an den Smolensk-Konferenzen von Professor Piotr Witakowski teil. Je mehr Experten sie hörten, desto mehr wuchsen ihre Zweifel.

Etwas stimmte nicht mit der offiziellen Unfalluntersuchung und wie darüber in der Öffentlichkeit gesprochen wurde.

Da war kein Pilotenfehler.

Da war keine Rollbewegung.

Etwas anderes war geschehen. Aber was?

Einigen Wissenschaftlern, die ihre Sichtweise auf den Absturz von Smolensk kundgetan hatten, wurde gekündigt. Als bestimmte Experten versuchten, die Schäden am Flugzeug mithilfe einer Coladose zu verdeutlichen, wurden sie von Journalisten ausgelacht und als »primitiv« bezeichnet.

»Die Medien spotteten: ›Jetzt hat man an irgendeiner Provinzuniversität einen polnischen Wissenschaftler aufgetan, der Smolensk kommentiert.‹ Ich fragte mich, ob damit Oxford, Cambridge, Harvard oder Yale gemeint war«, sagt Greg.

Die Russen versuchten, Wissenschaftler mit Geld zum Schweigen zu bringen. Der polnisch-amerikanische Professor Wiesław Binienda hat sich beispielsweise jahrelang mit dem Absturz beschäftigt. Polnische Medienvertreter berichteten mir, dass die Russen Binienda Forschungsgelder von einer Million Dollar angeboten hatten, wenn er sich anderen Themen zuwendet.

Natalias Eltern tauschten sich nun verstärkt mit den Hinterbliebenen von anderen Opfern aus. Zusammen begannen sie, weitere Informationen über die Details des Unglücks und das Schicksal ihrer getöteten Familienmitglieder zusammenzutragen. Die Familien baten renommierte Flugunfallexperten um Hilfe, sie schlugen Europarlamentariern Anhörungen in Brüssel vor und boten Wissenschaftlern ihre Hilfe an.

Weil die polnischen Behörden ihre Arbeit nicht taten, fingen die Familien an, selbst Nachforschungen anzustellen und diese auch mit eigenem Geld zu finanzieren.

So sammelten die Familien zum Beispiel persönliche Gegenstände der Opfer, die sie aus Russland geschickt bekommen hatten, wie Uhren, Schmuck und Kleidungsstücke. Dann beauftragten sie einen Sprengstoffexperten damit, diese Objekte zu untersuchen, um in Erfahrung zu bringen, ob sich daran Spuren von Sprengstoff fanden.

Die Gegenstände, die über Moskau an die Familien gegangen waren, waren frei von Sprengstoffspuren. Greg Januszko erklärt, dass sie mit einem chemischen Stoff gereinigt worden waren. Aber eine Familie hatte selbst die Jacke eines getöteten Familienmitglieds aus Russland mitgebracht.

Darauf fanden sich Sprengstoffspuren.

Die regierungstreuen Medien hatten sofort eine Erklärung parat: Ihnen zufolge konnten diese Spuren von den »Besatzungsuniformen der Flüge nach Afghanistan« stammen.

Greg Januszko berichtet, das Ziel der Hinterbliebenen sei es gewesen, Antworten auf wissenschaftliche Fragen zu finden, auf Fragen, die die polnischen Behörden nicht einmal im Ansatz zu klären versucht hatten.

Doch trotz der eigenen Nachforschungen wie auch der wissenschaftlichen Untersuchungen trafen die Familien auf eine Mauer des Schweigens. Im Laufe der Jahre haben sie immer wieder versucht, von Behördenvertretern und Politikern, die zur Zeit des Unglücks in verschiedenen staatlichen Stellen im Amt waren, Antworten auf ihre Fragen zu bekommen.

Aber im besten Falle wurden sie damit abgespeist, dass *die Antwort nicht leicht sei.*

»Dann fragten wir, wenn in diesem Moment keine Antworten möglich sind, wann uns denn jemand antworten könnte. Doch plötzlich ist niemand mehr erreichbar und wir bekommen keine Rückmeldung mehr auf unsere Anfragen.«

Korrekt ausgeführte Flugunfalluntersuchungen sind ein wissenschaftlicher Prozess und lassen keinen Platz für Interpretationen. Bei einer gelungenen Untersuchung sind die Ergebnisse eindeutige Ja-Nein-Antworten.

Aber wenn der Absturz von Smolensk zur Sprache kommt, werden viele der damaligen Politiker wütend. Manchen ist jedes Mittel recht, um die Katastrophe kleinzureden. Sie wollen jedes Gespräch darüber dumm und lächerlich erscheinen lassen, sagt Greg Januszko. Und sie fragen, »ob es nicht an der Zeit wäre, die Sache ruhen zu lassen«.

»Nicht schon wieder Smolensk, verdammt noch mal! Wann hört

dieser Unsinn endlich auf?«, beschreibt Greg die Einstellung der Behördenvertreter.

Einige Politiker haben damit gedroht, die Familien zu verklagen. Ebenso ist den Hinterbliebenen vorgeworfen worden, sie hätten sich durch Interviews *unnötig in die Politik eingemischt.*

»Diese Reaktionen haben meine Zweifel noch verstärkt. Wovor haben die Politiker so viel Angst? Und warum?«, fragt sich Greg Januszko.

Die aktiven Familien, die eine internationale, ordnungsgemäße Absturzuntersuchung fordern, wurden als »Sekte von Smolensk« abgestempelt. Als verrückt.

Die Exhumierungen

Natalias Familie hatte zusammen mit mehr als zehn anderen Opferfamilien über Jahre hinweg gefordert, die Gräber zu öffnen und die Leichen zu obduzieren.

Sieben Jahre nach dem Absturz, 2017, war es endlich so weit: Die Opfer wurden exhumiert. Diese Entscheidung erging durch den neuen Generalstaatsanwalt, der nach dem Regierungswechsel in Polen im Zuge der Parlamentswahlen 2016 eine Neuuntersuchung der Katastrophe von Smolensk in die Wege geleitet hatte. Nun war die Partei *Recht und Gerechtigkeit (PiS)* an der Macht.

Die sterblichen Überreste der Opfer von Smolensk sollten ordnungsgemäß obduziert und die falsch bestatteten Verstorbenen in die richtigen Gräber umgebettet werden.

Die Staatsanwaltschaft bereitete die Familien auf eine komplizierte und schwierige Prozedur vor. In manchen Fällen konnte ein falsch bestatteter Leichnam direkt in das Grab eines anderen Verstorbenen umgebettet werden. Doch in manchen Fällen musste man lange warten, bis nach den Exhumierungen der richtige Verstorbene gefunden wurde.

»Manchmal passierte es, dass die Leute ein Grab öffneten, in dem die Gebeine von mehreren verschiedenen Leichen lagen«, berichtet Greg Januszko.

Gleichzeitig musste man darauf vorbereitet sein, dass in anderen Gräbern sterbliche Überreste zum Vorschein kamen, die in das ursprüngliche Grab gehörten.

So erging es Natalias Familie.

Das Verfahren lief professionell ab. Auf dem Friedhof wurde eine Reihe von gut beleuchteten und ausgestatteten Zelten aufgestellt, und auch die Gräber selbst wurden mit Zelten geschützt.

Die Familie war dabei, als Natalias Grab eines Nachts geöffnet wurde, was etwa drei, vielleicht vier Stunden dauerte. Danach wurde Natalias Sarg mit einem Leichenwagen in das Rechtsmedizinische Institut der Universität Lublin gebracht. Die Familie und der Sarg fuhren die 200 Kilometer in einem Konvoi von vierzehn Wagen. Morgens um sieben kamen sie in Lublin an.

An den Untersuchungen war der renommierte amerikanische Forensiker Michael M. Baden beteiligt. Viele Familien hatten sich schon nach dem Absturz gewünscht, dass Professor Baden hinzugezogen würde, denn er verfügte über bedeutende Erfahrungen bei der Untersuchung schwieriger Flugzeugabstürze. Doch die damalige polnische Regierung hatte seine Beteiligung nicht zugelassen.

Die Untersuchung der Gräber förderte erneut Erschreckendes zutage.

Russland hatte ein Jahr nach dem Absturz die Leichenteile nach Polen geschickt, doch erst bei der Exhumierung sechs Jahre später zeigte sich, dass der Militärstaatsanwalt 2011 die von Russland übermittelten Identitätsdaten nicht kontrolliert hatte. Er hatte die Informationen der russischen Behörden weitergereicht, ohne DNA-Tests oder weitere Kontrollen in Auftrag zu geben.

Die Behörden hatten sich die Leichenteile nicht einmal angesehen, sondern sie direkt zur Bestattung freigegeben – zum Teil an die falschen Hinterbliebenen.

Bei den Exhumierungen stellte sich heraus, dass ein Sarg, in dem gemäß der Anweisung des polnischen Militärstaatsanwaltes das aus Russland überführte Bein einer Frau bestattet war, außerdem einen menschlichen Torso und zwei weitere Beine enthielt, die zu einem Mann gehörten.

»In ein und demselben Grab lagen also über Jahre drei Beine: ein weibliches und zwei männliche. Das Bein gehörte Natalia«, berichtet Greg.

Bei den Exhumierungen kamen weitere Verstöße zutage. Die Leute, die in Moskau mit den Leichen hantiert hatten, hatten Dinge in die Särge gelegt, die dort nicht hineingehörten. Irgendwelchen Plunder, Leichenteile anderer Verstorbener. In einigen Särgen fand man Müll und über einem Opfer hatte jemand einen ganzen Abfalleimer ausgekippt.

»In Natalias Sarg lagen drei Paar Schuhe und die Beine eines Unbekannten, ein Arm und weitere Körperteile«, berichten die Eltern.

Greg Januszko ist der Meinung, es könne durchaus sein, dass im April 2010 in Moskau auch Ärzte beteiligt waren, die den Eid des Hippokrates geleistet hatten, die anständige Menschen waren und ordentliche Arbeit leisteten.

Aber es sah auch danach aus, als hätten Angehörige des russischen Nachrichtendienstes in Moskau einige der Leichen vorsätzlich geschändet. Greg Januszko berichtet, dass sich bei den Exhumierungen herausstellte, dass einigen Verstorbenen die Gesichtshaut entfernt worden war.

»Darüber berichteten Hinterbliebene, die ihre Angehörigen in Moskau ursprünglich identifiziert hatten. Nach der Identifizierung hatte man dann die Haut entfernt«, sagt Greg.

Seiner Meinung nach hätten polnische Ärzte die sterblichen Überreste natürlich direkt nach dem Absturz untersuchen müssen, wie die damaligen Minister es versprochen hatten.

»Das war eine Lüge«, sagt Izabela Januszko.

Der Zeitraum, in dem die sterblichen Überreste von Natalia in einer Kühlkammer auf die Öffnung der anderen Gräber warteten, war von allen Opfern der längste. Es dauerte drei Monate, bis Natalias weitere Überreste in den anderen Gräbern gefunden und zusammengeführt wurden.

»Ich kann mich an die genauen Daten erinnern. Natalia wurde im März am Namenstag meiner Frau exhumiert und an meinem Geburtstag im Juni erneut bestattet. Das war eine lange Zeit«, erinnert sich Greg Januszko.

Die Rechtsmediziner sagten der Familie, sie hätten insgesamt etwa 80 Prozent von Natalias sterblichen Überresten gefunden. Aus Sicht der Familie war das besser als vorher, als ein Teil der Überreste noch in Smolensk in der Erde des Flughafens gesteckt hatte, ein Teil in einem Moskauer Kühlhaus, weitere Teile in den Gräbern anderer Verstorbener und wer weiß wo. Die Familie wollte so viele Leichenteile von Natalia wie möglich an einem Ort vereint wissen.

Bevor sie erneut bestattet wurde, fragte ihr Vater bei der polnischen Armee an, ob er für seine Tochter eine neue Uniform bekommen könne.

»Als Natalia mit dem Präsidenten zu weihnachtlichen Überraschungsbesuchen bei den Truppen nach Afghanistan oder in den Irak flog, trug sie eine Uniform mit Tropentarn«, berichtet ihr Vater.

Als Natalia an ihrer endgültigen Ruhestätte auf dem Friedhof von Powązki beerdigt wurde, legte ihr die Familie eine Uniform mit Tropentarnmotiv mit in den Sarg.

Die Medien

Natalias Familie achtete von Anfang an besonders darauf, wie die Berichterstattung in den Medien ablief. Schnell war die Atmosphäre vergiftet und es taten sich zwei Lager auf. Oftmals wurde unsachlich und einseitig über die Opfer von Smolensk und ihre Familien berichtet. Reißerische Artikel, die bereits wenige Tage nach dem Absturz erschienen, stellten die Hinterbliebenen als geldgierige Egoisten dar.

Die Journalisten verschafften sich Informationen über die gezahlten Entschädigungen, um sie zu vergleichen und zu kritisieren. Einzelne Angehörige, wie etwa die Tochter von Präsident Lech Kaczyński, wurden wegen »zu hoher« Entschädigungszahlungen an den Pranger gestellt. Außerdem hieß es, dass Hinterbliebene mit dem Geld Fernreisen unternähmen.

»Das war eine schlaue Strategie. Es ging darum, das Mitgefühl der Öffentlichkeit in Neid zu verwandeln und die Angehörigen als Raffzähne hinzustellen«, sagt Greg Januszko.

Die Berichterstattung führte dazu, dass viele Menschen in Polen den Opferfamilien gegenüber negativ eingestellt sind.

»Das war wirklich geschmacklos. Die Medien haben nichts unversucht gelassen, damit wir uns schämen und schuldig fühlen«, berichtet Greg Januszko weiter.

Um die Familien und insbesondere die Kinder der Opfer von Smolensk zu unterstützen, wurde eine Stiftung namens *10. April* gegründet, die anfangs große Summen von der polnischen Regierung, staatlichen Konzernen und privaten Unternehmen bekam. Doch urplötzlich änderte die Stiftung ihren Namen und ließ mitteilen, dass man sich nun für andere Zwecke engagiere.

Donald Tusk, zur Zeit des Flugzeugunglücks polnischer Premier, fachte das aggressive Klima weiter an. Er sagte öffentlich, er wisse, »dass einige Familien sich sehr für die staatlichen Entschädigungszahlungen interessieren, und ich möchte sie daran erinnern, dass wir uns um die Sache kümmern«.

Die meisten Medien stießen in dasselbe Horn, in das auch Tusks Partei *Bürgerplattform* und ihre Vertreter bliesen. Im Fernsehen ging man der Frage nach, ob Präsident Lech Kaczyński von der Partei *Recht und Gerechtigkeit (PiS)* wichtig genug war, um zwischen Königen in der Wawel-Kathedrale in Krakau bestattet zu werden.

Die Entschädigungen, die die Familien erhielten, halfen ihnen, jene Probleme zu bewältigen, die der Absturz mit sich gebracht hatte. Natalias Familie hatte wie viele Angehörige der Opfer mit gesundheitlichen Problemen zu kämpfen gehabt, die einen Großteil des Geldes verschlangen.

»Meine Frau und ich sind beide an Krebs erkrankt. Die Ärzte sagen, das ist stressbedingt«, sagt Greg. Auch im Frühjahr 2024 befindet er sich immer noch in Behandlung.

Journalisten, die weiterhin Fakten zum Absturz von Smolensk zusammentrugen und darüber berichteten, wurden von der Öffentlichkeit gebrandmarkt. Diejenigen, die sich mit dem russischen Einfluss auf den Absturz der Präsidentenmaschine beschäftigten, wurden als Verschwörungstheoretiker, als paranoid oder streitsüchtig dargestellt. Ihre Recherchen seien politisch motiviert und nichts als Propaganda für die PiS-Partei.

Schon bald nach dem Absturz äußerte die damalige Oppositionspartei PiS den Verdacht, dass Russland ursächlich in das Unglück verwickelt war. Antoni Macierewicz, eines der prominentesten Parteimitglieder, forderte im polnischen Parlament einen Untersuchungsausschuss.

Nicht alle Hinterbliebenen der Opfer von Smolensk zweifeln die Absturzursachen oder das Vorgehen der polnischen Behörden an. Manche Familien halten die Fragen nach einer russischen Beteiligung für eine Verschwörungserzählung.

Auch Mitglieder der Familie Januszko sind als Verschwörungstheoretiker abgestempelt worden.

»Diese Schmutzkampagnen werden von den Medien gezielt lanciert. Dabei wollen wir nichts anderes, als die Wahrheit zu erfahren. Jeder, der eine russische Beteiligung für eine Verschwörungserzählung hält, sollte sich mit der Beweislage beschäftigen«, erklärt Greg Januszko.

Die sogenannten polnischen Mainstreammedien hatten bislang kaum Interesse an Interviews mit Natalias Familie. Aber ein kleiner Teil der gespaltenen Medienlandschaft Polens, die sogenannten patriotischen oder rechten Pressevertreter, haben auch die Perspektive der Familie beleuchtet.

»Die Hauptaussage der Mainstreammedien ist, dass sowohl Russland als auch Polen selbst zufriedenstellende Abschlussberichte geliefert haben, sprich, die Absturzursache ist geklärt und die ganze Sache ist damit abgeschlossen«, berichtet Greg Januszko.

Die Forderung der Hinterbliebenen, die Wahrheit über das Schicksal ihrer Lieben zu erfahren, wird in der Öffentlichkeit mit der Begründung abgelehnt, man solle »die Familien in Ruhe lassen«.

Greg Januszko ist der Ansicht, dass die Opferfamilien für die polnische Führung eine schmerzhafte Erinnerung daran sind, dass die Behörden ihre Arbeit nicht sorgfältig gemacht haben. Die polnische Politik gedenke gerade mal am Jahrestag des Absturzes, dem 10. April, an das Unglück und die Hinterbliebenen. Dann werden die Familien zum Mahnmal von Smolensk am Piłsudski-Platz eingeladen, um dort für Pressefotos zu posieren.

Die polnische Führung und Russland

Natalias Familie konnte von einem Logenplatz aus verfolgen, wie die polnische Regierung reihenweise falsche Entscheidungen traf, die die Untersuchung des Absturzes erschwerte.

So verzichtete die polnische Führung beispielsweise auf eine offizielle Bitte an Russland, die Absturzstelle zum extraterritorialen souveränen polnischen Staatsgebiet zu machen. Stattdessen betraute die polnische Regierung das russische Zwischenstaatliche Luftfahrtkomitee MAK mit der Untersuchung.

Bei einem Treffen mit den Opferfamilien behauptete Premier Donald Tusk, alle Entscheidungen bezüglich der Untersuchung lägen in seiner Verantwortung, und er würde die volle Verantwortung für alles übernehmen, doch in Wahrheit übernahm niemand die Verantwortung.

So entschied der Premier beispielsweise, auf das Unglück von Smolensk das Chicagoer Abkommen über die internationale Zivilluftfahrt anzuwenden, statt des bilateralen Abkommens zwischen

Polen und Russland, das 1993 beschlossen wurde und die Angelegenheiten der militärischen Luftfahrt regelt. Es war für Russland wichtig, weil die Sowjetunion Anfang der 1990er-Jahre einen Teil seiner Flugzeuge aus dem Gebiet der ehemaligen DDR abgezogen hatte. Im Falle eines Absturzes sollte das Abkommen eine ordnungsgemäße Untersuchung möglicher Flugunfälle garantieren.

»Tusk konnte nicht begründen, warum er sich so entschieden hat«, sagt Greg Januszko.

Natalias Familie hält die Fehler der Regierung Tusk für unverzeihlich. Während Russland alles tat, um eine ordnungsgemäße Ermittlung der Ursachen zu vermeiden und die sterblichen Überreste der Opfer entwürdigte, lobte die polnische Regierung Russland für die gute Zusammenarbeit.

»Zudem haben sie der Öffentlichkeit eine Version der Ereignisse vorgesetzt, die nicht wasserdicht ist.«

Greg Januszko macht sich Gedanken darüber, ob nach dem Flugzeugabsturz wichtige polnische Politiker möglicherweise erpresst oder zur Zusammenarbeit mit den Russen gezwungen wurden.

Januszko würde am liebsten glauben, dass die polnischen Verantwortlichen sich einfach nur dumm und naiv verhalten haben und die Zusammenarbeit mit Russland nicht sonderlich gefährlich war. Letztlich stehe hinter der Katastrophe von Smolensk der russische Sicherheitsapparat. Und in Russland ist die Grenze zwischen den Sicherheitsbehörden und der Politik einerseits und der Wirtschaft andererseits quasi nicht existent.

Das verstünden nicht alle politischen Kreise in Europa, sagt Greg Januszko.

Er vermutet, dass die Partei von Donald Tusk sich möglicherweise als Vertreterin des europäischen und globalen politischen Mainstreams sah, dem daran gelegen war, Russland mithilfe von Wirtschaftsbeziehungen zur Demokratie zu erziehen. Die polnische Regierung habe in der Beziehung zu Russland einen Reset vornehmen wollen.

»Aber die Leute, die das vorhatten, wurden selbst so wie die Russen«, sagt Greg.

Mit Smolensk habe Russland eine Warnung ausgesprochen, die einen deutlichen Fingerzeig enthielt.

»Das wird natürlich offiziell nicht zugegeben. Aber das ist eine sehr drastische Art auszudrücken: Stellt euch vor, was euch noch alles passieren kann«, sagt Greg.

In der polnischen Gesellschaft gibt es nach wie vor Kräfte, die der Meinung sind, dass Polen mit Russland in jedem Fall zu einer Vereinbarung kommen sollte, die für beide Seiten befriedigend ist. Diesen Kräften zufolge sollte Polen auf keinen Fall als »russophob« angesehen werden dürfen.

»Wie dem auch sei, diese Leute sollten nie wieder an die Macht kommen. Sie sind gefährlich. Für unsere Enkelkinder ist es gefährlich, in einem Land zu leben, das auf diese Weise regiert wird«, sagt Januszko.

Seit Dezember 2023 bekleidet Donald Tusk erneut das Amt des Premierministers.

Die Prozesse

»Komm mal her, Jessikka, ich will dir was zeigen«, sagt Natalias Mutter Izabela, als ich sie und ihren Mann in ihrer Wohnung in Warschau interviewe.

Sie präsentiert mir einen großen Karton voller Dokumente. In russischer und polnischer Sprache, offiziell aussehende Papiere.

»Das sind alles Gerichtsdokumente aus Russland und Polen«, sagt Izabela.

Als die PiS-Partei an der Macht war, brachte die polnische Staatsanwaltschaft mehrere Fälle in Zusammenhang mit dem Flugzeugabsturz von Smolensk vor Gericht. Dabei sollte unter anderem die Frage juristisch geklärt werden, ob die Entscheidung des damaligen Militärstaatsanwalts rechtens war, die Leichen nicht zu obduzieren.

Die Staatsanwaltschaft sagt zu ihrer Verteidigung, dass die sterblichen Überreste ja bereits in Moskau untersucht worden waren und dass es die *Familien* gewesen seien, die darauf gedrängt hätten, die Verstorbenen so schnell wie möglich zu bestatten.

Unter Umständen würden Izabela und Greg sogar so weit gehen, den polnischen Staat beim Europäischen Gerichtshof für Menschenrechte wegen Unterlassung und Fahrlässigkeit bei der Abwicklung des Fluges sowie den Ermittlungen zur Absturzursache zu verklagen.

Für die Familie war es wichtig zu verfolgen, wie im Sommer 2019 das Urteil gegen Tusks Kanzleichef Tomasz Arabski erging: Arabski wurde der Unterlassung im Dienst bei der Abwicklung des Fluges für schuldig befunden. Er sagte vor Gericht selbst aus, sich nicht mit den offiziellen Regelungen auseinandergesetzt zu haben.

Das Gericht sah in Arabski den Verantwortlichen dafür, dass der Flug der Präsidentenmaschine von Warschau nach Smolensk überhaupt stattfand, obwohl der kleine, offiziell geschlossene Militärflughafen Smolensk-Severnyi nicht darauf ausgelegt war, einen Flug mit so hochrangigen Staatsvertretern in Empfang zu nehmen.

Das Urteil war für Natalias Familie von symbolischem Wert. Der ehemalige Kanzleichef Arabski hatte zu seiner Verteidigung hervorgebracht, *die Angehörigen der Opfer hätten sich rächen wollen.*

»Das war ein lächerlicher Einwand. Arabski wurde es im Zuge des Urteils nicht einmal verwehrt, weiter im Staatsdienst tätig zu sein«, sagt Izabela. Ihrer Meinung nach hätte er für immer aus dem Staatsdienst entfernt werden müssen, was nach polnischem Recht prinzipiell möglich gewesen wäre.

Natalias Eltern würden gern vor das Kriegsverbrechertribunal von Den Haag ziehen und die russischen Autoritäten danach fragen, ob sie die Aufzeichnungen der Blackbox aus dem abgestürzten Flugzeug und alle anderen Informationen bekommen können, die Russland bis heute nicht herausgibt.

Natalias Eltern sind es nach eigenen Worten müde. Müde, nach dem Absturz jeden Tag weiterzukämpfen. Aber der Gedanke daran, dass sich die Sache auch für kommende Generationen weiterhin so diffus darstellt, lässt ihnen keine Ruhe.

»Wir wollen, dass die Angelegenheit aufgeklärt und abgeschlossen wird und dass die Verantwortlichen wenigstens symbolisch benannt werden. Aber das scheint sich bis in alle Ewigkeit hinzuziehen.«

Im Laufe der Jahre sind ein paar wichtige Maßnahmen erfolgt, sagt Izabela. Die Exhumierungen gehörten dazu.

»Das war ein wichtiger Schritt, auch weil wir nicht wollten, dass der Sarg unserer Tochter als Mülleimer missbraucht wird. Viele andere Familien sind auch dieser Meinung«, sagt Greg Januszko. »Wir wollten die neue Uniform mit in den Sarg legen, den Müll beseitigen und jeden auch noch so kleinen zu Natalia gehörigen Knochenpartikel zur letzten Ruhe betten.«

Niemand aus der Regierung, die zur Zeit des Absturzes an der Macht war, hat Natalias Familie übermittelt, dass es ihm leidtue. Niemand hat jemals um Verzeihung gebeten.

Niemand hat jemals zugegeben, dass Russland sie betrogen oder Fehler gemacht hat. Die Familie Januszko stört sich daran, dass niemand in Polen die Verantwortung für das alles übernommen hat.

»Wir haben ihnen vertraut und was haben sie gemacht?«

Stattdessen haben die polnischen Behördenvertreter als Gewährsleute Russlands behauptet, man sei ordnungsgemäß mit den sterblichen Überresten umgegangen. Ein Pfarrer behauptete sogar, er sei dabei gewesen, als die Särge geschlossen wurden, und es sei alles in Ordnung gewesen. Doch das entsprach nicht der Wahrheit.

»Der Pfarrer erklärte, er könne bezeugen, dass die Opfer respektvoll behandelt und Rosenkränze mit in die Särge gelegt wurden. Das war gelogen.«

Darüber hinaus wurden die Ereignisse kleingeredet. Im Unglücksjahr 2010 war Greg zum Weihnachtsempfang des Befehlshabers der polnischen Streitkräfte eingeladen. Die Stimmung war seltsam, denn unter den Gästen war auch der damalige russische Botschafter in Warschau.

»Der Kommandeur hielt eine Rede, in der er von einem guten Jahr für die polnische Armee sprach, wenn man mal von dem ›unangenehmen Ereignis in Smolensk‹ absehe«, sagt Januszko.

Im letzten Bericht aus dem Jahr 2022, vom ehemaligen polnische Verteidigungsminister Antoni Macierewic in Auftrag gegeben, heißt es, dass der Flugzeugabsturz von Smolensk ein illegaler Übergriff Russlands gegen Polen gewesen sei.

Doch Polen hat in keiner Weise darauf reagiert. Und das obwohl, wie Greg Januszko anmerkt, nach internationalem Recht die Grenzen einer Kriegshandlung klar definiert sind.

I need you like a heart needs a beat

Manche der Hinterbliebenen waren in Smolensk vor Ort; nicht so Natalias Eltern. Sie haben sich bisher dagegen entschieden, weil sie es verstörend finden, dass es sich um einen möglichen Tatort handelt und dass sich auf dem Gelände mit an Sicherheit grenzender Wahrscheinlichkeit noch menschliche Überreste befinden.

»Ich kann mir einfach nicht vorstellen, diesen Ort zu besuchen«, sagt Greg.

In dem neuen Untersuchungsbericht heißt es, dass Natalia zum Zeitpunkt des Unglücks wahrscheinlich links an der Flugzeugtür auf einem Platz gesessen hat, wo eine der Explosionen vermutet wird; die Tür sei mit so großer Kraft nach außen geschleudert worden, dass sie einen Meter tief in den Erdboden eindrang. Nur der obere Rand der Tür war noch zu sehen.

»Es kann nicht sein, dass sich die Tür ohne Grund löst, sich mehrmals dreht und dann tief in den Boden eindringt, ganz egal, wie weich die Erde ist«, merkt Greg an.

Nach Natalias Tod tendierten die Eltern dazu, Natalias jüngere Schwester besonders zu behüten. Das ging teilweise so weit, dass das Mädchen unter der übermäßigen Fürsorge zu leiden hatte. Aber die Eltern wissen nicht, wie sie anders hätten reagieren sollen.

»Den Tod seines eigenen Kindes zu verkraften ist gegen jede Natur. Es ist vollkommen unmöglich, das zu begreifen oder sich klarzumachen.«

Izabela Januszko war viele Jahre in Therapie. »Wir haben gelernt, dass Trauer ein Prozess ist, durch den man hindurchmuss«, erklärt sie. »Wenn man sich dagegen wehrt, dauert es nur länger.«

Izabela hat sich verändert. Anderen Menschen, die Ähnliches durchgemacht haben, versucht sie Trost zu spenden und sie zu unterstützen. Sie ist für andere die Schulter zum Ausweinen. Greg hingegen setzt sich weiter nach Kräften dafür ein, dass das Geschehen nicht in Vergessenheit gerät.

Ein Unbekannter hat direkt nach dem Flugzeugabsturz bei YouTube ein berührendes Video zur Erinnerung an Natalia hochgeladen.

Am Anfang sind Natalias Geburts- und Todesdaten zu sehen. Dann kommt eine Reihe von Schwarz-Weiß-Fotos. Darauf lächelt Natalia am Strand, sie lacht, albert herum, ist auf Reisen, sie sieht glücklich aus, frei, schön, jung.

Im Hintergrund läuft Timbalands »Apologize«:

I'd take another chance, take a fall
Take a shot for you
And I need you like a heart needs a beat
But it's nothing new, yeah yeah
It's too late to apologize, it's too late

Das Video wurde bisher 3,4 Millionen Mal angeklickt.

Ich frage die Eltern, was sie einem großen Publikum aus Natalias Leben, gewissermaßen als ihr Erbe, mitteilen möchten. Greg Januszko erinnert daran, dass Natalia ja sehr jung war und ihr Leben noch vor sich hatte.

»Natalia hatte viele Träume, die nicht über das Alltägliche hinausgingen. Sie hat sich zum Beispiel darüber gefreut, dass sie in einer Woche zweimal nach Smolensk fliegen konnte, denn dafür erhielt sie noch zusätzliches Auslandstagegeld.«

Am folgenden Montag hätte sie eigentlich dienstlich nach Washington fliegen sollen, sie hatte sich Geld zum Shoppen zurückgelegt. Ihre Einkaufsliste war komplett.

»Natalia hatte ganz gewöhnliche Wünsche und Träume, wie man sie bei jeder Zweiundzwanzigjährigen vermuten würde. Sie war nicht wie der polnische Präsident oder die anderen Mitglieder aus dem Führungszirkel, die sich auf dem Gipfel des Erfolges befanden.«

Die Aussage einer Witwe von Smolensk hat Greg besonders berührt: Bei dem Absturz kamen viele wichtige Persönlichkeiten ums Leben – aber sie waren auch Menschen, die weitere, ebenfalls sehr wichtige Aufgaben im Leben hatten.

Dem eigenen Kind Radfahren beibringen.

Zeit mit der Familie verbringen.

»Das betrifft Natalia, die jäh und brutal aus ihrem jungen Leben gerissen wurde, genauso wie den Präsidenten. Der Präsident hatte nicht nur viele öffentliche Aufgaben und Funktionen, sondern er war auch Großvater.«

Greg Januszko sagt, dass die Familien die Opfer von Smolensk unmittelbar vermissen, das polnische Vaterland hingegen nicht; nach seiner Meinung sähen sich wahrscheinlich viele junge Leute auf YouTube das Erinnerungsvideo von Natalia an und fänden das Flugzeugunglück furchtbar, aber vermutlich brächten sie Natalias Tod nicht mit der Bedrohung aus Putins Russland in Verbindung.

Bis zum heutigen Tag hält Natalias Familie Kontakt zu den polnischen Streitkräften, vor allem zu dem Offizier, der ihnen seinerzeit die Todesnachricht überbrachte. In gewisser Weise, so sagt Greg, hatte die Familie Glück: Weil Natalia in Diensten der Armee stand, hat man sich auf eine Art und Weise um sie gekümmert, wie es nur beim Militär *üblich* ist.

Greg und Izabela werden oft gefragt, ob sie keine Angst haben. Die Antwort darauf lautet stets *Nein*, denn das Schlimmstmögliche ist ihnen bereits am 10. April 2010 passiert.

»Wovor sollten wir jetzt noch Angst haben?«

Wie der Kreml die Medien in eine Waffe verwandelte

Der Kreml, die vom Kreml gesteuerte Presse und die russischen Behörden sind effiziente Meinungsmacher. Mithilfe der Medien gelang es ihnen innerhalb kürzester Zeit, dauerhaft die öffentliche Meinung dahin gehend zu beeinflussen, wer die Schuldigen des Flugzeugabsturzes in Smolensk seien. Direkt nach dem Unglück entwarfen sie ein Narrativ von den trotzigen polnischen Piloten.

Die Einflussnahme des Kreml auf die öffentliche Meinung ist so radikal, dass die von Russland lancierte Version heutzutage sogar von renommierten internationalen Medien übernommen wird, wie etwa Foreign Policy oder Wikipedia. Im englischsprachigen Wikipedia-Artikel heißt es, es gebe eine *Verschwörungserzählung*, nach der Russland in den Absturz verwickelt sei.

Die russische Theorie herrscht auch in wissenschaftlichen Artikeln vor, und einige prominente westliche Meinungsmacher kultivieren sie immer noch als Tatsache auf Konferenzen und in namhaften Foren.

Das erscheint unglaublich, wenn man sich mit den nachgewiesenen Fakten des Absturzes beschäftigt. So gut ist Russland die Desinformationskampagne gelungen.

Ich habe einmal versucht, alles unter die Lupe zu nehmen, wie und von wem die Geschehnisse in der russischen Presse dargestellt wurden, beginnend mit dem Absturz selbst bis zur Veröffentlichung des offiziellen russischen Untersuchungsberichts im Januar 2011.

Putin leitet die Untersuchungen vor Ort

Am frühen Abend des 10. April 2010 ernannte der damalige russische Präsident Dmitri Medwedew den damaligen Ministerpräsidenten Wladimir Putin zum Leiter des Unfalluntersuchungskomitees von Smolensk. Die Medien berichteten, dass im Hinblick auf den Absturz nach russischem Recht Ermittlungen wegen Verstoßes gegen die Sicherheitsbestimmungen im Luftverkehr eingeleitet worden seien.

Der Gouverneur der Oblast Smolensk, Sergej Antufjew, sagte öffentlich, die Tupolew habe »drei oder vier Mal« versucht zu landen. Laut Antufjew habe die Flugsicherung den polnischen Piloten empfohlen, statt in Smolensk auf Minsk oder Moskau auszuweichen, aber diese hätten trotzdem an der Landung in Smolensk festgehalten.

Eine anonyme Quelle – angeblich mit Einblick in die Ermittlungen – sagte in einem Interview mit der Gazeta, die polnischen Piloten hätten ihre Entscheidung nicht dem Staatspräsidenten Lech Kaczyński oder anderen prominenten Mitreisenden mitgeteilt. Der Gouverneur wusste ebenfalls zu berichten, und zwar keinen halben Tag nach dem Unglück, dass die Maschine an Höhe verloren habe, mit einem Baum kollidiert und zwei Kilometer vor der Landebahn in den Wald gestürzt sei. Dort sei sie in Flammen aufgegangen.

Interessant war auch eine anonyme Quelle aus dem russischen Katastrophenschutzministerium, die berichtete, die Maschine sei bei Aviakor in Samara gebaut und dort auch im Dezember 2009, fünf Monate vor dem Absturz, gewartet worden.

Aus der Stadtverwaltung Smolensk erfuhr die Weltpresse, dass die Rettungskräfte die Blackbox der Maschine gefunden hätten. Aber weil »alles stark verbrannt war und die Rettungskräfte wenig von Flugzeugen verstehen, kann es sein, dass sie die Blackbox mit irgendeinem anderen Flugzeugteil verwechselt haben«, hieß es aus dem Bürgermeisteramt.

Am Abend nach dem Unglück um 18.30 Uhr berichteten die russischen Nachrichten, dass anhand vorläufiger Erkenntnisse ein Pilotenfehler zu dem Absturz geführt habe. Es hieß, die Maschine habe im Nebel landen wollen und sei gegen einen Baum geprallt, woraufhin sich das Heck abgelöst habe.

Bereits um kurz nach 21 Uhr am selben Abend veröffentlichte die staatliche Nachrichtenagentur RIA Nowosti in einem Online-Artikel in einer Animation von 17 Sekunden Länge eine sogenannte »Rekonstruktion«. Darin fliegt die Tupolew den Flugplatz bei Nebel aus einem ungünstigen Winkel an und stürzt ab. Personen, die in dem Artikel als Ermittler bezeichnet werden, behaupteten, das Flugzeug habe die Baumwipfel gestreift.

Der Stabsoffizier der russischen Luftwaffe, Aleksandr Aleschin, gab ebenfalls Interviews, in denen er berichtete, die Flugsicherung habe bemerkt, dass die Maschine sich dem Flugplatz auf ungewöhnlich niedriger Flughöhe näherte. Aber laut Aleschin habe die Besatzung nicht auf den Befehl der Flugsicherung reagiert, den Landeanflug abzubrechen.

Eben dieser hochrangige Offizier gab den Piloten am nächsten Tag auch in der internationalen Presse, etwa im US-Nachrichtenkanal CNN, die Schuld am Unfall. Seinen Worten zufolge sei die Tragödie dadurch ausgelöst worden, dass die Piloten entgegen den Anweisungen der Flugsicherung den Landeanflug nicht abgebrochen hätten.

Der verstorbene polnische Präsident Lech Kaczyński wurde in der russischen Presse äußerst negativ dargestellt. Wladimir Putin hingegen erschien in den Medien als zielstrebiger Ermittlungsleiter, der sich rund um die Uhr »im operativen Hauptquartier« in Smolensk in die Arbeit kniete. Es hieß, er wolle so schnell wie möglich Gewissheit über die Hintergründe des Absturzes haben.

Abends um zehn veröffentlichte die staatliche RIA eine Mitteilung, in der der damalige Leiter der zivilen russischen Luftfahrtbehörde Rosawiazija, Aleksandr Neradko, ein Narrativ präsentierte, das mit den anderen übereinstimmte. Er sagte, die Maschine sei zu niedrig geflogen und mit einem acht Meter hohen Baum kollidiert. Das Flugzeug hätte seinen Worten zufolge an dieser Stelle eigentlich auf einer Höhe von 60 Metern fliegen müssen.

Am folgenden Tag berichtete die staatliche russische Zeitung RG, dass Putin dem polnischen Premierminister Donald Tusk den Hergang der Ereignisse geschildert habe. Putin fragte zudem den russischen Verkehrsminister Igor Lewitin, ob der polnische Pilot *selbst die Entscheidung zur Landung getroffen habe, obwohl die Sicht schlecht war*, was Minister Lewitin bejahte.

»Der Pilot hat die Entscheidung selbst getroffen. Der Fluglotse hatte ihn wegen der Wetterverhältnisse gewarnt«, sagte Lewitin.

Das Unglück war erst 24 Stunden her, und trotzdem schwirrte der Luftraum schon vor Artikeln, die die Menschen dahin gehend indoktrinierten, dass die polnischen Piloten eigensinnig und ungehorsam gehandelt hatten.

In der Presse hieß es, Putin und Tusk hätten dafür gesorgt, dass in Moskau alles bereit war, um die Familien der Absturzopfer in Empfang zu nehmen. Der stellvertretende Bürgermeister Petr Birjukow sagte, die Arbeit im Rechtsmedizinischen Institut sei verteilt, und man habe im Hotel Platz für 450 Menschen geschaffen. Ärzte und Psychologen stünden bereit und für die polnischen Angehörigen habe man Dolmetscher engagiert.

Putin sagte, der Absturz sei nicht nur für Polen, sondern auch für Russland eine Tragödie, und ordnete für den 12. April Staatstrauer an. Die Zeitung Vesti berichtete, der stellvertretende Ministerpräsident Sergei Iwanow habe Putin versprochen, dass die Blackboxes der Maschine in enger Zusammenarbeit mit Polen untersucht werden würden. Vertreter der polnischen Strafverfolgungsbehörden und des Außenministeriums waren anwesend, als die Flugschreiber in Augenschein genommen wurden. Laut dem Vizeministerpräsidenten waren sie in einem einigermaßen guten Zustand und für eine Auswertung zu gebrauchen.

In der Öffentlichkeit wurde stets wiederholt, dass die Piloten der Präsidentenmaschine vor den ungünstigen Wetterbedingungen gewarnt worden seien und die Empfehlung bekommen hätten, auf einen anderen Flughafen auszuweichen.

Das russische Zwischenstaatliche Luftfahrtkomitee MAK war praktisch die verantwortliche Behörde für die Untersuchung des Absturzes und hatte die Aufgabe, die Ereignisse zu rekonstruieren und einen offiziellen Untersuchungsbericht zu erstellen. Die Vorsitzende des MAK, Tatjana Anodina, sicherte der Öffentlichkeit eine vertrauensvolle und qualifizierte Zusammenarbeit zwischen Russland und Polen zu. Sie betonte, dass der Absturz nach internationalen Standards und Richtlinien sowie objektiv und professionell untersucht würde. Sie wusste zu diesem Zeitpunkt bereits zu sagen, dass es an Bord der Maschine weder eine Explosion noch technische Probleme gegeben habe.

Das war, so wenige Tage nach dem Unglück, eine Aussage von enormer Tragweite. Denn es war – jedenfalls nach internationalen Standards – praktisch noch nichts untersucht worden, geschweige denn hatte man Gewissheit über irgendetwas erlangt.

Doch die russischen Medien verbreiteten unter der Leitung der höchsten Militärbehörden nur eine einzige Wahrheit. Sechs Tage nach dem Absturz berichteten sie, die Untersuchung der Unglücksstelle sei abgeschlossen, und dies sei in Zusammenarbeit zwischen Russland und Polen geschehen. Aber die oberste Ermittlungsbehörde setzte auf Grundlage des russischen Strafgesetzbuches die Ermittlungen fort, »um mögliche strafrechtliche Verantwortlichkeiten zu klären«.

»Mit an Sicherheit grenzender Wahrscheinlichkeit war eine Explosion an Bord nicht der Grund für die Katastrophe.«

Aus dem russischen Zwischenstaatlichen Luftfahrtkomitee MAK hieß es, man wolle die Dokumente des Flugzeugbauers Aviakor untersuchen, wo die Maschine gebaut und gewartet worden war – und wieder betonte man, dass das in enger Abstimmung mit polnischen Experten geschehen sollte. Insgesamt erweckte man in den russischen Medien den Anschein, dass die Zusammenarbeit zwischen Polen und Russland bei den Ermittlungen optimal war.

Die Vorsitzende des MAK, Tatjana Anodina, gab fast täglich Interviews. Zwei Wochen nach dem Absturz hieß es, die Untersuchungen des MAK am Flugplatz seien abgeschlossen. Als Unglücksursache wurde wieder benannt, dass die Maschine bei schlechter Sicht gegen Bäume geprallt sei. Sie behauptete auch, die polnischen Ermittler hätten freien Zugang zu *jeglichem Material.*

Zur gleichen Zeit sagte jedoch einer der höchsten Beamten der Russischen Föderation, Aleksandr Bastrykin, der das Untersuchungskomitee leitete und auch bei anderen Desinformationskampagnen federführend gewesen war, der Eigentümer des Flugzeugs, also Polen, könne während der laufenden Ermittlungen kein Material anfordern. Das ginge erst, wenn die Untersuchung offiziell abgeschlossen sei.

Am 29. April 2010 teilte der Direktor der russischen Luftfahrtbehörde Rosawiazija, Juri Jewdokimow, mit, dass die Tupolew in einem hervorragenden Zustand gewesen sei und die Besatzung sich falsch verhalten habe.

Am selben Tag hieß es in den Medien, Donald Tusk habe mit Wladimir Putin am Telefon über die Ermittlungen gesprochen. Beide sagten, sie seien zufrieden mit der guten Zusammenarbeit. Die operativen Maßnahmen würden gemeinsam beschlossen und die Länder würden einander auf halbem Wege entgegenkommen, so Tusk laut Vesti.

»Russland erfüllt all seine Verpflichtungen aus dem Abkommen von Chicago. Es wäre sogar bereit gewesen, über die internationalen Verträge hinauszugehen, wenn Polen das gewünscht hätte«, zitiert Vesti den polnischen Ministerpräsidenten.

Einen Tag zuvor, also weniger als drei Wochen nach dem Absturz, erläuterte Donald Tusk der Presse, »man könne mit großer Sicherheit sagen, dass die Ursache der Katastrophe keine Explosion an Bord war«.

Anfang Mai lobte auch Dmitri Medwedew die gute Zusammenarbeit zwischen Polen und Russland sowohl auf Regierungsebene als auch bei den Strafverfolgungsbehörden. Er forderte öffentlich, die Untersuchung des Todes von Präsident Kaczyński müsse abgeschlossen und die Ergebnisse der Öffentlichkeit zugänglich gemacht werden. Dabei fiel auch wieder die Formulierung »vorläufige Erkenntnisse«, laut denen das Flugzeug gegen Bäume geprallt sei.

Am 11. Mai 2010, also einen Monat nach dem Absturz, zog die MAK-Vorsitzende Tatjana Anodina »eine eindeutige Schlussfolgerung«: In der Maschine habe es weder einen Terrorakt noch eine Explosion, ein Feuer oder eine technische Störung gegeben.

Die eigentliche »Enthüllung« habe sich bei der Auswertung der Blackboxes gefunden. Laut den Aufnahmen hätten sich im Cockpit »unbefugte Personen« aufgehalten, so die russischen Medien. Eine Stimme habe man eindeutig identifizieren können, aber Anodina sagte, dass sie den Namen der Person nicht nennen würde, bevor die Untersuchung nicht komplett abgeschlossen sei. Die Stimmen der anderen Personen müssten noch ausgewertet werden.

Es wurde immer mehr Schuld auf die Piloten geladen, indem man immer mehr Faktoren außerhalb des Cockpits als Unglücksursache ausschloss. Das MAK verkündete, Navigationssysteme und Befeuerung am Flugplatz Severnyi hätten einwandfrei funktioniert. Am 19. Mai 2010 behauptete Edmund Klich, polnisches Mitglied des Untersuchungskomitees, die Ausbildung bei der polnischen Luftwaffe lasse rundum zu wünschen übrig.

Fünf Monate nach dem Absturz berichtete die russische Onlinezeitung Lenta, die Überprüfung der Behörden habe ergeben, dass Tupolew-154-Maschinen auf dem Flugplatz Severnyi durchaus landen könnten, aber nur bei gutem Wetter und wenn alle technischen Geräte in Ordnung seien. Laut den russischen Behörden waren alle Instrumente vor dem Präsidentenflug überprüft und für tauglich befunden worden.

Tatjana Anodina vom MAK hielt hartnäckig an dem Narrativ von der eigensinnig und unprofessionell agierenden Besatzung fest. Noch bevor die offizielle Untersuchung abgeschlossen war, gab sie pausenlos Interviews, in denen sie nicht müde wurde zu erwähnen, dass die Besatzung durch die Flugsicherung rechtzeitig die Informationen über die Wetterverhältnisse und alternative Flugplätze erhalten, sich aber trotzdem entschlossen habe, dort zu landen. Es sei die »Unerfahrenheit der Flugzeugbesatzung« mit einer sehr überschaubaren Anzahl an Flugstunden gewesen, die zu dem Unglück geführt habe.

Russlands Narrativ überzeugte die Öffentlichkeit davon, dass der polnische Flugkapitän und der Navigator aufgrund ihrer Unerfahrenheit Fehler machten, die die russische Flugsicherung nicht korrigieren konnte.

Druck durch Dritte

Tatjana Anodina spann ihre Geschichte weiter. Sie glaube, die Piloten hätten so gehandelt, weil sie »Druck von Dritten« bekommen hätten. Die Ermittler hatten den Namen der von Anodina angedeuteten »Person, die auf der Aufnahme zu hören und eindeutig identifiziert worden war«, noch nicht veröffentlicht, aber der Name tauchte durch Quellen, »die Kontakt zu den Ermittlern hatten«, in der Presse auf: Die unbefugte Person, die im Cockpit gewesen war, sei angeblich der Oberbefehlshaber der polnischen Luftwaffe, General Andrzej Błasik, selbst gewesen.

Die an sich interessante *Erzählung* vom Kommandeur der Luftwaffe, der die Piloten in dichtem Nebel trotz der Warnungen der Fluglotsen zum Landen gezwungen habe, verbreitete sich blitzschnell in der internationalen Presse. Neben unzähligen anderen Medien beteiligte sich auch die renommierte britische Zeitung The Guardian daran, indem sie schrieb, »die Anwesenheit des hochrangigen Offiziers im Cockpit könnte die Piloten dazu ermutigt haben, bei ungünstigen Wetterverhältnissen zu landen«.

Später wurde die Geschichte noch mit der Zusatzinformation angereichert, General Błasik habe den Piloten im Namen des Präsidenten Lech Kaczyński gedroht; er sei dabei alkoholisiert gewesen.

In den Medien und Nachrichtenagenturen in Russland, die der internationalen Presse Informationen liefern, sowie in Russlands erklärten Werkzeugen des Informationskrieges wie RT lief dieses Narrativ monatelang in Dauerschleife. Die Theorie von den Piloten, die den Absturz verursacht hätten, vom polnischen Luftwaffengeneral und dem Präsidenten Lech Kaczyński als treibender Kraft hinter dem Ganzen war bereits Mainstream, lange bevor Russlands »offizieller« Untersuchungsbericht abgeschlossen war.

Im September 2010 hieß es, der stellvertretende Vorsitzende des MAK, Oleg Jermolow, habe dem polnischen Vertreter im Untersuchungskomitee die Wartungsdokumente der Maschine vom Flugzeugbauer Aviakor übergeben. Und er würde bald darauf weitere Unterlagen liefern. Laut den russischen Medien hätten die Dokumente »das kompetente Vorgehen der Fluglotsen und des Anfluglotsen auf dem Flughafen Smolensk-Severnyi bestätigt«.

Bald darauf erklärte das MAK, es stünde kurz vor dem Abschluss eines vorläufigen Untersuchungsberichts, der auch Empfehlungen beinhalten werde, wie Polen Verbesserungen zu seiner Flugsicherheit unternehmen könne. Die Arbeitsgruppen hätten ihre Tätigkeit abgeschlossen, und angeblich seien an den wichtigsten Teilbereichen der russischen Ermittlungen auch viele polnische Experten beteiligt gewesen.

Am 12. Januar 2011 berichteten die russischen Nachrichtenagenturen und alle wichtigen Medien über die Ergebnisse der offiziellen Flugunfalluntersuchung des MAK.

Laut der Vorsitzenden Tatjana Anodina war die Maschine vollkommen funktionsbereit.

Aber der Ablauf des Fluges sei schlecht organisiert gewesen, die Piloten hätten gegen das russische Luftfahrtrecht verstoßen, der Flugkapitän und die gesamte Besatzung hätten sich in einem psychisch angespannten Zustand befunden, und der Kommandeur der polnischen Luftwaffe habe sich im Cockpit aufgehalten.

Die Ursache der Katastrophe sei die Entscheidung der Besatzung gewesen, gegen die Anweisung der Flugsicherung zu handeln und keinen anderen Flughafen anzufliegen.

Mithilfe von glaubwürdigen, in der westlichen Welt renommierten Nachrichtenagenturen verbreiteten sich die Lügen des Kreml wieder einmal in Windeseile rund um die Welt, in eine internationale Öffentlichkeit, in allen Sprachen.

Marek Pyza

Am 10. April 2010 befand sich der 31-jährige polnische Journalist Marek Pyza auf Rechercherеise im westrussischen Smolensk.

Zu dieser Zeit war Pyza Politikredakteur und arbeitete beim öffentlich-rechtlichen polnischen Rundfunk TVP bei der traditionsreichen Nachrichtensendung Wiadomośc. Aus Russland sollte er über die Reise des polnischen Präsidenten zum Mahnmal des Massakers von Katyn informieren.

Pyza war vier Tage vorher in Smolensk angekommen und hatte bereits über den separaten Besuch von Donald Tusk am 7. April berichtet.

Am Samstagmorgen frühstückte Pyza zusammen mit dem Kameramann und dem Toningenieur im Hotel Novyi nördlich der Smolensker Innenstadt. Das Hotel liegt direkt am Flugplatz Severnyi. Nach dem Frühstück fuhren sie zum Mahnmal des Massakers von Katyn, etwa 25 Kilometer westlich des Stadtzentrums.

»Katyn ist den Polen heilig«, sagt Pyza.

Mitten im Wald finden sich die Massengräber mit den sterblichen Überresten der Polen, die im Zweiten Weltkrieg vom sowjetischen Geheimdienst getötet wurden: Dort liegen Tausende polnische Offiziere, Soldaten und Grenzschützer. Zum Gedenken an sie sind in Katyn Kreuze und aufwendige Monumente errichtet worden, an denen auf Metallplaketten die Namen der Getöteten sowie ihre Geburts- und Todesdaten eingraviert sind.

Marek Pyza und sein Team machten Fotos und interviewten Angehörige der Opfer. Die Atmosphäre war feierlich. Viele der Anwesenden waren zum ersten Mal in ihrem Leben in Katyn. Irgendwann nahm Pyza eine Bewegung wahr: Jemand lief über den

Friedhof. Toningenieur Lech Siemaszko sagte, er habe gehört, dass in Smolensk »etwas« passiert sei. Ein Flugzeugabsturz.

»Genauer wussten wir es nicht. Es war 2010, unsere Handys hatten keine gute Internetverbindung.«

Ohne einen genauen Plan rannte Pyza mit seinen Kollegen zum Auto und raste zurück nach Smolensk. Zuerst fuhren sie zur Westseite des Flugplatzes, bekamen dort aber zu hören, der Absturz sei auf der anderen Seite passiert. Sie fuhren durch das Stadtzentrum zur Ostseite des Flughafens, wo sich ihr Hotel befand.

»Obwohl das Hotel direkt am Flugplatz lag, konnte man von dort aus die Absturzstelle nicht sehen.«

Auch zu Fuß hatte man keine Chance.

»Dort waren bereits Vertreter aller möglichen russischen Behörden versammelt, die man sich vorstellen kann: Polizei, Soldaten, Einheiten der OMON. Die Behörden hatten alles rund um den Absturzort abgeriegelt«, berichtet Pyza.

Er und seine Kollegen begriffen, dass sie nicht zum Flugzeugwrack vordringen würden. Stattdessen machten sie einen Kia-Autohändler am Rande des Flugplatzes aus, stellten sich dort als Journalisten vor und baten um die Erlaubnis, von den Geschäftsräumen aus Filmaufnahmen zu machen und Informationen zusammenzutragen.

»Unsere Schuhe waren total verdreckt. Es war Anfang April und der Frühling in Russland begann gerade erst«, erinnert sich Pyza.

Aber auch vom Autohändler aus war kaum etwas zu sehen. Ein paar Lichter, einige verstreute Flugzeugteile im Gelände. Nach wenigen Minuten erschien ein Mann der Sondereinheit OMON, mit einem Maschinengewehr bewaffnet, und warf Pyzan und seine Kollegen aus dem Geschäft.

Die Journalisten warteten draußen, bis der Soldat gegangen war – und gingen wieder hinein. Im hinteren Teil war eine kleine Autowerkstatt. Dort lernte Marek Pyza einen Mechaniker kennen, der gehört hatte, wie etwas explodierte oder zu Boden stürzte.

»Er zeigte mir ein Video von wenigen Sekunden, das er aufgenommen hatte«, sagt Pyza.

Anfangs wusste man nicht, wer sich an Bord der abgestürzten Maschine befunden hatte. Als immer mehr Journalisten zum Unglücksort kamen, bekam Marek Pyza von einem Kollegen eine Passagierliste.

Erst als er die Namen las, begriff er, was wirklich geschehen war. Es kam einer absoluten Katastrophe gleich. »Das waren Schlüsselfiguren der polnischen Gesellschaft. Hohe Beamte. Armeegeneräle, Kommandeure der Teilstreitkräfte. Fast jede wichtige Behörde hatte ihren Leiter verloren.«

Daneben wichtige Personen aus der Befreiungsbewegung gegen den Kommunismus. Die legendäre Freiheitsaktivistin Anna Walentynowicz. Der Direktor des Instituts für Nationales Gedenken, Janusz Kurtyka, und so viele andere. Alle lagen sie nun tot im russischen Matsch.

Marek überlegte, was dieser Verlust für Polen bedeuten würde. Für Politik und Gesellschaft. Polens Geschichte ist einzigartig, auch weil das Land noch immer schwer an der Last von 50 Jahren Kommunismus zu tragen hat. Aber es hatte sich befreit und eine neue Gesellschaft aufgebaut. Viele, die an Bord des Flugzeugs waren, hatten sich für diese Freiheit eingesetzt.

»Es war das Grauen, das reinste Grauen. Eine Katastrophe für mich und jeden einzelnen Menschen in Polen. Ebenso für alle Journalisten vor Ort. Egal ob Vertreter der rechten oder linken Medien, alle meine Kollegen hatten Tränen in den Augen, als sie die Passagierliste lasen«, sagt Pyza.

Die Ereignisse der folgenden Stunden beschreibt er als seltsam. Er war an der Absturzstelle, im Zentrum des Geschehens. Aber er hatte keine Möglichkeit, an neutrale Informationen zu gelangen. »Alles, was in den polnischen Medien berichtet wurde, kam von den russischen Behörden. Alles. So begann die Verbreitung der Desinformation über das Unglück von Smolensk.«

Nach Mareks Worten gaben die russischen Behörden bereits wenige Minuten nach dem Absturz eine Version der Unglücksursache bekannt. Obwohl man so kurz danach niemals hätte wissen können, was geschehen war. Die Russen behaupteten alles Mögliche, um den Verdacht von sich abzulenken.

»So hieß es beispielsweise, die Besatzung habe vier Mal zum Landen angesetzt. Das ist ganz klar eine Lüge«, merkt Pyza an.

Russische Behördenvertreter, von denen viele vor Ort waren, hätten die Journalisten gebrieft, und diese hätten das Material in ihren Medien weitergetragen, sagt Pyza. In der internationalen Öffentlichkeit verbreitete sich die Auffassung, dass die Piloten der polnischen Streitkräfte unprofessionell agiert hätten. Den Journalisten wurden auch merkwürdige Tonbandaufnahmen zugespielt. Dort sprach angeblich ein Fluglotse von Severnyi; seinen Worten zufolge hätten die Piloten kein Russisch verstanden und nicht auf die Anweisungen der Fluglotsen reagiert.

Normalerweise verbreiten polnische Journalisten laut Pyza nicht ungeprüft die Verlautbarungen von russischen Behörden. Er vermutet, dass in dieser schwierigen Situation der journalistische Instinkt versagt hat. Die Medienvertreter mutmaßten, dass es sich entweder um einen technischen Defekt oder einen Pilotenfehler handelte. »Viele hielten den Absturz für ein Unglück, also sagten sie sich: ›Warum sollten wir den Behörden nicht glauben?‹ Kaum jemand konnte sich vorstellen, dass Dritte, wie etwa Russland, in die Sache verwickelt sein konnten. Das hätte nach Verschwörungstheorie geklungen.«

Marek und seine Kollegen versuchten weiter, an Informationen zu gelangen. Von der Kutuzowa-Straße an der Ostseite des Flugplatzes aus konnte er einen Teil einer Tragfläche und weitere Wrackteile sehen und machte Fotos davon. Aber als sie näher herangehen wollten, wurden sie von russischen Soldaten aufgehalten.

»Wir zeigten ihnen unsere Presseausweise, aber sie sagten, wir sollten abhauen.«, sagt Pyza.

Noch am selben Abend versuchte er wieder auf den Flugplatz zu gelangen, als der polnische Ministerpräsident Tusk und der Zwillingsbruder des Präsidenten Jarosław Kaczyński eintrafen. Aber die Russen hielten die Journalisten zurück. Sie erlaubten *nur den Fotografen* den Zugang, und sie durften ausschließlich Aufnahmen von Regierungsvertretern und dem russischen Ministerpräsidenten Wladimir Putin machen, der eine besondere Botschaft für die Polen hatte. Bei YouTube findet sich immer noch ein Video, in dem offenbar Putin und der damalige russische Katastrophenschutzminister und spätere Verteidigungsminister Sergei Schoigu Ministerpräsident Tusk den Unglückshergang erläutern.

Marek Pyza kam allmählich zu dem Schluss, dass Russland nicht die ganze Wahrheit sagte und anscheinend gleichzeitig eine Kampagne gegen die Piloten betrieb. Aber er begriff damals noch nicht, wie wichtig seine Beobachtungen waren. »Stell dir vor: Es ist der Abend des Unglücks. Der polnische Ministerpräsident, polnische Behördenvertreter und polnische Sondereinheiten sind vor Ort. Man *scheint* alles im Griff zu haben.« Niemand hätte sich damals vorstellen können, dass die internationale Öffentlichkeit massiv mit Lügen versorgt wurde. Geschweige denn, dass die polnischen Behörden die Sache *nicht* gewissenhaft untersuchen würden.

Die Atmosphäre, die von den russischen Soldaten und Sondereinheiten geschaffen wurde, war ein klassischer russischer Versuch, Tatsachen zu verschleiern. Diese Atmosphäre war den Polen aus der Geschichte wohlbekannt, sagt Marek Pyza. Man schrieb das Jahr 2010, Polen hatte erst 21 Jahre zuvor den Kommunismus und die sowjetische Herrschaft abgestreift.

Im Hinblick auf die Recherche war der erste Tag für Marek vergeblich. Er bekam nur Informationen aus zweiter Hand von Kollegen und Aussagen von Leuten, die nicht besonders viel wussten, wie etwa der Mechaniker in der Kia-Werkstatt.

Erst in den folgenden Tagen gelang es Marek Pyza, richtig mit seinen Nachforschungen zu beginnen. Danach hat er Tausende

Stunden recherchiert und unzählige Artikel sowie ein Sachbuch geschrieben. Er hat den Flugplatz Severnyi insgesamt dreimal besucht: 2010, 2016 und 2018, und vermutet, dass man ihm einen vierten Besuch dort nicht ermöglichen würde.

1400 Euro in Rubel

Als der polnische Ministerpräsident und die Vertreter der Staatsanwaltschaft ankamen, waren sie völlig unvorbereitet, sagt Marek Pyza. Die Russen hatten die Kontrolle über die Situation und konnten den Polen erzählen, was sie wollten. Und die Polen gaben sich damit offenbar zufrieden.

Russland hinderte die polnischen Behördenvertreter an der Untersuchung der Absturzstelle. Sie durften nur ein paar wenige Fotos machen und nicht den zu Untersuchungszwecken üblichen Überflug der Unglücksorts absolvieren.

Am Abend des Unglückstages begannen die Russen, die sterblichen Überreste der Opfer zu »Untersuchungen« nach Moskau zu transportieren. Der Zwillingsbruder des polnischen Präsidenten, Jarosław Kaczyński, verhinderte jedoch den Transport der Gebeine seines Bruders nach Moskau. Stattdessen wurde Präsident Kaczyński noch am selben Abend in einer Baracke am Rande des Flugplatzes von den Russen obduziert. Dabei hielt man sich nicht an das übliche offizielle Protokoll und es wurden keine Fotos gemacht, sagt Pyza.

Bereits in den darauffolgenden Tagen begannen die Behörden damit, eine Straße aus Beton zum Flugzeugwrack zu bauen, damit man mit schwerem Gerät zur Unglücksstelle gelangen konnte, wobei die Betonteile zum Teil einfach auf Flugzeugteilen und sterblichen Überresten von Todesopfern platziert wurden.

»Damit machten die Russen es unmöglich, weite Teile der Unglücksstelle zu untersuchen.«

Auf der Betonstraße fuhr beispielsweise eine Planierraupe, die

Flugzeugteile von einem Ort zum anderen verschob. Dieses Vorgehen wurde erst viel später publik.

»Die Russen machten sich also daran, das Wrack noch weiter zu zerlegen, obwohl es bei der Unfalluntersuchung ein äußerst wichtiges Beweisstück ist.«

Andererseits verblieb ein Teil des Wracks im Gelände, wo es den Elementen ausgesetzt war und Spuren verloren gingen. Zudem wurden die Opfer bestohlen. So kamen beispielsweise das Handy des Präsidenten und der Laptop seines Sicherheitschefs abhanden. Die Ortungsdaten verrieten, dass die Geräte eingeschaltet und verwendet wurden. Bisher weiß man nicht, warum oder auf wessen Initiative das geschah.

»Vielleicht hat jemand Daten von den Geräten kopiert. Wir können es nicht wissen. Die Polen standen unter Schock, doch sie konnten nichts dagegen tun. Niemand schafft es, so viele skandalöse Vorgehensweisen auf einmal zu bewältigen«, sagt Pyza.

Den Opfern wurde noch mehr entwendet. Zwei Monate nach dem Absturz hob die russische OMON-Miliz Geld im Wert von 1400 Euro vom Konto eines Opfers ab, eines preisgekrönten polnischen Historikers, der zudem noch in der Solidarnosc-Bewegung und als Minister aktiv gewesen war. Als die Information über dieses infame Verbrechen der OMON an die Öffentlichkeit gelangte, sagte der damalige polnische Regierungssprecher auf Russisch im Fernsehen an die OMON-Leute gerichtet, die Nachricht tue ihm leid. Seinen Worten zufolge handelte es sich um einen Irrtum. Am Ende wünschte er der OMON alles Gute und bedankte sich bei ihr für ihre Arbeit rund um die Tragödie von Smolensk.

Zusammenarbeit auf Russisch

Die polnischen Behörden ersuchten in Russland offiziell um Amtshilfe. Bis auf einige kleine Angelegenheiten ging Russland nicht auf diese Bitte ein, die Amtshilfe wurde nicht gewährt.

Stattdessen versuchten die Russen, der polnischen Staatsanwaltschaft Vorschriften zu machen und zu kontrollieren, welches Material die Polen für die Untersuchungen heranziehen durften. Russland überließ ihnen nur Material, von dem es sich selbst einen Vorteil versprach.

»Sie gaben beispielsweise keine Informationen zu den offiziellen Abläufen des Flughafens heraus.«

Die Russen erklärten, die Überwachungskameras der Flugsicherung, die eigentlich die Fluglotsen bei der Arbeit aufnehmen sollten, hätten am 10. April nicht funktioniert. Somit bekamen die Polen keine Videoaufzeichnungen aus dem Tower. Ebenso durften polnische Ermittler sich nicht die Räumlichkeiten ansehen.

Doch die Russen hatten bereits vor dem Unglück Informationen zurückgehalten. Die Piloten der Tupolew hätten keine aktuellen Kenntnisse über die Wetterdaten und das Anflugverfahren gehabt, sagt Pyza. Auch wichtige Navigationsparameter, Grundvoraussetzungen für jeden Flug, seien nicht weitergegeben worden.

Die Russen hatten zudem »vergessen« mitzuteilen, dass eine der beiden Sendeanlagen auf dem Flughafen nicht funktionstüchtig sei. Von diesen erhält ein anfliegendes Flugzeug ein Signal, das die Landung der Maschine steuert. Auch die Befeuerung der Landebahn war nicht eingeschaltet.

Viele Sicherheitsmängel am Flughafen Severnyi wurden bereits 2010 publik. Präzisere Angaben hierzu machte beispielsweise die Besatzung eines anderen polnischen Flugzeugs, das am selben Morgen in Smolensk gelandet war. Die Maschine hatte Journalisten an Bord und die Besatzungsmitglieder wurden offiziell als Zeugen gehört.

Marek Pyza berichtet weiterhin: Als Russland die Theorie verbreitete, der Kommandeur der polnischen Luftwaffe habe in angetrunkenem Zustand die Piloten zur Landung gezwungen, habe die polnische Staatsanwaltschaft als offiziellen Gutachter den Betreiber eines Tonaufnahmestudios bestellt, der sich nicht mit Unfalluntersuchungen auskannte. Er fuhr nach Russland, um sich die von den

Russen zur Verfügung gestellten Bänder anzuhören, und er sei der Einzige, der auf den Aufnahmen aus dem Cockpit gehört haben will, dass dort Bier ausgeschenkt worden sei, erklärt Pyza. In Wahrheit habe es auf dem ganzen Flug überhaupt keinen Alkohol gegeben.

Nach der russischen Theorie habe General Błasik bei den Piloten gestanden und behauptet, die Landung sei durchaus möglich. »›Nur Mut, landet ruhig, ihr schafft das‹. Niemand außer dem Besitzer des Tonstudios hat das auf den Aufnahmen gehört«, berichtet Pyza.

Einigermaßen erstaunlich war, dass der Bruder des Tonstudiobesitzers ein Professor ist, der eine bedeutende Rolle bei der Lenkung der Debatte um das Unglück von Smolensk spielte. Immer wenn ein Wissenschaftler, ein Abgeordneter der Opposition oder ein Journalist die offiziellen Ergebnisse anzweifelte, wurde der Professor aktiv: Er veröffentlichte einen Artikel auf seinem Blog oder gab auf TVN24 ein Interview.

»Das gehörte zu den vielen Elementen, mit denen die Untersuchungen sabotiert wurden«, sagt Pyza.

Der Journalist macht noch einmal darauf aufmerksam, dass in Polen alles politisch sei, und ganz besonders das Unglück von Smolensk. Innenpolitisch habe sich die damalige Regierungspartei womöglich davon bedroht gefühlt, dass der Absturz als russisches Attentat auf den polnischen Präsidenten gesehen werden konnte.

In so einem Fall hätte sich der Konkurrent der Regierungspartei Bürgerplattform, die PiS-Partei, als Opfer hinstellen können, um bei der nächsten Wahl mehr Stimmen einzuheimsen. Daher war es von Anfang an politisch vorteilhaft für die Bürgerplattform, eine Atmosphäre zu schaffen, in der eine mögliche öffentliche Debatte über den Einfluss Russlands einzig und allein zeigt, dass *derjenige sich verdächtig macht*, der das Thema anschneidet.

»Über das Unglück von Smolensk zu sprechen wurde als verwerflich hingestellt. Dennoch ist es genau andersherum: Wenn du denkst, an der Sache ist nichts faul, dann stimmt etwas mit *dir* nicht«, sagt Pyza.

Richter in eigener Sache

Zur Regierungszeit der Bürgerplattform wurden die Versäumnisse der polnischen Behörden bei der Untersuchung kaum je kritisiert, im Gegenteil: Die damaligen Verantwortlichen haben sich selbst von jeder Schuld reingewaschen. Behördenvertreter, deren Versäumnisse die Tragödie erst ermöglichten, wurden mit besseren Posten belohnt und befördert.

In Wahrheit haben sich die polnischen Behörden viel zuschulden kommen lassen. Die größte Fahrlässigkeit begingen sie darin, die Maschine überhaupt nach Severnyi fliegen zu lassen. Nach den offiziellen Regularien hätten die polnischen Sicherheitsbehörden den Flugplatz im Vorhinein überprüfen müssen.

Erst im Nachgang zeigte sich, dass der Fliegerhorst Severnyi nicht einmal die einfachsten Erfordernisse eines Flugplatzes erfüllte. Genau genommen war er nicht einmal in Betrieb, sondern eigentlich geschlossen und diente als Ausweichflughafen, der nur für ein paar Tage und nur zu diesem Zweck in Betrieb genommen wurde.

»Aber die polnischen Behörden haben den Fliegerhorst nicht überprüft, weil die Russen ihnen dazu keine Erlaubnis gaben«, berichtet Pyza.

Ein weiterer Fehler der polnischen Regierung bestand darin, dass Ministerpräsident Tusk auf die russische Forderung einging, bei der Untersuchung das Abkommen von Chicago anzuwenden, das die Untersuchungen von zivilen Flugunfällen regelt. Für militärische Flugunfälle hatten Russland und Polen ein bilaterales Abkommen, das hier zur Anwendung hätte kommen müssen.

Die Tu-154M startete auf einem Militärflugplatz, ihr Ziel war ein Militärflugplatz, sie war ein Militärflugzeug, und ihre Besatzung gehörte zur polnischen Luftwaffe, wie Pyza noch einmal betont. Auch das Personal auf dem Flughafen in Smolensk bestand aus Armeeangehörigen und auf dem Flugplatz *hätten* die Standards und

Vorschriften der Militärluftfahrt *gelten müssen.* Dennoch forderte Russland eine Unfalluntersuchung nach den Regeln der Zivilluftfahrt ein, weil bei der Anwendung der militärischen Standards die russischen Aktivitäten einer genaueren Überprüfung unterzogen worden wären. Und weil die Anwendung des Abkommens von Chicago Russland half, vor seiner Verantwortung davonzulaufen.

»Auch der Anflug wurde nach militärischen Standards abgewickelt. Das ist wichtig, weil die Flugsicherung nach dem russischen militärischen Protokoll – das Russland den Polen vorenthalten hat – den Flugplatz wegen der schlechten Wetterverhältnisse hätte sperren und das Flugzeug umleiten müssen.«

Doch genau das taten die Russen nicht. Und damit verstießen sie gegen ihr eigenes Regelwerk, sagt Pyza.

Das dritte Versäumnis der polnischen Regierung bestand darin, dass sie nicht einmal auf den Vorschriften des Abkommens von Chicago bestand, als es nötig gewesen wäre. Der Vertrag besagt beispielsweise, dass das Flugzeugwrack an den Eigner übergeben wird, sobald die Untersuchung im Land des Absturzes, hier also Russland, abgeschlossen ist. Der Untersuchungsbericht des MAK wurde im Januar 2011 fertiggestellt. »Doch die polnische Regierung forderte das Wrack gemäß den Bestimmungen nicht zurück. Dabei ist das polnische Verteidigungsministerium Eigentümer der Tu-154M.«

Viele Journalisten wollten vom damaligen Außenminister Radosław Sikorski wissen, wie es um die Übergabe des Flugzeugwracks an Polen stehe. »Außenminister Sikorski sagte, er sei in dieser Sache mehrfach beim russischen Außenminister Sergei Lawrow vorstellig geworden. Aber der habe jedes Mal erwidert, die Russen würden darauf warten, dass Polen seine Untersuchung beende, bevor sie ihre eigenen Ermittlungen abschließen könnten. Sikorski erwähnte nicht, dass Russland damit gegen das Abkommen von Chicago verstieß.«

Auffallend war auch, dass der Leiter der ersten polnischen Untersuchung zur Absturzursache der damalige Innenminister Jerzy Miller war. Der Mann, der als Minister die Sicherheitsbehörden beaufsichtigte, die die Sicherheitsvorkehrungen nicht beachtet hatten, war auch verantwortlich für das Untersuchungskomitee – das wiederum die Aktivitäten der polnischen Sicherheitsbehörden hätte untersuchen müssen.

»In gewisser Weise kann man sagen, dass Miller hier Richter in eigener Sache war«, sagt Pyza.

Jerzy Miller war zusammen mit den russischen Verantwortlichen auch an der Regelung diverser praktischer Angelegenheiten beteiligt, die sicherlich eine Überprüfung wert wären. Im Mai 2010 unterschrieb Miller zusammen mit dem russischen Innenminister ein Memorandum, demzufolge alle Flugschreiber der Tupolew so lange in Moskau verbleiben würden, bis die Untersuchung und alle Prozesse abgeschlossen seien.

»Also für immer«, glaubt Pyza.

Als Polens neuer Präsident wurde der kremlfreundliche Bronisław Komorowski gewählt, der Orden an etliche Russen verlieh, die an den »Rettungsmaßnahmen« beteiligt gewesen waren. Obwohl es keine Rettungsmaßnahmen gegeben habe und niemand habe gerettet werden können, sagt Pyza.

Die polnischen Behörden akzeptierten bei der Bewältigung des Unglücks auch keine internationale Hilfe. Die USA war bereit, eine Zusammenarbeit anzubieten, aber die polnische Regierung nahm das Angebot nicht an. Nicht einmal die dringende Forderung der polnischen Bevölkerung, die internationale Hilfe anzunehmen – bei einer Petition waren 400 000 Unterschriften zusammengekommen –, konnte die Verantwortlichen umstimmen. »Trotz des Ersuchens wiederholte die Regierung gebetsmühlenartig: Wir regeln die Sache selbst, lasst uns in Ruhe mit euren Verschwörungstheorien«, sagt Pyza.

In den ersten Monaten nach dem Absturz war die polnische Militärstaatsanwaltschaft zuständig für die juristischen Fragen bei der Unfalluntersuchung. Die Aktivitäten der Militärstaatsanwaltschaft unterstanden der Kontrolle des zivilen Staatsanwalts Marek Pasionek, der in einem Warschauer Restaurant ein Treffen mit der CIA und dem FBI anberaumte.

»Als der oberste Militärstaatsanwalt von dem Treffen erfuhr, wurde Pasionek suspendiert und der Zusammenarbeit mit einer ausländischen Macht sowie der unerlaubten Weitergabe von Informationen an die ausländische Macht sowie an Journalisten angeklagt.« Sechs Jahre später, unter der neuen polnischen Regierung, wurde Pasionek rehabilitiert und als leitender Staatsanwalt bei den neuerlichen Untersuchungen zum Absturz von Smolensk eingesetzt. Er starb 2022.

Die erste polnische Untersuchungskommission unter der Leitung von Jerzy Miller beschäftigte sich nicht mit den Fotos, die von den Todesopfern gemacht worden waren, obwohl diese Aufschluss über die Unglücksursache hätten geben können. Dem Komitee zufolge waren die Bilder jedoch »nutzlos«. Miller erklärte, er habe die Bilder nicht gesehen und wolle sie auch nicht sehen, berichtet Pyza. »Die Untersuchungskommission hatte also einen Leiter, der sich weigerte, sich die Aufnahmen der Opfer anzusehen. Wie soll man die Wahrheit über die Ereignisse erfahren, wenn Beweismittel nicht herangezogen werden?«

Die polnische Militärstaatsanwaltschaft wiederum habe die russischen Obduktionsberichte nicht abgewartet, bevor sie die sterblichen Überreste zur Bestattung freigab, sagt Marek Pyza. Wenn die Todesursache unklar ist, kann eine Bestattung nicht erfolgen, solange die Staatsanwaltschaft nicht grünes Licht gegeben hat.

Auch die 2016 neu aufgenommene Untersuchung wurde von den Russen behindert. Als sich polnische Staatsanwälte im September 2018 zum Flugplatz Severnyi aufmachten, um sich die Überreste des Wracks anzusehen, verboten ihnen die Russen die Verwendung jeglicher Aufnahmegeräte und Speichermedien und sogar den Gebrauch von Handykameras. Die polnischen Behördenvertreter mussten zudem eine Untersuchung mit Metalldetektoren über sich ergehen lassen und durften das Wrack ausschließlich in russischer Begleitung in Augenschein nehmen.

»Sie mussten die Russen extra darum ersuchen, Fotos von den gewünschten Details zu machen. Das zeigt den Charakter der polnisch-russischen ›Zusammenarbeit‹.«

Als die Polen Wrackteile mit einem 3D-Scanner aufnehmen wollten, bekamen sie die Mitteilung, dass der 3D-Scanner nicht zur Verfügung stünde, sondern anderweitig in Gebrauch sei. Ihre eigenen Geräte durften die Polen nicht benutzen und ein passender Termin für einen 3D-Scan hat sich bis heute nicht gefunden.

Marek Pyza sagt, die Untersuchung des Unglücks von Smolensk sei von Anfang an die wichtigste Untersuchung in Polens jüngerer Geschichte gewesen. Als er feststellte, dass etwas nicht stimmte, versuchte er, als Journalist die Aussagen der Behördenvertreter und die Untersuchungsergebnisse zu verifizieren. »Ich wollte testen, ob unsere Institutionen so arbeiten, wie es sein müsste«, sagt er. Die Motivation für seine Arbeit als Investigativjournalist waren die außergewöhnlichen Entscheidungen der polnischen Behörden, wie etwa die Zustimmung zum Verbleib der Flugschreiber in Russland. Daraus schloss er, dass etwas ganz und gar nicht in Ordnung war und dass in dem Fall nicht so ermittelt wurde, wie es hätte sein müssen.

Trinitrotoluol

Marek Pyza hat über die Jahre viele Gespräche mit den Hinterbliebenen der Opfer von Smolensk geführt. 2015 schrieb er ein Sachbuch über die Verunglückten und die Erfahrungen ihrer Familien. Er wollte einem großen Publikum vor Augen führen, was für Menschen Polen bei dem Absturz verloren hat. In dem Buch schildert er viele Hinterbliebene als sehr patriotisch.

Marek berichtet, dass die Angehörigen der Opfer die treibende

Kraft bei der Aufklärung der Frage gewesen seien, ob in Smolensk Sprengstoff im Spiel war. Als die polnischen Behörden bereits den Einsatz von Sprengstoffen bestritten hatten, setzten sich die Angehörigen dafür ein, in kriminaltechnischen Laboren in Irland, Italien und Großbritannien nach Spuren von Sprengstoff zu fahnden.

Ursprünglich kam die ganze Sache 2012 durch eine Schlagzeile der Tageszeitung Rzeczpospolita ans Licht. Der Redakteur Cezary Gmyz schrieb, polnische Kriminaltechniker hätten an mehreren Stellen am Wrack der Unglücksmaschine und in dessen Umfeld im Boden Spuren von Sprengstoff gefunden, nachdem sie das Gelände mit einem Sprengstoffdetektor abgesucht hätten.

»Da hörten wir zum ersten Mal davon, dass in Smolensk Sprengstoff gefunden wurde«, sagt Pyza.

Wegen des Artikels wurden Gmyz wie auch sein Chefredakteur entlassen. Zu der Zeit arbeitete Pyza für denselben Verlag bei dem Magazin Uważam Rze und die gesamte Redaktion reichte aus Protest gegen die Entlassung geschlossen ihre Kündigung ein. So löste sich Pyzas damaliger Arbeitsplatz, ein wichtiges meinungsbildendes Magazin, in Luft auf.

Anschließend wurden die Proben der Kriminaltechniker offiziell im juristischen Zentrallabor der polnischen Polizei untersucht und analysiert. Das Ergebnis der Analyse war: *An den Proben aus dem Wrack fanden sich keine Sprengstoffspuren.*

»Die polnische Staatsanwaltschaft teilte später mit, dass die Geräte unzuverlässig wären und sie auf alle möglichen Substanzen wie etwa Schuhcreme reagieren könnten. Der Hersteller wiederum sagte aus, dass diese Behauptung falsch sei und die Geräte niemals fehlerhafte Ergebnisse lieferten«, schrieben Pyza und sein Kollege Marcin Wiklo in einem gemeinsamen Artikel. Pyza hat in Zusammenarbeit mit Wiklo viele Artikel zum Absturz von Smolensk veröffentlicht.

Die Hinterbliebenen der Opfer leiteten die Analyse der polnischen Polizei weiter an Chemiker an der polnischen Akademie der Wissenschaften. Deren Worten zufolge waren die Proben mit einem Verfahren analysiert worden, mit dem *gar keine positiven Ergebnisse erzielt werden konnten.*

Erst mit der erneuten polnischen Untersuchung 2016 begann man, die Möglichkeit in Betracht zu ziehen, dass Sprengstoff zum Einsatz gekommen war. Die Generalstaatsanwaltschaft schickte Proben an drei verschiedene ausländische Kriminallabore.

Auch Pyza verfolgte die Untersuchungen. 2017 fuhr er mit einem Kollegen nach Italien zum Hauptsitz der Carabinieri, in dem sich eines der modernsten rechtswissenschaftlichen Labore der Welt befindet. Das war einer der drei Orte, an denen die Proben aus Polen untersucht wurden. Im August 2018 erbrachten die Untersuchungen der Carabinieri folgendes Ergebnis: Es konnte Sprengstoff nachgewiesen werden; zu dem gleichen Ergebnis kam 2019 das Rechtswissenschaftliche Sprengstofflabor (FEL) in Großbritannien, das dem dortigen Verteidigungsministerium untersteht. Marek Pyza veröffentlichte zusammen mit seinem Kollegen einen Artikel zu den britischen Ermittlungsergebnissen, noch bevor sie offiziell an die Öffentlichkeit gelangten.

In den Proben, die dem britischen Labor vorlagen, hatte man eine chemische Verbindung namens Trinitrotoluol gefunden, besser bekannt unter dem Kürzel TNT.

Die Proben, die den britischen Chemikern vorlagen, waren dieselben, bei denen das Rechtswissenschaftliche Zentrallabor in Polen 2013 keine Spuren von Sprengstoff gefunden hatte. Kein damaliger polnischer Behördenvertreter ist je für die Manipulation der Sprengstoffanalyseergebnisse zur Verantwortung gezogen worden.

Ein Schuppen im Gebüsch

2016 besuchte Marek Pyza mit einem Kollegen bei einer Recherchereise den Flugplatz Severnyi. Er wollte etwas über das Flugsicherungsgebäude erfahren, zu dem vorher noch kein Pole Zutritt bekommen hatte: weder ein Mitglied der offiziellen polnischen Untersuchungskommission noch jemand von der Staatsanwaltschaft.

Bei der Recherche machte er sich die Neigung der Russen zu mangelnder Sorgfalt zunutze.

Zuerst stiegen Pyza und sein Kollege auf das Dach eines zehnstöckigen Hochhauses, das auf der anderen Seite der Zufahrtstraße zum Flugplatz liegt. Von dort schossen sie Fotos von dem Gelände und dem aus Aluminium, Plastikplanen und Holz gezimmerten Schuppen, wo die Trümmerteile der Unglücksmaschine lagern. Sie versuchten auch, zu Fuß auf das Flugplatzgelände zu gelangen. Am Ende schafften sie es, indem sie sich durch ein Gebüsch zwängten.

»Wir reden hier von einem russischen Armeestützpunkt«, merkt Marek Pyza an.

Niemand kümmert sich um das Gelände rund um die Absturzstelle, alles ist mit Gras und Büschen überwuchert. Als Erinnerung an das Unglück wurde ein Gedenkstein errichtet, mit einer Metallplakette, auf der in russischer und polnischer Sprache steht: *Gedenkstein für 96 polnische Staatsbürger unter der Führung des Staatspräsidenten Lech Kaczyński, die am 10. April 2010 in Smolensk bei einem Flugzeugunglück ums Leben kamen.*

Der Gedenkstein strahlt nicht besonders viel Würde aus, sagt Pyza, und Polen habe bei den Russen jahrelang darum ersuchen müssen, dass er überhaupt aufgestellt wurde.

Pyza und sein Kollege machten weitere Fotos und gingen weiter zum sogenannten Tower, der in Wahrheit nicht mehr als ein besserer Schuppen sei. Sie fotografierten durch die Fenster in den Innenraum und machten so die ersten Aufnahmen, die nach dem Absturz von dem Gebäude veröffentlicht wurden; sie sind später in einer Zeitung veröffentlicht worden.

Innen im Gebäude, in dem die russischen Militärfluglotsen am Unglückstag gearbeitet hatten, herrschte ein ungeheures Durcheinander. Zu sehen waren auch die Überwachungskameras, die die

Arbeit in dem Raum hätten aufnehmen sollen – die aber laut den Russen ausgerechnet am Tag des Absturzes außer Betrieb waren.

Zwei Jahre später versuchten Pyza und Marcin Wiklo noch einmal, auf das Gelände zu kommen, doch dieses Mal wurden sie von Soldaten aufgehalten. Dennoch gelang es ihnen, mit einer Drohne Aufnahmen vom Gelände zu machen und so auch die Anflugroute der Unglücksmaschine festzuhalten.

Pyza hat auch Artikel über die Exhumierungen und die dabei enthüllten Leichenschändungen durch die Russen veröffentlicht. So hatte man beispielsweise das Herz eines PiS-Abgeordneten absichtlich an seinem Bein »befestigt«. In der Lunge eines anderen hochrangigen Opfers fand sich eine Zigarettenkippe.

»Das kann ganz eindeutig nur bei den Obduktionen in Moskau passiert sein«, sagt Pyza.

Danse macabre

Die Meinungsmache rund um das Flugzeugunglück nahm schnell Fahrt auf. Marek Pyza erinnert noch einmal daran, dass in Polen alles politisch ist, und nichts ist politischer als der Absturz von Smolensk. 2010 hatten die sozialen Medien noch keine so starke meinungsbildende Funktion, aber in einigen Zeitungen war erkennbar, dass eine Kampagne lief.

Der erste Sturm zog bereits früh auf – oder wurde entfacht, und zwar mitten in der nationalen Trauer, die das Land einte. Kaczyńskis letzte Ruhestätte zwischen Königen auf der Wawel-Burg in Krakau stand öffentlich zur Debatte, unter anderem angestoßen von Politikern und Journalisten in der Zeitung Gazeta Wyborcza.

Pyza zufolge wollten einige Medien die Öffentlichkeit zu einer Diskussion anstacheln, ob die Flugzeugbesatzung unter Druck gesetzt worden war oder nicht. Und für den Fall, dass es so war, war es laut den Kommentatoren der wichtigste Passagier der Maschine, Präsident Lech Kaczyński, der die Piloten unter Druck gesetzt hatte.

»Und das, obwohl es bis heute keinerlei Beweise dafür gibt, dass überhaupt Druck ausgeübt wurde«, sagt Pyza. »Und es hat auch keinen gegeben.«

Der private Fernsehsender TVN24, im Jahr 2010 ein wichtiges Medium in Polen, behauptete, im Cockpit seien folgende Worte gefallen: »*Okay, wenn ich nicht lande, töten sie mich, sie töten mich, oder …*« Diese angebliche Aussage eines Piloten wurde auf dem Bildschirm mit gelbem Text wiedergegeben. Zur gleichen Zeit sagte der Moderator im Studio mit sentimentaler Stimme, dass diese Worte im Cockpit gesprochen worden seien.

»So kommt eine Medienmaschinerie in Gang, die diese Worte wiederholt. Als Nächstes werden die Aussagen von Experten und anderen Journalisten kommentiert.«

Das Fernsehen sendete die Meldung im Halbstundentakt, bis es das Thema in die Hauptnachrichtensendung schaffte, die von Millionen Menschen gesehen wurde. So änderte sich die Sicht der Öffentlichkeit auf die Ereignisse im Cockpit. Erst Jahre später fanden sich bei einer Untersuchung Beweise, die etwas ganz anderes besagten. Aber die Vorstellung hatte sich in den Köpfen der Leute festgesetzt.

Die Piloten im Cockpit der Unglücksmaschine wurden unter Druck gesetzt. Von einer ranghohen Persönlichkeit.

Eine andere einflussreiche Falschmeldung besagte, dass der Pilot am Morgen Streit mit General Błasik gehabt habe. Angeblich habe der General herumgebrüllt und die Besatzung unter Druck gesetzt.

Die Meldung wurde in verschiedenen Zeitungen und auf diversen Onlineseiten veröffentlicht. Erst viel später fanden sich auf dem Flugplatz Aufnahmen, die die Meldung als falsch entlarvten.

Die polnische Presse untersteht *prinzipiell* einem Pressegesetz. Zusätzlich werden die Medien in ethischer Hinsicht allem Anschein nach von einem Gremium kontrolliert, das die Presse jedoch nicht maßregeln darf. Viele Journalisten dächten, dass sie schreiben könnten, was sie wollten, solange man sie nicht vor Gericht zerre, sagt Pyza. Über das Unglück von Smolensk werde häufig in einer Weise geschrieben, die den Grundsätzen des journalistischen Ethos zuwiderlaufe.

Andererseits zeigt sich darin auch, wie wichtig die polnische Presse als politischer Player ist. Pyza ist der Meinung, der Flugzeugabsturz von Smolensk müsse entpolitisiert und jenseits innenpolitischer Grabenkämpfe thematisiert werden, um daraus wieder eine rein kriminalistische Ermittlung zu machen, die ohne parteipolitisch beeinflusste Ideologien auskommt.

»In Polen gibt es keine wichtigere Angelegenheit als den unaufgeklärten Tod eines amtierenden Präsidenten. Und die Aufgabe der Presse wäre es, die Fragen zu stellen, die am meisten wehtun. Dafür sind die Medien da.«

Aber Russland hatte nichts dergleichen vor; sein Ziel war von Anfang an, das Unglück von Smolensk zu benutzen, um die Bevölkerung zu spalten und Konflikte zu schüren. Und das hat Russland auch geschafft.

Marek Pyza bemerkte schon früh, dass sich die große polnische Tageszeitung Gazeta Wyborcza regelmäßig daranmachte, seine Artikel zu Smolensk herunterzuspielen. Seine Rechercheergebnisse wurden unterschlagen, stattdessen versuchte die Zeitung, der Öffentlichkeit zu suggerieren, dass Pyza und seine Kollegen Verschwörungstheorien propagieren und verbreiten. In der Republik sei in Wahrheit alles in Ordnung, aber es sei eine Art *danse macabre*, ein Totentanz, im Gange, von dem Pyza und seine Kollegen profitieren wollten.

»Aus ihrer Sicht verbreitete die Gazeta Wyborcza die Wahrheit und machte nichts falsch. Es war ja alles im polnischen Untersuchungsbericht geklärt worden. Und alle Versuche, diese Ergebnisse in Zweifel zu ziehen oder ein Attentat anzudeuten, seien ›politisch und zynisch und entehrten die Opfer‹.«

Russland gab über den Absturz von Smolensk Falschmeldungen in vorher nie gekannter Menge heraus, aber kaum jemand stellte den Russen kritische Fragen. Manche polnische Journalisten äußerten sogar, dass sie sich vor der russischen Führung fürchteten. Als der russische Außenminister Sergei Lawrow am 29. Oktober 2010 in Warschau bei seinem polnischen Amtskollegen Radosław Sikorski zu Gast war, wurde eine Pressekonferenz anberaumt, bei der im Vorhinein festgelegt wurde, dass nur drei Journalisten Fragen stellen durften.

Pyza hätte sich bei Lawrow gern nach der Zerstörung des Flugzeugwracks erkundigt, aber weil er nicht zugelassen worden war, bat er einen Kollegen, in seinem Namen nachzufragen. »Doch mein Kollege hatte Angst, er wollte keine so unbequeme Frage stellen.«

An sich wäre Lawrows Antwort auch gar nicht so wichtig gewesen. Aber Pyza wollte der Öffentlichkeit das Schicksal des Wracks noch einmal ins Gedächtnis rufen, zumal bei der Pressekonferenz auch ausländische Medienvertreter anwesend waren.

Die Kämpfer für das Kreuz

Das Unglück von Smolensk wühle die polnische Bevölkerung immer noch auf, sagt Marek Pyza. Kaum ein anderes Thema erhitze die Gemüter auf diese Weise. Und dafür sei auch viel Energie aufgewendet worden, bei den polnischen ebenso wie den russischen Verantwortlichen.

»Man hat jede nur mögliche Gelegenheit genutzt, die polnische Bevölkerung zu spalten. Dazu diente ein Verfahren, das man in Russland besonders gut beherrscht: Chaos verbreiten«, sagt Pyza.

Im Sommer 2010 fanden sich die Menschen im Zentrum von Warschau vor dem Präsidentenpalast zusammen, um gemeinsam zu trauern. Plötzlich traten Störenfriede auf den Plan, die Unordnung stifteten, die Opfer verhöhnten und Kontroversen schürten. Es kam zu unerhörten Szenen: Auf einige Betende wurde sogar uriniert!

Die Bürger hatten ein Gedenkkreuz mit zum Präsidentenpalast gebracht. Man war sich einig, dass das Kreuz so lange dort stehen sollte, bis ein dauerhaftes Gedenkmonument für die Opfer von Smolensk errichtet würde. Monatelang versammelten sich die sogenannten »Kämpfer für das Kreuz« vor Ort, ein Teil von ihnen tat dies aus vollem Herzen und aus freien Stücken. Aber manche waren lautstarke Unruhestifter, einige stellten sich sogar als Berufsprovokateure heraus. Über einen von ihnen schrieb Pyza Jahre später einen Artikel.

»Stell dir mal vor: In einer Situation unmittelbar nach einer Katastrophe treten die verrücktesten Verschwörungstheoretiker auf den Plan und zetteln mit den Trauernden Streit an«, beschreibt Pyza die Situation.

Die Geschehnisse rund um das Kreuz von Smolensk sah man täglich im Fernsehen. Der Ort vor dem Präsidentenpalast war symbolisch aufgeladen.

Die zentrale Aufgabe der Störversuche am Kreuz war es, Feindseligkeit gegenüber jenen zu schüren, die der offiziellen Version der Regierung über die Absturzursache nicht vorbehaltlos Glauben schenkten. Die Hinterbliebenen, die die offizielle Wahrheit nicht mittrugen, wurden als Verrückte abgestempelt.

»Zuerst erfindet man eine einfache Geschichte. Dann teilt man die Menschen in zwei Gruppen. Die eine Gruppe, die an die offizielle Wahrheit glaubt, wird als ›rational‹ denkend dargestellt. Und die andere Gruppe besteht aus verrückten Individuen, die an Verschwörungstheorien glauben«, sagt Pyza. Menschen, die sich fragten, ob Russland möglicherweise ein Attentat auf den polnischen Präsidenten und ein ganzes Flugzeug voller Menschen ausgeführt haben könnte, wurden als lächerlich und geisteskrank gebrandmarkt. »Entweder bist du unserer Meinung und unterstützt uns oder du kommst auf die Liste der Verrückten.« So ging es jahrelang und diese Methode ist noch immer in Mode.

An der Operation sind auch viele anonyme Konten von Social-Media-Trollen beteiligt, die immer dann aktiv werden, wenn Pyza oder seine Kollegen einen Artikel über Smolensk veröffentlichen.

»Die Trolle schreiben dann, ›du bist gegen die Regierung, wieder geht es um Smolensk‹ und ›die Sekte ist wieder aktiv geworden‹.« Für Pyza ist es eindeutig, weil die russischen Geheimdienste typischerweise so arbeiten und diese Aktivitäten daher aus Russland gesteuert werden. »Das wissen wir genau, auch wenn niemand in flagranti ertappt wurde.«

Die Gefühlswelt der polnischen Bevölkerung wird auch weiterhin von Russland in Wallung gebracht. Noch immer, über 14 Jahre nach dem Absturz, werden kurz vor dem Jahrestag des Unglücks in russischen Blogs immer wieder neue Fotos von den sterblichen Überresten der Opfer veröffentlicht.

Hering, Wodka und die Bedrohung des nationalen Interesses

Der Journalist Marek Pyza schreibt immer noch über das Unglück von Smolensk und dessen Folgen. Die Hinterbliebenen der Opfer haben ihn wissen lassen, dass sie sich vom polnischen Staat wünschen, er möge endlich seinen Pflichten nachkommen. Viele von ihnen hätten auch gern einen abschließenden Bericht: Was ist mit ihren Lieben wirklich passiert? Manche Familien haben ihre Trauer immer noch nicht überwunden.

»Die Ereignisse bleiben so lange in der Vorstellung lebendig, bis man eindeutigen Aufschluss darüber bekommt, was wirklich passiert ist«, sagt Pyza.

Die Angehörigen vieler Opfer haben Pyza beschrieben, dass sie stark traumatisiert seien. Er hat auch mit Hinterbliebenen von Opfern gesprochen, die bei dem russischen Abschuss des Zivilflugzeuges von Amsterdam nach Kuala Lumpur im Juli 2014 ums Leben kamen.

»Das Wichtigste für die Angehörigen sowohl von MH17 als auch dem Absturz von Smolensk ist es zu erfahren, *wie* es passiert ist. *Wie mein Kind gestorben ist*«, sagt Pyza.

Wenn es gegen den Schmerz der Hinterbliebenen ein Mittel gibt, dann sind es aus Pyzas Sicht Wahrheit und Gerechtigkeit. Die Angehörigen wollen, dass die Staatsanwaltschaft die Täter anklagt und das Rechtssystem mit den Anklagen ordnungsgemäß verfährt. Obwohl die 2015 an die Macht gekommene PiS-Partei bei der neuen Untersuchung einen nicht-militärischen Staatsanwalt als führenden Kopf benannte, der die Dinge voranbrachte, bremste die Politik die Ermittlungen aus. In Polen untersteht die Staatsanwaltschaft dem Justizminister, der jedes Mal mit einer neuen Regierung wechselt. In diesem System könne leicht eine Situation entstehen, in der ein Politiker in gewisser Weise gegen sich selbst ermittelt, sagt Pyza.

Die Neuuntersuchung des Unglücks von Smolensk wurde vom damaligen PiS-Verteidigungsminister Antoni Macierewicz angeschoben. Obwohl er für seine Oppositionsarbeit zur Zeit des Kommunismus geschätzt wird, hat seine dominierende Art kompetente Wissenschaftler vor Ermittlungen zur Absturzursache abgeschreckt, und bei der Veröffentlichung der Ergebnisse wurden nicht immer die polnischen Gesetze eingehalten.

Zudem verlautbarte Macierewicz gleich zu Anfang der neuen Untersuchung, dass es sich bei dem Absturz von Smolensk um einen Anschlag gehandelt habe, ohne Beweise dafür zu erbringen. 2022 veröffentlichte die von ihm geführte Untersuchungskommission einen Abschlussbericht, der zu demselben Schluss kommt.

»Es ist absolut möglich, dass alles in dem Abschlussbericht wahr ist. Aber die Glaubwürdigkeit von Informationen hat inzwischen sowohl in Polen als auch international stark gelitten«, sagt Pyza.

Er erinnert auch daran, dass bisher noch niemand für die Ereignisse zur Verantwortung gezogen wurde, obwohl man im Zuge der neuen Untersuchung auch Anklagen erhoben hat. Der damalige Generalstaatsanwalt versuchte, die Fluglotsen zur Verantwortung zu ziehen, aber die russischen Behörden waren nicht zur Kooperation bereit. Ursprünglich klagte der Staatsanwalt zwei Militärfluglotsen an, den Absturz verursacht zu haben, bei dem 96 Menschen ums Leben kamen. Später wurde auch Anklage gegen einen dritten Fluglotsen erhoben. Im April 2022 wurde die Anklage um das Tatbestandsmerkmal des Vorsatzes erweitert, und sie lautete nun auf Mord. Im Sommer 2023 ergänzte die Staatsanwaltschaft die Ermittlungen um den Attentatsverdacht auf den polnischen Präsidenten und den Mord an weiteren 95 Menschen.

Die Anklagen konnten den Verdächtigen in Russland bis heute nicht zugestellt werden, denn Russland beruft sich darauf, dass das »nationale Interesse bedroht« sei.

»Die Katastrophe übersteigt jede Vorstellungskraft«, sagt Marek Pyza. »Es kann nicht sein, dass niemand dafür verantwortlich ist.«

Der Journalist ist der Meinung, dass Polen sich an den Internationalen Strafgerichtshof in Den Haag wenden und eine Klage gegen Putin erwirken sollte. Die russische Aktion kann man laut Pyza als bewaffneten Angriff auf ein NATO-Land verstehen; dennoch kamen keine Artikel des Nordatlantikpaktes zur Anwendung oder sonstige Maßnahmen. Die NATO hat nicht einmal öffentlich ihre Solidarität ausgedrückt, geschweige denn Polen Hilfe bei der Unfalluntersuchung angeboten.

»Der NATO waren die Hände gebunden. Sie hätte der damaligen polnischen Regierung Paroli bieten müssen, doch die behauptete ja, dass nichts passiert sei.«

Insgesamt hätte die polnische Regierung die Situation direkt nach dem Absturz nutzen müssen, als die Augen der ganzen Welt auf Warschau gerichtet waren. Die polnische Führung hätte eine Kommission aus internationalen Experten verschiedener Fachgebiete zusammenstellen und einen Plan für das weitere Vorgehen ausarbeiten müssen.

Doch nichts davon ist geschehen. Zentral war stattdessen, was für eine Geschichte erzählt wird.

Man hätte mit Russland eine ordnungsgemäße Zusammenarbeit vereinbaren und sich auf den 1993 geschlossenen bilateralen Vertrag berufen müssen, der die Militärluftfahrt zwischen Russland und Polen regelt. In jedem Fäll hätte man die Zusammenarbeit mit Russland einfordern und möglichst viel von der Untersuchung in die eigene Hand nehmen müssen. Ebenso hätte man Kontakt zu den USA und nach Brüssel aufnehmen müssen.

Sogar den polnischen Geheimdienst sah man als überflüssig an. In einem Interview mit Pyza berichtet ein hochrangiger Mitarbeiter des Nachrichtendienstes, dass er, direkt nachdem er die Nachricht von der Katastrophe gehört hatte, an seinem Arbeitsplatz anrief und fragte, welches Handlungskonzept nun greife und ob er sofort ins Büro kommen solle. Doch er erhielt lediglich zur Antwort: »*Hallo, heute ist Samstag. Montag reicht völlig aus.*«

Der als Mitte-Rechts-Politiker geltende Donald Tusk war 2007, drei Jahre vor dem Absturz, an die Regierung gekommen. Davor hatte er sich nicht gerade als geschickter Außenpolitiker hervorgetan. Ihm war es wichtig, die Beziehungen zu Russland zu verbessern, ein Trend, der zu der Zeit auch in den Beziehungen Deutschlands und der USA zu Russland vorherrschte. 2009 drückten der russische Außenminister Lawrow und die US-Außenministerin Hillary Clinton sogar in der Schweiz gemeinsam einen roten Reset-Knopf, was von Medien in aller Welt begeistert aufgenommen wurde.

Marek Pyza sagt, er sei an Dokumente gelangt, aus denen hervorgeht, dass Donald Tusk sich dem Westen als Politiker ausweisen wollte, der nicht nur die Beziehungen zwischen Polen und Russland, sondern zwischen dem gesamten Westen und Russland *verändern* könne. Tusk glaubte, er könnte damit erfolgreich sein.

Marek Pyza beschreibt Tusks Russland-Politik hingegen als *naiv*.

Ein gutes halbes Jahr vor dem Absturz, im September 2009, trafen sich Präsident Lech Kaczyński, Ministerpräsident Tusk, die deutsche Bundeskanzlerin Angela Merkel und der russische Ministerpräsident Putin in Danzig auf der Westerplatte, um an den Beginn des Zweiten Weltkriegs zu erinnern. Hier fand die erste Schlacht des Zweiten Weltkriegs statt: Die polnische Armee verteidigte die Halbinsel im September 1939 sieben Tage gegen den Angriff durch ein deutsches Kriegsschiff.

Bei der Gedenkveranstaltung 2009 hielt Präsident Lech Kaczyński auf der Westerplatte eine Rede, die viel Kritik an der Besetzung Polens durch die Sowjetunion enthielt und andeutete, der östliche Nachbar sei Polen in den Rücken gefallen. Ministerpräsident Tusk sowie Merkel und Putin schienen von der Rede nicht begeistert zu sein, glaubt Pyza.

Bei der Gelegenheit trafen sich Putin und Tusk auch unter vier Augen zu Verhandlungen. Polen unter Tusk wollte nicht nur gute Beziehungen zu Russland herstellen, sondern ebenso auf die östlichen, der EU nahestehenden Länder wie die Ukraine, Georgien oder Belarus einwirken. Kaczyński hatte sich wiederum sehr für Georgien eingesetzt, als Russland das Land 2008 angegriffen hatte.

»Wenn wir annehmen, dass der Absturz von Smolensk ein Attentat war«, sagt Marek Pyza, »können wir die Möglichkeit nicht ausschließen, dass es sich dabei um eine Racheaktion Russlands gehandelt hat.«

Nach dem Flugzeugunglück setzte Polen unter Ministerpräsident Tusk die politische Zusammenarbeit mit Russland fort, als sei nichts geschehen. Ein halbes Jahr nach dem Absturz kam der damalige russische Präsident Dmitri Medwedew zu einem Staatsbesuch nach Polen und traf dort den polnischen Präsidenten Komorowski.

»Komorowski sagte, bald sei ja Weihnachten. Und zu unseren Weihnachtsbräuchen gehöre es, Hering zu essen und Wodka zu trinken. Also gingen sie Wodka trinken. Polen wollte Russland gefällig sein.«

Janusz Kochanowski

Am frühen Morgen des 10. April 2010 war der Bürgerrechtsbeauftragte des polnischen Parlaments, Janusz Kochanowski, von zu Hause zum Militärflughafen Warschau aufgebrochen. Er wollte ins westrussische Smolensk fliegen, um der Opfer des Massakers von Katyn zu gedenken, genauso wie der polnische Präsident Lech Kaczyński und viele andere hochrangige Persönlichkeiten des Landes.

Der 69-jährige Janusz Kochanowski hatte eine eindrucksvolle Laufbahn zugunsten der Bürgerrechte in Polen hinter sich. Der Jurist, Diplomat und Wissenschaftler war spezialisiert auf Strafrecht, aber er beschäftigte sich auch mit Verfassungsrecht, dem Legalitätsprinzip und der Reform des Justizsystems. Kochanowskis Sohn Mateusz beschreibt seinen Vater als außergewöhnlichen Mann. Dasselbe sagen auch alle meine anderen Interviewpartner über ihn.

»Er war ein Mann, der kompromisslos unabhängig und anständig war, der hart arbeitete und einen großartigen Humor hatte. Er war stets bereit, anderen zu helfen«, sagt Mateusz Kochanowski.

Im April 2010 war Mateusz 26 Jahre alt, studierte Rechtswissenschaften und schrieb gerade seine Abschlussarbeit über internationale Politik. Am Samstagmorgen schlief er noch im Haus der Familie in Warschau, als seine Mutter Ewa Kochanowska aufgeregt in sein Zimmer kam.

»›Die Maschine ist abgestürzt‹, sagte sie und wiederholte auf meine Rückfrage: ›Die Maschine ist abgestürzt!‹ Dann sah ich ihren Gesichtsausdruck. Den werde ich nie vergessen.«

Ewa Kochanowska hatte in einer Fernsehsendung von dem Unglück gehört. Zusammen mit ihrem Sohn setzte sie sich voller Angst vor den Fernseher.

»Anfangs hieß es noch, dass es Überlebende gebe. Das war surreal«, erzählt Mateusz. Schon kurz darauf fing das Telefon an zu klingeln. Behörden, Ministerien, Regierungsvertreter und Freunde riefen an. »Wir konnten nicht glauben, was passiert war. Es war ein Schock«, berichtet Janusz' Witwe Ewa Kochanowska.

Informationen erhielten sie nur aus den Medien und den Nachrichten, sagt Mateusz. In der Berichterstattung nannte man als Absturzursache einen Pilotenfehler, einen angetrunkenen General, der im Namen des Präsidenten die Piloten zur Landung zwang, die von einem Baum durchtrennte Tragfläche und die Unerfahrenheit der Piloten.

Die Familie war verzweifelt.

»Wir trauerten wie jede andere Familie, die plötzlich jemanden verloren hat«, erzählt Ewa Kochanowska.

Mateusz Kochanowski sagt, anfangs habe er gehofft, dass es ein Unfall war und nicht ein vorsätzlich herbeigeführter Anschlag. Es war einfach, sich an die Hoffnung zu klammern, der Absturz sei ein Unglück gewesen wie jedes andere. Das hätte das eigene Weltbild nicht zerstört. »Manchmal ist es besser, eine Lüge zu leben, als mit der Wahrheit konfrontiert zu werden«, sagt Mateusz.

Aber im Laufe der Zeit, als die Geschehnisse nach dem Absturz die Familie überrollten, fanden sich immer mehr Indizien und später auch Beweise dafür, dass es sich nicht um ein tragisches Unglück gehandelt hatte.

Stets hilfsbereit

Als er noch lebte, stand Janusz Kochanowski jeden Morgen um sechs Uhr auf. Um auf dem Laufenden zu bleiben, las er alle drei großen Tageszeitungen und sah täglich die Nachrichten. Er saß ständig am Computer, organisierte Konferenzen, arbeitete, schrieb

Bücher. Er war Mitglied mehrerer parlamentarischer Arbeitsgruppen und bereitete in verschiedenen Bereichen neue Gesetze vor. Er plante Änderungen an der polnischen Verfassung, er wollte die Bürger über die verschiedenen Alternativen debattieren lassen und eine Volksabstimmung organisieren, damit jeder seine Meinung kundtun könnte. Polnische Journalisten schätzten Kochanowski und er war ein gefragter Interviewpartner.

Ewa hört immer noch von vielen Menschen, dass ihr Mann ihnen bei Schwierigkeiten geholfen habe. Wenn jemand den Bürgerrechtsbeauftragten um Hilfe bat, kümmerte sich Janusz Kochanowski immer darum, dass derjenige die gewünschte Hilfe bekam.

»Wenn zum Beispiel eine Lehrerin irgendein Problem hatte, wurde meinem Mann klar, dass dieses Problem viele Lehrer betrifft, also hängte er es an die große Glocke und schlug eine Gesetzesänderung vor, die die Angelegenheit aus der Welt schaffte. Es war unglaublich«, sagt Ewa Kochanowska. Selbst während des Kommunismus, trotz aller gesellschaftlichen Widrigkeiten, fühlte sich Ewa Kochanowska an der Seite ihres Mannes immer sicher.

Janusz Kochanowski liebte Polen und wollte sein Bestes für die Sache künftiger Generationen tun. Manche seiner früheren Studenten nehmen immer noch Kontakt zu Ewa auf und berichten, dass sie Artikel ihres Mannes lesen, der selbst bis zu seinem Tod alle Interviews mit ihm archiviert hatte. Mateusz sagt, dass er sich ab und zu welche ansieht, wenn er wissen will, was sein Vater für Ansichten zu bestimmten gesellschaftlichen Fragen hatte.

Mateusz arbeitet im EU-Parlament als Assistent bei einem Europaabgeordneten der Fraktion der Europäischen Konservativen und Reformer (EKR) und ist bei der Arbeit regelmäßig Zeuge von Interviews. Doch nie hat er so gute gesehen, wie sie sein Vater gab. »Mein Vater war sehr intelligent und nie um ein Wort verlegen und er kannte sich mit allen Themen bestens aus. Seine Interviews waren immer von Humor geprägt«, erklärt Mateusz.

Ewa Kochanowska ist wütend darüber, dass ihr Mann nicht mehr da ist. Sie denkt, dass viele schlimme Dinge nicht passieren würden, wenn ihr Mann noch am Leben wäre. Seit sie ihren Mann verloren habe, fühle sie sich wie eine Schnecke, die kein Haus mehr hat. »Wir waren fast 40 Jahre zusammen und haben gemeinsam zwei Kinder aufgezogen«, sagt Ewa.

Mateusz Kochanowski liebte und respektierte seinen Vater sehr. »Mein Vater war meine höchste Autorität, ich habe ihn sehr respektiert und geliebt. Nach seinem Tod habe ich keinen Menschen getroffen, der mich ebenso stark beeindruckt hätte. Immer wenn ich nicht wusste, was ich tun sollte, habe ich ihn um Rat gefragt. Und ich habe seine Ratschläge immer befolgt«, sagt Mateusz.

Eine der großen Leidenschaften von Janusz Kochanowski war die Reform des polnischen Rechtssystems, das immer noch eng mit der Politik verzahnt war. Eine Erneuerung war nötig, und nicht nur, weil viele polnische Juristen, allen voran Richter, immer noch starke Seilschaften aus der kommunistischen Zeit bildeten, wie Mateusz Kochanowski berichtet.

Als Polen sich um 1990 vom Kommunismus sowjetischer Prägung lossagte, gelang diese Abwendung nur bis zu einem bestimmten Punkt. Als der Schritt vom Sozialismus zur Republik vollzogen war, vereinbarten die Spitzen der Solidarnosc, die sich 1989 für die Demokratisierung eingesetzt hatten, mit führenden Kommunisten und Ex-Kommunisten zusammenzuarbeiten. Der Vereinbarung zufolge wollte man auch weiterhin kommunistische Interessen unterstützen.

Um diese Idee herum entwickelte sich die herrschende politische Elite Polens und nach diesen Prinzipien handelt sie in gewissem Umfang bis heute. Viele Unterstützer der Solidarnosc waren gegen diese Vereinbarung, ihrer Meinung nach hätte man sich ganz von der kommunistischen Vergangenheit lossagen müssen, anstatt das alte System weiterzuführen.

Von den Passagieren der Unglücksmaschine von Smolensk gehörten viele zu der Bewegung, die Polen ganz vom kommunistischen Einfluss befreien wollte. Und vom Einfluss Russlands, aber auch Deutschlands, das in nicht unerheblichem Maße versuchte, auf Polen einzuwirken, auch im Interesse Russlands.

»Die meisten Opfer von Smolensk waren nicht nur gegen die herrschende kommunistische Elite in Polen, sondern auch unerschütterliche Russlandkritiker. Zum Beispiel Präsident Lech Kaczyński«, sagt Mateusz Kochanowski. Nicht alle Menschen in Polen zeigten sich von deren Prinzipientreue begeistert. Denn sie bedrohte nicht nur die Interessen Deutschlands und Russlands, sondern auch die der kommunistischen Eliten in Polen. »Deshalb waren sie viel Spott ausgesetzt. Deshalb bewarf man sie mit Dreck«, so Kochanowski.

Alles kommt in Ordnung

Sehr bald nach dem Absturz, so Ewa, wurde sie gebeten, nach Russland zu kommen, um ihren Mann zu identifizieren. Sie beschloss, die Reise zusammen mit ihrer Tochter anzutreten, Mateusz' Schwester. Im Hotel in Moskau teilten ihnen die polnischen Behördenvertreter mit, dass die sterblichen Überreste teilweise bis zur Unkenntlichkeit entstellt seien, sodass eine Identifizierung nicht möglich wäre; daher sei es das Beste, wenn alle DNA-Proben abgäben.

In Moskau waren außer der polnischen Gesundheitsministerin und dem Kanzleichef des Ministerpräsidenten nur einige wenige Behördenvertreter vor Ort. Es schien, als seien sie vor allem dazu da, die Russen zu unterstützen.

Ewa und ihre Tochter begaben sich ins Rechtswissenschaftliche Institut in Moskau. Zwei russische Ärzte fragten nach besonderen Kennzeichen des Verstorbenen, während ein russischer Staatsanwalt sich Notizen machte. Zugegen war auch ein Mitarbeiter der polnischen Botschaft in Moskau. Jemand brachte Gegenstände herbei, die Ewa als Eigentum ihres Mannes erkannte. Kurz bevor sie in das Kellergeschoss gehen und ihren Mann identifizieren sollte, sagte die Gesundheitsministerin Ewa Kopacz, sie habe es bereits erledigt.

»Sie meinte, wir sollten uns den Leichnam lieber nicht ansehen«, sagte Ewa Kochanowska.

Sie hatte seit zwei Nächten nicht geschlafen. Ihre Tochter bekam einen schweren Asthmaanfall. Alles erschien unwirklich. Sie trafen auf andere Hinterbliebene, die Ewa erzählten, was sie im Kellergeschoss erlebt hatten. Dort sei es furchtbar und die Umstände grauenerregend.

»Eine Frau erzählte mir, dass sie nicht wusste, ob es sich bei der Leiche um ihren Mann handelte, weil der Körper so verdreckt gewesen war. Jemand habe daraufhin eine Wasserflasche zur Hand genommen und den Leichnam oberflächlich gereinigt«, sagt Kochanowska und führt weiter aus, dass sie noch Glück gehabt habe: Der Körper ihres Mannes war äußerlich mehr oder weniger unversehrt geblieben, sodass sie ihn problemlos identifizieren konnte. »Aber praktisch jeder Knochen war gebrochen. Das wissen wir, weil 2016 mit dem Regierungswechsel die Staatsanwaltschaft neue Ermittlungen aufnahm und die Leichen exhumiert wurden«, sagt Mateusz Kochanowski, der zu Hause in Warschau geblieben war, um sich dort um alles zu kümmern. Als die polnischen Behörden anriefen und ihn darum baten, Kleidung bereitzulegen, damit man den Leichnam im Sarg ankleiden könne, tat er, was von ihm verlangt wurde.

»Jemand kam vorbei, um den Anzug meines Vaters abzuholen und nach Moskau zu schicken. Nach Jahren stellte sich heraus, was wirklich damit geschehen war: Die Leichen wurden nicht einmal gewaschen. Man steckte sie schmutzig in einen Müllsack und legte sie so in den Sarg. Die mitgegebene Kleidung wurde einfach mit hineingestopft«, sagt Mateusz Kochanowski.

In der polnischen Kultur sind Ehrerbietung gegenüber den

Ahnen und der ordnungsgemäße und respektvolle Umgang mit Verstorbenen tief verankert. Die Menschen sind stolz auf ihre Vorfahren und wollen die Erinnerung an sie bewahren.

»Für uns ist es wichtig zu wissen, wie unsere Liebsten gestorben sind. Ebenso, wie sie im Sarg aussehen und wie sie bestattet werden. Das ist Teil unserer Kultur«, erklärt Ewa Kochanowska.

Der Sarg von Janusz Kochanowski kam fünf Tage nach dem Unglück in Polen an, zusammen mit den sterblichen Überresten anderer Opfer. Die Familie nahm an der Zeremonie auf dem Militärflugplatz teil, die Särge standen in einer Reihe, die Zeremonie selbst war angemessen feierlich. Aber der enge Zeitplan für die Bestattungen rief Zweifel hervor. Die Familie Kochanowski wollte von Anfang an, dass der Sarg in Polen noch einmal geöffnet und der Leichnam untersucht würde.

In Moskau hatte man Ewa eingeschärft, sich den Verstorbenen genau anzusehen, weil die Särge in Polen nicht mehr geöffnet werden würden. Sie war davon ausgegangen, die Vorgabe sei wegen der Russen formuliert worden, denn die polnische Gesetzgebung ist diesbezüglich eindeutig: Der Sarg musste in jedem Fall geöffnet und die notwendigen forensischen Untersuchungen durchgeführt werden.

»Es war undenkbar, dass dies nicht geschehen würde. Mein Mann war Konsul gewesen, und ich kenne das Prozedere, wenn ein Staatsbeamter unter unklaren Umständen im Ausland zu Tode kommt. Die Obduktion des Leichnams ist zwingend erforderlich«, erklärt Ewa Kochanowska.

Doch die Särge wurden nicht geöffnet, es gab niemanden in Polen, der sich die Verstorbenen vor der Bestattung noch einmal ansah. Das war der Moment, in dem Ewa klar wurde, dass das Vorgehen nach dem Flugzeugabsturz gänzlich russischer Kontrolle unterlag. Obwohl die polnische Gesetzgebung auf der Seite der Familien war.

Gleichzeitig versicherte man den Hinterbliebenen, dass man sich um alles kümmere. Die Medien käuten die offizielle Geschichte wider, dass für alles Sorge getragen werde, dass die Verstorbenen gewaschen worden seien und die Behörden über alles Bescheid wüssten. Die Botschaft lautete, es sei nun Zeit, voranzugehen und nicht noch mehr störende Fragen zu stellen.

Bei der Gedenkzeremonie auf dem Militärflugplatz von Warschau durften die Familien am Sarg ein Gebet sprechen, erinnert sich Ewa Kochanowska. Dann stiegen die Hinterbliebenen zu dem Sarg in den Wagen. Der Konvoi fuhr fast durch das ganze Stadtgebiet von Warschau bis zur Arena von Torwar. Zu beiden Seiten der Strecke standen Menschen Spalier, die damit den Verstorbenen ihre Ehrerbietung ausdrückten.

Die sogenannte Untersuchung zur Absturzursache

Die Familie von Janusz Kochanowski verfolgte die sogenannte Untersuchung zur Absturzursache in den Medien. Ihnen wurde sehr bald klar, dass weder die russischen noch die polnischen Behörden tatsächlich Ermittlungen durchführten.

»Das war ein reines Durcheinander«, sagt Mateusz Kochanowski. »Die Russen veröffentlichten ein Narrativ, dann erstellten sie einen Untersuchungsbericht, der das Narrativ stützte, und das war es.«

Das Ziel der russischen wie der polnischen Untersuchung bestand darin, so viel Desinformation wie möglich in der Öffentlichkeit zu verbreiten. Damit sollten die wahren Geschehnisse verschleiert werden. Später kam heraus, dass man direkt zu Anfang Beweise vernichtet oder so manipuliert hatte, dass sie das Narrativ stützten.

Die Kochanowskis mussten feststellen, dass der größte Teil der Berichterstattung über Smolensk nicht auf den Standards des investigativen Journalismus beruhte. Die Medien, ebenso wie die polnische Regierung, verbreiteten stattdessen die Propaganda der russischen Behörden.

Mateusz Kochanowski sah sich Fernsehberichte über das Unglück an und war überrascht, wie einfach es war, Informationen so zu manipulieren, dass niemand mehr kritische Fragen stellte. »Da konnte man die Maschinerie der Medienmanipulation genau beobachten.« Die Schuld am Absturz wurde den Opfern gegeben, also Menschen, die sich nicht mehr verteidigen konnten. Der Kern der Geschichte lautete: Der polnische Präsident, vertreten durch den Oberbefehlshaber der Luftwaffe, zwang die Piloten zur Landung, sagt Mateusz Kochanowski. »Und der Kommandeur soll angeblich betrunken gewesen sein«, fügt Ewa hinzu. »Kannst du dir vorstellen, wie es für die Frau und die Kinder des Generals sein muss, sich so einen an den Haaren herbeigezogenen Unsinn anzuhören?«

Das seien Schmutzkampagnen, mit denen man versucht habe, bereits Stunden nach dem Absturz die öffentliche Meinung in eine bestimmte Richtung zu lenken, sagt Mateusz Kochanowski. »Versetz dich mal in die Lage der Familie von General Błasik. Er wurde als Säufer verunglimpft und beschuldigt, er habe die Piloten zur Landung gezwungen. Seine Familie musste den Horror mit den russischen Behörden und der Schmutzkampagne ganz allein durchstehen, ohne jegliche Unterstützung der polnischen Regierung.«

Die Meinungsmache war erfolgreich. Bis heute glauben viele, dass die Regierungen von Russland als auch Polen bei der Absturzuntersuchung vertrauensvoll zusammengearbeitet haben, und die »Ergebnisse« der Untersuchungsberichte werden in den traditionellen Medien nach wie vor als Tatsachen zitiert.

Dass Polen die russischen Geschichten geglaubt habe, ohne sie infrage zu stellen, sei wiederum absolut fragwürdig, sagt Mateusz Kochanowksi. Und leider habe ein Großteil der polnischen Bevölkerung all die Lügen für bare Münze genommen. Die Geschichten hätten im Unterbewusstsein der Leute Wurzeln geschlagen, obwohl sie mit der Wahrheit nichts zu tun hätten. »In Polen waren viele so zufrieden mit dem offiziellen Narrativ, dass sie nicht sehen konnten, dass Russland eindeutig an der Sache beteiligt war.«

Erst Jahre später erfuhr die Öffentlichkeit, dass die Piloten gar nicht unerfahren waren, sondern einer sehr erfahrenen Elitetruppe angehörten, dass die Geschichte vom besoffenen General eine Mär war und auch niemand zur Landung gezwungen wurde. Aber es interessiert kaum noch jemanden.

Mateusz Kochanowski berichtet, dass die Familien damals nicht nur ihre Verwandten verloren, sondern auch viele Freunde, die sich wie die polnische Regierung von den Opfern und ihren Familien abwandten.

Der Kampf um die Wahrheit

Lange hegte die Familie von Janusz Kochanowski die Hoffnung, dass die Untersuchung doch noch in die richtigen Bahnen gelenkt werden würde. Nach der Beerdigung erhielten sie den russischen Obduktionsbericht. Im Prinzip ging es darin um die richtige Person, aber einige der Angaben seien verdächtig gewesen und hätten die Familie stutzig gemacht.

Die Kochanowskis hielten sich noch bedeckt, sie hofften immer noch das Beste.

»Wir haben uns nur gewundert, dass Polen die Ermittlungen ohne eine nochmalige Obduktion der Toten durchführte«, sagt Kochanowski.

Die Familie berichtet, dass sie außer von Verwandten und Freunden keinerlei Unterstützung angeboten bekam. Im Gegenteil: Sie wurde alleingelassen und zur Zielscheibe von Hohn und Spott. Im Fernsehen beschuldigte Donald Tusk zur besten Sendezeit die Hinterbliebenen der Geldgier.

»Wir waren völlig auf uns gestellt«, sagt Kochanowski. »Aber im Laufe der Zeit kamen neue Menschen auf uns zu, die uns ermutigten und unterstützten, Menschen mit demselben Ziel – dem Kampf um die Wahrheit.«

Entlastung erfuhr die Familie auch dadurch, dass ein Teil der polnischen Öffentlichkeit nicht dem russischen Narrativ glaubte.

Es fiel den Hinterbliebenen schwer, den Verlust jenes Familienmitglieds zu verkraften, das die hauptsächlichen Entscheidungen im Haushalt traf. Janusz Kochanowski war eine starke Persönlichkeit mit viel Autorität gewesen, auf die sich die ganze Familie verließ.

»Nach dem Tod meines Vaters waren wir wie Kinder, völlig verloren. Wenn meine Mutter und ich vor Entscheidungen standen, saßen wir zwei Stunden zusammen und wussten weder ein noch aus.« Erst nach und nach fiel es ihnen leichter, Entscheidungen zu treffen. Sie nahmen Kontakt zu anderen Familien auf, die in Smolensk einen Angehörigen verloren hatten. Mateusz hat den Eindruck, dass Familien, die mehr über die Umstände des Absturzes wissen wollten, sich von ihnen unterstützt fühlten.

Viele Angehörige wollten die Erinnerung an das Unglück lebendig halten. Mateusz begann mit einigen anderen Hinterbliebenen zusammen, auf einer Website namens smolenskcrash.eu Informationen über den Absturz zusammenzutragen. Er hat dort eine riesige Menge an Berichten, Informationen und Nachrichten ins Englische übersetzt und damit eine einzigartige Datenbank geschaffen. Mateusz weiß über die Details des Absturzes und die anschließenden Ermittlungen außergewöhnlich gut Bescheid. Ich lernte ihn erst persönlich kennen, als ich im Laufe meiner Recherchen schon viele Artikel auf seiner Webseite gelesen hatte.

Ewa Kochanowska hat in den Medien viele kritische Interviews gegeben und ist dadurch zur Wegbereiterin für andere Hinterbliebene geworden, die von den Behörden Informationen einfordern. Aber auch die Familien sind gespalten. Manche setzen den Kampf um die Wahrheit fort, andere haben sich schon vor langer Zeit damit abgefunden, dass der Absturz ein Unfall war. Ein Großteil wiederum äußert sich gar nicht.

Die Kochanowskis berichten, dass Hinterbliebene, Journalisten und Wissenschaftler, die Antworten auf unbequeme Fragen suchen, immer wieder zum Ziel von Schmutzkampagnen werden. Mateusz beschreibt den Kampf um die Wahrheit einen Versuch, gegen den Strom zu schwimmen.

»Du findest dich in der Rolle des Verlierers wieder, weil die polnische Regierung, die zur Zeit des Absturzes im Amt war, sich dafür entschieden hat, das russische Propagandanarrativ zu übernehmen«, sagt er.

Die neu aufgenommene Untersuchung

Als 2015 bei den Wahlen in Polen eine andere Partei ans Ruder kam, verpflichtete die neue Regierung die Staatsanwaltschaft, eine neuerliche Untersuchung in die Wege zu leiten. Manche Hinterbliebenen waren dagegen: Aus ihrer Sicht hätte sich die Regierung nicht in die Sache einmischen dürfen.

Doch bei der Untersuchung stellte sich heraus, dass manche Familien jahrelang am falschen Grab getrauert hatten, denn dort befanden sich die sterblichen Überreste fremder Personen.

»Noch schockierender war es, dass in manchen der in Moskau verschweißten Särge die Gebeine von mehr als einem Menschen lagen«, berichtet Mateusz Kochanowski, und bis heute haben noch nicht alle Leichname ihre letzte Ruhestätte gefunden. Ein Opfer wurde in Moskau von einem Familienmitglied identifiziert, doch dann verschwand die Leiche.

Das Grab von Janusz Kochanowski wurde 2016 geöffnet. Die Staatsanwälte hatten namhafte Rechtsmediziner aus verschiedenen Ländern mit den Obduktionen beauftragt. Im Gespräch mit ihnen versicherte sich Ewa, dass nun endlich alles ordnungsgemäß ablaufen würde. Das Vorgehen war professionell und wertschätzend, und die Angehörigen wurden über alle Schritte genau unterrichtet. Ewa und Mateusz verfolgten die Untersuchung aus einem separaten Raum über einen Bildschirm.

»Bei solchen Angelegenheiten kann man erbarmungslos vorgehen, wie es manchen Familien in Moskau passiert ist, oder so wie hier. Man wollte uns schützen. Das war sehr taktvoll«, sagt Ewa Kochanowska voller Dankbarkeit.

Ich frage Mateusz, wie es ist, zuerst den tragischen Verlust des Vaters zu verkraften und sich dann im Verlauf der folgenden Jahre mit neuen erschütternden Ereignissen und Informationen auseinandersetzen zu müssen.

Mateusz sagt, es sei bitter gewesen. Ebenso bitter, wie die Manipulation und Spaltung der polnischen Gesellschaft mitzuerleben. »Zusätzlich zu den Beweisen wurde auch der Zusammenhalt innerhalb der polnischen Gesellschaft zerstört. Das ist schwer zu ertragen.« Für Mateusz Kochanowski ist es nicht leicht zu akzeptieren, dass der Absturz wirklich stattgefunden hat und nicht nur ein Albtraum war. Er sagt, auf solche Lebenssituationen könne man sich nicht vorbereiten. »Man weiß nicht, was man denken, sagen oder tun soll. Noch lange haben wir uns vorgestellt, dass Vater plötzlich wieder zur Tür hereinkommt. Unsere Familie handelte zunächst wie instinktgesteuert.«

Es dauerte seine Zeit, ehe er begriff, dass Russland den Absturz aktiv herbeigeführt hat. Dazu bedurfte es einer großen Menge an Informationen, die inzwischen klar zutage gefördert worden sind. »Ich habe kaum noch Zweifel daran, dass es sich um einen Anschlag gehandelt hat. Jeder kann sich selbst ein Bild von den Beweismitteln und den Recherchen dahinter machen.«

Ewa Kochanowska sagte, sie habe von Anfang an gedacht, dass der Absturz absichtlich herbeigeführt worden sei und dass mehr dahinterstecke, als die Regierung zugebe.

»Kommen Sie nach Smolensk, dann reden wir.«

Mit dem Anschlag von Smolensk habe Russland der Welt zeigen wollen, was für ein Gangster- und Terrorstaat es sei, sagt Mateusz Kochanowski. Es habe nicht nur sämtliche Befehlshaber der polnischen Armee und ihren obersten Chef umgebracht, sondern ihre sterblichen Überreste auch noch in beispielloser Art und Weise geschändet. Auch die Erinnerung an die Opfer habe Russland mit Schmutzkampagnen zu verunglimpfen versucht. Russland demütigte Polen und zeigte auf, was passiert, wenn man nicht auf seine Forderungen eingeht. In der Katastrophe habe sich offenbart, wer in der internationalen Politik das Sagen hat. »Die russischen Behörden haben uns förmlich ins Gesicht gespuckt. Nicht nur durch die Verbreitung von Propaganda, sondern auch, indem sie uns herabgewürdigt haben.«

Mateusz Kochanowski zeigt mir einen Tweet des früheren russischen Vizepremiers und Chefs der russischen Raumfahrtbehörde, Dmitri Rogosin, vom März 2022.

Kommen Sie nach Smolensk, dann reden wir.

Der Tweet war an Jarosław Kaczyński gerichtet, dessen Zwillingsbruder, Staatspräsident Lech Kaczyński, in Smolensk ums Leben kam. Jarosław Kaczyński hatte kurz zuvor, im März 2022, den ukrainischen Präsidenten Wolodymyr Selenskyj besucht. Auf seiner Reise schlug Kaczyński vor, Friedenstruppen in die Ukraine zu schicken.

In seinem Tweet verwies Rogosin direkt auf den Tod des polnischen Präsidenten auf russischem Staatsgebiet, womöglich drohte er Kaczyński sogar.

»Das war nichts anderes als eine Warnung und Mahnung an den Bruder des verstorbenen Präsidenten«, sagt Mateusz.

Für die Sicherheitsmaßnahmen an Bord war die polnische Regierung zuständig

Die Familie Kochanowski verfolgte im Jahr 2010 die »Untersuchung« des Flugzeugabsturzes, aber nichts schien zusammenzupassen. In den Medien hieß es, frei nach Zitaten von Premier Tusk, dass der Flug Teil einer privaten Reise des Präsidenten nach Russland gewesen sei. Mit dieser Behauptung wollte man die Verantwortung der polnischen Regierung, die die Reise offiziell organisiert hatte, sowie der Behörden für ihre Versäumnisse verschleiern.

In Wahrheit handelte es sich um eine Dienstreise des Präsidenten, für deren Vorbereitung ein offizielles Protokoll galt. Für die Dienstreisen der höchsten Staatsmänner gab es Sicherheitsbestimmungen, die man hätte anwenden müssen. Per Gesetz sind die Verantwortungen klar definiert, sagt Ewa Kochanowska. Das Präsidialamt hat die Kanzlei des Ministerpräsidenten über die Dienstreise zu informieren und sie mit der Vorbereitung der Reise zu beauftragen. Anschließend kümmert sich die Kanzlei des Regierungschefs in Zusammenarbeit mit dem Innenministerium und den Sicherheitsdiensten darum, dass alles reibungslos ablaufen kann. Das Außenministerium wiederum ist bei Dienstreisen für die außenpolitischen Fragen zuständig.

Mateusz Kochanowski betont, dass trotz der umfassenden Verantwortlichkeit der polnischen Regierung für den Flug alle Sicherheitsregeln und -bestimmungen außer Acht gelassen oder übergangen wurden. »Die polnische Regierung unter der Führung von Donald Tusk hat nicht nur Polen verraten, sondern auch alle, die bei dem Absturz umkamen«, sagt er und hält die Maßnahmen der damaligen Regierung für zweifelhaft. Die Regierung Tusk und die Partei Bürgerplattform habe offenbar alles dafür getan, eine ordnungsgemäße Untersuchung der Absturzursache sowie internationale Hilfe zu unterbinden.

»Es war im Interesse der Regierung, den Fall möglichst herunterzuspielen. Sie nutzten alle Möglichkeiten, um sich selbst zu schützen und einen internationalen Skandal zu verhindern«, sagt Mateusz Kochanowski.

Die polnische Führung musste sich von der Verantwortung freisprechen, weil sie die Reise offiziell organisiert hatte. Der Regierung passte es daher sehr gut in den Kram, die Schuld auf die Piloten zu schieben: So konnten die Versäumnisse bei den Sicherheitsvorkehrungen unter den Teppich gekehrt werden.

Bronisław Komorowski, der dem verstorbenen polnischen Präsidenten Lech Kaczyński im Amt nachfolgte, stützte das Bild vom »Erfolg« der polnischen Dienststellen, indem er Auszeichnungen an Behördenvertreter verteilte, auch in Russland.

2014 – Tusk war seit mittlerweile sieben Jahren in Polen Ministerpräsident, der Absturz von Smolensk aber immer noch nicht aufgeklärt – stieg er zum EU-Ratspräsidenten auf.

Die Meinung einer Minderheit

Mateusz Kochanowski hat eine wichtige Beobachtung gemacht: Viele Menschen weigern sich noch immer, die Ereignisse von Smolensk im Licht der neuen Erkenntnisse zu sehen. Sie hätten sich ihre Meinung zu den Absturzursachen gebildet und die sei unverrückbar. Die Auffassung vieler Menschen gehe auf die in den Medien verbreiteten Manipulationen zurück, die sich aus den offiziellen russischen Erzählungen speisten.

Mateusz Kochanowski sagt, er sei enttäuscht davon, wie groß der Anteil der polnischen Bevölkerung sei, den man manipulieren könne, ohne dass die Menschen kritische Fragen stellten. Die polnische Gesellschaft hätte sich auch anders entscheiden können: Sie hätte Antworten einfordern, unbequeme Fragen zum Tod ihrer Landsleute stellen und das Risiko eingehen können, sich damit lächerlich zu machen. Doch viele hätten den Weg des geringeren Widerstandes gewählt. »Leider haben sich in der polnischen Gesellschaft viele zu nützlichen Idioten Russlands gemacht.«

Kochanowski findet den Gedanken beängstigend, wie leicht Menschen sich manipulieren lassen. In der Ukraine sei die russische Propaganda einfacher auszumachen: Wenn der Großteil der Bevölkerung gegen einen gemeinsamen Feind zusammenstehe, sei es einfacher, Propaganda als solche zu identifizieren.

Aber wenn die Regierung und die meisten Medien in einem der größten Länder Europas russische Propaganda weiterverbreiten, fällt es dem Großteil der westlichen Welt schwer, die Existenz von Propaganda überhaupt anzuerkennen.

Die Mehrzahl der Menschen steht nur ungern dazu, dass sie die Meinung einer Minderheit unterstützt. Denn so läuft man Gefahr, aus der Gemeinschaft ausgeschlossen zu werden. Man wird leicht als Stänkerer abgestempelt, wenn man die Stirn hat, die vorgeblichen Fakten der Presse infrage zu stellen.

Ohne die Feigheit der damaligen polnischen Regierung hätte alles auch anders laufen können, sagt Kochanowski. »In der polnischen Geschichte hat es kaum jemals eine so feige Regierung gegeben wie zur Zeit des Absturzes von Smolensk.«

Sowohl Mateusz Kochanowski als auch seine Mutter haben sich häufig in den polnischen Medien geäußert und ihre Auffassungen sind weithin bekannt.

»Russland terrorisiert die Ukraine, aber wenn man sagt, der Flugzeugabsturz von Smolensk war ein Terroranschlag, dann ist die erste Reaktion stets: Nein, das ist *unmöglich*. In Polen fällt es den Leuten schwer, dich ernst zu nehmen, wenn du öffentlich darüber redest, dass der Absturz mehr als ein Unglück war.«

Direkt nach der Katastrophe bewies die polnische Gesellschaft Einigkeit. Aber die von der politischen Führung geförderten Kampagnen spalteten die Bevölkerung. Gedenkveranstaltungen für die Opfer von Smolensk treffen immer wieder auf Gegendemonstrationen, bei denen die Leute mit Bierdosen werfen, die Trauernden beleidigen und sie am Weitergehen hindern.

»Diese Störungen hatten und haben die Unterstützung der polnischen Führung. Präsident Komorowski hat den Schmutzkampagnen grünes Licht gegeben«, sagt Mateusz Kochanowski.

Die Neuuntersuchung interessierte niemanden, weil die falsche Partei den Auftrag dazu erteilte

Als der polnische Parlamentsabgeordnete Antoni Macierewicz von der PiS-Partei aus der Opposition heraus ohne offizielles Amt eine Untersuchung anstrengte, unterstützten ihn die Kochanowskis. Dass die neue Regierung sich später für eine offizielle Neuuntersuchung entschied, löste bei den Hinterbliebenen der Opfer größtes Erstaunen aus. Sie waren es gewohnt, nur unter sich über die Ereignisse zu sprechen. Die Behörden hatten sich zu vielen offenen Fragen vorher nicht geäußert. Endlich nahm jemand die Sache in die Hand, endlich wurden die Schritte eingeleitet, die sich die Familien gewünscht hatten.

»Das war für uns ungeheuer wichtig. Das Durcheinander wurde allmählich übersichtlicher«, sagt Kochanowski.

Aber es war immer noch zu wenig – und zu spät. Die Zeit hatte den Absturz von Smolensk unter sich begraben. Und die Desinformation hatte viele Menschen zu stark beeinflusst.

Die Schlussfolgerungen aus dem Bericht des früheren Verteidigungsministers Macierewicz wurden im April 2022 veröffentlicht. Er sagte in einer Pressekonferenz, dass der Absturz auf eine absichtlich herbeigeführte Explosion in der linken Tragfläche und im Mittelteil der Maschine zurückzuführen sei. Dem Abschlussbericht zufolge war der Absturz eine »illegale Offensive Russlands gegen Polen«.

Genauer gesagt: Im April 2022 unterrichtete der damalige polnische Verteidigungsminister die internationale Öffentlichkeit von dem Ergebnis der Neuuntersuchung, laut der sich in der Präsidentenmaschine *drei von Russland ausgelöste Explosionen* ereigneten.

Doch diese Neuigkeit schien niemanden zu kümmern.

Die US-Nachrichtenagentur AP berichtete am selben Tag auf eine Weise von der Pressekonferenz, die die Untersuchung in Zweifel zog. Sie stellte die Tatsachen als Behauptungen dar und erklärte, die Neuuntersuchung sei von einer Regierung mit dem Zwillingsbruder des verstorbenen Präsidenten an der Spitze in Auftrag gegeben worden, womit AP also andeuten wollte, dass die Untersuchung einen persönlichen Hintergrund hatte und nicht dazu diente, den Ablauf der Ereignisse zu rekonstruieren.

AP politisierte die Ergebnisse durch Aussagen wie jenen, der Untersuchungsbericht »würde die Feindseligkeit gegenüber Russland in bestimmten Teilen der polnischen Bevölkerung weiter schüren, vor allem unter den Unterstützern der nationalistischen Regierung«. Laut AP wolle die PiS mit dem Bericht vor allem ihre Wählerschaft erreichen.

Der in aller Welt verbreitete AP-Artikel ließ viele sorgfältig untersuchte und bewiesene Fakten außer Acht. Das Merkwürdigste war, dass die Nachrichtenagentur in ihrem Bericht die alten russischen und polnischen Berichte von 2011 als glaubwürdig darstellte. In dem Artikel hieß es nämlich, dass den Absturz von Smolensk »vorher schon russische und polnische Flugunfalluntersuchungsexperten untersucht« hätten, »die keine Beweise für einen Anschlag gefunden haben und deren Aussagen zufolge ein Pilotenfehler in ungünstigen Wetterverhältnissen der Grund« für den Absturz war.

Viele internationale Medien, wie etwa Euronews, verbreiteten den AP-Artikel weiter, denn so läuft es in der Regel: Berichte von Nachrichtenagenturen, die sie für vertrauenswürdig halten, werden publiziert. In Finnland beispielsweise veröffentlicht die größte Tageszeitung Helsingin Sanomat eine Notiz über die *Behauptung*, laut der eine von Russland ausgelöste Explosion den Absturz verursacht habe.

In wichtigen internationalen Zeitungen ist die russische Version der Ereignisse von Smolensk erstaunlich präsent. Foreign Policy war bereits 2018 der Meinung, dass die Untersuchung einer Beteiligung Russlands auf einer *Verschwörungstheorie* der PiS-Partei fuße. Als Macierewicz im April 2022 seinen Untersuchungsbericht veröffentlichte, so Mateusz Kochanowski, habe man in den westlichen

Ländern nichts darauf gegeben. Er sagt, viele wüssten nicht einmal, dass sich der Absturz von Smolensk überhaupt ereignet habe. Und viele Menschen hätten auch noch nie vom Massaker von Katyn gehört, setzt Ewa Kochanowska hinzu.

Das Erbe von Janusz Kochanowski lebt weiter

Mateusz Kochanowski vermisst nicht nur seinen Vater, sondern auch seinen Lehrmeister. Er habe so viel von ihm gelernt. »Sehr selten treffe ich auf jemanden, der mich so beeindruckt, wie mein Vater es getan hat. Wie so viele in der Unglücksmaschine gehörte mein Vater zu einer außergewöhnlichen Gruppe von Menschen.«

Mateusz ärgert sich, dass die zur Zeit des Unglücks amtierende polnische Regierung sich ihrer Verantwortung nicht stellen musste. Unter der neuen Führung kam die Angelegenheit zwar voran, aber sie konnte in den acht Jahren Regierungszeit nicht zu einem Ende gebracht werden.

Es scheint, als wollten die polnischen Politiker ihre Karrieren vorantreiben, ohne sich Smolensk aufzuhalsen. Kaum jemand möchte darüber reden. Mateusz' zufolge hätten die Politiker herausgefunden, dass sie mit dem Thema keine neuen Wähler gewinnen können. Im Gegenteil: Es könnte sich sogar nachteilig auswirken.

»Obwohl die Russen uns das Wrack und auch die Flugschreiber immer noch nicht zurückgegeben haben, scheint es damit gut zu sein.«

Die Familie Kochanowski ist der Meinung, dass der Absturz von Smolensk in wichtigen internationalen Gremien thematisiert werden sollte, bei denen Politiker und internationale Pressevertreter anwesend sind: in der UNO-Generalversammlung, bei NATO-Gipfeln und im Europarat.

Die Familie hat Anhörungen im EU-Parlament in Brüssel angestrengt, doch selbst dort stößt sie laufend auf Widerstand. Manche Politiker wollen die vertraute Geschichte glauben, die keine russische Einflussnahme kennt. Ein Brüsseler Politiker sagte zu Mateusz' Schwester, es sei *gefährlich*, über Smolensk zu sprechen. Andere wiederum berufen sich darauf, dass sie die Angelegenheit nur aus den Medien kennen würden und daher nicht genug darüber wüssten.

Ich habe Mateusz gefragt, ob Russland seiner Meinung nach für den Anschlag bestraft werden sollte. Er sagt, er wünsche sich, dass die Menschen Russland als das sähen, was es ist: ein Terrorstaat. Gleichzeitig sei es gut, sich bewusst zu machen, wie zögerlich viele westliche Politiker Russland bis heute angingen.

Da Polen Mitglied sowohl der EU als auch der NATO ist, kann man den Angriff auf die polnische Präsidentenmaschine als Angriff auf den ganzen Nordatlantikpakt und die EU sehen. Aber die NATO hat nicht den Bündnisfall ausgerufen.

»Und das, obwohl in Smolensk die Kommandeure aller polnischen Teilstreitkräfte ums Leben kamen. Auch dafür ist die damalige Regierung verantwortlich, die bei der NATO nicht um Hilfe nachgesucht hat.«

Auch nach dem Massaker von Katyn 1940 wurde Polen alleingelassen. Als die Sowjetunion und das Deutsche Reich im Herbst 1939 Polen angriffen und das Land unter sich aufteilten, wurden in den Wäldern von Katyn fast 22 000 Polen vom sowjetischen Sicherheitsapparat getötet. Durch diesen grausamen Akt an Akademikern, Ärzten und hohen Offizieren eliminierte die Sowjetunion viele Intellektuelle in der polnischen Gesellschaft.

In Polen wusste man, dass es sich bei den Tötungen in Katyn um Hinrichtungen handelte, und die Staatsführung wollte die Weltöffentlichkeit über das Massaker informieren. Doch diese Getöteten wären für den Westen ein Hindernis für die Zusammenarbeit mit Stalin gewesen, und daher wurde dem Thema lange Zeit kein Gehör geschenkt. »Die Westmächte brauchten Stalin zum einen, um Hitler zu schlagen, zum anderen für die Neuorganisation nach dem Krieg, sodass Polens Interessen überhaupt keine Rolle spielten«, sagt Mateusz.

Die Familie von Janusz Kochanowski hat mit einigen anderen Familien zusammen die internationale Öffentlichkeit um eine politisch unabhängige internationale Untersuchung des Absturzes von Smolensk gebeten.

Vergeblich.

Mateusz betont, dass viele aus der Unglücksmaschine von Smolensk ihr ganzes Berufsleben lang mutig und unerschrocken für ihre Überzeugungen gestritten haben. Diese Gruppe außergewöhnlicher Menschen habe es nicht verdient, elendig im russischen Schlamm umzukommen. »Sie hätten eine Regierung verdient, die in ihrem Namen kämpft.«

Obwohl bei vielen Polen die Ereignisse vom 10. April 2010 allmählich in Vergessenheit geraten, ist dies bei der Familie von Janusz Kochanowski nicht der Fall.

»Die Geschichte wird sich daran erinnern, dass man versucht hat, das Erbe meines Vaters und vieler anderer Mitreisender zu zerstören und dass selbst nach deren Tod noch Schmutzkampagnen angestrengt wurden.« Aber diejenigen, die hier mit Dreck werfen, liegen falsch, wenn sie denken, sie könnten das Erbe des polnischen Bürgerrechtsbeauftragten Janusz Kochanowski oder der anderen Opfer zerstören. »Es lebt in der Geschichte weiter, genauso wie die Feigheit gewisser anderer Personen. Daran wird sich nichts ändern«, sagt Mateusz Kochanowski.

Glenn Jørgensen und Ewa Stankiewicz

Der Strömungsmechaniker, Ingenieur und Flugunfalluntersucher Glenn Jørgensen verfolgte den Absturz von Smolensk anfangs nur oberflächlich über Zeitungsartikel.

2010 arbeitete Jørgensens Unternehmen für eine norwegisch-amerikanische Firma, die Teile für Ölbohrinseln herstellte. Der gebürtige Däne Jørgensen entwickelte für die Bohrinseln fünf bis 100 Tonnen schwere Module, die sehr schnell sehr tief auf den Meeresgrund hinabgelassen wurden, mit einer Geschwindigkeit von bis zu 1,8 Metern pro Sekunde. Die Module müssen sehr vorsichtig platziert werden, und Jørgensens Aufgabe war es, dafür Zylinder zu entwickeln, die die Bewegungsenergie abbremsen und eine weiche Landung ermöglichen.

Die Strömungsmechanik ist die Wissenschaft, die die Bewegung von Gasen und Flüssigkeiten untersucht. Eine ihrer Teildisziplinen ist die Aerodynamik, die sich mit der Wechselwirkung von Luft und festen Materialien befasst.

Damals wusste Glenn Jørgensen noch nicht, dass er irgendwann einmal für die Kalkulation der Flugbahn der polnischen Präsidentenmaschine dieselben Formeln verwenden würde wie für die Berechnung der Geschwindigkeit der Bohrinselmodule.

2011 kam eines Tages in Norwegen sein polnischer Kollege Jan Andrzejewski auf ihn zu, um über Smolensk zu sprechen, denn er wusste, dass Jørgensen Experte für Strömungsmechanik war. »Mein Kollege sagte, er glaube nicht an die offizielle Erklärung, und erklärte mir in den Mittagspausen immer wieder seine Sicht der Dinge. Zuerst klang mir das alles ein bisschen nach Verschwörungstheorie«, gibt Glenn Jørgensen zu.

Aber Andrzejewski ließ nicht locker und kam immer wieder auf die Sache zu sprechen. Schließlich versprach Jørgensen ihm, sich den offiziellen russischen Bericht der MAK anzusehen und auf Grundlage der dort aufgeführten Daten Berechnungen anzustellen.

Im Untersuchungsbericht der MAK war die Flugbahn der Tupolew nicht erwähnt. Auch keine andere offizielle Stelle hat bis heute eine ordnungsgemäße Berechnung der Flugbahn durchgeführt. Glenn Jørgensen war an der offiziellen polnischen Neuuntersuchung beteiligt und findet das ungewöhnlich. Bei einer fachgerechten Absturzuntersuchung ist die Ermittlung der Flugbahn eine der ersten Pflichtaufgaben.

»Und weil 100 Meter vor der Absturzstelle eindeutig eine beschädigte Birke sowie direkt an der Absturzstelle deutliche Spuren auf dem Boden sowie eine unbeschädigte Birke auszumachen waren, war die Berechnung der Flugbahn ziemlich einfach«, sagt Jørgensen. »Dabei drängte sich der Eindruck auf, dass die Russen die Berechnung aus ihrem Bericht herausgelassen hatten, weil die ermittelte Flugbahn nicht zu ihrer Geschichte passte.« Er analysierte den russischen MAK-Bericht, der zu jener Zeit auch ausschlaggebend für die Schlussfolgerungen im offiziellen polnischen Untersuchungsbericht war. »Laut dem russischen und damit auch dem damaligen polnischen Untersuchungsbericht waren die Piloten unerfahren, sie flogen zu früh zu tief und rammten eine Birke.«

Glenn Jørgensen zeigt an einem Flugzeugmodell auf die Spitze der linken Tragfläche. Wir sind bei ihm und seiner Frau Ewa Stankiewicz zu Hause in Warschau. Sie ergänzt seine Ausführungen mit sachkundigen Einwürfen. Stankiewicz ist eine erfahrene polnische Journalistin und hat Dokumentarfilme über den Absturz von Smolensk gedreht, die auf den Erkenntnissen von Investigativ-Journalisten beruhen; zudem hat sie Trauermärsche zur Erinnerung an die Opfer organisiert.

»Laut den Russen hat die Birke diesen Teil hier abgetrennt.« Jørgensen zeigt auf die Spitze der Tragfläche. »Und deshalb ist das

Flugzeug in ihrer Version nach links gekippt, hat sich einmal um die Längsachse gedreht und ist kopfüber aufgeschlagen.«

Aber Glenn Jørgensen kann durch Berechnungen nachweisen, was wirklich passiert, wenn *nur* das eine Teil abbricht, wie von den Russen behauptet. Wenn man an einem Flugzeug ein relativ kleines Stück von einer Tragfläche abtrennt, wird der Auftrieb asymmetrisch. Anders gesagt, die intakte Tragfläche bekommt mehr Auftrieb. »Und eine Asymmetrie bewirkt eine abweichende Bewegung. Die Maschine wird sich etwas drehen. Und den Grad der Drehung kann man berechnen«, sagt Jørgensen, der seinerzeit an der Universität in Dänemark in Strömungslehre eine 13 bekam – eine Note, die eigentlich außerhalb der in Dänemark üblichen Skala von eins bis zwölf liegt. Die Note 13 wird nur vergeben, wenn jemand etwas außergewöhnlich gut beherrscht. Bereits im Studium bekam Jørgensen eine Stelle als wissenschaftlicher Mitarbeiter an der Universität, wo er jüngeren Studierenden die physikalischen Gesetze erklärte.

Als Jørgensen sich die Daten der Russen ansah, versuchte er, den Schlussfolgerungen möglichst unvoreingenommen zu begegnen. Und zwar auch deshalb, weil er damals noch nicht alle Daten zum Flugzeug hatte, die sich auf die Berechnungen auswirkten. Wie etwa das Profil der Tragfläche. Wenn man Zweifel hat, dann sollte man mit seiner Einschätzung erst einmal konservativ sein, vorsichtig. Aber diesmal, so Jørgensen, reichten seine Vorbehalte nicht aus. Die Theorie der Russen lief den physikalischen Gesetzen zuwider. »Allein durch den Verlust der Tragflächenspitze würde sich dieses Flugzeug nicht auf den Kopf drehen, selbst wenn die Piloten schlafen würden«, beschreibt er.

Bereits vorher hatte ein anderer Wissenschaftler, der polnisch-amerikanische Professor und Ingenieur Wiesław Binienda, mit seinen Berechnungen gezeigt, dass die Spitze der Tragfläche nicht einmal von der Birke gekappt wurde. Aber Jørgensens Berechnungen stützten diese Ergebnisse noch einmal aus einer ganz anderen Perspektive: *Selbst wenn* die Tragflächenspitze gekappt worden wäre, hätte sich das Flugzeug nicht gedreht, so wie es die Russen behaupteten.

Anfangs stellte Jørgensen etwa drei Monate lang nur Berechnungen an. Danach musste er seinem Kollegen – den er zunächst der Verschwörungstheorie verdächtigt hatte – zugestehen, dass die russische Version nicht stimmen konnte. Schließlich stand Jørgensen vor der Entscheidung, seine Berechnungen und den Absturz von Smolensk zu den Akten zu legen und sein Leben weiterzuführen. Aber das sei ihm nicht richtig erschienen, sagt er. »Wenn man Zeuge eines Autounfalls wird, will man helfen, bis die Sanitäter mit dem Rettungswagen eintreffen und übernehmen, also entschied ich mich, die Untersuchungen ehrenamtlich fortzuführen. Im Fall von Smolensk ist der Rettungswagen allerdings immer noch nicht angekommen«, sagt Jørgensen.

In diesem Fall wäre der Rettungswagen eine professionelle, internationale Flugunfalluntersuchung, die nach den Richtlinien der internationalen Zivilluftfahrtorganisation ICAO und unabhängig von der Politik durchgeführt wird.

Seine ersten Berechnungen entzündeten in Glenn Jørgensen ein solches Interesse an den Ereignissen von Smolensk, dass man ohne Weiteres von einer Lebenswende sprechen kann. Lange Zeit untersuchte er den Absturz auf eigene Kosten. Dann beschloss er, sich noch intensiver der Suche nach der Wahrheit zu widmen, und belegte in Großbritannien an der Cranfield University einen Masterstudiengang in Flugunfalluntersuchung. Cranfield gilt in diesem Feld als eine der besten Universitäten und hat viele bedeutende Wissenschaftler hervorgebracht.

Jørgensen schickte seine Berechnungen zur Ansicht an Professor Binienda, einen Ingenieur, den er sehr schätzt. Binienda arbeitete in den USA an der University of Akron. Danach ging alles ganz schnell. »Ich habe gedacht, meine Ausführungen kämen ein paar Randnotizen gleich, und niemals erwartet, dass alle Welt sie zu sehen bekommt.«

2011 wurden Jørgensens Berechnungen dem polnischen Parlament vorgelegt. Die polnische Presse berichtete darüber, und Jørgensen erklärte den Medien, dass seine aerodynamischen Berechnungen den russischen Bericht, der maßgeblich für die Untersuchung des polnischen Innenministers Jerzy Miller gewesen war, nicht bestätigten.

Das wichtigste Forum für die Präsentation von Jørgensens Berechnungen waren die wissenschaftlichen Smolensk-Konferenzen von Piotr Witakowski. Der polnische Professor organisierte die Konferenzen jährlich, obwohl sie auf viel Ablehnung stießen, es schwierig war, Räumlichkeiten dafür zu finden und die teilnehmenden Wissenschaftler schlechtgemacht wurden. Dort präsentierte Jørgensen dem Publikum und den internationalen Kollegen seine Arbeit, die besagte, dass sich die Tragflächenspitze entgegen den russischen Behauptungen bereits 100 Meter vor der Birke gelöst hatte, die die Spitze laut dem russischen Bericht über 300 Meter vor der Absturzstelle gekappt hatte. Die Birke ist in Polen weithin bekannt und sie hat sogar einen Namen: *Bodin-Birke*. Denn sie stand einst auf dem Land, das einem Mann namens Bodin gehörte.

Jørgensen erinnert daran, dass alle Konferenzprotokolle veröffentlicht wurden und allen Sachverständigen und Interessierten zur Verfügung stehen. Alle Daten, die er ermittelt hat, sind verifizierbar.

»Der russische Bericht liegt auch in der Hinsicht falsch, als die Maschine nur ihre linke Tragflächenspitze verloren habe. Von der Tragfläche haben sich sowohl die Vorflügel als auch die Landeklappen lange vor der Stelle gelöst, an der die Flügelspitze angeblich gekappt wurde. Und das haben die Russen nie erklärt, denn es passt nicht zu ihrer Birkengeschichte«, sagt Jørgensen.

Zur gleichen Zeit ließ der damalige oppositionelle Parlamentsabgeordnete Antoni Macierewicz eine inoffizielle Überprüfung des Absturzes durchführen und suchte nach Freiwilligen, um Informationen über die Unglücksursache zusammenzutragen. Die Daten, die Jørgensen auf den Konferenzen vorgestellt hatte, trugen zu Macierewicz' Untersuchung bei. Als Macierewicz Jahre später zum Verteidigungsminister aufgestiegen war und sich selbst 2016 zum Leiter der neuen offiziellen polnischen Untersuchung ernannte, bemühte sich Jørgensen, Teil der Untersuchungskommission zu werden. Er wurde 2017 aufgenommen. Glenn Jørgensen war das einzige Mitglied, das einen Master im Bereich Flugunfalluntersuchung vorweisen konnte.

Trägheit

Glenn Jørgensen zeigt mir Bilder von den Wrackteilen der polnischen Tupolew. Er hat eine unfassbare große Menge an Fotos und Satellitenbildern der Flugzeugtrümmer analysiert, um damit weitere Berechnungen zu unterfüttern.

Er sagt, die Teile und ihre Lage fungieren als zusätzliche Beweise dafür, dass – anders als die Russen behaupten – die Birke mit der Flugbahn der Maschine nichts zu tun hatte. Sein Interesse galt vor allem der Bodin-Birke, weil sie in der russischen Rekonstruktion des Unfallhergangs ein zentraler Faktor ist.

»An den Stellen, an denen die Vorflügel vom Vorderteil der linken Tragfläche und die Klappen vom hinteren Teil gefunden wurden, sieht man, dass sie sich schon weit vor der zweifelhaften Birke gelöst haben«, sagt Jørgensen. »Das liegt an der Trägheit der Teile.« *Die Trägheit ist das Bestreben von physikalischen Körpern, in ihrem Bewegungszustand zu verharren, solange keine äußeren Kräfte auf sie einwirken.*

Jørgensen ist es eindeutig gewohnt, komplizierte Sachverhalte durch Beispiele zu illustrieren. »Wenn ich in einem fahrenden Auto sitze, meine Hand aus dem Fenster strecke und dein Mikrofon auf den Boden fallen lasse, trifft es nicht direkt an der Stelle auf, an der ich es losgelassen habe. Es trifft weiter vorne auf. Weil es sich immer noch in einer Vorwärtsbewegung befindet.«

Dasselbe physikalische Gesetz trifft auf herabstürzende Flugzeugteile zu. Wenn ein Flugzeug mit einer Geschwindigkeit von 75 Metern pro Sekunde fliegt und sich ein Teil davon löst und herunterfällt, stürzt es nicht gerade nach unten. Es bewegt sich zunächst weiter in die gleiche Richtung wie das Flugzeug.

Für die herabgestürzten Teile der Smolensker Unglücksmaschine könne man grobe Berechnungen anstellen, sagt Jørgensen. »Als die Teile sich gelöst haben, habe ich ihre Flugbahn zurück zum Flugzeug aufgrund von aerodynamischen Berechnungen bei bestimmten Teilen modelliert. Abhängig von der Flughöhe müssen sich die Flugbahnen kreuzen. Weil die Teile irgendwann an der Maschine befestigt waren.« Anhand der Trümmerteile auf dem Boden kann man die Flugbahn der Maschine relativ genau berechnen. Und diese Berechnung muss stimmen, weil sie auf physikalischen Gesetzen beruht. Glenn Jørgensen zeigt das Prinzip an einem blauen Flugzeugmodell.

Die Tragflächenspitze stürzte auf ihrer eigenen Flugbahn zu Boden, ebenso wie die Vorflügel und die Landeklappen. Danach fing das Flugzeug an zu kippen und kreuzte die Kutuzowastraße in der Luft. Beim Überflug hinterließ die Maschine zu beiden Seiten Schäden an 25 Meter hohen Bäumen.

Glenn Jørgensen zeigt mir 3D-Modelle vom Flugzeug und seiner Flugbahn. Die Baumschatten, die auf dem Satellitenbild zu sehen sind, stützen seine Erkenntnisse. »Sie zeigen, in welcher Position das Flugzeug zu einer bestimmten Uhrzeit war. Wir kennen die Aufnahmezeit der Bilder und damit auch den Stand der Sonne.«

Als die Maschine also anfing zu kippen, kannte Jørgensen sowohl ihre Position als auch ihre Flughöhe. Ebenso die Entfernung zu einem anderen, sieben Meter hohen Baum an der Absturzstelle.

»In der Maschine hat sich eine Explosion ereignet, bevor sie auf die Erde stürzte. Und die Leute sollen verstehen, warum die Wissenschaftler sich dessen sicher sind«, sagt Jørgensen. »Dieser Baum hier an der Absturzstelle ist ein Geschenk Gottes. Weil er beweist, dass die Maschine explodierte, bevor sie abstürzte. Der sieben Meter hohe Baum befindet sich direkt in der Flugbahn der Maschine, hat aber keinen Kratzer abbekommen. Und woher wissen wir das? Es gibt viele Fotos, auf denen dieser Baum nach dem Absturz noch zwei Tage lang zu sehen ist, bevor die Russen ihn absichtlich gefällt haben.«

Auf den Satellitenbildern ist auch erkennbar, dass die Tragfläche nur acht Meter hinter dem sieben Meter hohen Baum auf die Erde auftraf. Der Schatten des Baumes ist auf dem hochaufgelösten Satellitenbild klar zu erkennen. An den Spuren, die die Tragfläche und das Heck des Flugzeugs hinterlassen haben, könne man Position und Richtung der Maschine auf wenige Grad genau bestimmen, sagt Jørgensen.

Der sieben Meter hohe Baum sagt also etwas über die Mindestflughöhe der Tupolew aus. Wäre sie tiefer geflogen, hätte sie den Baum gekappt. Aber er war unbeschädigt. Davon zeugen die Fotos und Satellitenbilder.

Doch die Satellitenbilder zeigen noch mehr. Glenn Jørgensen hat einen kleinen Test gemacht. Im offiziellen russischen Bericht ist die Rede davon, dass sich ein Teil vom Heck der Maschine gelöst habe. Jørgensen kaufte bei der Raumfahrttechnologiefirma Maxar Satellitenbilder von der Absturzstelle, die am 10. und am 11. April 2010 aufgenommen wurden. Die Bilder enthüllten die Wahrheit: Das Heck der Maschine war zu einem unbekannten Zeitpunkt nach dem Absturz am 10. April bewegt worden, aber bevor das nächste Satellitenbild am nächsten Tag, dem 11. April, aufgenommen worden war.

Die Russen hatten das Seitenleitwerk etwa 30 Meter näher am Wrack platziert. An die Stelle, an der es laut dem offiziellen russischen Bericht angeblich gefunden worden war. Auch Aufnahmen des US-Militärs zeigen eindeutig, dass das Teil verschoben wurde. Noch dazu, so bemerkt Jørgensen, liegt das Heck nur auf einem der Bilder an einer Stelle, an der es aus aerodynamischer Perspektive Sinn ergibt.

Eine Tür im Boden

An der Absturzstelle fand sich auch ein zweiter wichtiger Beweis für eine Explosion. Ein Beweis, den die Russen in ihrem Bericht unerwähnt lassen.

Glenn Jørgensen erklärt, dass die Tür in der Tupolew ein Stück vor der Tragfläche eingebaut ist. Diese Tür wurde in einer Tiefe von einem Meter im Boden gefunden, nur Bruchteile von Sekunden, nachdem sie noch ein paar Meter über der Erde am Rumpf des Flugzeugs befestigt gewesen war.

»Das wissen wir nahezu zweifelsfrei durch die Baumschäden an der Kutuzowastraße hundert Meter weiter vorn. Und weil unser Gottesgeschenk, der sieben Meter hohe Baum an der Absturzstelle, nicht abgeknickt war«, erklärt er.

Eine Flugzeugtür wiegt 75 Kilogramm. Der einzige Faktor, der eine so schwere Tür urplötzlich aus der Luft senkrecht nach unten einen Meter tief in den Boden schleudern kann, ist ein jäh auftretender hoher Druck im Innern der Maschine.

Glenn Jørgensen suchte sich Unterstützung bei Professor Wiesław Binienda, der der Frage nachging, wie eine 75 Kilogramm schwere Tür sich einen Meter tief in die Erde bohren kann.

Jørgensen half dem amerikanischen National Institute of Aviation Research (NIAR), ein detailliertes Computermodell des Flugzeugs herzustellen, das dem Vorbild bis auf jede kleinste Niete gleicht. Er kennt die Dimensionen und den Aufbau der Maschine durch und durch, einschließlich der Tür. Das NIAR nutzte das Computermodell, um bestimmte Aspekte des Absturzes zu untersuchen. Es simulierte verschiedene Faktoren, mit denen man das tiefe Eindringen der Tür in den Boden erklären könnte. Die Forscher des Instituts beschäftigten sich mit Fotos der Tür vor und nach dem Absturz.

Die Schäden der Tür auf den Bildern ließen darauf schließen, auf welchen Untergrund sie aufgetroffen sei, sagt Jørgensen. Wenn man die Tür einen Meter tief in weichen Boden schießt, wird sie kaum einen Kratzer davontragen. Aber wenn man sie einen Meter tief in Beton schießt, wird sie schwer beschädigt.

»Die Schäden an der Tür lassen Rückschlüsse auf die Beschaffenheit des Bodens zu. Und das macht diese Untersuchung so besonders«, sagt Jørgensen.

Das NIAR schloss aus der Analyse, dass die Tür mit über 450 Stundenkilometern senkrecht nach unten geschossen werden musste, um solche Schäden wie die in Smolensk hervorzurufen.

»Wenn ein Flugzeug auf einen waagerechten Untergrund auftrifft, dann ist es normalerweise nicht die Horizontalgeschwindigkeit, die die Passagiere gefährdet. Sie definiert, wie weit das Flugzeug auf dem Boden weitergleitet, bevor es zum Stillstand kommt. Gefährlich ist die Vertikalgeschwindigkeit der Maschine: Ist sie zu hoch, wird sie zu einer tödlichen Beschleunigung«, erklärt Jørgensen.

Als die Tür sich löste, habe die Vertikalgeschwindigkeit des Flugzeugs bei etwa 43 bis 72 Kilometer pro Stunde gelegen, merkt Jørgensen an. Also deutlich (etwa sechs bis zehn Mal) geringer als die erforderliche Geschwindigkeit, damit die Tür einen Meter in den Boden eindringen konnte. Das heißt, die Tür muss geschossartig beschleunigt worden sein.

»Energie kommt nicht aus dem Nichts. *Etwas* muss der Tür einen so großen Energieschub verschafft haben, dass sie mit hoher Geschwindigkeit in den Boden eindrang.«

Die Untersuchung zeigte, dass es im Rumpf der Maschine eine Reihe von Explosionen gab. Direkt über dem Erdboden, sagt Jørgensen.

Auch viele andere Fakten sprechen für eine Explosion an Bord. Während seines Studiums der Flugunfalluntersuchung beschäftigte sich Jørgensen intensiv damit, wie und an welchen Stellen Flugzeuge typischerweise bersten, wenn sie auf dem Boden auftreffen – natürlich immer abhängig von den Umständen. Normalerweise zerbricht ein Flugzeug in fünf Teile, meist zwischen den einzelnen Sektionen. Die Maschine bricht an jenen Stellen auseinander, an denen die Konstruktion Unterschiede in der Steifigkeit aufweist, sagt Jørgensen. Auch Brände nach dem Absturz können die Analyse des Absturzhergangs verfälschen. Aber in Smolensk waren die Brände sehr klein und klar begrenzt.

»Und in Smolensk zerbrach das Flugzeug in 20 000 bis 60 000 Teile. Nicht in zehn, sondern mindestens in über 20 000«, betont Jørgensen.

Die Zahl der Teile ist bekannt, weil Russland es polnischen Archäologen erlaubte, auf dem Gelände Nachforschungen anzustellen. Und die Dimensionen der Zerstörung sind auch auf Satellitenbildern und Fotos erkennbar.

Glenn Jørgensen besinnt sich auf Newton, nach dem drei zentrale Gesetze der Mechanik benannt sind: das Trägheitsprinzip, das Aktionsprinzip und das Wechselwirkungsprinzip. Jørgensen gibt ein Beispiel für die Wechselwirkung.

»Wenn ich mit einer Kraft von zehn Newton mit der Hand auf den Tisch schlage, dann ›schlägt‹ der Tisch ebenfalls mit der Kraft von zehn Newton zurück auf meine Hand.«

In Bezug auf Smolensk heißt das, wenn ein Flugzeug mit so einer Kraft auf dem Boden auftrifft, dass es in über 20 000 Teile zerbricht, dann wirkt auf den Erdboden dieselbe Kraft ein. Das bedeutet, dass dort ein Krater sein müsste. Und bei diesem Absturz müsste das ein großer Krater sein.

»In Smolensk gibt es keinen Krater. Aber ein 80 Tonnen schweres Flugzeug ist in 20 000 Teile zerbrochen. Als ich das hochaufgelöste Satellitenbild der US Army gesehen habe, war mir klar, dass der Absturz nicht durch etwas anderes verursacht worden sein konnte.«

Verformungen um 450 Grad

Ein wichtiges Zeichen für eine Explosion ist die besondere Art der Schäden an der Außenhaut und der Tragflächenspitze des Flugzeugs. Glenn Jørgensen berichtet, dass bei forensischen Ermittlungen die typischen Charakteristika von Sprengstoffen aus ihren eindeutigen Signaturen oder *Fingerabdrücken* bestimmt werden.

Wenn bei einer Ermittlung viele verschiedene Spuren gefunden werden, die auf eine Explosion hinweisen, *könnte* eine Detonation im Spiel gewesen sein. Aber dennoch gelten die Spuren nicht als eindeutiger Beweis, *der eine Explosion zweifelsfrei belegt*, merkt Jørgensen an.

Doch wenn eine Explosion geschieht, dann hinterlässt diese gewissermaßen auf den Objekten in der Nähe ihren spezifischen Fingerabdruck, der nicht mehr verschwindet. Selbst dann nicht, wenn die Objekte später nochmals beschädigt werden, etwa durch einen Flugzeugabsturz.

»Tardiff und Sterling haben bereits 1967 diese Sprengstoffsignaturen an Aluminium identifiziert, etwa makroskopische Kratzer, die Morphologie der Teilchen, sprich, die Art der Zersetzung und die Oberflächenschäden durch die Explosion«, sagt Jørgensen.

Ein solcher einzigartiger Fingerabdruck, nach dem Ermittler suchen, ist eine bestimmte Verformung des Materials, bei dem sich das Blech aufgrund eines starken Drucks von innen gewissermaßen nach außen aufrollt.

»Wenn diese Verformung mehr als 360 Grad beträgt, dann gilt das kriminaltechnisch als Signatur einer Explosion. Es gibt praktisch keine andere Möglichkeit, wie diese Art der Verformung entstehen kann«, präzisiert Glenn Jørgensen.

An der Tragflächenspitze der Tupolew sind Verformungen zu sehen, die sich nicht um 360, sondern um 450 Grad aufgerollt haben. Also eine ganze Drehung plus eine Vierteldrehung. Hätte die Kraft von außen eingewirkt, wie etwa durch den Zusammenstoß mit einer Birke, hätte sich das Material in die andere Richtung gebogen.

Doch das ist nicht möglich.

Einer der Wissenschaftler aus der neuen polnischen Untersuchungskommission erstellte eine genaue virtuelle Rekonstruktion des Flugzeugwracks, die auf Zehntausenden Fotos von der Absturzstelle beruhte. In diesem Modell kam zutage, dass die Tragfläche nicht gekappt wurde, sondern von innen heraus aufgerissen ist.

Glenn Jørgensen zeigt mir Bilder von der zerstörten linken Tragflächenspitze der Tupolew. Man sieht dort, wie sich das Material eng nach außen aufgerollt hat. Es sind viele Bilder. Ebenso viele helle, nach außen verformte Flugzeugteile. Jørgensen hat diese Bilder auch vielen renommierten internationalen Flugunfalluntersuchern vorgelegt.

»Wir haben das hier einem der führenden Experten gezeigt, der bei der Untersuchung des MH17-Fluges beteiligt war und der auch Metallurg ist. Nach 15 Sekunden sagte er ohne Zögern: ›Hoher Druck von innen.‹ Ich zeigte das Foto auch im Seminar in Cranfield einem erfahrenen französischen Wissenschaftler. Er kam zu demselben Schluss: ›Hoher Druck von innen.‹«

Drei unabhängige Experten haben den Auslöser der Schäden an der Tragfläche bestätigt.

Hoher Druck von innen.

»Und zwar einhundert Meter vor der Birke«, sagt Jørgensen.

Zusätzlich sind im Gelände Spuren von Treibstoffen auszumachen, die bestätigen, dass Jørgensen mit seinen Berechnungen richtigliegt. Man sieht sie auf der Karte von Google Earth auf einem Foto, das am 25. Juni 2010, also elf Wochen nach dem Absturz, aufgenommen wurde. »Wenn man die Karte betrachtet, erkennt man, dass das Gras und die übrige Vegetation vor der Landebahn 26 schwarz sind, und zwar an der Stelle, an der sich meinen Berechnungen nach die Tragflächenspitze gelöst hat: einhundert Meter *vor* dem Baum, der den Russen zufolge angeblich die Spitze gekappt hat.« Wenn eine Tragfläche aufreißt, erklärt Jørgensen weiter, tritt rasch eine große Menge Treibstoff aus. Die Luftströmung verwirbelt ihn zu kleinen Tropfen, die sich mit der Windrichtung verbreiten und dann abregnen. Flugbenzin ruft dabei nachweislich eine Schwärzung der Vegetation hervor.

Auf den Bildern ist zu sehen, dass das Gelände in Relation zu Jørgensens Berechnungen exakt an der richtigen Stelle schwarz ist, auf einem 30 Meter breiten Streifen in einer Windrichtung von 120 Grad.

»Ich habe berechnet, dass die Länge des Streifens exakt mit der Windgeschwindigkeit korreliert, die nach den Angaben der Russen am Morgen des Absturzes drei Meter pro Sekunde betrug.«

Manche behaupten, das Gelände sei schwarz gewesen, weil die Vegetation für landwirtschaftliche Zwecke abgefackelt worden sei. Doch Jørgensen sagt, dass das Abbrennen auch eine Möglichkeit sei, den Erdboden vom Treibstoff zu reinigen.

Signaturen der Explosion

Es gibt dazu einen weiteren wichtigen Aspekt: Wenn sich eine starke Explosion ereignet, ist ihre Wirkung auf den menschlichen Körper nicht zu übersehen. Im Masterstudiengang Flugunfalluntersuchung lernt man, wie man an den Überresten der Todesopfer Beweise für eine Explosion an Bord finden kann.

»Dabei sucht man diese zunächst an den Trommelfellen und im Lungengewebe. Die Druckwelle hinterlässt dort Spuren.«

Bei einer normalen Flugunfalluntersuchung werden die sterblichen Überreste immer auf eine Explosion untersucht, eine Praxis, die in den Richtlinien der Internationalen Zivilluftfahrtorganisation ICAO eindeutig definiert ist. Doch die Russen haben diese Routineuntersuchungen an den hochrangigen polnischen Flugpassagieren nicht durchgeführt.

»Stattdessen schickten sie die Verstorbenen in versiegelten Särgen nach Polen und verboten den Familien, die Särge zu öffnen«, sagt Jørgensen.

Er hält die Tatsache, dass die Leichen nach der Ankunft in Polen nicht noch einmal untersucht wurden, für eines der größten polnischen Versäumnisse. Als die Gebeine Jahre später ausgegraben und untersucht wurden, war die Verwesung schon zu weit fortgeschritten. »Ein noch größerer Fehler des damaligen Premiers Donald Tusk war es, keine eigene polnische Untersuchung anzustrengen und stattdessen alles in Putins Hände zu legen. Das war meiner Meinung nach kriminell, denn der Premierminister hat die gesetzliche Pflicht, zu Polens Vorteil zu agieren.«

Jørgensen hat bis heute noch kein einziges Argument gehört, warum der polnische Rückzug von den Untersuchungen zum Vorteil des Landes gewesen sein sollte.

»Ich habe diese Frage Herrn Tusk persönlich gestellt, doch er hat die Antwort verweigert und ist einfach davongelaufen.«

Premier Tusk versuchte die polnische Öffentlichkeit zu beschwichtigen, indem er behauptete, die polnische Staatsanwaltschaft und ein Flugunfalluntersuchungskomitee würden durchaus eigene Ermittlungen vornehmen. Gleichzeitig erreichte er eine Verbesserung der Beziehungen zum Kreml, indem er zustimmte, dass Russland die Beweisstücke einbehielt und international als verantwortlich für die Untersuchung galt.

Das bedeutete, dass die polnischen Experten auf das Material und die Analysen vertrauen mussten, die die Russen freiwillig herausgaben. Hauptsächlich hinderten die Russen die Forscher daran, zu den wichtigsten Untersuchungsorten zu gelangen. Das Wrack haben sie bis heute nicht an Polen zurückgegeben.

Das Verhalten des damaligen polnischen Premiers Tusk war umso merkwürdiger, als das 1993 vereinbarte bilaterale Abkommen zwischen Polen und Russland den Ländern volle und gleiche Rechte bei der Untersuchung eines Unfalls mit einem staatlichen Flugzeug garantierte.

Auch wenn die Aussagekraft im Laufe der Zeit geringer geworden ist, haben die Beteiligten an der polnischen Neuuntersuchung in den exhumierten Gräbern weitere Beweise für eine Explosion gefunden. Im Bein eines Todesopfers fand sich eine kleine Kugel aus Metall, offenbar aus dem Kugellager eines Servierwagens. Und auch in den Überresten anderer Opfer fanden sich Metallteile.

»In so einem Fall sind Metallstückchen in menschlichen Körpern Zeichen für eine Detonation«, sagt Jørgensen.

Dass sterbliche Überreste von Passagieren Hunderte Meter vom Flugzeugwrack entfernt gefunden wurden, deutet ebenfalls auf eine Explosion hin.

Glenn zeigt mir Fotos von Opfern, einige sind schlimm zugerichtet. Auf den ersten Blick ist es schwierig, darauf etwas Menschliches zu entdecken. Die physische Materie hat sich fast vollkommen aufgelöst. Hier und da ist ein Stück Haut zu sehen, Haare. Ein Stofffetzen hat sich mit menschlichem Gewebe verbunden. Bei einem Teil der sterblichen Überreste ist die Kleidung heruntergerissen. Über 30 Prozent der Todesopfer sind ganz oder teilweise nackt.

»Auch das sind Signaturen einer Explosion. Die Wucht der Detonation hinterlässt solche Spuren. So etwas kennt man auch aus dem Zweiten Weltkrieg«, sagt Jørgensen. »Man braucht eine Luftbewegung, die schneller ist als 450 Stundenkilometer, um so eine Zerstörung hervorzurufen. Und die Opfer saßen innen in der Kabine, die meisten mit einer Sitzlehne vor sich.«

Jørgensen merkt an, dass er kein Experte in Sachen Medizin ist, aber dass er sich mithilfe von Literatur mit den Schäden auseinandergesetzt hat, die eine Explosion an den Organen eines Menschen hinterlässt. Er hat viele Entsprechungen zwischen den Daten der Opfer von Smolensk und den Beispielen in der Literatur gefunden. So sieht man beispielsweise auf den Fotos kaum Blutspuren. Das liegt daran, dass Explosionen normalerweise den gesamten Blutkreislauf lahmlegen. Der Blutdruck kollabiert, das Herz bleibt stehen, und Wunden bluten daher nicht.

Um Details genauer zu erforschen, hat Glenn Jørgensen auch Sprengungen studiert und Versuche mit Sprengstoffen gemacht. Diesen Tests zufolge braucht man 85 Gramm Sprengstoff, um die Tragflächenspitze einer Tupolew abzutrennen, plus natürlich der Zünder. Aber der Auslöser, der den Zünder aktiviert, musste außen an der Tragfläche sein. Man musste ihn separat an der Maschine anbringen, im letzten Moment.

Jørgensen hat viel darüber nachgedacht, wo die Zünder befestigt gewesen sein könnten. Er hat auch überlegt, wie man das tun konnte, ohne die Tragfläche anzubohren oder dass es von außen sichtbar wäre.

Eine Tupolew auseinanderzunehmen, ist schwierig. In der Tragfläche sind Tausende Schrauben, die festgezogen und mit Kleber verstärkt sind. Sie zu lösen dauert mehrere Tage. Und für die Prozedur braucht man besonderes Werkzeug und viel Zeit.

»In Samara war beides vorhanden. Normalerweise wurde diese Maschine in Moskau gewartet, aber diesmal geschah das in Samara, in dem Flugzeugbauer Aviakor, deren Eigentümer der Oligarch Oleg Deripaska ist. Wir wissen, dass beide Tragflächen dort demontiert wurden.«

Jørgensen schätzt, dass der Zünder wahrscheinlich in der Nacht vom 9. auf den 10. April außen angebracht wurde, direkt vor dem letzten Flug. Er muss sehr klein gewesen sein. Er sollte in dem Moment eine kleine Detonation auslösen, in dem man den Sprengstoff zünden wollte.

Glenn Jørgensens Frau, die Journalistin Ewa Stankiewicz, ist bei unserem Gespräch dabei und mit der Materie sehr vertraut. In einem Dokumentarfilm hat sie sich dezidiert mit den Verbindungen Russlands zu dem Flugzeugabsturz beschäftigt. Ewa merkt an, dass in der Nacht vor dem Präsidentenflug die Überwachungskameras auf dem Militärflughafen Warschau merkwürdige Aktivitäten nahe der Tragfläche der Tupolew aufgezeichnet haben. Des Weiteren kam heraus, dass die Schichten der Flughafenmechaniker in letzter Minute so verschoben wurden, dass sie sowohl vom 8. auf den 9. als auch vom 9. auf den 10. April Nachtschicht hatten.

In diesen Nächten seien die üblichen Sicherheitsmaßnahmen am Flughafen ausgesetzt gewesen, sagt Ewa Stankiewicz. Und das, obwohl die polnischen Sicherheitsbehörden am Abend vorher um 22 Uhr von der internationalen Polizeiorganisation Interpol eine offizielle Warnung vor einem möglichen Terroranschlag auf eine VIP-Maschine erhalten hatten.

Doch es geschah – nichts.

»Polen wurde vor einer erhöhten Gefahr gewarnt, die sich gegen ein Flugzeug auf dem Gebiet der EU richtete. Aber die polnischen Behörden reagierten in keiner Weise auf die Warnung«, sagt Stankiewicz.

Sie hat versucht, an Interviews mit den Mechanikern vom Militärflughafen zu kommen. Doch keiner von ihnen will darüber sprechen.

Ein Zeuge, der vor der polnischen Staatsanwaltschaft ausgesagt hat, hat Reparaturarbeiten am Dach des Hangars erwähnt, die ein Grund dafür gewesen sein könnten, dass die Überwachungskameras am Dach abmontiert waren.

»Zufällig war es der Hangar, in dem die Tupolew stand«, sagt Stankiewicz.

Doch damit nicht genug: Als der polnische Präsident morgens den Flug antrat, funktionierte das Gerät nicht, das aufzeichnet, wer zu welcher Zeit den Sicherheitsbereich des Militärflughafens Warschau betritt. Zeugenaussagen dazu widersprechen sich: Einmal soll das Gerät defekt und einmal in der Wartung gewesen sein.

»Von manchen Überwachungskameras auf dem Warschauer Flughafen gibt es Aufzeichnungen. Aber die Aufnahmen anderer Kameras sind verschwunden oder nicht ausgewertet worden«, sagt Stankiewicz.

Videoaufzeichnungen aus dem Cockpit gibt es nicht und laut offiziellen Informationen hat man die Kamera nicht gefunden.

Ewa Stankiewicz hebt die Todesfälle hervor, die es bei Menschen im Umfeld des Tupolew-Absturzes gegeben hat. Einer von ihnen ist Remigiusz Muś, Besatzungsmitglied einer kleinen Jakowlew Jak-40. Eineinhalb Stunden vor dem Absturz flog sein Flugzeug 15 Journalisten aus Polen nach Smolensk, dann wartete die Maschine inklusive der Besatzung am Flugplatz Severnyi.

Muś hörte den Funkverkehr zwischen den anderen Flugzeugen und der Flugsicherung in Smolensk und nach dem Absturz war er ein wichtiger Zeuge der Geschehnisse. Vor der Staatsanwaltschaft sagte er aus, dass die Russen Teile des Wracks bereits in der ersten Stunde nach dem Absturz hin und her bewegt hätten – Stunden also, bevor die offiziellen polnischen Vertreter vor Ort waren.

Dem damaligen Staatsanwalt und damit der offiziellen Wahrheit zufolge beging Muś zwei Jahre nach dem Absturz Selbstmord.

Ewa Stankiewicz berichtet auch, dass einer von sechs Flugzeugmechanikern, die in der Nacht vor dem Absturz an der Tupolew gearbeitet hatten, zwei Monate später starb; er wurde nur 37 Jahre alt. Und 2021 starb plötzlich ein junger Richter, der einzige, der in Zusammenhang mit dem Absturz jemanden schuldig gesprochen hatte, und zwar sechs Wochen, nachdem seine schriftliche Urteilsbegründung veröffentlicht worden war.

Eine Minute und 24 Sekunden

Die Russen haben Polen die Flugschreiber nach wie vor nicht übergeben. Sie schufen auch eine Atmosphäre der Unsicherheit rund um die Frage, an welcher Stelle die Flugschreiber nach dem Absturz überhaupt gefunden wurden. Ebenso ist unklar, welche Version der Aufnahmen die polnischen Behörden bekommen haben, sagt Glenn Jørgensen.

Einer der beiden Flugschreiber enthält die Tonaufnahmen aus dem Cockpit und von diesen Aufnahmen haben die Russen Polen acht verschiedene Versionen übergeben. Jede Version gilt dabei als

»echte Kopie«, und alle unterscheiden sich in Inhalt und Länge der Aufnahme. Jørgensen hat die an den Aufnahmen durchgeführten Untersuchungen gesehen, die darauf hinweisen, dass die Russen ermittlungsrelevante Abschnitte der Cockpit-Aufnahmen manipuliert haben.

Sie veränderten vor allem eine bestimmte Stelle gegen Ende der Aufnahme – und zwar dort, wo sie behaupten, dass die Birke die Tragfläche abgetrennt habe.

»In Wahrheit, wie bereits erwähnt, wurde die Tragfläche bereits 1,4 Sekunden und einhundert Meter früher beschädigt«, sagt Jørgensen.

Die Aufnahmen sind laut Jørgensen stark und qualitativ schlecht manipuliert worden. Eine Version gibt den Eindruck wieder, dass in den letzten zwölf Sekunden vor dem Absturz im Cockpit gar nicht gesprochen wurde und auch sonst keine Geräusche zu hören sind. Und das, obwohl die Maschine nach dem Abbrechen der Tragflächenspitze anfing, sich um die Längsachse zu drehen. Und wenn auch die Vorflügel und Klappen sich gelöst haben, dreht sich ein Flugzeug schnell.

»Stell dir vor, du sitzt im Cockpit, und das Flugzeug dreht sich auf den Kopf. Man würde doch denken, dass jemand etwas dazu sagt. Die Besatzung war auch im Bereich Kommunikation gut ausgebildet und kompetent«, sagt Jørgensen.

Normalerweise arbeitet die Crew eines Flugzeugs eng zusammen und stimmt sich laufend ab. Aber auf der Aufnahme sind keine Geräusche zu hören, die zur Situation passen. Man hört keine herunterfallenden Gegenstände, kein Poltern, kein Dröhnen. Das ist ein klares Zeichen für die Manipulation der Bänder, sagt Flugunfalluntersucher Jørgensen. Auch die Analyse der Aufnahmen zeigt, dass sie geschnitten und verändert wurden.

Das ist also die Qualität und Glaubwürdigkeit der »Beweise«, die Russland Polen Monate und teils Jahre nach dem Absturz übergeben hat.

Manche – echte – Aufnahmen hat man in der Untersuchung dagegen nicht als Beweismittel herangezogen. Eine davon ist ein Handyvideo, das wenige Tage nach dem Absturz auf der Videoplattform YouTube veröffentlicht wurde. Millionen Menschen wollten das Video sehen, das eine Minute und 24 Sekunden dauert.

Die Aufnahmen wurden von einem Mann gemacht, der direkt nach dem Absturz auf dem nebligen Flughafen Severnyi unterwegs war. Das Bild wackelt unruhig, als er auf das zerschellte, qualmende und teils brennende Wrack zugeht. Man hört, dass er außer Atem ist.

Aus größerer Entfernung sind gellende Rufe von Männern zu hören, die näher kommen. Der Mann mit der Kamera filmt weiter die Trümmer des Flugzeugs und drückt sein Entsetzen auf Russisch aus: »*Verdammte Scheiße, das kann nicht sein.*«

In einiger Entfernung knallt es vier Mal scharf. Wie von Schüssen. Wenn man versucht, die Geschehnisse und die Geräuschkulisse zu deuten, *kommt der Eindruck auf*, dass *irgendwelche russisch sprechenden* Männer am Flugzeugwrack auf die Überlebenden schießen.

Die Dokumentarfilmerin und Journalistin Ewa Stankiewicz berichtet, dass es sich bei dem Video, das unter dem Titel *Koli* bekannt geworden ist, um authentisches Material handelt. Sie hat in ihrer 2021 veröffentlichten Dokumentation »Stan Zagrozenia« [Under Threat] gezeigt, dass der Inhalt des Koli-Videos mit einem Satellitenbild übereinstimmt, das vier Stunden nach dem Absturz aufgenommen wurde.

»Die Stellen in dem Video, an denen Flugzeugteile und kleine Feuer zu sehen sind, entsprechen den Fotos und Satellitenbildern von der Absturzstelle«, sagt Stankiewicz.

Glenn Jørgensen sagt, dass das juristische Labor der Polizei die Tonspur des Videos untersucht und für authentisch befunden hat. Die Ermittler haben bestätigt, dass auf der Aufnahme »Geräusche sind, die an Schüsse erinnern, an Explosionen, die viermal zu hören sind«.

Bei genauem Hinsehen ist auf dem Video eine Bewegung erkennbar, wie ein verschwommener menschlicher Schatten. Der Schatten läuft in eine Richtung, dann hört man Rufe, als würde jemand anderen Befehle erteilen. Danach sind die Schüsse zu hören. Eine Alarmsirene. Auch sie ist echt und Teil der damaligen Situation. Denn die Menschen vor Ort haben die Sirene auch gehört.

Ewa Stankiewicz sagt, dass auf dem Video Gesprächsfetzen auf Russisch und Polnisch zu hören sind. Zum Beispiel der russische Befehl »всё назад«, was bedeutet, dass sich alle zurückziehen sollen. »Das Video ist authentisch. Die Topografie des Geländes, die Verteilung der Trümmerteile, die Brände und Geräusche, alle Fakten passen«, sagen Glenn und Ewa übereinstimmend. »Warum hat man dieses einzigartige Material, das direkt nach dem Absturz gefilmt wurde, nicht in die offizielle Untersuchung aufgenommen?«

Ewa Stankiewicz behauptet, dass der polnischen Staatsanwaltschaft ein Bericht des polnischen Geheimdienstes vom 15. April 2010 vorliegt. Dem Bericht zufolge haben Geheimdienstmitarbeiter den Mann getroffen, der ausgesagt hat, nicht nur das Video aufgenommen, sondern auch den Flugzeugabsturz gesehen zu haben. Und bald danach: Die Männer von OMON, die die überlebenden Passagiere getötet haben.

Der Inhalt des Berichts ist in Polen anonymisiert veröffentlicht worden.

Ewa Stankiewicz berichtet, dass es äußerst schwierig war, ihren Dokumentarfilm in Polen öffentlich zu zeigen. Die Premiere wurde fünf Mal verschoben. Aber in anderen Ländern hat er eine Menge Preise eingeheimst.

* * *

Manche Kreise in Polen kritisieren die Arbeit von Glenn Jørgensen, weil er nie selbst in Smolensk gewesen ist. Aber er sagt, dass es in der Geschichte der Luftfahrt immer wieder Unfalluntersuchungen aus der Ferne gibt und gegeben hat, ohne dass die fragliche Person physisch an der Unglücksstelle war. In Smolensk haben glücklicherweise viele Journalisten Fotos gemacht. Es ist zum Teil ihnen zu verdanken, dass an der Absturzstelle insgesamt 35 000 Fotos aufgenommen wurden.

Die Ermittler haben um Erlaubnis nachgesucht, den Schuppen zu betreten, in dem die Wrackteile aufbewahrt werden. Keine Chance. Russland müsste die Teile eigentlich an Polen zurückgeben, aber das geschieht nicht. Und das, obwohl das Flugzeug polnisches Eigentum ist.

»Das Nächstbeste wäre, wenn die Russen uns erlauben würden, Fotos und Messungen zu machen. Aber auch das verwehren sie uns.« Glenn Jørgensen merkt aber an, dass man trotz Russlands Blockadehaltung viele Beweise zusammentragen konnte. »Es gibt keine andere Möglichkeit, als dass die Tragflächenspitze sich durch eine Explosion einhundert Meter vor der Birke gelöst hat und der Rumpf noch über der Erde zerschellt ist.«

Glenn Jørgensen war als ausgebildeter Flugunfalluntersucher und Experte für Strömungsmechanik an der offiziellen polnischen Neuuntersuchung 2018 und dem daraus resultierenden Bericht beteiligt. »Die Russen unterschlugen wichtige Beweise, sie manipulierten Beweise, sie zerstörten Beweise, und sie fälschten Beweise. Alles, um die Geschichte vom Pilotenfehler zu stützen.«

Grzegorz Wierzchołowski

Der Politikredakteur Grzegorz Wierzchołowski, 40, hat von Anfang an über den Absturz von Smolensk berichtet und mit seinem Kollegen Leszek Misiak ein Sachbuch darüber geschrieben. Wierzchołowski und die Zeitungen, für die er schreibt, haben als Erste die geheimen Verbindungen des Absturzes zu Russlands höchsten Militär- und Sicherheitsbehörden sowie dem engsten Zirkel um Wladimir Putin veröffentlicht.

Viele von Wierzchołowskis frühen journalistischen Entdeckungen wurden zehn Jahre später in der Neuuntersuchung des Absturzes bestätigt.

Vor dem Flugzeugunglück arbeitete Wierzchołowski, von Hause aus Drehbuchautor, als Reporter. 2008 führte ein von ihm recherchierter und veröffentlichter Artikel zur Kündigung des Leiters des königlichen Łazienki-Parks, einer der bekanntesten polnischen Sehenswürdigkeiten. 2012 wurde Wierzchołowski mit dem Watergate-Preis für investigativen Journalismus ausgezeichnet.

Er erzählt mir, dass bei ihm Zweifel am Geschehen um die Präsidentenmaschine aufkamen, als er sah, dass sie in viele Zehntausend Teile zerbrochen war. Er merkt an, dass das Flugzeug, das 1988 über Lockerbie gesprengt wurde und aus über neun Kilometern Höhe abstürzte, in »nur« zehntausend Stücke zerbrochen sei.

Auch er bestätigt anhand der Satellitenbilder, dass die Russen Wrackteile bewegt haben, aber darüber hinaus schürten noch viele andere Faktoren seine Zweifel an der offiziellen Theorie.

»Dass die Russen polnische Ärzte daran gehindert haben, Obduktionen vorzunehmen. Dass Russland die Flugschreiber an sich nahm und die ganze Flugunfalluntersuchung beanspruchte, während die damalige polnische Regierung sich vollkommen passiv verhielt«, sagt er und berichtet auch von Gesprächen, die er mit Luftfahrtexperten und erfahrenen Geheimdienstoffizieren geführt hat, und dass sie von Anfang an die russische Version in Zweifel gezogen haben.

Eineinhalb Jahre nach dem Absturz schrieb Wierzchołowski mit seinem Kollegen Leszek Misiak einen detaillierten Artikel, in dem 68 Fakten der Katastrophe aufgelistet waren. Sie belasteten sowohl die russische als auch die damalige polnische Führung. Als ich 2017 anfing, mich mit dem Flugzeugabsturz und seinen Umständen zu beschäftigen, waren eben diese Erkenntnisse von Wierzchołowski für mich zentral. Durch sie begriff ich, dass Russland die Katastrophe aktiv in die Wege geleitet hatte.

Grzegorz Wierzchołowski enthüllte zusammen mit Kollegen unter anderem, dass die Präsidentenmaschine vor dem Absturz in Unternehmen gewartet worden war, die unter der Leitung von Vertrauten Putins standen. Die Journalisten fanden ebenfalls heraus, wie das zustande kam: Ein Jahr zuvor hatte das polnische Verteidigungsministerium mit einem polnischen Konsortium einen Vertrag über die Wartung ihrer Tupolews abgeschlossen. Eine der beiden beteiligten Firmen hatte nicht einmal einen Eintrag im polnischen Handelsregister, aber die Angebote von seriösen Unternehmen wurden nicht berücksichtigt.

Von da an ließ das polnische Konsortium die Wartung und Reparatur der polnischen Maschinen bei zwei russischen Flugzeugbauern durchführen, die im Besitz von Personen aus Putins engerem Machtzirkel waren.

Das Unternehmen namens Aviakor, in der die Maschinen gewartet wurden, gehörte wie oben bereits erwähnt dem Oligarchen Oleg Deripaska. Die Motoren wiederum wurden in einer Firma in der polnischen Stadt Rybnik repariert, die dem früheren KGB-Agenten und Oligarchen Sergei Tschemesow gehört. Tschemesow arbeitete in den 1980er-Jahren in Dresden als verdeckter Ermittler und war damals Putins Nachbar.

2011 enthüllte Wierzchołowski weitere Details. Die Führungsriege des Konsortiums, das die Ausschreibung für die Wartung der Tupolew gewonnen und die Maschine zur Instandhaltung in die Firmen von Tschemesow und Deripaska geschickt hatte, habe über Verbindungen zum kommunistischen Regime sowohl in Russland als auch in Polen verfügt, berichtet er.

In Geheimdienstarchiven aus dem kommunistischen Polen fand Grzegorz heraus, dass einer der führenden Köpfe des Konsortiums ein Geschäftsmann war, der unter dem Codenamen »Adolf« verdeckt mit dem Geheimdienst im kommunistischen Polen zusammengearbeitet hatte. Im Konsortium arbeitete ebenfalls ein verdienter Mitarbeiter des polnischen Geheimdienstes aus der Zeit des Kommunismus, dessen Vater seinerzeit als Geheimdienstoffizier in einem stalinistischen Schulungszentrum ausgebildet worden war.

Führungspositionen in dem Unternehmen hatten außerdem ein Mitarbeiter der kommunistischen Polizei mit dem Codenamen »Panda« inne sowie ein Jurist aus dem Verteidigungsministerium des kommunistischen Polen, der 1980 die Abenduniversität für Marxismus-Leninismus in Ost-Berlin abgeschlossen hatte und »die Notwendigkeit für den Erhalt der Beziehungen zur Sowjetunion begriff«. Die Abenduniversität war eine Schule der Propagandaabteilung der Kommunistischen Partei, in der künftige linientreue Führungspersönlichkeiten für die Partei ausgebildet wurden.

Grzegorz Wierzchołowski entdeckte in der Direktion der Firma auch einen ehemaligen General, der in den 1980er-Jahren in sowjetischen Militärakademien studiert hatte und als verdeckter Informant für den kommunistischen Militärgeheimdienst geführt wurde.

Wierzchołowski berichtet darüber hinaus von den Enthüllungen des bekannten polnischen Journalisten Cezary Gmyz. Zwei Monate vor dem Flugzeugabsturz stellte das polnische Außenministerium einen Mann namens Tomasz Turowski ein, der zum polnischen Botschafter in Moskau berufen wurde. Nach Informationen des polnischen Instituts für Nationales Gedenken war Turowski von 1976 bis 1985 als Agent in der berüchtigtsten Nachrichtendienstabteilung der Volksrepublik Polen tätig.

»Turowski war einer der gefährlichsten Spione im sowjetisch besetzten Polen. In Moskau war eine seiner Aufgaben die Vorbereitung des Staatsbesuchs von Präsident Lech Kaczyński«, sagt Grzegorz Wierzchołowski.

Zur gleichen Zeit fungierte als russischer Botschafter in Warschau Wladimir Grinin, der Putin ebenfalls seit den 1980er-Jahren kennt. Zu Putins Zeit als KGB-Agent in Dresden war Grinin in leitender Funktion in der sowjetischen Botschaft in Ost-Berlin tätig. Direkt nach dem Absturz von Smolensk wurde Grinin Botschafter in Deutschland, wie Wierzchołowski und Misiak schreiben.

Im März 2010 versuchten Mitarbeiter des polnischen Präsidialamtes im Zuge der Reisevorbereitungen mehrmals, auf das Flughafengelände in Severnyi zu gelangen. Doch die russischen Behörden verweigerten den Zugang.

»Das Präsidialamt hat mehrmals seine Sorge um den Zustand des Smolensker Flughafens zum Ausdruck gebracht«, schreiben Wierzchołowski und Misiak.

»Wir haben ebenfalls aufgedeckt, dass zuerst die Russen und dann auch die polnische Regierung von den Aufnahmen im Cockpit fünf verschiedene Versionen veröffentlicht haben, die alle unterschiedlich lang sind«, berichtet Wierzchołowski. Der Unterschied beträgt bis zu zwei Minuten. Das ist der unwiderlegbare Beweis dafür, dass mindestens vier von fünf im Umlauf befindlichen Versionen Fälschungen sind. Selbst die entsprechenden Abschnitte der verschiedenen Versionen unterscheiden sich voneinander.

Wladimir Iwanowitsch

Bereits im Jahr nach dem Absturz wurde Grzegorz Wierzchołowski darauf aufmerksam, dass die Russen den Polen nie gesagt haben, wer eigentlich dieser mysteriöse General Wladimir Iwanowitsch war, dem der russische Oberst am Flughafen Severnyi direkt vor dem Absturz Bericht erstattete.

Eine von Wierzchołowskis Zeitung veröffentlichte Enthüllung bezieht sich auf Wladimir Iwanowitsch. Der Landeanflug auf Smolensk wurde aus Moskau gesteuert, und zwar durch den russischen General Wladimir Iwanowitsch Benediktow. »General Benediktow war bereits in Tschetschenien als Experte an blutigen Operationen gegen den ›Terrorismus‹ sowie an Spezialoperationen in der Luft beteiligt. In letzter Zeit ist er für seine Errungenschaften im Angriffskrieg gegen die Ukraine ausgezeichnet worden«, sagt Wierzchołowski.

Der Absturz von Smolensk wird mit einer Reihe von mysteriösen Todesfällen in Verbindung gebracht. Im August 2011, also gut ein Jahr nach der Katastrophe, beging der 53-jährige General Konstantin Moriew Selbstmord. Der Leiter des russischen Nachrichtendienstes FSB in der Region Twer hatte die Aufgabe, die russischen Fluglotsen zu verhören.

Insgesamt sind drei Menschen, die Wierzchołowski mit Informationen für seine Artikel versorgt haben, inzwischen tot. Im Oktober 2012 starb das Jakowlew-Besatzungsmitglied Remigius Muś, bald nachdem Wierzchołowski ihn interviewt hatte.

»Die Crew der Jak-40 hat über Funk alle Gespräche zwischen den Piloten der Tupolew und den Smolensker Fluglotsen mit angehört. Und das, was sie gehört haben, unterscheidet sich von den Aufnahmen, die die Russen den Polen übergeben haben«, erklärt Wierzchołowski.

Ende Januar 2014 manipulierten »unbekannte Angreifer« die Bremsen am Auto des Jak-40-Piloten Leutnant Artur Wosztyl.

»Mit defekten Bremsen auf glatten Straßen unterwegs zu sein hätte tragisch ausgehen können. Zum Glück merkte Leutnant Wosztyl schnell, dass mit dem Auto etwas nicht stimmte, und erstattete umgehend Anzeige bei der Polizei. Das Gleiche war ihm sechs Wochen vorher schon einmal passiert«, berichtet Wierzchołowski.

Die Polizei hat bestätigt, dass die Bremsen absichtlich manipuliert worden waren.

Der Luftfahrtexperte Krysztof Zalewski, der die offizielle Version öffentlich infrage gestellt hatte, wurde 2012 ermordet. Laut Staatsanwaltschaft fiel er dem Angriff einer psychisch labilen Person zum Opfer.

Im selben Jahr starb auch der frühere namhafte polnische Militärgeheimdienstgeneral Sławomir Petelicki, der im Hinblick auf den Absturz Zweifel an der polnischen Regierung geäußert hatte. Er hatte der polnischen Presse von einer SMS berichtet, die Premier Tusk oder jemand anders aus der Parteiführung direkt nach dem Absturz geschickt hatte: *Smolensk war ein Pilotenfehler.* Der damalige polnische Staatsanwalt stellte Petelickis Tod als Selbstmord hin, doch dessen Kollegen und Freunde äußerten öffentlich Zweifel an dieser Theorie.

Bemerkenswert in dieser Kette der Morde und Selbstmorde ist auch, dass am selben Tag, als die Tu-154M 101 aus der Wartung in Russland nach Polen zurückkehrte, am 23. Dezember 2009, der Leiter der Ministerpräsidentenkanzlei von Donald Tusk, Grzegorz Michniewicz, zu Hause tot aufgefunden wurde. Laut Staatsanwaltschaft hatte er Selbstmord begangen. Zweifel an der Theorie kamen allerdings dadurch auf, dass Michniewicz Pläne für die Tage nach seinem Tod hatte.

»Er wollte mit seiner Familie Weihnachten feiern, er hatte Geschenke besorgt und noch spät am Vorabend Vorbereitungen getroffen«, berichtet Wierzchołowski.

Ressourcen, Motive und eine Gelegenheit

2012 interviewten Grzegorz Wierzchołowski und Leszek Misiak zusammen Gene Poteat, einen ehemaligen Topbeamten des US-Auslandsgeheimdienstes CIA. Poteat, der vor seinem Ruhestand bei der CIA 30 Jahre in hohen Positionen im Bereich Technologie tätig gewesen war, hatte bald nach dem Flugzeugunglück in einer amerikanischen Zeitung gesagt, dass der Absturz ein russisches Attentat war. In dem Interview erklärte Poteat, dass Russland die Ressourcen, ein Motiv und die Gelegenheit für die Tat in Smolensk hatte. In Russland regieren in erster Linie frühere Geheimdienstoffiziere, Kriminelle und die Nachfahren jener Leute, die das Massaker von Katyn verübten.

Nach dem Zerfall der Sowjetunion hatte Polen – aus Moskauer Sicht – die Chuzpe, sich aus dem Joch Russlands zu lösen, Mitglied der NATO zu werden und einen westlich eingestellten Regierungschef zu wählen. Das war ein Affront für Russland, schreibt Poteat in dem Artikel.

Bei Smolensk sei es um viel gegangen: die erneute Übernahme Polens und die Installierung von russlandfreundlichen Politikern in die höchsten Staatsämter, sagte Poteat. Und so kam es auch: Nach der Katastrophe kam eine russlandfreundliche Clique in Polen an die Macht und handelte pflichtbewusst nach den von Russland ausgegebenen Leitlinien.

»Eine der ersten Regeln war, dass zu Gerichtsprozessen in Russland keine Fragen gestellt werden und dass die Tragödie in Russland nicht erklärt wird.«

Die nächste Regel war, die Katastrophe als Gesprächsthema vollkommen beiseitezuschieben und das ganze Land dazu zu bringen, sie zu vergessen. Jeder, der nach dem Absturz von Smolensk fragt, wird mit Dreck beworfen.

Gene Poteat starb 2022.

Grzegorz Wierzchołowski berichtet, dass die polnischen Mainstreammedien auch ihn angegriffen haben, während sie parallel dazu die Notwendigkeit verlautbarten, die russisch-polnischen *Beziehungen zu verbessern*, und die Meinungen von russischen Interviewpartnern als Fakten darstellten.

»Es wurde schnell klar, dass ich und die Experten, mit denen ich gesprochen hatte, recht hatten«, sagt er.

Die offizielle Untersuchung seitens Russlands: Der Pilot hatte Angst vor dem wichtigsten Passagier

Neun Monate nach dem Flugzeugunglück, am 10. Januar 2011, veröffentlichte das russische Zwischenstaatliche Luftfahrtkomitee MAK seinen offiziellen Untersuchungsbericht. Es war die erste und seinerzeit einzige »offizielle« Unfalluntersuchung, die für Smolensk zur Verfügung stand.

Dem Bericht zufolge hielten sich hochrangige Passagiere, allen voran der Oberbefehlshaber der polnischen Luftwaffe, General Andrzej Błasik, während des Landeanflugs im Cockpit auf und sprachen mit der Crew über die Wetterverhältnisse und die Landung.

Der Bericht beschreibt die Stimmung im Cockpit als außergewöhnlich. Der russischen Version zufolge hätte der Pilot, falls er nicht den Wünschen des »Hauptpassagiers« entspräche, eine negative Reaktion zu befürchten. Mit der Bezeichnung »Hauptpassagier« meinte der russische Bericht den damaligen polnischen Präsidenten Lech Kaczyński.

> *Es war eindeutig, dass der Pilot eine negative Reaktion des Hauptpassagiers auf sich gezogen hätte, wenn ihm der Landeanflug nicht gelungen, sondern er auf einen anderen Flugplatz ausgewichen wäre.*

Anders gesagt, forderte der polnische Präsident laut der russischen Theorie trotz der schlechten Wetterverhältnisse und gegen die Anweisungen der Fluglotsen vom Flugplatz Severnyi, zur Landung anzusetzen. Und diese Botschaft soll der Oberbefehlshaber der polnischen Luftstreitkräfte dem Piloten überbracht haben. Die zentrale Anschuldigung dieser Geschichte ist also, dass Präsident Kaczyński selbst schuld an seinem Verhängnis und dem Unglück aller Mitreisenden war.

Das MAK behauptete, dass die Anwesenheit von Außenstehenden im Cockpit *eindeutig den Stress der Piloten erhöhte* und *ihre Aufmerksamkeit von ihren eigentlichen Aufgaben ablenkte.* Im Stimmenrekorder aus dem Cockpit fanden sich Aufnahmen, nach denen die Tür zum Cockpit offen gewesen sei und jemand gesagt habe: *»Der Präsident hat sich noch nicht entschieden, was zu tun ist«* und *»Er wird verrückt, wenn …«*

Die Russen spinnen die Geschichte auch in den Anhängen zum Bericht weiter. Angeblich habe man im Blut des polnischen Luftwaffenkommandeurs mit *0,6 Promille Ethanol eine Menge Alkohol gefunden, die einer leichten Trunkenheit entspricht.*

> *Mit hoher Wahrscheinlichkeit wurde der Alkohol auf dem Flug getrunken, denn es fanden sich keine Spuren davon in der Leber.*

Laut dem MAK deuten die Verletzungen des Luftwaffenkommandeurs auf seinen Aufenthalt im Cockpit zur Zeit des Absturzes hin.

Der psychologische Motivkonflikt

Der russische Unfalluntersuchungsbericht geht merkwürdig eindringlich auf die psychische Verfassung des Tupolew-Kapitäns ein. Danach sei er in einer psychologisch schwierigen Situation gewesen und habe aufgrund von Stress nicht angemessen handeln können. Laut dem Bericht könne man sehr wahrscheinlich annehmen, dass der Pilot unter dem Einfluss eines aus der Luftfahrtpsychologie bekannten »psychologischen Motivkonfliktes« stand:

Zum einen war dem Piloten klar, dass die Landung unter diesen Umständen nicht sicher war, zum anderen hatte er eine starke Motivation zu landen.

Die Russen sagen, dass als Folge eines Motivkonflikts die Aufmerksamkeit des Piloten eingeschränkt sei und die Wahrscheinlichkeit abnehme, wohlüberlegt zu handeln. Dem MAK zufolge verhielt der Pilot sich passiv. Zusätzlich zum psychologischen Konflikt erklärte sich sein Verhalten dadurch, dass er keinen klaren Vorgehensplan hatte. Der 184-seitige Bericht behandelt die angebliche psychische Disposition des Piloten ausschweifend und deutet an, diese habe zum Absturz beigetragen. Laut dem Bericht soll er über eine übermäßige Anpassungsfähigkeit und die Neigung zur Konfliktvermeidung verfügt haben. Beides habe in einer Konfliktsituation unter hohem psychischem Druck zum Absturz beigetragen.

Äußerst bemerkenswert ist die detaillierte »Beschreibung«, wie sich angeblich der Realitätssinn des Piloten während des Flugs verändert habe.

Der Pilot erfuhr phasenweise hohen psycho-emotionalen Stress, eine Einschränkung der Aufmerksamkeit sowie die Fragmentierung und Deformation seines Realitätssinnes, was sich schließlich auf den Ausgang des Fluges ausgewirkt hat.

Ich habe diese Formulierungen dem Finnen Daniel Majander gezeigt, der sich im Bereich der Militärluftfahrt auskennt und mit mehreren polnischen Luftwaffenpiloten persönlich bekannt ist. Etliche Formulierungen aus dem MAK-Bericht findet er nicht nur seltsam, sondern geradezu unsinnig. »Die Russen konzentrieren sich stark auf die angebliche psychische Disposition des Piloten. Ich schenke diesen Behauptungen keinen Glauben, denn die Piloten waren erfahrene Männer«, sagt Majander.

Empfehlungen für eine sicherere Luftfahrt

Laut den russischen Behörden hatte die russische Flugsicherung am Flughafen Severnyi keinen Anteil an dem Absturz. Die Kompetenz des Fluglotsenteams habe den Bestimmungen entsprochen. Der Tower hätte die Besatzung der Maschine rechtzeitig gewarnt, dass das Wetter für eine Landung nicht geeignet sei, und trotzdem hätten die Piloten beschlossen zu landen.

Jede Verantwortung für die Folgen liegt bei der Besatzung, denn die Voraussetzungen zur Landung waren nicht gegeben.

Während des Landeanflugs habe die Flugsicherung die Flugzeugcrew angeblich bis zur Entscheidungshöhe auf allen verfügbaren Kanälen über die Position der Maschine informiert. Die Befeuerungs- und Navigationsanlage habe mit dem Absturz nichts zu tun gehabt.

Der russischen Unfalluntersuchung zufolge sei der Grund für den Absturz die erhebliche Vernachlässigung von Flugsicherheitsprinzipien gewesen: das doppelt so schnelle Absinken viel zu weit unter die Entscheidungshöhe. Auf dem Flug seien wichtige Sicherheitsstandards nicht eingehalten worden und die Piloten hätten die Regeln des Flughandbuches nicht befolgt.

Selbst wenn die Maschine nicht gegen den Baum geprallt wäre, wäre sie in 1,5 bis 2 Sekunden abgesackt, was ebenfalls einen Absturz nach sich gezogen hätte.

Der russische Bericht gibt der polnischen Luftwaffe außerdem bereitwillig Anweisungen und Empfehlungen für eine sicherere Luftfahrt und die Vermeidung von Unfällen.

Die Neuuntersuchung seitens Polens: Hinter dem Absturz steckt der russische Sicherheitsapparat

In der von Polen initiierten Neuuntersuchung kamen viele vorher unbekannte Fakten über den Absturz ans Tageslicht. Sie widerlegte anhand von Beweisen viele Behauptungen, die das russische zwischenstaatliche Luftfahrtkomitee MAK, die russischen Behörden und der Kreml sowie die politische Führung Polens der Öffentlichkeit eingeimpft hatten.

In den verfügbaren Dokumenten finden sich laut der Neuuntersuchung keine Beweise für die Anwesenheit des polnischen Luftwaffenkommandeurs General Andrzej Błasik im Cockpit. Im Gegenteil: Die Position der Leichen von General Błasik und anderen zeigt, dass dieser sich keinesfalls im Cockpit befunden haben kann. Der Bericht hält fest, dass die Behauptung, der Luftwaffenkommandeur habe direkt oder indirekt auf die Crew der TU-154M eingewirkt, aus der Luft gegriffen wirkt. Alle russischen Angaben darüber, der General habe sich im Cockpit befunden, sind als falsch und nicht beweisbar zu betrachten.

Der Bericht nimmt Stellung zum Narrativ des MAK, dem zufolge der General unter Alkoholeinfluss stand. Laut den verfügbaren Dokumenten habe General Błasik am 10. April 2010 aber gar keinen Alkohol getrunken. »Das ist eine absichtliche Kränkung, mit der die Besatzung, Polen und seine Streitkräfte diskreditiert werden sollen. Die Operation müsste als Element eines hybriden Krieges verbucht werden«, heißt es in dem Bericht, in dem detailliert nachzulesen ist, dass Russland Tatsachen entstellt habe; dass es Informationen über die Flughöhe gefälscht sowie Dokumente über die Gespräche der Fluglotsen und Daten des Flugschreibers manipuliert habe. Außerdem habe Russland Beweise vernichtet, beseitigt und verfälscht, noch bevor die Untersuchungskommission überhaupt vor Ort gewesen sei.

Russland habe sogar die Position der Vorflügel am Wrack verändert, um den Eindruck zu erwecken, dass sie sich in der Landeposition, also im Winkel von 45 Grad, befunden hätten. In Wahrheit seien sie nicht in diese Position gebracht worden.

Obwohl nicht nur das russische Strafrecht, sondern auch die Luftfahrtgesetzgebung das Vorgehen bei Flugunfalluntersuchung reglementieren, hat sich Russland nicht an die Gesetze gehalten. Danach hätte der Flug des polnischen Präsidenten als besonders wichtiger Flug eingestuft sein müssen, was gewisse Sicherheitsbestimmungen nach sich gezogen hätte. Doch nichts davon wurde umgesetzt.

An der Unglücksstelle war kein ärztliches Personal verfügbar, sondern nur eine Krankenwagenbesatzung. Ebenso fehlten Geräte für Rettungsmaßnahmen an der Absturzstelle.

Die russischen Behörden meldeten 40 Minuten nach der Ankunft der Rettungskräfte, dass alle Reisenden tot seien und die Retter daher abziehen könnten. Und das, obwohl zu diesem Zeitpunkt nicht einmal zehn Prozent der Leichen gefunden worden waren.

Nicht einmal der Leichnam des polnischen Präsidenten Lech Kaczyński.

Die sterblichen Überreste

Die Neuuntersuchung enthüllt interessante Details zur russisch-polnischen Zusammenarbeit nach dem Absturz. So haben die Russen die ersten DNA-Tests an den sterblichen Überresten am 12. April 2010 durchgeführt. Die Ergebnisse lagen erst über zwei Wochen später vor, am 29. April 2010. Laut dem Bericht zeigt dieses Datum, dass die Ergebnisse erst vorlagen, nachdem die Verstorbenen in Polen bereits beerdigt waren.

Dem Bericht zufolge war dieses Vorgehen möglich, weil die Kanzlei des polnischen Ministerpräsidenten den Russen mitgeteilt hat, sie habe keine Ansprüche im Hinblick auf die Identifizierung der Opfer. Das wurde bei einem Treffen von russischen und polnischen Regierungsvertretern vier Tage nach der Katastrophe beschlossen. Zugleich sagte Polen zu, nichts davon an die Öffentlichkeit dringen zu lassen.

Die Sachverständigen hatten die Lage der sterblichen Überreste kartiert und daraus auf die Geschehnisse geschlossen. Leichenteile fanden sich auf einer Fläche von rund 1800 Quadratmetern, etwa einem Viertel eines Fußballfeldes. Die Opfer hatten alle typische Verletzungen, wie sie bei Explosionen auftreten. So gab es Brandwunden auch bei Opfern, deren Leichen außerhalb der punktuellen Brände gefunden wurden. Knochen waren explosionstypisch zersplittert. Die schwersten Verletzungen wiesen diejenigen Opfer auf, die nahe den Bereichen in der Maschine gesessen hatten, an denen Sprengstoffspuren gefunden wurden. In diesem Bereich waren die Konstruktion und die Außenhaut des Rumpfes am stärksten beschädigt sowie der Fußboden ganz zerstört. Auch die in der Nähe befindliche Küche war zertrümmert, insbesondere an der linken Seite. Die Küchenutensilien hatten sich über eine große Fläche verteilt.

Die Neuuntersuchung stellt unzweideutig fest: Es sei nicht möglich, dass der Rumpf der Maschine aufgrund eines Hindernisses auf dem Boden, wie etwa eines *Baumes*, durchgebrochen und zerschellt sei.

Die Verletzungen der Passagiere und der Besatzung, die Lage der Leichname, die Analyse der Absturzstelle sowie die Rekonstruktionen und Simulationen des Absturzes lassen keinen anderen Schluss zu, als dass es im Flugzeug eine oder mehrere *Explosionen* gegeben hat.

Gründe, die nicht in der Macht der Piloten lagen

Die Experten, die an der polnischen Neuuntersuchung beteiligt waren, analysierten die Ereignisse auf dem Flug auch, indem sie die Aufnahmen aus der Blackbox und die maschineneigenen Daten auswerteten. Dabei galt es auch, die Entscheidungen des Flugkapitäns und die Stimmung im Cockpit zu bewerten.

Die Analyse der Tonaufnahmen aus dem Cockpit zeigt, dass dort keine besonders angespannte Stimmung herrschte. Die Besatzung tauschte sich während des Fluges ganz normal über die Parameter des Fluges und die Wetterverhältnisse aus und reagierte ordnungsgemäß auf die Anweisungen des Kapitäns. Der Ton war ruhig und sachlich. Hier und da sprachen die Piloten sich gegenseitig mit Spitznamen an und lachten.

Der Kapitän sagte mehrmals zum Co-Piloten, dass sie versuchen würden, den Flughafen anzusteuern, aber wenn die Voraussetzungen zur Landung nicht gegeben seien, würden sie zu einem Ausweichflughafen weiterfliegen. Der Kapitän informierte die diplomatische Führung an Bord über seine Überlegung und suchte um eine Entscheidung nach, auf welchen Flughafen sie gegebenenfalls ausweichen sollten. Die Entscheidung hinge vom wichtigsten Passagier ab, also Präsident Lech Kaczyński.

Den polnischen Unfalluntersuchern zufolge waren dem Kapitän der Maschine die schwierigen Bedingungen in Smolensk bewusst, er hatte keine Angst vor irgendwelchen negativen Reaktionen. Die Sicherheit aller Passagiere ging für ihn vor. Die Besatzungsmitglieder handelten auf dem Flug nach bewährtem Prozedere, und jeder Einzelne wusste, was er zu tun hatte.

Das einzige Zeichen für erhöhte Anspannung findet sich am Ende der Aufnahme, als im Cockpit plötzlich schneller und lauter gesprochen wird, weil die Piloten die Kontrolle über die Maschine verloren hatten.

Anders als von Russland behauptet, stellt der Bericht fest, dass die Piloten nicht versucht hätten, in Severnyi zu landen. Stattdessen hätten sie Maßnahmen in einer sicheren Flughöhe ergriffen, doch diese Maßnahmen hätten nicht ausgereicht, »aus Gründen, die nicht in ihrer Macht lagen«.

Die Piloten ergriffen die Maßnahmen, die ihren Kenntnissen, ihrer Erfahrung, ihrer Ausbildung und ihrer Persönlichkeit entsprachen. Die Gründe für die Katastrophe sind nicht in der Persönlichkeitsstruktur der Piloten zu suchen.

Das russische MAK behauptete, der Pilot und sein Co-Pilot seien unerfahren gewesen, doch diese Behauptung konnte nicht durch Beweise untermauert werden. Beide hatten 65 gemeinsame Flugstunden mit eben dieser Maschine absolviert.

Der Bericht wertet die Maßnahmen und das ruhige Vorgehen der Crew als Gegenpol zum Chaos der russischen Flugsicherung, die »an Panik grenzte«. Die russischen Fluglotsen wussten nicht, was die TU-154M vorhatte, wo sie sich befand und wohin sie flog. Der Duktus war vulgär und vor allem Oberstleutnant Pawel Plusnin war extrem nervös. Zudem gaben die Fluglotsen den Piloten absichtlich falsche Informationen. Der russische Oberst Nikolai Krasnokutski *verbot* Plusnin geradezu, die Tupolew am Ende anzuleiten: »*Bereite sie zuerst darauf vor durchzustarten und – das ist alles. Und dann – er soll die Entscheidung selbst treffen, lass ihn weiter warten.*«

Die Fluglotsen verweigerten den Piloten die Antwort. Die polnischen Piloten hatten nach einem kontrollierten Anflug rechtzeitig um Erlaubnis gebeten, wegen des schlechten Wetters auf den Flughafen Wizebsk in Belarus auszuweichen. Die Flugsicherung in Severnyi fragte in Moskau nach der Erlaubnis für die Maschine, einen Ausweichflughafen anzusteuern, doch sie bekam lange keine Antwort.

Die Flugsicherung führte die Piloten also systematisch in die Irre.

Als die Tupolew-154M zum Landeanflug ansetzte, bekam sie von der Flugsicherung trügerische Informationen zur Entfernung der Maschine von der Landebahn. Nach den ersten beiden Warteschleifen im Anflug über dem Flughafen bekamen die Piloten von der Flugsicherung fälschlicherweise die Anweisung, eine dritte Kurve zu fliegen.

Die im maschineneigenen System gespeicherten Daten zeigen, dass die Piloten trotz des falschen Kommandos die dritte Kurve richtig flogen.

Die Anfluganweisungen der Fluglotsen von Severnyi besagten eine Entfernung von neun Kilometern vom Flughafen und einen Anflugwinkel von 3,3 Grad. Wenn die Piloten aufgrund dieser und der weiteren falschen Informationen der Flugsicherung gehandelt hätten, wäre die Maschine bereits einen Kilometer vor der Landebahn abgestürzt.

Im Smolensker Tower stand Oberst Krasnokutski in Kontakt mit dem Chef der russischen Luftwaffe, General Wladimir Benediktow in Moskau. Oberst Krasnokutski befahl dem Fluglotsen Plusnin: *»Pascha, bring sie runter auf 100 Meter, 100 Meter und keine Diskussion. Eine zweite Schleife und damit gut.«*

Der Befehl an Oberst Krasnokutski war von General Benediktow gekommen. Die Befehle von Oberst Krasnokutski musste der Fluglotse Pawel Plusnin ausführen und zwar ohne Rücksicht darauf, dass er sie mehrmals explizit in Zweifel zog.

Die Maschine verschwand zweimal vom Radar der Fluglotsen, sodass sie sich laut fragten: *»Wo zum Teufel ist sie jetzt?«*

Oberstleutnant Plusnin gab den Piloten falsche Informationen zum Wetter am Flugplatz. Er behauptete, die Sicht betrage 400 Meter, obwohl sie in Wirklichkeit 800 Meter betrug. Der Oberstleutnant gab später selbst vor der Staatsanwaltschaft zu, falsche Angaben gemacht zu haben.

Die Fluglotsen müssen sich dessen bewusst gewesen sein, dass ihr Verhalten in einer Katastrophe enden könnte, heißt es im Bericht.

Auch die letzten Anweisungen der Flugsicherung an die Tupolew-Piloten sechs Sekunden vor der Explosion waren falsch und sie wurden dem Cockpit zu spät übermittelt. Trotz der falschen Kommandos durch die Fluglotsen setzten die Piloten wie geplant den Landeanflug um und starteten durch.

Als sich die Maschine in einer Höhe von 100 Metern befand, gab die Flugsicherung das Kommando zum Durchstarten, was der Pilot auch tat. Davor war die Maschine bereits einige Sekunden lang vorbereitet: das Tempo war verlangsamt, der Bug hochgezogen.

In dieser Sekunde verzeichnete das TAWS-System der Maschine *einen Aufschlag*. Der Alarm, der in der Maschine zu hören war, brach ab. Diverse Systeme der Maschine meldeten Defekte. Die Verbindung zwischen den Landeklappen und ihren Impulsgebern brach ab, das Navigationssystem und die Hydraulik hörten auf zu funktionieren. Das Flugzeug kippte zur Seite und fing an, sich nach links zu drehen.

Drei Sekunden später verzeichneten das erste Triebwerk, der Generator und das Fahrwerk eine Funktionsstörung. Die Kommunikationsverbindung zwischen dem Flugkapitän und dem Ersten Offizier im Flightcontrol-System riss ab. Auf einer Höhe von 15 Metern über dem Boden stellte der Speicher des Systems den Betrieb ein. Überall fiel der Strom aus.

Die Maschine wurde zertrümmert. Zuerst durch eine Explosion in der linken Tragfläche und eine weitere in der Mitte des Rumpfes auf der linken Seite.

Die endgültige Zerstörung der Tu-154M erfolgte durch eine Detonation in der Mitte der Maschine. Die Druckwelle riss die Tür an der linken Seite der Kabine heraus und schleuderte sie zu Boden, wo sie sich einen Meter tief in die Erde bohrte.

Die Explosion geschah in den letzten Sekunden des Fluges, als sich die Maschine noch in der Luft befand.

Die polnischen Piloten hatten nicht versucht zu landen und die Birke hatte die Tragflächenspitze nicht abgetrennt.

Die Explosion in der Mitte der Maschine riss das Flugzeug in

Stücke und verursachte den Tod der Passagiere und der Crew. In dieser Situation war die Wahrscheinlichkeit zu überleben gering, vor allem, wenn man die unzureichenden Rettungsmaßnahmen bedenkt.

Die polnischen Ermittler merken an, dass man vor der 2016 begonnenen Neuuntersuchung weder Daten der zentralen russischen Flugsicherung (GCORL) oder der regionalen Moskauer Flugsicherung, Tonbandaufnahmen aus dem Cockpit noch die Gespräche und Anweisungen der Fluglotsen ausgelesen oder analysiert hatte, obwohl sie die ganze Zeit zur Verfügung gestanden hätten.

»Ein Geräusch wie von einer Bombe.«

Die polnischen Unfallermittler sammelten Aussagen von Hunderten Zeugen in Russland und in Polen. Viele Polen, die sich in der Nähe befanden, sowie rund zehn russische Zeugen hörten die Explosion und sahen das Flugzeug in der Luft auseinanderbrechen.

Der Augenzeuge Wladimir A. sagte aus, im Nebel auf einer Straße unterwegs gewesen zu sein. Plötzlich raste vor ihm mit hoher Geschwindigkeit die Silhouette eines großen Flugzeugs über die Straße; er erkannte das Fahrwerk und eine Tragfläche. »Direkt bevor die Maschine auf der anderen Straßenseite im Nebel verschwand, löste sich ein großes Teil. Ich glaube, es war das Seitenruder«, sagt Wladimir A.

Der Augenzeuge Igor V. Fomin war an seinem Arbeitsplatz in einer Werkstatt direkt am Flughafen Severnyi. Er machte gerade draußen eine Zigarettenpause, als er die Triebwerke eines Flugzeugs hörte. Ein paar Sekunden später hörte er ein lautes Krachen wie von einem Gewitter. »Ich habe die Maschine genau gesehen. Sie flog noch zehn oder fünfzehn Meter und die linke Tragfläche streifte einen Baum. Dann zerbrach sie und ging in Flammen auf, während sie gegen einen Baum prallte und anfing, sich nach links zu drehen.«

Ein dritter Augenzeuge, Leiter der Lackiererei in der Kia-Werkstatt, Eduard Tscharnoknischnik, berichtete, er habe das Geräusch eines Flugzeugs gehört, das anders gewesen sei als üblich. Als er aus dem Fenster blickte, sah er, wie das Flugzeug abstürzte. »Der linke Flügel und die Nase zeigten nach unten. Das Flugzeug flog durch den Nebel und knickte Baumwipfel ab. Bevor es aufschlug, löste sich der hintere Teil. Dann stürzte es in den Wald.«

Marif Ipatow, Besitzer einer Autowerkstatt, befand sich rund 50 Meter von der Landebahn entfernt. Er sagt, die Maschine sei tief geflogen. »Ich habe gesehen, dass irgendwas Schlimmes im Gange war. Die Maschine zitterte (zeigt mit der Hand, wie das Flugzeug wackelte). Und man hörte ein Geräusch wie von einer Bombe.«

Die Flugzeugwartung in Samara

Die Tu-154M war darauf ausgelegt, die wichtigsten Persönlichkeiten Polens zu transportieren. Mit der Wartung war ein Konsortium aus von Russland ausgewählten Firmen betraut: MAW Telecom und Polit-Elektronik, die mit der Flugzeugwerft Aviakor in Samara zusammenarbeiteten. Aviakor untersteht direkt einer russischen Regierungsbehörde, die frei übersetzt Staatlicher Dienst für militär-technische Kooperation heißt (ФСВТС России, Федеральная служба по военно-техническому сотрудничеству). Die Behörde berichtet unmittelbar an den russischen Präsidenten und wird von Offizieren des russischen Sicherheitsdienstes geleitet.

Mit dem Vertragsabschluss und der Überstellung der Tu-154M zur Wartung an das Konsortium erhielten die russischen Geheimdienste die volle Kontrolle über das weitere Schicksal der Maschine. Polit-Elektronik war ein Unternehmen, das die russische Industrie repräsentierte, in Wahrheit aber russische Waffen an Länder vermittelte, die sich vom Kommunismus befreit hatten. Es unterhielt enge Verbindungen zum russischen Geheimdienst FSB.

Die Firma MAW Telecom wurde wiederum von früheren Informanten der kommunistischen Geheimdienste geleitet. Die Wartung der polnischen Präsidentenmaschine geschah auf Forderung des russischen Geheimdienstes bei diesen Firmen. Vorher hatte die Wartung bei einem Unternehmen in Wnukowo stattgefunden, wo auch die komplette frühere Wartungshistorie der Tupolew vorliegt.

Unter diesen Umständen wurde die Wartung der Tu-154M in der Flugzeugwerft Aviakor in Samara durchgeführt, die Oleg Deripaska gehört. Deripaska ist ein enger Kooperationspartner des damaligen Ministerpräsidenten der Russischen Föderation, Wladimir Putin.

Ein neuer Eiserner Vorhang

2017 hatte ich mich darüber gewundert, dass außerhalb Polens kaum jemand wusste, was für ein gravierender Skandal sich rund um den Absturz von Smolensk rankte. Ende 2023 verfolgte ich aus nächster Nähe, wie versucht wurde, bereits veröffentlichte Informationen zu zensieren.

Ich schrieb im Herbst 2023 gerade an diesem Buch, als der polnische öffentlich-rechtliche Fernsehsender TVP die hervorragende Dokumentationsserie meines Journalistenfreundes Michał Rachoń und seines Kollegen, des Historikers Sławomir Cenckiewicz, zeigte. Cenckiewicz ist Professor für Neuere Geschichte und hat mehrere Sachbücher über den russischen Militärgeheimdienst in Polen geschrieben.

Der Titel der Serie lautet *Reset* und sie beschäftigt sich mit der russisch-polnischen Zusammenarbeit direkt vor dem Absturz und danach. Rachón und Cenckiewicz verwerten in der Serie ursprünglich geheime Informationen, die sie auf Anfrage in Ministerien und der Ministerpräsidentenkanzlei erhalten haben. Sie hatten für die Unterlagen Geheimnisaufhebung beantragt und diese auch bekommen. Michał schätzt, dass er etwa 10 000 Dokumente durchgearbeitet hat.

Die Serie war sehr erfolgreich: Sie hatte wöchentlich bis zu zwei Millionen Zuschauer. Auch ich konnte sie verfolgen, denn Michał hatte eine englischsprachige Version erstellt, die auf dem offiziellen YouTube-Kanal der TVP lief.

Ich schickte Michał daraufhin in einer Sprachnachricht meine Glückwünsche für seine tolle Arbeit und bedankte mich bei ihm für die Anregung, mich mit den Ereignissen um Smolensk zu beschäftigen. Zu meiner Freude erwiderte er meine Nachricht mit einem Videogruß aus dem Schnittraum der TVP, wo er gerade mit dem Cutter zusammen die neuen Folgen vorbereitete.

Die TV-Serie enthüllte ein Dokument, in dem der russische Geheimdienst FSB und der polnische Militärgeheimdienst SKW 2013 eine Zusammenarbeit vereinbarten. Bereits vorher war bekannt, dass es einen Vertrag zwischen den Diensten gab, doch die damalige Regierung unter Tusk hatte behauptet, es handele sich dabei um ein gewöhnliches Abkommen zum Truppenabzug aus Afghanistan. Tusk hatte ebenfalls ausgesagt, er könne sich daran nicht erinnern.

»Wir haben den Wortlaut des Abkommens öffentlich gemacht. Mit Afghanistan hatte es nichts zu tun«, sagt Michał.

In dem Dokument vereinbarten der FSB und der polnische Militärgeheimdienst »gegenseitige Hilfe bei der Reaktion auf Geheimdienst- oder Beeinflussungsaktivitäten von Drittstaaten gegen die Russische Föderation oder die Republik Polen«.

Die Information wirft Fragen auf. Unter anderem, weil Polen bereits seit 2013 NATO- und EU-Mitglied ist und weil man bei einem NATO-Mitglied keine solchen Abkommen mit Geheimdiensten vermuten würde, die dem Putin-Regime unterstehen.

Die Arbeit von Michał und seinem Kollegen erfüllte eine der Hauptaufgaben des Journalismus, indem sie mithilfe der Meinungsfreiheit dem Publikum ein Menschenrecht ermöglichte: das Recht, ungehindert Informationen zu senden und zu empfangen.

Dennoch sollte die Serie ein schlimmes Ende finden, was zu diesem Zeitpunkt noch niemand wissen konnte.

Polizei in der Redaktion

Am Mittwoch, dem 20. Dezember 2023 machte ich beim Schreiben eine kleine Pause und sah mich in den sozialen Medien um. Eine Woche zuvor hatte es in Polen einen Regierungswechsel gegeben und Donald Tusk war wieder Regierungschef geworden, was im

Westen mit großer Freude aufgenommen wurde. Denn er hat von sich ein Image als westlich gesinnter und EU-freundlicher Verfechter der Demokratie und der Menschenrechte aufgebaut.

Ich verfolgte die seltsamen Nachrichten aus Polen in den sozialen Medien. In das Gebäude der TVP waren Polizisten gestiefelt und die Leitung des Senders sollte ausgetauscht werden.

Der Kanal, der die Serie *Reset* ausgestrahlt hatte, wurde geschlossen. Die neue polnische Regierung hatte die öffentlich-rechtliche Fernsehanstalt unter ihre Kontrolle gebracht.

Polizei. Nicht schon wieder ein Eiserner Vorhang.

Michał, was ist da los?, fragte ich über WhatsApp.

Er antwortete sofort. *Weißt du, was die erste Entscheidung dieser Leute war, die sagen, sie hätten die Macht [in der TVP] übernommen? Die Reset-Serie ist offline. Sie ist nicht mehr zugänglich.*

Ich erwiderte, das hätte ich mir gedacht.

So wurde der Informationsfluss in Polen und von Polen ins Ausland also unterbunden. Indem man Inhalte tilgte und Fernsehkanäle sperrte. Indem man *zensierte.*

Ich las die spärlichen Nachrichten mit großen Augen. Sie besagten, dass die Regierung Tusk die TVP unter ihre Kontrolle gebracht habe, weil *dort Propaganda der PiS-Partei verbreitet wurde.* Diese Begründung war wie ein Zauberwort und reichte aus, um die umfangreichen Maßnahmen gegen die TVP zu rechtfertigen. Weitere Fragen wurden nicht gestellt.

Ich habe keine Proteste von Verbänden für Pressefreiheit gesehen, ich habe keinen Protest der EU, der OSZE und keiner anderen internationalen Organisation gegen die politische Einflussnahme auf die Inhalte der TVP gesehen.

Dabei war es *ebenfalls* zutreffend, dass auf dem Sender auch Hasspropaganda der PiS gegen sexuelle Minderheiten verbreitet worden war, was in jeder Hinsicht falsch und unangemessen ist. Aber gleichzeitig veranlasste der Ministerpräsident eines EU-Landes bei der TVP sowohl rückwirkend als auch im Voraus Zensur gegen die Journalisten, die die Regierungspolitik kritisierten, und mischte sich in die Entscheidungen über die Leitung des Senders ein.

Zensur gehört nicht zu westlichen Gesellschaften.

Sie gehört zu Putins Russland.

Ich erzählte Michał, ich würde die Situation verfolgen; der Journalist, der keine Propaganda gegen sexuelle Minderheiten verbreitet, sondern die *Reset*-Serie produziert hatte, erhielt bald darauf von der TVP die Kündigung. So wie alle anderen, die an *Reset* beteiligt gewesen waren. Michał ging zurück zu seinem früheren Arbeitgeber, dem Fernsehsender TV Republika, heute der zweitgrößte Polens.

Die Memos

Da der neue polnische Ministerpräsident die Dokumentarfilmreihe von Michał und seinem Kollegen zensiert hat und sie nicht mehr für die Öffentlichkeit verfügbar ist, schlug ich Michał vor, den Lesern dieses Buches die wichtigsten Enthüllungen aus der Serie zur Verfügung zu stellen, bevor das Buch im März 2024 in Druck ging. Diese betreffen den Absturz von Smolensk und den Tod von Präsident Lech Kaczyński.

Michał Rachón und Sławomir Cenckiewicz haben Memos eines Beamten aus dem polnischen Außenministerium entdeckt und in *Reset* veröffentlicht, in denen es um das Treffen von russischen und polnischen Diplomaten vor dem Flugzeugabsturz geht. Die Diplomaten unterhielten sich über die Organisation der Reise nach Katyn. Der russische Ministerpräsident Wladimir Putin hatte den polnischen Premier Tusk persönlich nach Katyn eingeladen, wo die beiden Staatsmänner sich treffen wollten.

Tusks Reise fand denn auch am 7. April 2010 statt, unbeschwert und separat von der Reise des Präsidenten.

»Bei dem Treffen hatte der russische Diplomat seinem polnischen

Amtskollegen gesagt, ›dass Russland Präsident Lech Kaczyński am 10. April 2010 in Katyn nicht dabeihaben will‹«, erklärt Michał.

Rachoń und Cenckiewicz haben die Texte genau untersucht. Es gab Memos mit unterschiedlichem Inhalt und unterschiedlichem Verteiler: Das eine wurde nur an die oberste Führung des polnischen Außenministeriums geschickt, ein anderes an die Kanzleichefs des polnischen Außenministeriums und des Präsidialamtes.

In dem Memo, das dem Präsidialamt zuging, *fehlte die Äußerung des russischen Diplomaten, dass Russland den Präsidenten nicht in Katyn dabeihaben wollte.*

»Das bedeutet, dass diese grundlegend wichtige Information unserem Präsidenten vorenthalten wurde. Das ist die schockierendste Tatsache, die wir in unsere Serie enthüllt haben«, berichtete Michał mir im März 2024. »Und das ist der direkte Beweis, dass die polnische Regierung und das Außenministerium dem daraufhin verstorbenen Präsidenten diese Information vorenthalten haben.«

Das bewies ebenfalls, dass die Regierungen Russlands und Polens die Trennung der Reisen von Premier Tusk und Präsident Kaczyński beschlossen und auch dies vor dem Präsidenten geheim hielten.

Aus den Dokumenten geht auch hervor, dass Russland und Polen die bilateralen Verhandlungen auf der Ebene der Vizeaußenminister fortsetzten. Michał sagt, ganz egal, wie sich Premier Tusk dazu geäußert habe oder was er mit der Zusammenarbeit des polnischen Militärgeheimdienstes mit dem FSB bezweckt habe, so sei er doch letztlich für alle Ereignisse aus seiner Amtsperiode verantwortlich.

Nachdem die Dokumentarfilmreihe aus dem Netzarchiv der TVP, den Streamingdiensten des polnischen Fernsehens und dem offiziellen TVP-YouTube-Kanal entfernt wurden, haben Unbekannte einzelne Folgen der Serie wieder auf YouTube hochgeladen.

»Das heißt, die Serie ist vielen wichtig«, sagt Michał, der mit dem Co-Produzenten Sławomir Cenckiewicz dabei ist, über die Themen von *Reset* ein Sachbuch zu schreiben.

Putin und seine westlichen Helfer haben also noch nicht den gesamten Informationsfluss eindämmen können.

Der neue Eiserne Vorhang ist noch durchlässig.

HYBRIDE FRONTEN IN NAH UND FERN

Waleri, Juri und Sergei

Im November 2023 war ich in London als Teilnehmerin zu einer öffentlichen Podiumsdiskussion zum Thema Hybride Kriegsführung eingeladen. Den Tag über hörte ich bei anderen Podiumsdiskussionen zu, bei denen etliche Gesprächsteilnehmer Russlands hybriden Krieg kleinredeten. Manche Experten wollten nicht einmal laut sagen, dass Russland überhaupt einen hybriden Krieg führt. Stattdessen behaupteten viele Referenten, *die Welt sei eben kompliziert.*

Ich war erstaunt. Neben mir saß ein ukrainischer Journalist und Wissenschaftler, der sich wie ich aufmerksam die Meinungen der Experten anhörte.

Ein österreichischer Forscher behauptete, der hybride Krieg sei ein *Kommunikationswerkzeug der NATO*. Seiner Meinung nach sei es *alarmistisch*, von einem *russischen Hybridkrieg* zu sprechen. Geradezu lächerlich fand er den Begriff *Informationskrieg*, denn seiner Meinung nach habe der *keinerlei Auswirkungen auf gar nichts*, auch nicht auf den Ausgang der US-Präsidentenwahl 2016. Der Österreicher behauptete sogar, sich nicht einmal mit den Auswirkungen des russischen Informationskrieges beschäftigt zu haben, aber er war sich seiner Argumentation sicher.

Manche Geschichten, die das Publikum aufgetischt bekam, waren die gleichen, die die kremlgesteuerten Trolle in den sozialen Medien verbreiten. Die gleichen, die der Kreml insbesondere durch westliche Experten einem westlichen Publikum vermitteln möchte. Indem der Kreml einen hybriden Krieg abstreitet, bereitet er den Boden für seine Kampfeinsätze. Wenn es aus Sicht der Öffentlichkeit keinen Krieg gibt, dann begreifen die Menschen nicht, dass Widerstand überhaupt nötig ist.

Die Behauptung, der Kreml würde *keinen* hybriden Krieg führen, gefährdet die nationale Sicherheit aller Staaten, die von Russland angegriffen werden. Die Behauptung verschleiert die wirkliche Situation. Ebenso gefährlich ist die Behauptung, es sei *lächerlich*, von einem Informationskrieg des Kreml zu sprechen. Das stempelt die Menschen, die sich beruflich damit beschäftigen, als Spinner ab.

Wenn westliche Experten ihren Ruf dafür hergeben, dem Kreml zu helfen, seinen Informationskrieg zu beschönigen, werden die Opfer dieses Informationskrieges Russland auch dann nicht als Besatzungsmacht erkennen, wenn sein Militär behauptet, es würde ihre Heimat vom Faschismus befreien, indem es ihr Land mit dem Verweis auf das Ergebnis einer gefälschten Wahl besetzt und es der Russischen Föderation angliedert.

Es war seltsam für mich, nach den vorherigen Meinungsäußerungen zum letzten Podium auf die Bühne zu gehen.

Ich korrigierte die inhaltlichen Fehler meiner Vorredner und zählte die Operationen der russischen hybriden Kriegsführung auf. Das war nicht schwer. Am selben Wochenende hatte der russische Grenzschutz damit begonnen, Bürger aus Drittstaaten bei Eis und Schnee über die Grenze nach Finnland zu schaffen, sodass die finnische Regierung sich gezwungen sah, einen Großteil der Grenze zu schließen. Als ich sagte, dass wir in Finnland genau jetzt Opfer eines hybriden Krieges sind, sagte der Moderator: »Oder zumindest haben Sie das Gefühl, dass es so ist.«

Das Gefühl. Verdammt noch mal.

Ich erwiderte, das sei keine Frage des Gefühls. »Der Kreml sagt selbst, dass er einen Informationskrieg führt, und zwar mit chirurgischer Präzision«, setzte ich hinzu.

Es ist eine Sache, wenn hohe Beamte des Kreml Unsinn verbreiten. Aber wenn Menschen, die im Westen für Experten gehalten werden, den Leuten zu Hause denselben Unsinn auftischen, befinden wir uns genau im Zentrum der hybriden Kriegführung. Der

Ausdruck *nützliche Idioten* beschreibt nicht annähernd den Schaden, den diese Leute in westlichen Ländern anrichten.

Ich bekam vom Publikum in London positive Rückmeldungen.

Der österreichische Experte sollte sich mehr mit den Ansichten der russischen Militärjunta über ihren eigenen Informations- und Hybridkrieg beschäftigen. Bedeutsame Aussagen dazu gibt es von vier Führungspersönlichkeiten des heutigen Russlands, die bereits im sowjetischen Militär- und Geheimdienstapparat gedient haben und deren Langlebigkeit darauf hindeutet, dass sie ihre Aufgaben loyal ausführen, immer im Hinblick auf den Vorteil der russischen Staatsführungsclique aus Milliardären. Und sie wissen zudem auch noch etwas über den »lächerlichen« russischen Informationskrieg.

Zu diesen Leuten gehören neben dem FSB-Agenten Wladimir Putin, der regelmäßig mithilfe gefälschter Wahlen ins Amt des »Präsidenten« gehoben wird, auch der General und Chef des Generalstabes der russischen Truppen sowie russischer Vizeverteidigungsminister, Waleri Gerassimow, der den Angriffskrieg gegen die Ukraine anführt, sowie der ehemalige Verteidigungsminister Sergei Schoigu. Außerdem möchte ich die Sichtweise des weniger bekannten Oberst a.D. Juri Gorbatschow hervorheben, als früherer Chef im russischen Generalstab zuständig für die Abteilung elektronische Kampfführung.

Russland begründet sein Vorgehen damit, dass es selbst Ziel eines hybriden Krieges sei, gegen den es sich verteidigen müsse. Aber die Architekten des hybriden Krieges sehen im Angriff die beste Verteidigung. Vor allem General Waleri Gerassimow hat sich zur hybriden Kriegsführung geäußert. Anfang 2013 stellten Gerassimow und Sergei Schoigu Putin ihre Vorbereitungsstrategie für die nächsten Jahrzehnte vor. Dort wurden Russlands Verteidigungsmodelle vorgestellt, die »alle möglichen Perspektiven, Bedrohungen und Risiken« einschlossen. Laut Verteidigungsminister Schoigu waren an der Planung alle russischen Ministerien beteiligt und alle hatten dem Plan zugestimmt.

Bald darauf erfuhr man aus der russischen Presse Einzelheiten über die Modernisierung der Streitkräfte bis 2020. Dabei sollte nach den Worten von Gerassimow ein wichtiges Augenmerk darauf liegen, dass sich militärische Operationen immer mehr in den virtuellen Raum verlagern würden.

General Gerassimow sagte, die Entwicklung der Informationstechnologie, die Weltraumforschung und die Zunahme der Großmächte hätten die Art der Kriegführung wesentlich beeinflusst. Das Hauptaugenmerk läge nicht mehr auf traditionellen militärischen Operationen, sondern auf *politischen, diplomatischen und wirtschaftlichen Faktoren*. Diese erzielten eine große Wirkung, vor allem wenn sie zusammen mit intensiven Drohszenarien angewendet würden. Neben U-Booten, Flugzeugen und Aufklärungssystemen sollten seiner Ansicht nach auch Werkzeuge für die Informationskriegführung entwickelt werden.

Die neue Arena des Krieges

Der frühere Chef der Abteilung für elektronische Kriegsführung, Juri Gorbatschow, veröffentlichte im selben Jahr eine als Politikempfehlung anzusehende Einschätzung dazu, wie Russland seine Cyber- und Informationskriegführung *durchschlagskräftiger* machen könnte. In seinem detaillierten Artikel stellte er die wichtigsten Cyberbedrohungen vor und präsentierte Möglichkeiten zur »Problemlösung« in einem neuen Betätigungsfeld der Kriegsführung.

Juri Gorbatschow schilderte, wie Kämpfe dann in einem modernen, sich ständig weiterentwickelnden virtuellen Umfeld geführt würden, das von Informationstechnologie durchdrungen sei. Weil die militärischen Operationen und Mittel sich grundlegend veränderten, brauche es für die Militärführung eine flexiblere Strategie und für die Informationskriegführung eine eigene Doktrin. Juri Gorbatschow zufolge würden in den Kriegen der Zukunft die

Ziele nur erreicht, wenn man die *Informationsüberlegenheit* über den Feind gewänne.

Er definierte die neue Arena des Krieges. Bestimmte Eigenschaften unterschieden den virtuellen Raum von anderen Kampfschauplätzen: zum Beispiel das Fehlen klarer Grenzen im Hinblick auf Territorium und Zeit. Staatsgrenzen oder abgetrennte Areale gibt es im Informationsraum nicht, sodass man militärische Operationen laut Gorbatschow entweder lokal oder global anlegen muss – oder beides zugleich. Typisch ist auch die Schwierigkeit, die Beteiligten und die von ihnen getroffenen Maßnahmen überhaupt zu erkennen.

Kampfoperationen im Cyberspace könnten sich laut Gorbatschow – manchmal sogar entscheidend – auf die Schlagkraft und den Erfolg anderer militärischer Handlungen auswirken. Auf Operationen im virtuellen Raum könnten auch physische Kampfhandlungen folgen. Für den Sieg in einzelnen Gefechten oder sogar einem ganzen Krieg könnten die Auseinandersetzungen im virtuellen Raum entscheidend sein.

»Sie könnten dazu anreizen, militärische Operationen zu beginnen, fortzuführen oder auch einzustellen. [...] Oder den Feind dazu bringen, von seinen Vorhaben abzurücken«, schreibt er.

In jedem Fall hätten Informationsangriffe das Potenzial, den Feind in seiner Entscheidungsfähigkeit zu lähmen. Diese Operationen könnten eine kognitive Wirkung entfalten und damit günstige Rahmenbedingungen für das Erreichen militärischer als auch politischer Ziele schaffen. Gorbatschow zufolge müsse die informationelle Übermacht gegenüber dem Feind gesichert werden. Virtuelle Gefechte kosteten die eigenen Truppen und die gesamte Operation weniger Zeit als physische und die Verluste würden geringer ausfallen. Im virtuellen Raum könne man nicht nur die Operationen der Streitkräfte intensivieren, sondern die Wirkung auch global auf militärisch-politische Großmächte, die wirtschaftliche Situation und angestrebte politische Entscheidungen ausdehnen.

»Die Wirksamkeit wird dadurch erhöht, dass sich an den Informationsoperationen nicht nur die Armee, sondern auch andere staatliche Akteure und die Medien der Krieg führenden Länder beteiligen können«, schrieb Gorbatschow. Am Schluss macht er Vorschläge, wie Russland seine Fähigkeiten, Ressourcen, Entscheidungsfindungen, Kompetenzen und Technologien für die Informationskriegführung optimieren könnte. Die Liste ist lang. Zu Organisation der Informationskriegführung schlug er die Schaffung einer synergetischen Struktur bei den russischen Streitkräften und Polizeibehörden sowie zivilen Institutionen und den Organen vor, die dem Sicherheitsrat der russischen Föderation unterstehen.

Dazu müssten *alle* Mitarbeiter der russischen Streitkräfte dazu ausgebildet werden, virtuelle Kampfoperationen durchzuführen. Zusätzlich sollten nicht-militärische Institutionen, die russische Verwaltung, Industriebetriebe sowie die Bevölkerung darin geschult werden, sich vor »multispektralen Informationsbedrohungen« zu schützen.

Als Experte für elektronische Kriegsführung war es Gorbatschow wichtig, eine Strategie zu entwickeln, um den »Infokrieg« aus den USA und anderen NATO-Ländern zu neutralisieren. Zusätzlich sollten Systeme installiert und Maßnahmen ergriffen werden, mit denen man einen möglichen Feind daran hindern könnte, die Informationsübermacht über die Russische Föderation zu gewinnen, in Friedens- wie auch in Kriegszeiten.

Auch deshalb sei es ihm zufolge sinnvoll, eine Strategie sowie Truppen und Methoden zur Informationskriegsführung zu entwickeln, damit zwischen der Informationskriegführung und den Aufklärungseinheiten eine vollkommene Synergie entstehen könne. Das würde die militärischen Fähigkeiten der russischen Armee stärken.

Gorbatschow zitierte General Waleri Gerassimow und schrieb, dass diese Form der Kriegsführung neue, asymmetrische Möglichkeiten eröffne, das feindliche Kampfpotenzial zu verringern. Und auch deshalb sei es unabdingbar, die Aktivitäten im virtuellen Raum zu intensivieren. Er zitierte auch General Mahmut Garejew, den Vizechef des russischen Generalstabs aus den 1980er-Jahren, der nach seinem Ruhestand Präsident der Russischen Militärwissenschaftsakademie wurde. Garejew zufolge würden *die Formen der Informations- und Cyberkriegsführung, der radioelektronischen, der psychologischen und weiterer nichtmilitärischen Kriegsführung sich auf den Charakter bewaffneter Konflikte auswirken.*

Der russische Verteidigungsminister Sergei Schoigu, bis Mai 2024 im Amt, sagte bereits 2015 in Gesprächen mit russischen Journalisten, Informationen und Medien seien nicht nur Waffen, sondern ebenso Bestandteil der Streitkräfte.

Ein Bestandteil, der gravierende Verletzungen verursachen kann.

Dem Feind die Souveränität nehmen, ohne sein Staatsgebiet zu besetzen

Auf Befehl von Wladimir Putin wurde 2014 in Russland eine neue Struktur geschaffen, mit der hybride Kriege ganzheitlich administriert werden können. Das schreibt der Wissenschaftler Mason Clark in seinem Bericht für die US-Forschungseinrichtung Institute for the Study of War, in dem er sich mit dem russischen Krieg der Zukunft beschäftigt. In der Praxis leite der Kreml mehrere seiner hybriden Kriege gleichzeitig von dieser neuen administrativen Struktur aus, von deren Gründung General Gerassimow im Dezember 2017, drei Jahre nach ihrem Aufbau, berichtet hat. Das Verwaltungszentrum der nationalen Verteidigung der Russischen Förderation (Национальный центр управления обороной Российской Федерации) operiert als Abteilung des Verteidigungsministeriums.

Clark zufolge zeigt die Entscheidung des Kreml, eine solche übergeordnete Struktur zu schaffen, in die die Ministerien für Sicherheit und Zivilschutz eingebunden sind, wie wichtig den Russen die zentrale Steuerung hybrider Kriege ist.

Die Entwicklung der Überlegungen und Institutionen des Kreml zur hybriden Kriegsführung kann und konnte jeder Interessierte bis zu einem gewissen Grad in den russischen Medien verfolgen. General Waleri Gerassimow hat über die Jahre die Ideen des Kreml zum hybriden Krieg in Militärzeitschriften und anderen Medien öffentlich gemacht; mittlerweile ist zu beobachten, was aus den Entwürfen geworden ist.

General Gerassimow verwendet dafür in der Öffentlichkeit den Begriff »nicht-lineare Kriegsführung« und unterstreicht, diese habe eine wachsende Bedeutung für das Erreichen politischer und strategischer Ziele. Zusätzlich spricht er davon, das *Protestpotenzial* der Bevölkerung jener Staaten zu nutzen, die zum Ziel eines Hybridkrieges werden sollen. Diese Maßnahmen in Verbindung mit einem Informationskrieg seien Gerassimow zufolge in manchen Fällen eine viel effizientere Möglichkeit der Einflussnahme als militärische Operationen.

Das Protestpotenzial nutzen. Darum geht es, wenn der Kreml mit Fake-News-Kampagnen in der ganzen Welt Menschen dazu bringt, auf die Straße zu gehen, um gegen ihre demokratisch gewählten Volksvertreter oder gegeneinander zu demonstrieren oder vom Kreml favorisierte Kandidaten, wie etwa Donald Trump, darin zu unterstützen, physische Gewalt anzuwenden oder vom Kreml definierte Ziele anzugreifen. Im schlimmsten Fall können mit einem Informationskrieg sogar Bürgerkriege, Volksaufstände oder Radikalisierungstendenzen in den Ländern geschürt werden, die der Kreml als Ziele auserkoren hat. Wenn sich die Bevölkerung eines anderen Landes erhebt, um eine dem Kreml unliebsame Staatsführung aufgrund einer erfolgreichen Informationskampagne zu stürzen, muss Russland keine Truppen dorthin schicken, um seine Absichten zu verwirklichen.

»Das Ziel ist es, durch Informationsbeeinflussung, psychologischen Druck, die aktive Unterstützung der Opposition sowie durch Guerillas und Sabotage das militärische und wirtschaftliche Potenzial des Feindes zu schwächen«, schreibt Gerassimow.

Die Grundlage all dessen sei dem General zufolge Informationstechnologie und das alles diene dazu, unter Einbeziehung von extremistischen und terroristischen Organisationen das Protestpotenzial der Bevölkerung zu realisieren.

Guerillas, Sabotage, extremistische und terroristische Organisationen. Das bedeutet unter anderem, Finnen für den Krieg gegen die Ukraine oder zur Verbreitung von Kriegspropaganda anzuwerben, Schweden in russischen paramilitärischen Camps für Angriffe auf schwedische Flüchtlingsheime auszubilden, rechtsextremistische, gesellschaftszersetzende Terroristen zu ermutigen, die ehemalige finnische Ministerpräsidentin Sanna Marin oder andere europäische Führungspersönlichkeiten anzugreifen: eben jene, die Russland mit Sanktionen belegen oder auf andere Weise Sand in das Getriebe des Kreml streuen.

Oder die Corona-Leugner. Die QAnon-Mitglieder in den USA, die Querdenker in Deutschland. Die Beteiligten an der Erstürmung des Kapitols in Washington.

Diese nicht-linearen, asymmetrischen Aktivitäten sowie die Methoden der hybriden Kriegsführung ermöglichten es Gerassimow zufolge, der Gegenseite »die Souveränität zu nehmen, ohne das Staatsgebiet zu besetzen«. Und weiter: »Einem Staat, der Ziel einer hybriden Aggression wird, blüht das totale Chaos, eine politische Krise und der Zusammenbruch der Wirtschaft.«

Es wäre zu wünschen, dass auch der schmunzelnde österreichische Forscher von der Londoner Konferenz sich mit diesen Grundlagen der russischen Informations- und Hybridkriegsführung auseinandersetzt.

Em Seikkanen

Ende August 2023 lief ich durch Berlin-Moabit, auf der Suche nach dem Büro der Videoagentur Ruptly im Innenhof des Einkaufszentrums Schultheiss Quartier. Ein Security-Mitarbeiter hatte mir versichert, dass sich das Büro genau hier befand. Aber ich konnte kein Firmenschild entdecken. Die Logos anderer Firmen schon, aber nicht das von Ruptly.

Ich will schon aufgeben und zu meiner Unterkunft zurückkehren, da nimmt die Sache eine unglaubliche Wendung. Ein deutscher Bekannter schickt mir eine Nachricht des Tagesspiegel, die besagt, dass Ruptly immer noch seinen Sitz in dem Einkaufszentrum hat, durch das ich am Vormittag geirrt bin. Aber die Agentur hat ihr Schild entfernt.

Die deutsche Filiale der staatlichen russischen Informationskriegsführung hat etwas zu verbergen.

***

Vier Jahre zuvor, im Winter 2019, hielt ich vor einem technikaffinen internationalen Publikum einen Vortrag bei einer KI-Konferenz in Helsinki. Anschließend kam eine Zuhörerin zu mir und dankte mir für den Vortrag. Sie sagte, ihr Name sei Em Seikkanen, und erzählte, sie habe früher bei Ruptly gearbeitet.

Sie gab mir ihre Visitenkarte und nach einem Telefonat verabredeten wir uns zu einem ersten Interview. Ich begann, anhand von Em Seikkanens Erfahrungen einen Artikel über Ruptly und sein Mutterunternehmen RT für die Webseite meines damaligen Arbeitgebers YLE zusammenzustellen. Seikkanen hatte vollkommen einzigartige Insiderinformationen darüber, wie die geheime Videoagentur des Kreml mitten in Berlin arbeitet. Anders als die meisten früheren Mitarbeiter war sie bereit, öffentlich drüber zu sprechen.

Ruptly in Berlin täuscht die Menschen genauso wie die Trollfabrik in St. Petersburg. Sie tritt als privates Unternehmen auf und hält ihre Verbindungen zum Kreml geheim. Ruptly erscheint nach außen als deutsches Start-up, obwohl es ein Tochterunternehmen der russischen Medienfamilie RT ist. RT und Sputnik, beide vom Kreml finanziert, gehören zum selben Organisationskonglomerat wie die offizielle russische Nachrichtenagentur RIA Novosti. TV Novosti, der Betreiber von RT, ist auf Putins Geheiß für Russland als »strategisch wichtig« definiert.

Die St. Petersburger Trollfabrik firmiert ihrerseits als Textproduktionsunternehmen namens »Internet-Forschungszentrum«. Die Ablenkungsmanöver der Russen, auch bekannt als *Maskirowka*, sind dazu da, eine Tatsache zu verbergen: Beide Agenturen werden vom inneren Zirkel Putins betrieben, und sie haben zum Ziel, die globale Wirkmacht des Kreml zu stärken.

Es ist nur natürlich, dass der Kreml in Russland Trollfabriken betreibt. Aber es lässt mir keine Ruhe, warum die deutsche Regierung es dem Kreml erlaubt, von Berlin aus seine Kriegspropaganda zu verbreiten, die sich nicht nur gegen Deutschland, sondern auch gegen andere Länder richtet.

Als ich Em Seikkanen 2022 für dieses Buch interviewte, sagte sie, sie habe noch nie in einer so einflussreichen Firma gearbeitet wie Ruptly, und auch noch nie in einer so einflussreichen Position.

»Aber ich kann nicht guten Gewissens darüber schweigen, wie Ruptly die Demokratie aus dem Gleichgewicht bringt«, sagt sie.

Seikkanen möchte ihr Wissen zum Teil deshalb teilen, weil sie das Bedürfnis hat, Wiedergutmachung für ihre Arbeit bei Ruptly leisten zu müssen.

Lassen wir sie erzählen.

Em Seikkanen fing 2017 bei Ruptly an, als sie gerade nach Berlin gezogen war. Sie stammt aus den USA und wollte sich im Ausland eine Karriere aufbauen. Eine Bekannte arbeitete bereits bei Ruptly und gab ihr den Tipp, dass sie dort schnell einen Job bekommen könnte. Em hatte Andeutungen darüber gehört, dass die Firma Propaganda verbreitete, und sie wusste, dass sie sich bei einer russischen Nachrichtenagentur bewarb.

»Mir kam das etwas dubios vor, aber ich brauchte eine Arbeit«, sagt sie.

Seikkanen schickte die Bewerbung ab und wurde zum Vorstellungsgespräch eingeladen. Die Auswahlkommission bestand aus dem damaligen Geschäftsführer, dem Briten Matt Tabaccos, und dem US-Amerikaner John Cuadros. Manche Themen fielen für ein Vorstellungsgespräch sehr politisch aus. Seikkanen wurde zum Beispiel gefragt, wie sehr sie den US-Nachrichten vertraute. Sie erwiderte, sie vertraue einem Teil der Nachrichten, habe aber zu der Zeit Probleme, Quellen wie CNN zu vertrauen, weil der Sender »versucht hatte, Donald Trump als typischen republikanischen Präsidentschaftskandidaten hinzustellen«. Außerdem erwähnte sie Fox News, »weil es sich da um neokonservative Propaganda der extremen Rechten handelte, die eine Gefahr für die US-Gesellschaft und die globale Geopolitik darstellte. Das sagte ich im Vorstellungsgespräch«, erinnert sich Seikkanen.

Sie bekam die Stelle. Als Erstes durchliefen die neuen Angestellten umfangreiche Schulungen. Doch trotz dieser Maßnahmen machte Ruptly nicht den Eindruck, dass die Firma sich besonders für die neuen Mitarbeiter engagierte. Der Führungsstil war schwammig, und niemand wies sie darauf hin, dass ihr Arbeitsplatz eine Propagandafabrik des Kreml war. Alles lief unauffällig ab.

»Aber ich bekam den Eindruck, dass es niemanden interessiert, wie viel Geld durch den Schornstein geht, denn der Kreml finanzierte sowieso alles.«

Die Schulungen waren nicht anspruchsvoll; dort wurden ihnen einfache Dinge beigebracht: Wie man auf E-Mails antwortet, wie man einem Kunden ein Live-Videobild übermittelt.

»Dazu kamen verschiedene Eilaufträge, weil niemand sich vorher darum gekümmert hatte, wie die Arbeit eigentlich organisiert war«, schildert Seikkanen.

Als sie bei Ruptly anfing, befand sich das Büro an der Lennéstraße mitten in Berlin in einem modernen Geschäftshochhaus mit einem tollen Blick über die Hauptstadt.

Hinterhalt in der Livesendung

Den internationalen Sender RT leitet Wladimirs gute Freundin, die sogenannte »Chefredakteurin« Margarita Simonjan, die aus Kazan in Südrussland stammt. Auf der Webseite des Kreml findet sich ein aufschlussreiches Gespräch zwischen Wladimir Putin und Simonjan aus dem Juni 2011. Die Aufzeichnung fand im Moskauer Studio von RT statt.

Sie beginnt damit, dass Putin und Simonjan in freundschaftlicher Atmosphäre Erinnerungen an die Zeit sechs Jahre zuvor austauschten, als RT Putin zufolge in der Planung war. Dann entspinnt sich zwischen den beiden ein äußerst merkwürdiger Dialog: Putin sagt, er habe nicht erwartet, dass er im Fernsehen mit Simonjan sprechen würde, *noch dazu in einer Livesendung.*

»Ich hatte ja keine Ahnung, dass du so einen Hinterhalt als Livesendung platzieren würdest«, witzelte er.

Margarita Simonjan erwiderte, *sie hätten nichts zu verbergen*, was Wladimir Putin bestätigte.

Das Gespräch, das mit Insiderhumor aus Geheimdienstkreisen gespickt schien, erweckt den Eindruck, dass Simonjan und Putin in Wahrheit schon viele geheime Gespräche geführt hatten. Und es zeigte, dass sich die beiden bereits vorher gut kannten.

Der Dialog zeigte keinesfalls die etwas angespannte Interaktion zwischen der Chefredakteurin eines traditionellen Mediums und einem hochrangigen Politiker. »Chefredakteurin« Simonjan und »Ministerpräsident« Putin gehören zur selben Silowiki-Clique, die das Sendergebilde RT besitzt und auch über dessen Inhalte entscheidet. Ich setze die Berufsbezeichnungen hier in Anführungsstriche, weil die Tätigkeit von Simonjan nicht der westlichen Vorstellung von einer Chefredakteurin entspricht, ebenso wenig wie Putin einem Ministerpräsidenten.

Das Gespräch förderte noch mehr zutage. Sie schwelgten in Erinnerungen daran, dass RT mit dem Ziel gegründet wurde, »einen neuen starken Player auf das internationale Parkett« zu bringen. Einen Player, der nicht nur »unparteiisch« über Ereignisse in Russland berichten, sondern auch das angelsächsische Monopol auf dem globalen Nachrichtenmarkt aufbrechen wollte.

Putin sagt, Simonjan sei erfolgreich in dieser Hinsicht. Und er erklärt, dass RT die offizielle Linie der russischen Regierung widerspiegele und sich weder im Inland noch im Ausland für die politischen Standpunkte Russlands entschuldigen werde.

Ein Jahr später, 2012, berichtete Simonjan ebenso offen in der Zeitung Kommersant, dass RT eine Informationswaffe sei, die einem ganz ähnlichen Zweck diene wie das russische Verteidigungsministerium. Nach ihren Worten befände sich Russland im Informationskrieg gegen die ganze westliche Welt. »Wir können nicht erst dann mit der Waffenherstellung anfangen, wenn der Krieg schon begonnen hat. Daher ist das Verteidigungsministerium im Moment mit niemandem im Krieg, aber es ist bereit zur Verteidigung. Und das sind wir auch«, sagte sie.

Simonjan enthüllte noch mehr. Diese Informationswaffe sammele aktiv Daten über ihr Publikum, erstelle Profile ihrer Zuschauer und versuche, ihre Zuschauerzahlen zu steigern. Vor allem bei YouTube habe RT hervorragende Reichweiten, der Kanal sei beliebter als Bloomberg, Deutsche Welle oder France 24. Die höchsten Quoten habe RT unter den Gutverdienenden und Entscheidungsträgern. »Unsere Zuschauer gehören zu den Menschen, die die Welt von morgen anführen werden«, sagte Simonjan.

Das Interesse von RT an der Meinungsbeeinflussung – oder der informationspsychologischen Kriegsführung, wie man in Russland sagt – zeigen auch seine Maßnahmen, die Meinungsbildung seiner Zuschauer zu verfolgen. RT fragte das Publikum, ob sich dessen Meinung geändert habe, seit sie den Sender sehen. Laut Simonjan war das bei einem Teil der Zuschauer der Fall.

Sieben von zehn Umfrageteilnehmern sagten aus, dank RT viel mehr über Russland zu wissen. Etwa die Hälfte erklärte, ihre Meinung über Russland habe sich dadurch deutlich zum Positiven verändert. Diese Umfragen zeigen, dass RT es sich zur Aufgabe gemacht hat, seine Zielgruppe genau einzukreisen und auf ihr Denken und ihre Einstellung einzuwirken. Und damit auf ihr Verhalten.

Margarita Simonjan steht mit ihrem Ehemann zusammen in vorderster Linie des russischen Informationskrieges. Sie tritt regelmäßig in den russischen Medien auf, wo sie Drohungen gegen westliche Länder äußert und sich für den Krieg einsetzt.

Nach dem Angriff Russlands auf die Ukraine hat Simonjan sich radikalisiert. Sie ist der Meinung, der Dritte Weltkrieg habe begonnen, und die USA hätten sich zum Ziel gesetzt, Russland auszulöschen. Für Russland sei es wichtiger, sich mit China und Indien gut zu stellen. Im April 2022 ereiferte sie sich in der Hasspropagandasendung des anderen rücksichtslosen Kremlpropagandisten Wladimir Solowjow darüber, dass die NATO gegen Russland Krieg führe. »Sie richten alle ihre Ressourcen gegen uns. Ihre Waffen, ihre Ausbildung, ihre Söldner«, zählte Simonjan auf. »Wir sind im Krieg gegen das alles.« Diese Botschaft wiederholt sie ein ums andere Mal auf allen Kanälen.

Für Russland fordert sie eine strenge Zensur, denn ein großes Land könne nicht ohne die »Einhegung« von Informationen existieren. Der westlichen Welt stünde dafür »die Hölle auf Erden« bevor. Sie verspottet regelmäßig die USA und andere westliche Länder für ihren Mangel an Werten und wirft ihnen vor, die Souveränität der russischen Verbündeten zu verletzen.

Das Ass im Ärmel, die Atomwaffenkarte, hat sie zusammen mit dem russischen Außenminister Sergei Lawrow bereits mehrmals kurz gezückt, und dem Hauptfeind Russlands, den USA, hat sie schon oft einen Bürgerkrieg vorhergesagt. Die US-Bürger seien angeblich an den Gedanken eines Bürgerkriegs gewöhnt und die USA könne man ihr zufolge nicht mehr als Großmacht bezeichnen.

»Die neuere Geschichte der USA kennt keinen einzigen Tag, an dem das Land nicht gegen alle Regeln der UNO verstoßen hätte«, sagt sie.

Als die Presse im Frühjahr 2022 berichtete, dass NATO-Generalsekretär Jens Stoltenberg an Gürtelrose erkrankt sei, merkte Margarita Simonjan an, sie habe durch ihr »unfreundliches Auftreten« zu Stoltenbergs Erkrankung beigetragen.

Und als im November 2022 eine polnische Grenzstadt von einer ukrainischen Rakete getroffen wurde, spottete Simonjan, die NATO-Länder hätten eine so schlecht aufgestellte Verteidigung, dass »egal wer mit egal was schießen könnte: Niemand in der NATO weiß, wer es war, womit und warum«.

Simonjan hasst die Ukraine, die Russland ihrer Meinung nach in zwei oder drei Tagen bezwungen hätte – wenn sich nicht die NATO eingemischt und einen Krieg gegen Russland vom Zaun gebrochen hätte. Die Ukraine ist ihrer Meinung nach ein so gewaltiges Land, dass man es ein wenig dezimieren müsse, und das habe Russland auch geschafft, »Gott sei Dank«, wie sie sagt. Russland wiederum habe die »militärische Spezialoperation« in der Ukraine beginnen müssen, weil für die Ukraine Frauen und Kinder als legitime Ziele gälten, sagte Simonjan. Die Unwilligkeit der Ukraine zu Verhandlungen habe daraus ein Land gemacht, in dem vor allem »Invaliden und Emigranten« lebten.

Im Oktober 2023 schlug sie vor, am Himmel über Sibirien Atomwaffentests durchzuführen. So müsse man nicht Washington angreifen, aber der Westen wäre aufgeschreckt, und die Maßnahme würde helfen, den »Ukraine-Konflikt« zu beenden.

Als YouTube Simonjans Konto 2022 sperrte, forderte sie in einem Schiedsgerichtsverfahren in Moskau von Google, das Konto wieder freizugeben. Ihrer Auffassung nach müsste Google ihr für jeden Tag, den das Konto gesperrt bleibt, 100 000 Rubel zahlen, umgerechnet etwa 1000 Euro.

Margarita Simonjans Ehemann ist der Filmregisseur und Propagandist Tigran Keossajan. Im November 2023 verlangte Keossajan, Panzer nach Finnland zu schicken, nachdem es infolge der durch russische Behörden erzwungenen Einreisen von Drittstaatlern einen Teil der Grenze zu Russland geschlossen hatte.

Auch dieser Informationskriegsprofi gehört zu Putins innerem Zirkel und ist ganz offenbar für seine Aufgaben bestens ausgebildet; und auch er sitzt in der Führung von RT.

Die verbalen Drohgebärden von Margarita Simonjan gehören zur Strategie des Kreml, die Bevölkerung und die Führung der westlichen Länder in Angst zu versetzen und die politische Entscheidungsfindung darüber zu schwächen, wie man auf die russischen Militäroperationen antworten sollte.

Doch RT und sein Tochterunternehmen in Berlin haben weitere Ziele, in Deutschland, aber auch im Rest der Welt.

Sendungen in allen Sprachen rund um die Uhr

Obwohl Ruptly sich wie ein Start-up gerierte, stellte Em Seikkanen fest, dass es dort nicht start-up-mäßig zuging. Das betraf unter anderem das Dreischichtsystem.

»Fast alle arbeiteten in Schichten. Und wir mussten ständig in Bereitschaft sein, falls sich etwas Außergewöhnliches in der Welt ereignete, beispielsweise in China ein Gebäude explodierte, in den USA ein Schulmassaker stattfand oder in Venezuela ein Volksaufstand«, sagt Seikkanen.

Bei Ruptly arbeitete man in Teams, in denen mindestens ein Russe oder eine Russin dabei war. Ems Vorgesetzte war eine Russin, die mit einer anderen russischen Kollegin darüber plauderte, wie sexy der russische Außenminister sei.

»Das fand ich schon seltsam«, sagt Seikkanen.

Ruptly stellte Sendungen in allen wichtigen Sprachen zur Verfügung und die Mitarbeiter sprachen verschiedene Sprachen. Um die spanischsprachigen Kunden kümmerte sich jemand mit Spanischkenntnissen, daneben gab es Arabisch sprechende Angestellte, in Seikkanens Abteilung arbeitete ein israelischer Kollege, der auf Hebräisch Kunden in Nahost betreute. Israel sei für Ruptly ein wichtiger Markt gewesen, erklärt Seikkanen.

Zum Personal gehörten auch ein Türke, ein Inder und ein Iraner mit Farsikenntnissen, aber auch ein Chinese und ein Japaner. Auch Finnen waren bei Ruptly beschäftigt, und in der Führungsetage arbeitete ein Schwede, der zuvor in den USA gelebt hatte.

Die Aufgaben waren in den einzelnen Schichten verschieden. In der Frühschicht stellte Seikkanen jeden Tag einen Newsletter für die Kunden zusammen, der etwa eine Stunde nach Dienstbeginn fertig sein musste. Darin wurden Ruptlys Nachrichtenvideos und -feeds aus aller Welt beworben. Diese Mails dienten dazu, die Kunden, andere Medienhäuser, auf das Material aufmerksam zu machen, um es ihnen verkaufen zu können.

Die Newsletter wurden vor dem Abschicken jeweils von einem Vorgesetzten geprüft. Einmal machte er Seikkanen darauf aufmerksam, dass sie einen Demonstranten mit einer Hakenkreuzfahne als »Neonazi« bezeichnet habe. »Mir wurde gesagt, dass Ruptly Inhalte nicht ›redigiert‹. Ich musste stattdessen schreiben, dass es sich um einen ›rechtsextremen Demonstranten‹ handele.«

Em Seikkanen fand diese Vorgaben frustrierend. Mit der Wortwahl wurden extremistische Gruppen kleingeredet und als normal dargestellt, und Ruptly verstecke seine Aktivitäten genau mit jenen unsinnigen Aussagen wie: »Wir redigieren keine Inhalte.«

Zu ihrer Arbeit gehörte es auch, ein zentrales E-Mail-Postfach zu kontrollieren, an das die Kunden Wünsche für Inhalte und Livefeeds schicken konnten. Sie beantwortete die Mails und half den Kunden, die Inhalte zu finden, nach denen sie suchten. Die Kundschaft setzte sich aus Nachrichtenmedien, Social-media-Diensten und Internetplattformen aus der ganzen Welt zusammen, von denen manche in Russland saßen. Seikkanen darf keine Namen nennen, weil sie einen Geheimhaltungsvertrag unterschrieben hat. Die Namen der Ruptly-Kunden sind nicht für die Öffentlichkeit bestimmt.

Verschiedenen Quellen ist zu entnehmen, dass der US-Sender Fox News Inhalte von Ruptly verwendet, ebenso die britische, auf ein junges Publikum ausgerichtete Internetseite Unilad, die zu LadBible gehört. Sie hat beispielsweise auf Facebook Videos geteilt, über denen *via Ruptly* steht. Auch das US-Medienunternehmen Buzzfeed hat Videos der Firma verwendet, ebenso wie die US-Nachrichtenplattform Huffington Post, die 2020 von Buzzfeed übernommen wurde. Buzzfeed hat beispielsweise ein Ruptly-Video veröffentlicht, in dem ein beinamputierter Mann erklärt, er wolle als Beinprothese eine Lampe.

Ems Vorgesetzte wollten CNN dazu bringen, Material zu verwenden, in dem das Ruptly-Logo zu sehen ist. Der Sender war ein wichtiges Ziel. Aber CNN bezahlte sogar dafür, dass Ruptly sein Logo aus den Aufnahmen tilgte. Insgesamt waren die Kunden in Nordamerika bereit, viel Geld dafür hinzublättern, dass Ruptly sein Logo entfernte.

Ruptly macht auch in den USA Videos für den internationalen Markt. Bei den Demonstrationen von Charlottesville, bei denen 2017 ein Mensch ums Leben kam, verfolgte Ruptly sowohl die eigentliche Demonstration als auch die Gegenproteste. Das Material der RT-Tochter wurde auch in einer Minidokumentation verwendet.

Ein Ruptly-Video, das bei mir allergrößte Besorgnis auslöste, wurde am 6. Januar 2021 aufgenommen. Der Filmer verfolgte mit der Kamera die Aufständischen am Kapitol bis in das Senatsgebäude und filmte aus der Nähe einen Polizisten, den die Randalierer in einer Tür eingeklemmt hatten. Der Mann blutete im Gesicht und schrie.

Während der Nachtschichten schickte Em Nachrichten über Urheberrechtsverstöße an Personen, die Inhalte von Ruptly unerlaubt weiterverbreiteten. Sie wurden dazu aufgefordert, für die Verwendung zu zahlen, und ihnen wurden juristische Schritte angedroht, falls sie der Forderung nicht nachkamen.

Als beispielsweise ein Mann auf seiner Facebook-Seite ein Ruptly-Video von einem russischen Militärmanöver gepostet hatte, nahm Em dort über ein Fake-Profil von Ruptly Kontakt mit ihm auf und ermahnte ihn, das Material entweder zu entfernen oder aber sich als zahlender Kunde bei Ruptly zu registrieren. Seikkanen schätzt, dass diese Kontaktaufnahmen ab und zu dazu führten, dass Menschen zu Ruptly-Kunden wurden.

Em half Ruptly, weiter zu wachsen, und in jener Zeit, als Seikkanen dort beschäftigt war, verzeichnete die Agentur ein starkes Wachstum.

Die Firma kenne ihre Kunden und deren Märkte genau. »Aber ein auf Wachstum ausgelegtes Geschäftsmodell sollte nicht auf Nachrichteninhalten basieren, das ist aus meiner Sicht unethisch. Meiner Meinung nach müssten die Aktivitäten viel stärker kontrolliert werden und Ruptly sollte überhaupt nicht als Nachrichtenagentur gelten dürfen«, sagt sie.

Biete man Medien Inhalte zum Kauf an, die zu deren redaktionellem Weltbild passten, beteilige man sich damit an der Nachrichtendistribution eines anderen Landes, sagt Seikkanen. Diese Beobachtung ist leicht weiterzuführen. *Wenn die Nachrichten von einem feindseligen Staat produziert werden, mischt sich dieses Land in die Nachrichtendistribution eines anderen Staates und damit in dessen Politik ein und stört diese.*

Im Vergleich mit alteingesessenen Videoagenturen gilt Ruptly als dynamisch und flexibel, eine Art Äquivalent zu einer Billig-Airline, die den angestammten Markt aufmischt. Medien in aller Welt nutzen das Material, weil es günstig ist und Klicks bringt. So präsentiert sich Ruptly selbst: als Konkurrenz für andere Nachrichtenagenturen. Als die Firma 2013 gegründet wurde, machte Margarita Simonjan Werbung für die neue Videoagentur.

In der damaligen Pressemitteilung, die in vielen Ländern aufgenommen wurde und in der es hieß, dass Ruptly zu RT gehöre, streute Simonjan das Gerücht, die alteingesessenen Nachrichtenagenturen böten parteiisches und ideologisch eingefärbtes Material an.

Die Lösung dafür sollte angeblich Ruptly sein.

Die Vorgabe von RT ist: alles, was Chaos erzeugt

RT versucht, seine Mitarbeiter in aller Welt zum Schweigen zu verdammen.

Dennoch gelang es der Kommunikationswissenschaftlerin Mona Elswah und dem Soziologen Philip N. Howard von der Universität Oxford, 23 RT-Angestellte aus allen Bereichen der Organisation zu interviewen: von RT International, RT UK, RT Moskau, RT America und RT Arabic. Alle hatten wie Em Seikkanen einen Geheimhaltungsvertrag unterzeichnen müssen, der es ihnen verbot, mit Journalisten oder Wissenschaftlern zu sprechen.

In den Interviews stellte sich beispielsweise heraus, dass die britischen Angestellten vor allem in der Anfangszeit von RT mit Geld überschüttet wurden und viele Vorteile und eine bevorzugte Behandlung genossen. Später wurden die meisten durch russische Mitarbeiter ersetzt, die lernen mussten, Englisch ohne russischen Akzent zu sprechen.

Die Gesprächspartner berichteten, dass neuen Angestellten anfangs vermittelt wurde, Russland werde in den westlichen Medien in einem schlechten Licht dargestellt – Russophobie sei allerorten auf dem Vormarsch. Die Mitarbeiter erkannten auch, dass RT Lügen verbreitete. Als russische Soldaten 2014 in der Ost-Ukraine die Passagiermaschine der Malaysia Airlines abschossen, veröffentlichte RT einen Artikel, in dem der Ukraine eine mögliche Beteiligung an dem Anschlag angedichtet wurde.

In der Studie kam auch zutage, dass RT es in der Eskalationsphase des syrischen Bürgerkrieges für eine gute Idee hielt, Flüchtlinge schlechtzumachen, um die Politik in den westlichen Ländern zu sabotieren. Ein Gesprächspartner berichtete, dass RT auch vollkommen aus der Luft gegriffenen Geschichten viel Raum gab, etwa bestimmten Artikeln über Vergewaltigungen in Deutschland, die angeblich von Flüchtlingen verübt worden seien.

Elswah und Howard bekamen von den Gesprächspartnern Beispiele für die Methoden, mit denen der Kreml sich in die Aktivitäten von RT einbringt. Er stellt zum Beispiel die Führungsriege ein, gibt die Leitlinien vor und entfernt bzw. zensiert auch bestimmte Artikel. Einer der Gesprächspartner berichtete, dass bei RT alle Nachrichtenthemen entweder innerhalb der Führungsetage festgelegt oder aber von russischen Vorgesetzten geprüft werden.

»Ich fragte meinen Produzenten, was die Vorgabe von RT [im Hinblick auf den Brexit] sei, und er sagte: Die Vorgabe ist: alles, was Chaos erzeugt«, berichtete ein Interviewpartner.

Ein anderer schilderte RT als »Teil des Informationsteams der russischen Regierung«, ein weiterer sagte recht unverblümt, RT sei die PR-Abteilung der russischen Regierung.

Daher liegt folgender Schluss nahe: Weil RT der russischen Regierung unterstellt ist und die russische Regierung aus hochrangigen Soldaten und Geheimdienstoffizieren besteht, ist der Sender das weltweite Sprachrohr der russischen Armeeführung und seiner Geheimdienste.

Er operiert weit hinter den feindlichen Linien in Deutschland, unter dem leutseligen Blick der deutschen Verantwortlichen.

Die deutsche Regierung habe zumindest bis 2022 über das Problem – sowohl was die von Russland verbreitete Desinformation wie auch was die Cyberattacken angeht – geschwiegen. So erzählt es mir Susanne Spahn, die ich in Berlin treffe. Ich will von ihr wissen, warum es die deutsche Regierung zulässt, dass Russland einen Informationskrieg auf deutschem Boden führt.

Susanne Spahn ist Historikerin, Politikwissenschaftlerin sowie Expertin für Ost-Europa und Russland. Sie hat Russlands Politik über 30 Jahre mitverfolgt, seit der Perestrojka in der Sowjetunion. Seit zehn Jahren untersucht Spahn die Narrative der russischen Staatsmedien und ihre Verbreitung in Deutschland. Sie kann fundierte Kenntnisse über Russland und die russische Sprache vorweisen; zudem hat sie sich mit der Frage beschäftigt, über welche Netzwerke und Übertragungswege Russland seine Narrative unter die Leute zu bringen.

»Dabei stieß ich zum Beispiel auf RT DE und die Nachrichtenplattform Sputnik, die sich 2014 im deutschsprachigen Raum niedergelassen haben«, sagt Spahn. Sie erzählt, dass das Nachrichtennetz des Kreml in Deutschland viele Akteure hat und dass sich die Geschichten verändern. Als Russland 2014 die Krim annektierte, begann man in Deutschland Meldungen zu verbreiten, denen zufolge die Ukraine schon immer ein Teil Russlands gewesen wäre und kein richtiger Staat sei. Größtenteils wurden diese Geschichten in den sozialen Medien verbreitet sowie in politischen Medien, die mit Russland sympathisierten, weniger in den Qualitätsmedien.

Es gab auch Politiker, die die Sichtweisen des Kreml in Schutz nahmen, zum Beispiel Ex-Kanzler Gerhard Schröder, dessen Aussage »*Putin ist ein lupenreiner Demokrat*« laut Spahn jeder in Deutschland kennt.

»Russlands Verlautbarungen wurden in den Medien wiederholt,

weil Politiker wie Schröder in den Medien zitiert wurden«, erzählt Spahn.

Spahn interessieren insbesondere die Ziele, die Russlands Staatsmedien verfolgen, und sie entdeckte dabei, dass diese Medien die Menschen bei umstrittenen Themen, wie Ukraine und NATO, auseinanderdividieren wollten. Von Anfang an waren Kremls Medien darauf erpicht, Demonstrationen in Deutschland zu unterstützen und Desinformation zu verbreiten.

RT unterstützt seit jeher Demonstrationen. 2015 begann in Europa die Flüchtlingskrise, woraufhin RT die islamkritische PEGIDA-Bewegung hervorhob. Während des Brexits bekamen dann die EU-Kritiker Sichtbarkeit. Seit Beginn des Ukrainekriegs haben die vom Kreml protegierten Medien in Deutschland Demonstrationen gegen Inflation und Energiepreiserhöhungen unterstützt, außerdem Kundgebungen, die sich gegen Russland-Sanktionen und gegen die Ukraine richteten. Sie schürten die Unzufriedenheit der Menschen.

In den letzten Jahren fanden in Deutschland Proteste statt, bei denen sich Rechtsradikale, Unterstützer des russischen Angriffskrieges sowie Corona-Impfgegner zusammenschlossen. 2023 verlagerten sich die Demonstranten darauf, gegen Deutschlands Waffenlieferungen an die Ukraine aufzubegehren.

Es war für Spahn nicht schwierig, den Informationskrieg des Kreml als solchen auszumachen, denn die Direktorin von RT hat diese Tatsache selbst sehr klar benannt. »Margarita Simonjan beschrieb die Strategie von RT so: Im Ausland soll eine Gegenöffentlichkeit geschaffen werden und die unzufriedenen Menschen in der Gesellschaft angesprochen werden. Im Fokus sind dabei insbesondere Menschen und Parteien, die politisch nach rechts oder links tendieren. Diese Kräfte kann man laut Simonjan als Ressource im Informationskrieg nutzen.« Es ist Spahn zufolge schlau vom Kreml gewesen, die Schwächen der westlichen Länder aufzuspüren und sie für sich zu nutzen.

Sie verweist auf die eigenen Aussagen des russischen Generals Waleri Gerassimow und einiger russischer Theoretiker zu hybrider Kriegführung. Russlands »sanfte Kraft« bestehe darin, nichtmilitärische Mittel anzuwenden, mit denen man Druck ausüben könne. Beispielsweise mit Cyberattacken. Auch die habe Russland gegen Deutschland bereits angewandt, aber die deutsche Regierung habe sich öffentlich kaum zur Cyberkriegsführung geäußert. Und das, obwohl der Bundestag bereits 2015 mit an Sicherheit grenzender Wahrscheinlichkeit Ziel einer Cyberattacke des militärischen Nachrichtendienstes GRU gewesen sei, so Spahn.

»Mit Cyberattacken will man der Medienoperation Gewicht verleihen«, erklärt Spahn.

Im Nachhinein stellte sich heraus, dass das Problem schon länger bestand. Es hatte bereits mehrere Cyberangriffe gegeben, und zwar nicht nur auf das Parlament, sondern auch auf verschiedene deutsche Ministerien. Zudem wurden Parlamentsmitglieder ausspioniert, ihre internen Mitteilungen und E-Mails wurden gehackt und gestohlen.

Deutschland war mehrmals Ziel solcher Operationen. Spahn untersuchte den Fall und erstellte mit ihren Kollegen eine Publikation über die Störaktionen, die auf die Bundestagswahl 2017 gerichtet waren. Die deutschen Behörden reagierten gar nicht auf diesen Bericht. Erst zu Beginn des Jahres 2018 verlautbarte das deutsche Innenministerium, dass das Computernetzwerk der Bundesregierung und Ministerien einem Hackerangriff zum Opfer gefallen war und dass man dahinter eine russische Hackergruppe namens APT 28 alias Fancy Bear vermutete.

Sogar das Bundesamt für Verfassungsschutz hatte die deutsche Bevölkerung vor russischer Desinformation gewarnt, nachdem es wie Spahn die Berichterstattung von RT und Sputnik unter die Lupe genommen hatte.

Der deutsche Nachrichtendienst habe gute Arbeit geleistet, so Spahn. Jedoch habe sie nicht feststellen können, dass die deutsche

Regierung ihre Linie wegen der Warnungen des Nachrichtendienstes geändert hätte. Erst 2022 machte die Regierung den russischen Informationskrieg öffentlich zum Thema, also nach dem Einmarsch Russlands in die Ukraine.

Erst acht Jahre, nachdem RT DE gegründet worden war und neun Jahre, nachdem Ruptly seine Tätigkeit in Berlin aufgenommen hatte.

Ruptly zerstört den Markt

Em Seikkanen hatte vor ihrer Arbeit bei Ruptly Putin oder Russlands Propagandamaschinerie kaum Beachtung geschenkt. Als sie 2017 bei Ruptly arbeitete, war in den deutschen Medien Russlands Informationskrieg oder Einflussoperationen kein großes Thema.

Als ich Seikkanen für einen Artikel bei Yleisradio interviewte, erzählte ich ihr von dem Bericht der US-Geheimdienste, aus dem hervorging, dass das Amerika-Büro von RT ein *zentrales* Werkzeug des Kreml bei der Manipulation der Präsidentenwahlen 2016 in den USA gewesen war. RT hatte für den Favoriten des Kreml, Donald Trump, Werbung gemacht und versucht, Hillary Clinton anzuschwärzen, um ihre Chancen vor allem in den Schlüsselstaaten zu schmälern. Die US-Geheimdienste hatten festgestellt, dass RT Teil von Kremls Kampagne war, zu der auch Cyberoperationen gehörten, wie durch Russlands Geheimdienste ausgeführte Spionage und Störaktionen gegen Wahlbehörden.

Im Lichte dieser Informationen hätte man gedacht, dass die deutsche Regierung spätestens 2017 die Schließung des RT-Büros in Berlin sowie von Ruptly in Erwägung gezogen hätte. Aber beide ließ man weiter gewähren.

Währenddessen warb Ruptly bei internationalen Medien- und Technologiekonferenzen um neue Kunden. Auf der renommierten IBC-Messe 2018 teilte der damalige Geschäftsführer Matt Tabaccos mit, dass Ruptly 1300 Kunden in 89 Ländern habe. Damals hatte das Unternehmen mit dem »Ruptly Pass« gerade ein neues Modell für Abonnenten auf den Markt gebracht, mit dem man für 12,50 Euro im Monat einen unbegrenzten Zugang auf alle Inhalte erhielt.

Tabaccos nannte das Modell »disruptiv und marktzerstörend«. Zugleich erwähnte er, dass Ruptly als erste Agentur Drohnenbilder aus Kriegsgebieten lanciert habe.

In Deutschland gewann Ruptly 2019 den Stevie Award, einen renommierten Wirtschaftspreis innerhalb der deutschen Unternehmenswelt. Ruptly-Live gewann in der Kategorie neue Produkte und Produktmanagement. Von Fanfaren begleitet nahm der Chief Digital Officer, der Russe Dmitri Keschischew, mit zwei weiteren Vertretern von Ruptly auf der Gala im Münchner Luxushotel Kempinski den Preis entgegen. Die Stevie Awards werden von mehreren internationalen Unternehmen gesponsert, unter anderem von Forbes, JetBlue Airways, Pitney Bowes. Ich weiß nicht, ob diese Firmen wissen, dass sie mit dem Sponsoring des deutschen Stevie Awards die Verbreitung russischer Propaganda unterstützen.

2019 war der YouTube-Kanal von Ruptly der am zweitmeisten gesehene Nachrichtenkanal auf YouTube und seine Beliebtheit nahm seither weiter zu.

Ruptly attackiert Yle

Mit Em Seikkanen führte ich zahlreiche Interviews und schrieb einen langen Artikel darüber, den Finnlands öffentlich-rechtliche Rundfunkanstalt Yle 2021 veröffentlichte, und zwar sowohl auf Finnisch als auch auf Englisch. Dieser Artikel erregte weltweit große Aufmerksamkeit, auch in Deutschland.

Ruptly ging noch am selben Tag auf Yle los. Die Agentur schrieb mir und einigen meiner Vorgesetzten bei Yle eine E-Mail, in der sie behauptete, dass der Artikel zahlreiche Lügen, verzerrte Darstellungen und Gesetzwidrigkeiten wie Verleumdungen enthalte. Sie verlangte die *Entfernung des gesamten Artikels.*

Medienhäuser westlicher Länder nehmen nur in seltenen Ausnahmefällen ganze Artikel von ihren Homepages. Schon allein die Forderung ist wirklich aggressiv und für finnische Verhältnisse äußerst selten. In der E-Mail, die so wirkte, als wäre sie von wütenden Juristen geschrieben worden, war die Forderung mit der Drohung versehen, dass Ruptly sich aufgrund der Fehlerhaftigkeit des Artikels »gezwungen sieht«, juristische Unterstützung in Anspruch zu nehmen. Und weiter: »Es ist geradezu erstaunlich, dass eine öffentlich-rechtliche Rundfunkanstalt die Veröffentlichung eines derart faulen, unhaltbaren und voreingenommenen, minderjournalistischen Bericht auf seiner Webseite zulässt«, schrieb der Vertreter von Ruptly in fehlerlosem Englisch. Der Verfasser der E-Mail tadelte mich unter Nennung meines Namens für schlechten Journalismus und auch dafür, dass ich Ruptly angeblich keine Gelegenheit gegeben hatte, auf meine Interviewfragen zu antworten. Ich hatte sehr wohl wie üblich beim Ruptly-Medientelefon angerufen, erzählt, dass ich einen Artikel schreibe, und um ein Interview gebeten. Aber die dafür zuständige Person sagte mir am Telefon, dass die Chefs keine Zeit hätten, und bat mich darum, meine Interviewfragen schriftlich zu übermitteln. Ich schickte sie, und Ruptly konnte sich ein Bild davon machen, an was für einem Artikel ich gerade arbeitete. Trotzdem kam niemand mehr darauf zurück, bevor der Artikel veröffentlicht wurde.

Laut Ruptly hatte ich sehr wenig recherchiert. Zudem stellte ich angeblich Behauptungen auf, für die es keine Beweise gäbe und die man leicht widerlegen könne.

Noch am selben Tag fügte ich an das Ende meines Artikels bei Yle einen neuen Absatz ein, in dem ich Ruptlys Kommentare zitierte. Zudem überprüften wir im Nachhinein, ob einzelne Behauptungen im Artikel einer Korrektur bedurften. Schlussendlich korrigierten wir in dem ganzen langen Artikel einen faktischen Fehler und präzisierten eine mehrdeutige Wortwahl. Ansonsten blieb der Bericht, wie er war, und kann weiterhin auf der Webseite von Yleisradio nachgelesen werden.

Bei den von Ruptly angewendeten Druck- und Drohmitteln handelt es sich um massive informationspsychologische Beeinflussung. In Deutschland droht RT mit dem Rechtsweg, um Journalisten zum Schweigen zu bringen, und es ist durchaus nachvollziehbar, warum sie damit Erfolg haben können. Mit rechtlichen Mitteln zu drohen, schüchtert ein und macht Angst. Psychologisch gesehen wäre es die leichtere Alternative, vor dem Aggressor in die Knie zu gehen. Mit dem Entfernen des Artikels hätten die Einschüchterungen ein Ende und man käme um ein juristisches Tauziehen herum.

Wenn man bedroht wird, kann das auch dazu führen, dass man sich selbst zensiert und sich künftig nicht mehr traut, wichtige und detaillierte Artikel zu schreiben. Genau das wollten Ruptly und RT erreichen.

Die Situation war *unglaublich*. Von Deutschland aus, einer liberalen Demokratie, war an die finnische öffentlich-rechtliche Rundfunkanstalt eine Forderung geschickt worden, zusammen mit der Androhung rechtlicher Schritte, einen Artikel zurückzunehmen, also Zensur auszuüben. Dabei war die Rundfunkanstalt lediglich ihrem gesetzlichen journalistischen Auftrag nachgekommen.

Die Herangehensweise von Ruptly und RT funktioniert. Nachdem der Artikel bei Yle erschienen war, interviewte ein deutsches Medium Em Seikkanen, aber der Artikel wurde nie veröffentlicht, aus Angst vor den rechtlichen Schritten durch Ruptly/RT.

Ruptly und RT DE hatten viel zu tun. In derselben Woche, in der mein Artikel bei Yleisradio veröffentlicht wurde, gab auch die deutsche BILD-Zeitung eine Serie von Enthüllungsstorys heraus. Die Artikelreihe drehte sich rund um die Interviews, die der auf Russland spezialisierte Reporter der BILD-Zeitung, Julian Röpcken, mit Daniel Lange geführt hatte, dem ehemaligen Mitarbeiter von RT DE. Lange verriet dem Blatt, dass er im August 2020 von seinen Vorgesetzten, unter anderen der Geschäftsführerin von RT DE Dinara Toktosunowa, beauftragt worden war, Alexei Nawalny während seines Krankenhausaufenthalts in Deutschland auszuspionieren, nachdem dieser in Russland vergiftet worden war.

In dem geheimen Nachrichtenchat an seinem Arbeitsplatz wiesen die russischen Vorgesetzten Lange an, sich als Patient auszugeben, um im Krankenhaus Bilder von Nawalny machen zu können. Auch aus Moskau erhielt er Instruktionen. Man vermutete, dass Nawalny im Bundeswehrkrankenhaus behandelt werden würde, und die Vizechefin von RT DE, Jekaterina Mawrenkova, wies Lange an, dort Fotos zu machen.

Daniel Lange erzählte dem BILD-Reporter, dass er das Gefühl gehabt hätte, man wolle ihn als Agent einspannen. Er löste die Situation auf, indem er absichtlich die Aufmerksamkeit der beim Krankenhaus patrouillierenden Polizisten erregte. Danach machte Lange Bildschirmfotos von den E-Mails und Chats und übergab sie der BILD-Zeitung; Langes Enthüllungen wurden von vielen Medien in Deutschland und im Ausland zitiert.

Lange wusste auch zu berichten, dass RT DE und Ruptly mit pseudojournalistischen Mitteln arbeiten und sie eine gegen den Westen gerichtete Agenda haben. Sie produzieren an Radikale gerichtete Inhalte, was man auch an den Personalentscheidungen sehen kann: unter den Mitarbeitern sind extrem Rechte und Linke, wie etwa Unterstützer der rechtsextremen AfD, waschechte Kommunisten, Verschwörungstheoretiker und Mitglieder der Querdenker-Bewegung. In der Redaktion arbeiten Langes Beschreibung zufolge auch einige unerschütterliche Unterstützer Putins. Es heißt, der Sender filtere die »normalen Menschen« bereits während der Bewerbungsgespräche heraus.

Seit 2020 berichteten RT DE und Ruptly laut Lange verstärkt über Querdenkerdemonstrationen und -interviews. »Die Berichte sind wie Werbevideos für die Querdenker«, erzählte Lange der BILD-Zeitung.

Die Querdenker-Bewegung hat sich in Deutschland während der Coronapandemie formiert und steht seit 2020 unter Beobachtung des auf Extremismus spezialisierten deutschen Inlandsnachrichtendienstes, dem Bundesamt für Verfassungsschutz. Die Querdenker haben Rechtsradikale ebenso wie andere Extremisten in ihren Reihen.

Daniel Lange schrieb über seine Erlebnisse auch ein Buch: *RT Deutsch Inside – Putins Medienarmee in Deutschland*, das im März 2021 veröffentlicht wurde. Ich bat Lange um ein Interview für mein Buch, aber es kam leider nicht zustande.

Bedeutsamere Enthüllungen, als Lange sie gemacht hat, könnte man über RT DE wahrscheinlich nicht machen. Seine Angaben belegen, dass die Einheiten der russischen Informationskriegsführung im Ausland die Operationen der russischen Geheimdienste an die Bürger der westlichen Länder externalisieren. Es ist vorstellbar, dass Langes Enthüllungen eine entscheidende Rolle dabei spielten, als ein Jahr später in der Europäischen Union Sanktionen gegen RT beschlossen wurden.

Vielleicht gingen gerade deswegen die russischen Staatsmedien, die RT DE Geschäftsführerin Dinara Toktosunowa und namenlose Juristen gegen Daniel Lange und seine Informationen vor.

Fragwürdige Chefs

Im Team von Em Seikkanen ebenso wie in der ganzen Firma herrschte große Fluktuation. Wenn jemand nicht mehr bei der Arbeit erschien, gehörte es zur Firmenkultur, dass man sich darüber ausschwieg. Ein Amerikaner verließ Ruptly wieder, kurz nachdem er mit der Arbeit begonnen hatte. Beim Rausgehen fragte er Seikkanen, ob sie *wisse, was man hier eigentlich mache.*

»Ich sagte: ›Ja, aber ich brauche den Job.‹«

Der deutsche Reporter Jan-Henrik Wiebe hat Untersuchungen zu Ruptly angestellt. Er erzählte in meinem Yle-Bericht, dass Ruptly junge Einwanderer ausbeutet, die mit dem Wunsch nach einem besseren Leben nach Deutschland gekommen seien und in einer schwächeren Position sind. Em Seikkanen verrät mir, dass sie an irgendeinem Punkt innerlich gekündigt hätte. Sie machte ihre Arbeit und ging nach Hause. Viele Kollegen erzählten ihr dasselbe: Sie erledigten ihre Aufgaben, ohne zu viel darüber nachzudenken.

Ich sprach auch mit anderen ehemaligen Mitarbeitern von RT DE und Ruptly, doch so gut wie niemand wollte mir etwas erzählen, das ich in meinem Buch hätte verwenden können. Aus Angst. Sie befürchten, dass sich Ruptly und RT bei ihnen rächen würden.

Im freien Europa, auf deutschem Boden, fürchten sich Menschen vor den russischen Staatsmedien und ihren Lohnempfängern.

Zusätzliche Informationen über die russische Videoagentur Ruptly in Berlin findet man im Internet bei einem Service namens Glassdoor. Dort können Mitarbeiter anonym ihre Arbeitgeber bewerten. Ruptly hatte bis März 2024 50 Bewertungen und lag im Durchschnitt bei 2,4 von fünf Sternen. Die Bewertenden gaben an, dass sie bei Ruptly beispielsweise Reporter, Produzenten, Sales Manager oder Kundenbetreuer gewesen wären und die schriftlichen Bewertungen fallen nicht schmeichelhaft aus. Ein Kundenbetreuer schrieb, dass seine Kollegen bei Ruptly ständig wütend oder passiv-aggressiv gewesen seien. Als Plus nannte er die Lage des Arbeitsplatzes und das Obst, das den Mitarbeitern gelegentlich zur Verfügung gestellt wurde. Bei vielen Bewertungen wird Ruptly als schlechtester Arbeitgeber aller Zeiten bezeichnet und am Arbeitsplatz habe es auch Mobbing gegeben.

»Wenn du dich für deine Rechte einsetzt, wirst du für den Vorgesetzten und die Personalabteilung zum Feind«, schrieb jemand.

Ein anderer Mitarbeiter von Ruptly beschwerte sich darüber, dass das Unternehmen zu sehr politisch gesteuert sei. Ein Minus sei die Russland-Freundlichkeit der Firmenleitung. Die Vorgesetzten wurden als äußerst fragwürdig bezeichnet. Jemand, der über drei Jahre bei Ruptly gearbeitet hatte, gab dem Unternehmen einen Stern und schrieb, dass alles »bis zur Invasion« okay gewesen sei.

Viele Mitarbeiter hatten die Nase voll und kündigten im Februar 2022, als Russland den Konflikt mit der Ukraine eskalieren ließ. Das zeigt meiner Meinung nach, dass der moralische Kompass bei vielen Ruptly-Mitarbeitern besser funktionierte als bei der deutschen Regierung. Denn die deutsche Regierung lässt Ruptly bis heute frei agieren, obwohl dort Schönfärberei von Russlands Vorgehensweise gegen die Ukraine betrieben wird.

Sam Vassallo, eine ehemalige Reporterin bei Ruptly, erzählte der Nachrichtenplattform The Shift News, dass sie mit vielen anderen im Februar 2022 gekündigt habe. Ruptly verlangte von den Mitarbeitern, dass sie den Angriffskrieg Russlands gegen die Ukraine als »militärische Sonderoperation« bezeichneten, wie Putin bei seiner Rede.

Als die Mitarbeiter dagegen zu protestieren versuchten, übten die Chefs weiter Druck aus. Vassallo sagte zu The Shift News, dass sie Albträume von Ruptlys Videos bekommen habe, die sie im Auftrag derselben Menschen bearbeitete, die diese Grausamkeiten finanzierten. Die Firmenleitung von Ruptly organisierte eine Veranstaltung, bei der man die Mitarbeiter zu beschwichtigen versuchte, aber es half nichts: Viele Angestellte zogen einen Schlussstrich.

Die Mitarbeiter von Ruptly hatten in Deutschland mindestens schon seit dem Jahr 2014 öffentlich über schlechte Arbeitsbedingungen und von Moskau gelenkte Inhalte geklagt. Die brasilianische Reporterin Paula Schmitt war eine der ersten für Ruptly in Berlin rekrutierten Reporterinnen. Nach ihrer Kündigung 2014 schrieb sie über ihre Erfahrungen. Ihr Chef sei »rot angelaufen« und habe sie »wütend zur Rede gestellt«, weil Schmitt in der Redaktion Syrien als Diktatur bezeichnet habe. Brüllend habe ihr Vorgesetzter Schmitt das Versprechen abverlangt, so etwas nie wieder zu behaupten. Auch für andere »Fehler« wurde man mit Abmahnungen bestraft, die Schmitt als ihre verstörendsten Erfahrungen beschrieb. Andererseits versuchten ihre Vorgesetzten ihr mit Schmeicheleien die Arbeit schmackhaft zu machen, die sie nicht mochte.

Einmal interviewte sie für einen Bericht mehrere Menschen, die sich kritisch gegenüber der russischen Regierung äußerten. Darüber machte Schmitt ein Video, das gleichzeitig ihr letztes für Ruptly wurde. Es wurde niemals veröffentlicht.

Em Seikkanen erzählt, sie habe von einem Journalismus-Startup dynamische Arbeit erwartet. Aber die Arbeit sei ermüdend gewesen und die Atmosphäre seltsam, wie bei einer Sekte.

»Die Tätigkeit erzeugte Paranoia und Stress. Der bloße Gedanke daran, dass ich für ein Journalismus-Unternehmen arbeitete, von dem ich wusste, dass es vom Kreml gelenkt wird, war für mich eine Belastung, sodass sogar mein Privatleben und meine Ehe darunter litt«, erzählt sie.

Wenn unklar war, wie die Vorgaben der Vorgesetzten zu verstehen waren, obsiegte letztendlich die Richtlinie aus Russland. Und immer, wenn die Vorgaben aus Moskau kamen, wurden sie minutiös eingehalten. »Ein Vorgesetzter sagte dann, das habe Moskau so entschieden. Und dann wurde es so gemacht, obwohl der Chef selber auch nicht einverstanden war.«

In der Firma gab es auch einen Vorgesetzten, dessen Eltern in einer wichtigen Leitungsfunktion in der Sowjetunion gewesen waren. Kinder aus einflussreichen Familien waren keine Seltenheit bei Ruptly.

Dinara Toktosunowa und die »Fantasy«

Als Geschäftsführerin bei Ruptly arbeitet die 1985 in Kirgisien geborene russische Staatsbürgerin Dinara Toktosunowa. Sie hat noch eine Aufgabe gehabt: Toktosunowa war auch Geschäftsführerin bei RT in Deutschland, also RT DE.

Offensichtlich sind Dinara Toktosunowa und Margarita Simonjan eng befreundet und Toktosunowa dürfte wie Simonjan Putins innerem Zirkel angehören. Toktosunowa begann bereits 2005 ihre Arbeit bei Russlands RT. 2014 wurde ihr der russische Verdienstorden für das Vaterland für die »objektive Berichterstattung der Ereignisse auf der Halbinsel Krim« verliehen. Zur Geschäftsführerin von Ruptly stieg sie 2015 auf.

Die Ukraine hat gegen Toktosunowa Sanktionen erlassen, weil sie fortwährend und systematisch in der EU und deren Nachbarländern Propaganda verbreitet und in Deutschland Fakten verfälscht und manipuliert. Sie unterstehe dabei direkt oder indirekt der Befehlsgewalt der russischen Föderation. Während ich diese Zeilen schreibe, im März 2024, hat die Europäische Union nichts dergleichen unternommen.

In den russischen Medien findet man erstaunlich wenige Treffer zu Dinara Toktosunowa, wahrscheinlich, um ihre Tätigkeit nicht an die große Glocke zu hängen. Aber wenn sie auftritt, dann tritt sie Seite an Seite mit Kremls höchsten Silowiki-Funktionären auf. 2019 hielt Dinara Toktosunowa auf der RT-Konferenz in Moskau eine Rede, auf der auch der »Pressesprecher des Präsidenten« Dmitri Peskow sprach. Das Gespräch wurde von dem russischen Staatssender Rossija Sewodnja moderiert. Toktosunowa pries Ruptly als verantwortungsbewusstes Medium an. Die Überprüfung der Informationen verlangsame die Prozesse zwar ein wenig, aber als Videoagentur sei Ruptly sich ihrer Verantwortung bei der Vermittlung verlässlicher Informationen an die Menschen bewusst.

Wenn in den deutschen Medien kritische Berichte über Ruptly und RT DE erschienen, fungierte Toktosunowa gegenüber den Medien als Speerspitze und »Kommentarautomat«. Zu ihrem Aufgabengebiet gehört es auch, dass sie Personen in Deutschland unter Druck setzt, die sich nicht so verhalten, wie es von dem russischen Staatssender gewünscht wird.

Als die BILD-Zeitung über Daniel Langes Enthüllungen im März 2021 berichtete, attackierte Toktosunowa auf mehreren Kanälen sowohl BILD als auch Lange und bezeichnete die Enthüllungen als »Fake«. Sie lenkte die Diskussion auf den Chefredakteur der BILD-Zeitung, Julian Reichelt, der kurz zuvor wegen sexueller Belästigung mehrerer Redakteurinnen aufs Abstellgleis geraten war. In Russlands zweitem Propagandakanal Sputnik bezeichnete Toktosunowa den BILD-Reporter als paranoid und kündigte an, die Zeitung wegen des Lange-Berichts zu verklagen.

Der ganze Kreml schien so erbost über Daniel Lange zu sein, dass man ihn auf mehreren Fronten angriff. Ziel war es, den Überbringer der Botschaft abzustempeln, ihn zum Schweigen zu bringen und alle davon abzuhalten, seinen Aussagen Gehör zu schenken.

Bald darauf entfernte auch Amazon das Buch aus seinem Sortiment, sodass man es über die Plattform nicht mehr bestellen konnte.

Russlands Medien reagierten schadenfroh. Sie zitierten Toktosunowa, laut der Amazon scheinbar beschlossen habe, dass Fake News auf der Plattform keinen Platz hätten. Toktosunowas Meinung nach hätte Amazon das Buch genauso gut als *Fantasy* klassifizieren können. Im Bericht hieß es, Lange habe »nach seiner Entlassung begonnen, Geschichten zu erzählen«, also deutete man an, dass er verbittert und rachsüchtig sei.

Auch die BILD-Zeitung wurde von Russlands Staatsmedien durch den Kakao gezogen. In einem der zahlreichen Artikel stand, dass es wichtig sei, über die BILD-Zeitung Bescheid zu wissen. Man wolle ja auch wissen, wenn der neue Nachbar ein verurteilter Pädophiler sei.

»Objektiv betrachtet ist die BILD-Zeitung ein Schmutzblatt. Eine Publikation, die ursprünglich gegründet wurde, um gelangweilte Lkw-Fahrer mit Pornos, Geschmacklosigkeiten und Skandalen zu füttern«, schreibt RT.

Lange wurde als gescheiterter Journalist beschrieben, dessen Karriere angeblich auf Berichten über Drogendealer und Prostituierte aufgebaut war. Lange habe zum Zeitpunkt des Geschehens erst sechs Monate bei RT gearbeitet, eine »viel zu kurze Zeit, um ihm wichtige Spionageoperationen anzuvertrauen«. Der Bericht marginalisierte auch das Vorgehen von RT im Fall Nawalny.

Im staatlich kontrollierten russischen Nachrichtensender Vesti wurde angedeutet, dass die BILD-Zeitung keine anderen Beweise als Langes persönliche Befindlichkeiten und aus dem Zusammenhang gerissene Screenshots habe. Laut diesem Bericht hatte Amazon das Buch aus dem Sortiment genommen, nachdem die Juristen von RT den Onlinehändler an die Geheimhaltungsklausel erinnert hatten. Auch der bloße Gedanke, RT werde vom russischen Geheimdienst geleitet, sei laut diesem Artikel vollkommen lächerlich. Der BILD-Zeitung wurde im Gegenzug unterstellt, von der CIA beherrscht zu werden.

In dem Bericht drohte man sowohl dem Springer-Blatt als auch Herrn Lange, sich juristisch wegen Verleumdung verantworten zu müssen. Der Reporter von Vesti behauptete auch schadenfroh, dass kein einziges Medium in Deutschland, das »etwas auf sich halte«, den sensationslüsternen Artikel zitiert habe. Obwohl das nicht stimmt.

Was die eigentliche Sache betrifft, also die Bespitzelung des Oppositionspolitikers Alexei Nawalny, ist bekannt, dass Russlands Geheimdienste geflüchtete und andere russische Staatsbürger im Ausland auskundschaften, manchmal auch unter dem Deckmantel des Journalismus. An Nawalnys Beschattung in Deutschland hatte der Kreml ein großes Interesse: Nawalny wurde Mitte März 2021 umgehend verhaftet, als er von Deutschland nach Russland zurückkehrte. Nach drei Jahren Leidenszeit in einem russischen Gefängnis wurde er unter schrecklichen Umständen ermordet. Er ist Medienberichten zufolge am 16.2.2024 verstorben.

Wenn die traditionellen deutschen Medien Artikel veröffentlichten, die für RT und Ruptly unbequem waren, publizierte Russlands RT Artikel, in denen alles dementiert wurde, und spottete über Deutschlands Medienhäuser.

RT ist mit der Zensur so weit gegangen, vor Gericht die Entfernung gegen sich gerichteter kritischer Artikel zu verlangen. Im August 2021 teilte Dinara Toktosunowa mit, ein deutsches Gericht habe die Zeitung Die Welt dazu verurteilt, die RT DE betreffenden »Fakes« von ihren Plattformen zu entfernen. »Zuvor hat Die Welt mehrere Falschaussagen über uns getroffen und Die Welt muss diese nun entfernen«, schrieb Toktosunowa. Aber die Zeitung tat nichts dergleichen, obwohl die vom Gericht festgelegte Frist verstrichen war. Im August 2021 wurde in Russland berichtet, dass in Wirklichkeit RT DE unter Druck gesetzt worden sei. Als »Beweis« wurden mehrere sachliche Artikel in deutschen Medien aufgezählt, in denen wahrheitsgemäß über RT berichtet worden war.

Daniel Lange sagte treffend in Radio Free Europe, dass RT DE mit allen Mitteln die Veröffentlichung seines Buches verhindern und die Presse- und Meinungsfreiheit einschränken wollte. Unter Verwendung juristischer Tricks und Drohungen wolle Russland seine eigene Zensur in Deutschland durchsetzen, sagte Lange.

Wieder einmal direkt vor den Augen der deutschen Regierung.

Ich habe nicht bemerkt, dass irgendeine deutsche Behörde für Daniel Lange und gegen den Kreml Position bezogen hätte.

Kontensperrung

Manchmal antwortet man auf hybride Kriegsführung am effektivsten mit nicht-staatlichen Mitteln.

2021 sah sich RT mit der Ankündigung der Commerzbank konfrontiert, dass sie die Konten von Ruptly und RT DE schließen werde. Toktosunowa reagierte empört und gab Interviews: Ihr zufolge hatten ungefähr 20 deutsche und internationale Banken die Zusammenarbeit mit RT verweigert. Es gäbe Grund zu der Annahme, dass eine Kampagne gegen RT DE im Gange sei, die an Wirtschaftssanktionen erinnere. Wenn RT in Deutschland kein Geld mehr transferieren könne, sei das Unternehmen praktisch nicht mehr in der Lage, in Deutschland tätig zu sein.

In einem zweiten zeitgleich veröffentlichten Bericht sagte Toktosunowa, RT glaube, die Kampagne werde von staatlichen Institutionen in Deutschland betrieben. Aber ebenso »von wirtschaftlichen Institutionen und von den Medien, die jeden Tag Berichte veröffentlichen, die uns auf die eine oder andere Weise bloßstellen sollen«, fuhr sie weiter fort. Laut dem staatlichen russischen Nachrichtensender Vesti vertrat das russische Außenministerium dieselbe Position.

Bereits im November 2020 hatten sowohl Ruptly als auch RT von der Commerzbank Post erhalten, dass das Geldinstitut seine Geschäftsbedingungen geändert habe. Für RT war die Vorgehensweise der Bank »deutlich feindselig«. Als RT sich bei anderen deutschen Banken bezüglich einer Kontoeröffnung erkundigte, erhielt man größtenteils Absagen und zum Teil gar keine Antwort.

Neben den deutschen Banken war auch bei den internationalen Social-Media-Unternehmen das Maß voll. Im September 2021 blockierte der Videodienstleister YouTube die Kanäle von RT DE unwiderruflich. Grund waren die über das Coronavirus verbreiteten Fakes. Die Chefredakteurin von RT, Margarita Simonjan, gab das eigenhändig bei Twitter, dem heutigen X, bekannt. Einer der gesperrten Kanäle hieß Der fehlende Part; er hatte unter anderem behauptet, dass es keine Coronapandemie gäbe. Simonjan zufolge hatte der deutsche Staat einen Medienkrieg gegen Russland begonnen.

In den russischen Medien verkündete Dinara Toktosunowa, dass Instagram die von RT betriebene Redfish-Seite gesperrt habe. Toktosunowas Aussage hatte etwas Entlarvendes, weil RT bis dahin nicht einmal zugegeben hatte, dass Redfish Teil der Organisation von RT ist. Dem Bericht zufolge hatte auch Facebook den Zugang auf die Redfish-Seite eingeschränkt.

Am interessantesten an dem Bericht war die Information darüber, wer hinter den Kulissen Russlands nicht-gekennzeichnete Trollseiten wie Redfish organisiert: die russische Medienaufsicht Roskomnadsor, eine Behörde, die beispielsweise den Zugang der Russen auf ausländische Internetseiten überwacht und regelt. Dem Bericht zufolge hatte nämlich ausgerechnet Roskomnadsor von Facebook verlangt, den Zugang zur Redfish-Seite wieder zu ermöglichen.

Usern zufolge waren während des Ukrainekrieges sowohl auf Instagram als auch auf Facebook viele Inhalte entfernt worden, die sachliche Informationen zum Krieg enthielten, obwohl sie den Communityregeln entsprachen.

Könnte Roskomnadsor hinter dieser Zensurkampagne stecken?

Offizielle Partnerschaft

In Deutschland sei der Gedanke, dass Russland Hybridkriegsführung betreibe, immer bagatellisiert worden, sagt die Wissenschaftlerin Susanne Spahn, obwohl viele Beweise dafür vorgelegt worden seien. Die deutschen Regierungen haben eine nach der anderen die Wirtschaftsbeziehungen und den Dialog zu Russland gepflegt. Es galt, die guten Beziehungen sicherzustellen und die von Russland verursachten Probleme nicht zu betonen. Deutschland ist seit Langem Russlands zentraler Wirtschaftspartner und größter Abnehmer von Erdgas in Europa gewesen.

Seit den 1970er-Jahren hegt Deutschland die *Ostpolitik*. Die beinhaltet den Gedanken, oder vielmehr den Wunsch, durch Annäherung und wirtschaftliche Beziehungen eine Änderung an Russland herbeizuführen. Deutschlands ehemaliger Außenminister und heutiger Präsident Frank-Walter Steinmeier hat diese Art der Annäherung »Modernisierungspartnerschaft« genannt. »Also obwohl wir immer Probleme mit Russland hatten, sahen wir es immer als Partner«, so Spahn. »Wir haben eine offizielle Partnerschaft mit Russland gehabt.«

Eine offizielle Partnerschaft.

Deutschlands Russland-Politik hat ein großes Problem, denn der erhoffte Wandel in Russland fand natürlich nicht statt, sagt Spahn. Im Gegenteil, Russland unterdrückt die politische Opposition und verletzt Menschenrechte am laufenden Band. Gegner des

Kreml werden verhaftet und ermordet, ob nun in Russland oder im Ausland: zu nennen wären Boris Nemzow, Alexander Litwinenko, Sergej Skripal, Alexei Nawalny …

»Wir haben alle gesehen, dass Russland sich nicht besserte. Es wurde die ganze Zeit immer schlimmer.«

Auch die deutschen Regierungen bemerkten, wohin sich Russland entwickelte, aber entsprechende Reaktionen blieben aus. Die Antwort der deutschen Politiker lautete stets: »Wir haben eine Modernisierungspartnerschaft und wir müssen unser Ölpipeline-Projekt mit Russland zu Ende bringen.«

Eines der wichtigsten war die von Deutschland und Russland gemeinsam erbaute Nordstream-1-Gaspipeline über den Grund der Ostsee. Sie liefert Gas aus Wyborg in Russland nach Greifswald im Nordosten Deutschlands. Die erste Pipeline wurde 2011 fertiggestellt, obwohl Polen beispielsweise das Projekt ablehnte.

Deutschland kümmerte sich jedoch nicht um die Bedenken.

»Meiner Meinung nach ist am interessantesten, dass Deutschland selbst dann noch an Nordstream 2 festhielt, nachdem Russland die Krim annektiert hatte«, erzählt Spahn.

Anders gesagt, auch nachdem die USA, Kanada und die gesamte Europäische Union Sanktionen gegen Russland erlassen hatten, weil Russland die Souveränität der Ukraine verletzt und den Völkermord in der Ost-Ukraine eingeleitet hatte.

Die Zusammenarbeit auf dem Energiesektor hat ihren Ursprung in der Zeit des Kalten Krieges. West-Deutschland und die Sowjetunion unterhielten in den 1970er-Jahren rege Geschäftsbeziehungen. 1970 schlossen Deutschland und die Sowjetunion den Röhren-Erdgas-Vertrag ab: als Gegenleistung für das Gas produzierte West-Deutschland für die Sowjetunion Gasrohre aus Stahl.

»Die Zusammenarbeit wurde immer umfangreicher, weil westdeutsche Firmen Anteile an den sibirischen Gasfeldern kauften und Gazprom sich einen Teil unserer Gasreserven und anderes Eigentum aneignete. Das hat Tradition«, sagt Spahn.

Diese Tradition zwischen Deutschland und Russland wird hauptsächlich von Energieunternehmen mit Unterstützung der deutschen Regierung weitergepflegt, obwohl die BRD und Russland während des Kalten Krieges natürlich Feinde waren.

»Und so wurde die Linie des [ehemaligen Bundeskanzlers] Willi Brandt in die Tat umgesetzt: Wir geben ihnen die Rohre, sie geben uns das Gas, und wir arbeiten zusammen, und alles wird besser.«

Jene, die Lobbyarbeit für das Nordstream-Gasprojekt betrieben haben, haben größtenteils auch Russlands Desinformation in Deutschland verbreitet. Zum Teil haben sie direkte Verbindungen zu Putins innerem Kreis. In Russland ist das Energiebusiness fest in der Hand dieses innersten Machtzirkels.

Reinhard Bingener und Markus Wehner deckten in ihrem Buch *Die Moskau-Connection* auf, dass Schröder von Putin als eine Art Influencer-Agent rekrutiert worden war. Im Oktober 2015 bat Deutschlands ehemaliger Außenminister und der langjährige Vorsitzende der SPD, Sigmar Gabriel, Putin um ein Autogramm.

»Dieser Austausch ging nach der Annexion der Krim weiter«, sagt Spahn.

Während Schröder die Nordstream-2-Gaspipeline bewarb, wurde er zu Fernsehinterviews und Talkshows eingeladen, wo er die Annexion der Krim rechtfertigte. Er meinte, Deutschland müsse Verständnis zeigen, weil »die Krim unabhängig sein will«.

»Gegen dieses Lobbying gingen weder die deutsche Regierung noch die Bundeskanzlerin vor«, erklärt Spahn. »Merkel hätte die Macht gehabt, das Nordstream-Projekt zu stoppen, aber sie tat es nicht.«

Als die Europäische Union 2014 Sanktionen gegen Russland verhängte, waren einflussreiche deutsche Wirtschaftsbosse dagegen, weil »Russland in Deutschland Hunderttausende Arbeitsplätze schafft« und die Sanktionen die Position ihres Wirtschaftspartners Russland schwächten. Viele deutsche Experten hatten schon seit geraumer Zeit versucht, die deutsche Regierung vor dem Nordstream-Gaspipelineprojekt und der zunehmenden Abhängigkeit von Russland zu warnen. Aber bis 2022 blieb die Regierung untätig. »Im Gegenteil. Ich erinnere mich, dass Alexei Nawalny 2021 aus Deutschland nach Russland reiste und sofort verhaftet wurde. Die EU verhängte Sanktionen gegen einige Personen in Putins innerem Kreis. Aber gleichzeitig verkündete Präsident Steinmeier, dass es wichtig sei, das Nordstream-2-Gaspipelineprojekt zu Ende zu führen, damit die Brücken zu Russland erhalten bleiben.«

Spahn überlegt, warum die Brücke zwischen Deutschland und Russland hauptsächlich in einer Gaspipeline bestehen sollte, die Deutschland noch abhängiger von Russland macht.

Auch der heutige Bundeskanzler Olaf Scholz unterstützte das Nordstream-2-Projekt. Er reiste in die Vereinigten Staaten, um die Amerikaner davon zu überzeugen, keine Sanktionen gegen die Gaspipelinefirmen zu verhängen. Erst später sah sich Scholz gezwungen, seinen Kurs zu korrigieren. Druck kam vonseiten der westlichen Partner und der NATO.

»Zu Beginn des Krieges standen die Deutschen geschlossen hinter der Ukraine und den Ukrainern, sodass Scholz auch den Druck der Öffentlichkeit verspürte. Ich denke, dass er endlich verstanden hat, dass Deutschland wirklich ein Sicherheitsproblem hat, weil die Ukraine ein Nachbarland Polens ist«, sagt Spahn. Am 27. Februar 2022 hielt Scholz seine berühmte Zeitenwende-Rede. Er versprach, Deutschlands Streitkräfte aufzurüsten und das Verteidigungsbudget deutlich zu erhöhen.

Trotz der »Zeitenwende« scheint die deutsche Regierung weiterhin zwischen RT, Ruptly und den europäischen Sanktionen zu stehen. Während ich im März 2024 an diesem Buch schreibe, dürfen Russlands Medien weiterhin in Deutschland tätig sein und ihre Propaganda gegen die Deutschen und gegen ihr Zielpublikum auf der ganzen Welt richten.

Es fühlt sich merkwürdig an. Deutschland und Russland haben historisch eine gemeinsame imperialistische Tradition, oft zulasten ihrer Nachbarn, erzählt Spahn. »Deutschland hat mit Russland zusammengearbeitet. Und das erfolgte immer auf Kosten der östlichen Nachbarn wie Polen.« Laut Spahn missachtet Deutschland weiterhin die polnischen Interessen. Das hat gewissermaßen Tradition. Die Nordstream-Gaspipelines seien beispielsweise ein Teil der deutsch-russischen imperialistischen Tradition gegen Polen. »Natürlich hat das niemand laut gesagt. Aber in der Sache selbst, beim Nordstream-Projekt, haben Deutschland und Russland wieder einmal über europäische Angelegenheiten hinweg entschieden, entgegen der Interessen Polens und anderer Länder«, sagt Spahn.

2020 hat Polen versucht, Russlands Energievorherrschaft entgegenzuwirken, indem es gegen Gazprom eine Milliardenstrafe wegen des Nordstream-2-Projektes verhängte. Polen vertritt die Meinung, das Projekt habe die Energieversorgungssicherheit Europas gefährdet.

Trotz aller Widerstände wurden die Pipelines fertiggestellt. Putins Silowiken-Clique hat wirtschaftlich am meisten von diesem Projekt profitiert, eine Gruppe, die schon damals ihren Zermürbungsfeldzug gegen die Ukraine führte und sich auf die Großoffensive des Jahres 2022 vorbereitete.

Diese Clique setzte schon damals Energie als *Waffe* ein.

»Deutsche Politiker«

Ich traf einige deutsche Staatspolitiker, als sie im Frühjahr 2022 Finnland bereisten. Sie wollten sich von Experten beraten lassen, und ich war eingeladen worden, um die Politiker zu briefen.

Ich unterrichtete sie über Kremls Informationskrieg und darüber, wie Deutschland bei dieser internationalen Offensive benutzt wurde. Ich sagte ihnen, dass es fragwürdig sei, dass deutsche Politiker Ruptly und RT weiterhin von Deutschland aus gewähren ließen.

Ihre Reaktionen fielen überraschend aus: »RT ist doch blockiert«,

TALIA JANUSZKO, Stewardess der polnischen Luftstreitkräfte, hier auf einer früheren Dienstreise. Januszko hatte ı polnischen Präsidenten Lech bereits zuvor begleitet, zum Beispiel auf dessen Flug nach Afghanistan beim Besuch · polnischen Truppen. Im Anschluss an den Flug nach Smolensk wollte Natalia in die amerikanische Hauptstadt shington DC weiterfliegen.

letzte Foto von JANUSZ KOCHANOWSKI, Polens Beauftragter für Menschenrechte, im Kreise seiner Familie stammt 2. April 2010 bei Ludwig van Beethovens Osterfestkonzert in der Warschauer Nationaloper, acht Tage vor dem Flug-gabsturz in Smolensk. Auf dem Foto steht Janusz Kochanowski in der Mitte, rechts ist seine Frau Ewa Kochanowska. Sohn Mateusz Kochanowski ist ganz rechts zu sehen, und seine Tochter Marta Kochanowska-Hodder mit ihrem n Gareth Hodder links. FOTO: JERZY MACIE

Der polnische Reporter MAREK PYZA (rechts) ist drei Mal zu einer Reportage nach Smolensk gereist und hat darüber e Sachbuch geschrieben. Auf dem Foto steht Pyza mit seinem Arbeitskollegen Marcin Wikton auf dem Dach des Hochhauses neben dem Flughafen Severnyi. Im Hintergrund sieht man sowohl den geschlossenen Militärflughafen Severn als auch das Gebäude, in dem die Russen nach wie vor die Trümmer der Tupolew aufbewahren, die eigentlich Polen gehören. FOTO: ANNA SARZYŃSKA

Der Journalist GRZEGORZ WIERZCHOŁOWSKI (rechts) hat als Erster in Polen zahlreiche Verbindungen aufgedeckt, die Russland mit dem Flugzeugabsturz in Verbindung bringen. Bereits ein Jahr nach der Havarie veröffentlichte er m seinem Kollegen Informationen, die Wladimir Putin und sein Umfeld belasten. Diese wurden erst viel später bei der offiziellen polnischen Neuuntersuchung bestätigt. Auf diesem Foto von 2018 besichtigt er das Schwesterflugzeug d zerstörten Tu-154-Maschine. FOTO: MARCIN PEGAZ

e in einem Winkel von über 360 Grad spiralförmig nach außen gebogenen Teile am linken Flügel der in Russland rstörten polnischen Tupolew-Militärmaschine sind ein Beweis für eine Explosion. Solche Verformungen können nur ırch hohen inneren Druck zustande kommen, sagt der Experte für Flugzeugabstürze Glenn Jørgensen.

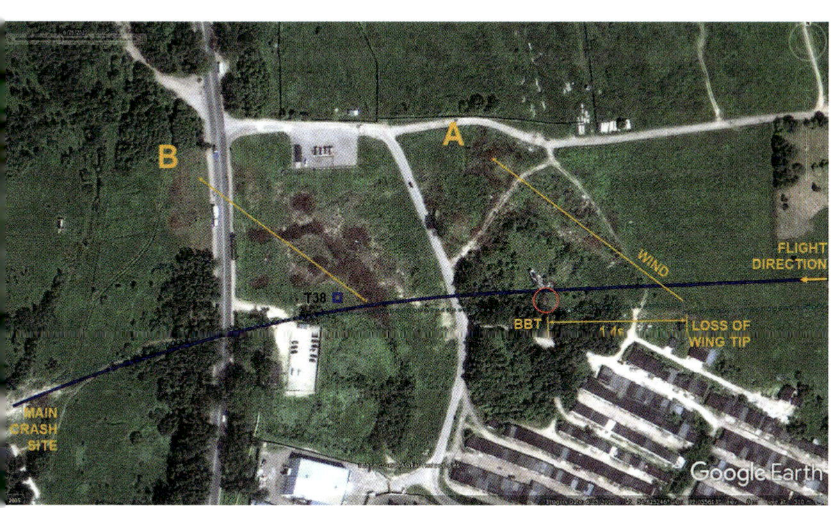

ı Sommer nach dem Absturz sah man auf Google Earth in der Landschaft um Smolensk dunkle Flecken, die durch den sch aus der Tu-154M ausgetretenen Treibstoff verursacht wurden. Glenn Jørgensen, der den Absturz untersuchte, ellte mithilfe der Lage und Größe der dunklen Stellen Berechnungen an, die seine vorherigen Funde bestätigten: Das ıde der Flugzeugtragfläche fiel bereits hundert Meter vor jenem Baum herunter, auf den die Maschine laut Russland stürzt ist. FOTO: GLENN JØRGENSEN

Bei der Aufklärungstätigkeit rund um die Ereignisse in Smolensk kamen sich der dänischstämmige Ingenieur und die polnische Journalistin näher. GLENN JØRGENSEN und EWA STANKIEWICZ lernten sich ursprünglich kennen und lieben, als Stankiewicz an einem Bericht über Smolensk arbeitete und Jørgensen dafür interviewte. Mittlerweile sind sie verheiratet. FOTO: GLENN JØRGENSEN UND EWA STANKI WICZ, PRIVAT

2018 führte GLENN JØRGENSEN – hier vor einem der Triebwerke – als Leiter der offiziellen, neu eingesetzten Untersuchungskommission im Stützpunkt der Flugstreitkräfte Minsk Mazowiecki Messungen zur Ermittlung des Flugzeugabsturzes in Smolensk durch.

n September 2023 wurden der Journalist MICHAŁ RACHOŃ und der Historiker SLAWOMIR CENCKIEWICZ für ihre Doku-
entarfilmreihe, in der sie neue Informationen über die Beziehungen zwischen Polen und Russland veröffentlichten,
it einem Preis für Meinungsfreiheit ausgezeichnet; zwei Monate später wurde Donald Tusk erneut Ministerpräsident
nd nur zwei Monate nach der Preisverleihung stiefelten Polizisten in die Räumlichkeiten des öffentlich-rechtlichen
ernsehens in Polen (TVP). Die Führung des Senders wurde ausgetauscht, die Dokumentarfilmserie wurde zensiert
nd das gesamte Produktionsteam gefeuert. Michał informierte mich 2017 zum ersten Mal darüber, dass Russland in
erbindung mit der Tragödie von Smolensk stehe.

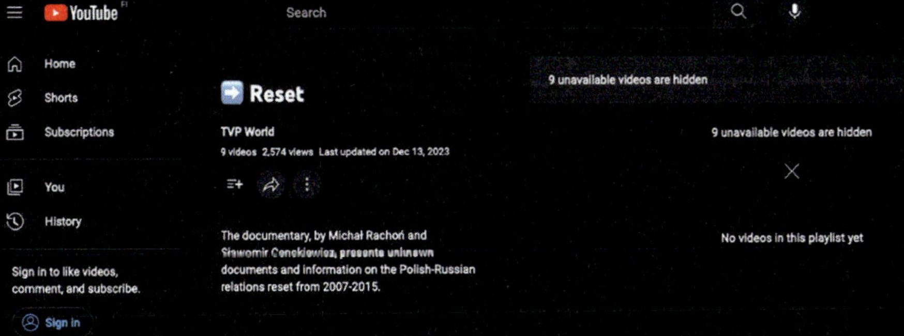

uf dem YouTube-Kanal des polnischen öffentlich-rechtlichen Fernsehens war noch im Herbst 2023 die preisgekrönte
okumentarfilmserie *Reset* zu sehen. Die Serie legt den seltsamen Kooperationsvertrag des polnischen Geheim-
enstes mit dem FSB offen und zeigt anhand von Dokumenten, wie Präsident Lech Kaczyński, wichtige Informationen
orenthalten wurden. Der Präsident kam daraufhin in Smolensk ums Leben. Nachdem die neue Regierung in Polen das
ffentlich-rechtliche Fernsehen TVP unter ihre Kontrolle gebracht hatte, sind die Folgen auf diesem Kanal nicht mehr
orufbar. BILDSCHIRMFOTO VON DEM TVP WORLD-KANAL AUF YOUTUBE

Die Amerikanerin EM SEIKKANEN arbeitete im Marketing des Tochterunternehmens von Russlands RT Ruptly in Berlin. Zu Beginn ihrer Tätigkeit hatte sie zwar Gerüchte über Ruptly gehört, aber sie wusste nicht, in welchem Maße das Medienunternehmen Propaganda betrieb. Obwohl Margarita Simonjan, die Leiterin von Ruptlys Mutterkonzern RT, die zum engsten Kreis von Wladimir Putin gehört, auch selbst sagt, dass RT eine Waffe im Informationskrieg sei. FOTO: EM SEIKKANENS PRIVAT

Die deutsche Forscherin Susanne Spahn hat die Vorgangsweise und die Netzwerke der russischen Staatsmedien in Deutschland untersucht. RT DE, Ruptly und Sputnik verbreiten falsche Informationen und Lügen des Kreml und verhelfen radikalen Bewegungen wie rechtsradikalen Gruppierungen und den Querdenkern zu mehr Sichtbarkeit. In letzter Zeit haben Russlands Staatssender di Menschen dazu angestiftet, gegen die Hilfsleistungen an die Ukraine zu demonstrieren. Susanne Spahn erzählt in diesem Buch auch, wie Kremls Medien weiterhin die Sanktionen Deutschland umgehen. FOTO: LAMMEL, NITRO MAGAZIN diesem abgelegenen Einfamilienhaus in Ghanas Hauptstadt Accra war Russlands Trollfabrik tätig. Die Arbeitnehmer ubten, dass sie für mehr Achtsamkeit gegenüber Schwarzen einstünden und damit deren Identität stärkten. In Wirk-keit beteiligten sie sich, ohne es zu wissen, an den Trollaktivitäten des Kreml, die an die Afroamerikaner in den USA richtet waren. Das Gebäude funktionierte als Ghana-Zweigstelle der Trollfabrik in St. Petersburg. Der preisgekrönte urnalist Manasseh Azure Awuni nahm mich mit, um das Gebäude zu besichtigen, und erzählte mir, wie er herausfand, s die Russland-Trolle in Ghana taten. FOTO: JESSIKKA ARO

Als Patriarch Kyrill im Frühjahr 2022 mit seinen Hassreden die Gläubigen gegen die Ukraine und den Westen aufwiegelte, stellte sich der Anführer der orthodoxen Kirche Finnlands, Erzbischof Leo (Bild, bei Drucklegung des Buches noch im Amt), gegen Kyrills Aussagen. Erzbischof Leo, der Patriarch Kyrill seit Jahrzehnten persönlich kennt, hat Kyrills Äußerungen als unpassenden und traurigen Tiefpunkt bezeichnet.

Der estnische Abgeordnete Marko Mihkelson war im Frühjahr 2007 bei der Abwehr des Hybridanschlags Russ lands gegen Estland während des Bronzekrieger-Konflikts dabei. Der Kre griff auf mehreren Fronten an: Die Staatsmedien befeuerten den gegenseitigen Konflikt, ein hochrangiger FSB-Funktionär verlangte den Rücktrit der estnischen Regierung, und Unruhe stifter wüteten auf den Straßen Tallin Mihkelson, ein ehemaliger Journalist und Moskau-Korrespondent, kennt die Vorgangsweise des Kreml aus erster Hand. Er erzählt, wie die westlichen Länder seiner Meinung nach auf Krem Hybridkrieg antworten sollten.

Estlands Präsident Toomas Hendrik Ilves war auf Amtsbesuch in Moskau, als Russlands seine Hybridattacke gegen das Land fuhr. Demonstranten in Moskau hatten den Namenszug des Präsidenten mit dem SS-Symbol verunstaltet und beschimpften ihn vor der Botschaft. Nach seiner Rückkehr nach Estland wurde der Präsident sicherheitshalber aus Tallinn evakuiert, wo die Bronzekrieger-Unruhen im Gange waren. Bald wurde der erste staatliche Cyberangriff gegen Estland gemeldet, der Estlands Internet praktisch lahmlegte. Präsident Ilves erzählt in diesem Buch, wie Estland die neuartige Situation meisterte.

meinten sie, und damit basta. Ich sagte, dass dies größtenteils innerhalb der EU zutreffe, dass aber beispielsweise Ruptly weiterhin von Berlin aus tätig sei, und wie RT auch Ruptly *weltweit* agiere. Deutschland und die EU sind nicht das einzige Zielpublikum des Kreml. Und selbst wenn: Es ist und bleibt ein massives Problem und Sicherheitsrisiko, dass eine von Russlands Geheimdiensten geleitete Videotrollfabrik in der Europäischen Union tätig ist. Das hieße doch, dass *Deutschland* Russlands weltweite Trollaktivitäten unterstützt.

Die Stimmung unter den Politikern war auf einmal angespannt. Einer von ihnen erwiderte, dass es sich hierbei um eine *komplizierte, mit der Redefreiheit zusammenhängende juristische Frage* handle. Wenn deutsche Politiker Ruptly zu regulieren versuchten, antwortete RT mit einer Armee ihrer Juristen.

Ich versuchte, den Politikern Mut zu machen, und hielt dagegen, dass die Redefreiheit ein universelles Menschenrecht sei, das den Menschen zustehe – und nicht Lügenmedien, die von den Geheimdiensten des Kreml betrieben werden. Hierbei ginge es um einen Krieg, den russische Geheimdienste führten.

Später im selben Jahr traf ich weitere politische Entscheidungsträger, unter denen das Vorwissen zu diesem Thema noch geringer war. Sie wussten nicht einmal, dass Russlands Staatsmedien auf deutschem Staatsgebiet tätig sind, oder dass der Verfassungsschutz bereits vor zwei Jahren vor den expansionsfreudigen russischen Staatsmedien gewarnt hatte.

Zur gleichen Zeit geht an anderer Stelle das Lobbying für RT munter weiter. International ist es RT gelungen, einige Apologeten um sich zu scharen. In Dänemark zum Beispiel vertreten einige einflussreiche Journalisten die Meinung, dass RT ein normales Medium sei, dem dieselbe Redefreiheit einzuräumen ist wie westlichen Medien.

Stasi zersetzt

Anfang Herbst 2023 besuchte ich das Stasi-Museum in Berlin. Es befindet sich im ehemaligen Hauptquartier und der Kommandozentrale der Staatssicherheit der DDR im Berliner Stadtteil Lichtenberg. Der riesige Campus bietet ein detailliertes Bild von der tiefen Wunde, die die Sowjetunion mit ihrem Sicherheitsapparat in Ostdeutschland hinterlassen hat.

Im Museum wird gezeigt, wie die Sowjetunion in Ost-Deutschland eine kommunistische Diktatur errichtete, eine Polizei für innere Sicherheit nach dem Vorbild der KGB gründete, und wie die Stasi die Bevölkerung mit KGB-Methoden terrorisierte: mit Spionage, Verhören, Vertreibungen und einer Technik, die man *Zersetzung* nannte. Sie steht für die Folter eines Menschen, ohne ihn zu berühren. Die Stasi-Beamten wandten psychologischen Terror, Druck und Manipulation an, um andersdenkenden und sonst irgendwie verdächtigen Staatsbürgern ihren Willen aufzudrücken.

Sie zersetzten die Bürger.

Wenn es zu Stasizeiten Facebook, Instagram, Telegram oder YouTube gegeben hätte, hätten die Stasi-Beamten diese Tools benutzt, um die Menschen im großen Stil zu zersetzen. Genau so, wie es der russische Sicherheitsapparat gerade macht.

Susanne Spahn hat herausgefunden, dass zumindest ein ehemaliger Stasi-Spion für RT DE tätig ist. Es handelt sich um den 78-jährigen Rainer Rupp, der einer der aktivsten Schreiber bei RT DE ist. Rupp schreibt auch für viele andere alternative Medien.

»In einem von Rupp verfassten Artikel rief er dazu auf, gegen die Regierung, die Coronamaßnahmen und die Nato auf die Straße zu gehen, weil die aggressive NATO der Grund sei, warum Russland Krieg gegen die Ukraine führen müsse«, sagt Spahn. Mit dem Artikel wurde ein Bild von einer Landkarte veröffentlicht, auf dem zu sehen ist, wie die Rote Armee Deutschland 1945 erobert. Darunter stand: *Sei so gut, Russland, und befreie uns noch mal.*

Susanne Spahn hat alternative Medien in Deutschland untersucht, die ihre Nähe zum Kreml verleugnen, aber dessen Narrative verbreiten. Dahinter stecken aber die Front der Impfgegner und die russischen Staatsmedien, erzählt Spahn. Laut den Narrativen handeln die Elite und das Verteidigungsbündnis NATO ausschließlich im eigenen Interesse und vernachlässigen die Interessen der Bürger.

Als die Coronapandemie Anfang 2020 ausbrach, bildeten sich in weiten Teilen Deutschlands Bewegungen, die die Corona-Maßnahmen kritisierten, unter anderem die Querdenker-Bewegung, die vor allem in Berlin und Süddeutschland aufkam. Ein Teil der Aktivisten übernahm Russlands Narrative zu Corona, aber auch zum Ukrainekrieg. »Du merkst es, wenn du die von RT DE live gezeigten Demonstrationen anschaust. Die Menschen stehen da auf der Straße mit Schildern, auf denen steht: *NATO raus aus Deutschland! Putin, komm und hilf uns! Befreie uns noch mal.*«

Für diese Menschen ist Wladimir Putin, ein international geächteter Kriegsverbrecher, *der Retter, der Deutschland erlösen wird.*

Russlands Informationskrieg radikalisiert die Querdenker, andere radikale Gruppen und die Corona-Leugner. Laut dem Spiegel-Magazin warnte der Präsident des Bundesamtes für Verfassungsschutz, Thomas Haldenwang, im September 2021 davor, dass die Möglichkeit durchaus realistisch sei, dass es bei gewaltsamen Auseinandersetzungen zu Todesfällen kommen könne.

Das Forschungsinstitut CeMAS in Deutschland veröffentlichte im November 2022 eine Meinungsumfrage, wonach 40 Prozent der Befragten folgende Frage ganz oder teilweise bejahen: *Glaubst du, dass die NATO Russland so lange provoziert, bis es einen Krieg beginnen muss?*

Die russische Online-Zeitung Meduza stellte fest, dass auf dem Gebiet der ehemaligen DDR 59 Prozent der Befragten mit Ja antworteten, also eine klare Mehrheit. Und 35 Prozent der Befragten war der Meinung, dass die Ukraine keine eigenen Gebietsansprüche haben könne, weil sie historisch gesehen ein Teil Russlands sei.

»Ich frage mich, warum das so ist«, sagt Spahn. »Ich denke, dass während der Coronakrise wirklich viele Menschen an die seltsamen Ideen der Verschwörungstheorien zu glauben begannen, etwa dass Bill Gates den Menschen Mikrochips einpflanzen will.«

Die sogenannten Alternativmedien werden in Deutschland immer populärer und verbreiten diese Theorien weiter.

»Und das ist gegen unsere Demokratie, weil es das Vertrauen in unsere demokratischen Institutionen schwächt. Russlands Vorgehen ist also sehr durchtrieben, weil es unsere Schwächen ausnutzt«, sagt Spahn.

So mancher aus der Führungsetage von RT DE hat auch eigene Medien gegründet, aber immer unter der Vorgabe, die Nähe zu Russland zu verschleiern. Ein Großteil der Deutschen weiß, dass RT und Sputnik russisch sind. »Aber bei Ruptly und anderen dieser Art ist die Russlandnähe nicht so bekannt. Und da steckt Strategie dahinter«, sagt Spahn, die weiter ausführt, dass das russische Propagandanetzwerk samt den dazugehörigen Communitys in Deutschland ständig weiter wachse, obwohl dessen Inhalte eigentlich bereits offiziell verboten sind.

In Deutschland ist das Netzwerk eigentlich sogar doppelt verboten. Einerseits gibt es die Sanktionen der Europäischen Union, nach denen RT und Sputnik nicht in Deutschland tätig sein dürfen: weder im Internet, noch im Kabelfernsehen oder über Satellit. Derselbe Beschluss hat RT und Sputnik theoretisch aus allen EU-Ländern verbannt. Andererseits hat die deutsche Regulierungsbehörde in Berlin die Tätigkeit von RT in Deutschland verboten. Aber dessen ungeachtet werden weiter Sendungen produziert, Internetseiten werden weiter mit Content befüllt, alles geht weiter wie immer, sagt Spahn. »Wie es Dinara Toktosunowa selbst sagte, wird die Arbeit in Moskau gemacht und der Inhalt in Berlin produziert. Jetzt haben sie offiziell ihre Aktivitäten eingestellt, aber dennoch gibt es die Internetseite weiterhin, und dort wird ein Livestream aus Deutschland gezeigt.«

Das Videomaterial, zum Beispiel von Demonstrationen, produziert Ruptly. Danach werden die Videos von RT DE verbreitet.

Es sieht ganz so aus, dass Deutschland dem Kreml als wichtigste Trollplattform in Europa dient, indem über RT und Ruptly auch die globale Öffentlichkeit beeinträchtigt wird. Der Kreml führt seinen Informationskrieg gegen die Welt direkt aus einem Mitgliedsland der EU und der NATO. Die deutschen Entscheidungsträger wissen schon seit Jahren, wie RT, Sputnik und Ruptly arbeiten, und die EU hat bereits 2022 Sanktionen verhängt, aber während ich dieses Buch im März 2024 schreibe, arbeitet Russlands Trollfabrik in Deutschland unter Hochdruck weiter.

Spahn ruft in Erinnerung, dass die Europäische Union gegen Dinara Toktosunowa keine Sanktionen verhängt habe.

Warum?

»Vielleicht deswegen, weil das hier Deutschland ist. Die noch interessantere Frage lautet, warum die deutschen Behörden Dinara Toktosunowa, Ruptly und Sputnik sowie RT weiter in Deutschland gewähren lassen«, sagt Spahn.

»Wir spucken auf die Sanktionen.«

Susanne Spahn erzählt, dass deutsche Journalisten der Frage nachgegangen seien, warum die gegen RT verhängten Sanktionen in Deutschland nicht umgesetzt wurden. Und das, obwohl man bereits 2022 angekündigt hatte, dass sie in Kraft treten werden. Die Reporter des RND Redaktionsnetzwerk Deutschland haben herausgefunden, dass die für Sanktionen zuständigen deutschen Behörden diese nicht in Kraft gesetzt haben, weil »sie nicht wüssten, wie die Sanktionsverordnung der Europäischen Union juristisch auszulegen sei«.

Spahn merkt an, dass man es in Frankreich geschafft hat, sie juristisch auszulegen, weil Frankreichs RT nicht mehr tätig ist. Die Sanktionen betreffen nicht nur RT und Sputnik, sondern auch deren russisches Mutterunternehmen ANO TV-Nowosti, deren finanzielle Mittel laut EU-Beschluss eingefroren werden sollten. »In Frankreich ist etwas passiert, aber in Deutschland nicht. In Deutschland liegen die Gelder bei einer Bank in Sachsen, wo die Unterstützung der AfD am größten ist und der Ministerpräsident Michael Kretschmer Verständnis für Russlands Standpunkte gezeigt hat«, sagt Spahn.

Als das RND herausgefunden hatte, dass die Mittel nicht eingefroren worden waren, reagierte die Bank nicht und ließ die Anfrage der Journalisten unbeantwortet, erzählt Spahn.

RT wendet auch noch andere Winkelzüge an, um die Sanktionen zu umgehen. Der Sender nutzt sogenannte Spiegelseiten, also Internetseiten, die denselben Inhalt unter einer anderen Internetadresse anbieten. Spahn hat nach Spiegelseiten gesucht und mindestens 11 Domains gefunden. In sozialen Medien verwendet Sputnik auch einen anderen Namen: Satellite.

»Man weiß darüber in Deutschland auch Bescheid, weil ich zu diesem Problem Interviews gegeben habe und es in meiner Forschung thematisiere, aber wir sehen keinerlei politische Reaktion«, sagt Spahn. Ein Teil des Problems in Deutschland liege darin begründet, dass große Internetbetreiber für die Umsetzung der Sanktionen verantwortlich sind. Die staatliche Bundesnetzagentur teilt den Netzbetreibern mit, welche Internetseiten sie sperren sollen. Aber wenn die Betreiber das nicht tun, gibt es für sie deswegen keine Konsequenzen. Anders gesagt, so Spahn, sei das Blockieren der von den Sanktionen betroffenen Seiten mehr oder weniger freiwillig. Sie vermutet, dass das mit ein Grund dafür ist, warum die deutschen Behörden so langsam agieren. »Meiner Meinung nach fehlt es auch an politischem Willen. Wenn der da wäre, würden auch die Politiker effizienter und zügiger arbeiten«, sagt sie.

Ich schließe daraus, dass die Existenz russischer Staatsmedien einflussreicheren Politikern eher nutzt, als dass es Politiker gibt, die den Willen und die Fähigkeit besitzen, die Sanktionen umzusetzen. »Ja, das ist deine Interpretation. Ich kann nur sagen, dass es an politischem Willen mangelt. Und dass das der Grund ist, warum Ruptly, RT DE und Sputnik jetzt unter dem Namen Satellite alle noch aktiv sind«, sagt Spahn.

Im August 2023 fand Spahn heraus, dass alle Internetseiten von RT DE mehr als sechs Millionen Aufrufe hatten. Die ursprüngliche Seite https://de.rt.com steht allen frei zur Verfügung.

Das Problem ist aber noch größer. Im November 2023 sendete die Nachrichtenagentur Bloomberg einen ausführlichen Bericht darüber, wie die Sanktionen der Europäischen Union die Verbreitung der Propaganda durch RT in der EU verpufft seien. Margarita Simonjan kommentierte das so: »Wir spucken auf die Sanktionen.«

Zurück zu Em Seikkanen. Sie arbeitete ungefähr eineinhalb Jahre bei Ruptly, danach zog sie nach Finnland. Als ich Seikkanen 2022 wieder für dieses Buch interviewte, erzählte sie, dass sie »ein ruhiges kleines Leben« mit ihren Freunden und ihrem Hund führt. Sie meint, ihre Erlebnisse bei Ruptly seien ein Teil in ihrer Vita, den sie hinter sich lassen wolle. »Aber es ist so beängstigend, in wie vielen Ländern der Welt dieser Desinformationsapparat neue Kriege und gesellschaftliche Konflikte entfacht hat. Ich kann nicht mit gutem Gewissen darüber schweigen«, sagt Em.

Der Patriarch Kyrill

Das Oberhaupt der Russisch-Orthodoxen Kirche, Patriarch Kyrill I., hat den russischen Soldaten im Namen Gottes ein Versprechen gegeben. Wenn ein Russe im Kampf in der Ukraine für das Vaterland stirbt, wird er von allen Sünden reingewaschen. Er kommt ohne Sünden zu Gott in den Himmel. »In Gottes Reich, zu Ruhm und ewigem Leben«, präzisierte der Patriarch im September 2022 bei seiner Sonntagspredigt. Es waren erst ein paar Tage vergangen, seit Putin in Russland eine Teilmobilmachung für den Krieg in der Ukraine angeordnet hatte.

Der Patriarch Kyrill I., mit bürgerlichem Namen Wladimir Gundjajew, weckte mein Interesse, nachdem Russland seinen Großangriff auf die Ukraine begonnen hatte. Etwas mehr als eine Woche nach Kriegsbeginn sah ich einen in den sozialen Medien verbreiteten Videoclip, in dem der ergraute Patriarch mit stechendem Blick eine Wutpredigt in einer Kirche hielt. Darin sagte er, Russland kämpfe in der Ukraine gegen die »Homo-Paraden des Westens«.

Der Patriarch manipulierte die Menschen informationspsychologisch und ging dabei meines Erachtens ziemlich feige vor: indem er religiöse Gründe vorschob und so an die Gefühle der Zuhörer appellierte.

Der 1946 geborene Wladimir Gundjajew hat eine enge Beziehung zur Silowiken-Clique, die hinter Russlands Krieg steht und mit perfiden Operationen das Publikum in Russland und im Ausland manipuliert. Kyrills Vater, Michail Gundjajew, war auch Priester. Ende 1952 taufte er in der Preobrashenskij-Christi-Verklärungs-Kathedrale im damaligen Leningrad (heute Sankt Petersburg) einen blonden blauäugigen Jungen, der in eine Fabrikarbeiterfamilie hineingeboren worden war, auf den Namen Wladimir Wladimirowitsch Putin. Putin hat Kyrills Vater als lieb und friedlich beschrieben und der Patriarch Kyrill hat Putin als ein Wunder Gottes bezeichnet.

Aber Kyrill hat die Russen schon von langer Hand auf den Völkermord in der Ukraine vorbereitet. Weil er ein Mann des Glaubens ist, fährt er auf der Überholspur in die Köpfe und Herzen der Menschen. Wenn man das Gebet als Waffe sieht, und die Gebete des Patriarchen erreichen ein großes Publikum, könnte Kyrill einer der gefährlichsten Religionsführer der Welt sein.

Das Mönchsgelübde des milliardenschweren Priesters

Kyrill I., der als gewandter Redner gilt, ist seit über 50 Jahren in der orthodoxen Kirche tätig, und davon die meiste Zeit über in leitenden Positionen. Er wurde bereits mit 22 Jahren zum Priester geweiht, zum Archimandriten stieg er mit 30 auf. Er war auch Leiter des Außenamtes der Russisch-Orthodoxen Kirche.

Zum Patriarchen stieg Kyrill 2009 auf. Die russische Online-Zeitung Meduza schrieb, dass Kyrill die Kirchenverwaltung in eine Festung verwandelt habe, die der politischen Ordnung Putins gleicht. Es gibt praktisch keine Opposition. Der christliche Glaube ist für Kyrill ein Kampf zwischen dem, was nach seiner Ansicht richtig ist, und dem Falschen; die orthodoxe Kirche Russlands steht natürlich für die Anschauung, wie Moral aussehen sollte.

Als Kyrill am Anfang seiner Karriere als Bischof der Diözese Smolensk und der Diözese Kaliningrad tätig war, waren seine Predigten noch nicht darauf ausgerichtet, das Kirchenvolk mittels Gehirnwäsche in einen Krieg gegen die Ukraine zu treiben. Er erneuerte das Bistum von Grund auf und häufte Vermögen an. Die irdischen Besitztümer Seiner Heiligkeit, wie man den Patriarchen nennt, sind enorm. Experten berichteten 2012 in der russischen

Zeitung Nowaya Gazeta, dass sich Kyrills Vermögen bereits vor seiner Ernennung zum Patriarchen auf ungefähr vier Milliarden Dollar belief. Diese Summe habe er mit Geschäften im Tabak-, Öl-, Auto- und Fischsektor angesammelt, die Gundjajew seit den 1990er-Jahren neben seinen himmlischen Aufgaben betrieb.

Es wird erzählt, dass Kyrill Anteile an der Diamantenindustrie in Russlands Diamantenhauptstadt Smolensk besessen habe, wo er auch eine Residenz hat. Ihm gehört ein Penthouse in zentraler Lage am Moskwafluss gegenüber der Christ-Erlöser-Kathedrale in Moskau, sowie eine Villa in der Schweiz und ein Palast in der Nähe von Sotschi. Laut Nowaya Gazeta sind nicht nur Kyrills Immobilien, sondern auch deren italienische Möbel exklusiv, und in den Wohnstätten beschäftigt er auch Dienstpersonal. Außerdem wurde für den Patriarchen eine fast 300-Millionen-Euro-Residenz in Puschkin bei St. Petersburg errichtet. Die Online-Zeitschrift The Bell berichtete, dass das Projekt vom Kreml in Auftrag gegeben worden war und die Informationen darüber geheim gehalten wurden. Die Residenz befindet sich im Innenhof der historischen Kathedrale und ist ein perfekt ausgestattetes »Smart-Home«.

Der Patriarch reist mit Flugzeugen, die allen erdenklichen Luxus kennen; eines davon verfügt sogar über eine Küche, die von einem Spitzenrestaurant in St. Petersburg eingebaut wurde. An einem Steg am Ladogasee schaukelt seine Vier-Millionen-Dollar-Yacht Pallada. Kyrill legt auch Wert auf teure Uhren. Die ukrainischen Medien bemerkten 2009 an seinem Handgelenk eine Breguet im Wert von 30 000 Dollar. Er besitzt zudem eine Schweizer Ulysse Nardin im Wert von 16 000 Dollar.

Seiner Gemeinde predigt Kyrill, wie wichtig die Ausübung christlicher Askese ist. »Sie ist der persönliche Sieg über Begierden, Leidenschaften und Instinkte«, behauptet Kyrill.

Der Pressesprecher des Patriarchen hat in den Medien ein solches Luxusleben stets bestritten. Der Patriarch selbst hält die Diskussion über sein Vermögen für eine Diffamierungskampagne, und in seiner Predigt hat er dazu aufgerufen, die Gerüchte um sein Milliardenvermögen zu ignorieren. Über die geistigen Führer Russlands würden angeblich »fürchterliche Dinge geschrieben, damit sie die Wahrheit Gottes nicht weiter verkünden«.

Der Journalist Andrej Soldatow hat sich mit Russlands Geheimdiensten und der orthodoxen Kirche beschäftigt. Er meint, dass es unmöglich sei, das Vermögen des Patriarchen zu schätzen. Dutzende Residenzen, Limousinen, Yachten, Uhren und andere Luxusgegenstände seien zwar *zum Schein* Eigentum der orthodoxen Kirche, aber nur eine Person könne über sie verfügen, schreibt er. Auf jeden Fall besitzt der Patriarch mit Sicherheit deutlich mehr, als man es von jemandem annehmen würde, der in seinem Gelübde versprochen hat, irdischen Besitztümern zu entsagen.

Die Europäische Union oder die USA haben keine Sanktionen gegen Gundjajew verhängt, Großbritannien hingegen schon. Begründet wurde dies mit Kyrills Aussagen, mit denen er die Invasion unterstützt, womit er die Souveränität der Ukraine untergrabe.

Deckname Michailow

Im heutigen Russland sind die höchsten Funktionäre auf die eine oder andere Weise Sprösslinge des Sicherheitsapparates aus der Sowjetzeit. Patriarch Kyrill I. operiert gemeinsam mit der militärischen und geheimdienstlichen Führungsriege im innersten Kreis des Kreml.

Die Welt der Geheimdienste und die Methode, die Religion für die Interessen der Machthaber einzuspannen, kennt Kyrill schon seit Sowjetzeiten; der KGB rekrutierte ihn Ende der 1960er-, Anfang der 1970er-Jahre. Der Forscher Felix Corley schreibt, dass die früheste Erwähnung Kyrills im KGB-Archiv aus dem Februar 1972 stammt, als Kyrill 25 Jahre alt war. Die KGB-Beamten organisierten Kontrolltreffen mit Kyrill und er agierte beim Treffen des Weltkirchenrates in der Schweiz als Abgesandter der KGB.

Der Deckname von Kyrill lautet meines Wissens in Anlehnung an den Namen seines Vaters Michailow.

In der Sowjetunion wurden viele Priesterernennungen vom KGB überwacht und kontrolliert, schreibt Corley. Öffentlich gab der KGB nicht zu, die Religionsangelegenheiten zu kontrollieren, aber in einem KGB-Dokument aus dem Jahr 1970 wurden Mittel aufgelistet, um Russlands orthodoxe Kirche im In- und Ausland für die Gegenspionage einzusetzen. Auch 1982 ließ der KGB verlautbaren, dass er »mit der Hilfe führender Agenten, Russlands orthodoxer Kirche und der georgischen und armenischen Kirchen« an der Loyalität zur Sowjetunion festhalten wolle. In Sowjetzeiten trat die orthodoxe Kirche als »Friedensbotschafter« Russlands in der Welt auf.

Nach dem Ende der Sowjetunion wurde der KGB in FSB umbenannt. Es fällt leicht, sich vorzustellen, dass Kyrill dem Vaterland bei dieser neu benannten Organisation weiter diente.

Als Patriarch arbeitet Kyrill immer wieder mit dem russischen Sicherheitsapparat zusammen. Am Tag der Veteranen 2012 hielt der Patriarch vor den FSB-Grenztruppen eine Rede. Unter den Zuhörern war, wie die russischen Medien berichteten, auch der Kommandeur der Grenztruppen Wladimir Pronitschew. Der Patriarch sprach darüber, dass der Schutz der Staatsgrenzen eine gefährliche Aufgabe sei, von der sowohl das Wohl von Millionen von Menschen abhänge als auch Russlands wirtschaftliche und militärische Sicherheit. Er brachte seine Zufriedenheit über die Entwicklung der Zusammenarbeit zwischen der Kirche und der Grenzschutzbehörde zum Ausdruck und teilte mit, dass die geistige und moralische Schulung der Grenzschutztruppen ausgebaut worden sei.

Im selben Sommer segnete der Patriarch in Moskau eine Kirche, die neben der FSB-Akademie errichtet werden sollte. Bei der Grundsteinlegung bezeichnete auch der damalige Leiter der FSB-Akademie, Generaloberst Wiktor Ostrouchow, die Errichtung der Kirche in unmittelbarer Nähe der Ausbildungsstätte des FSB als

»symbolisch«. Laut dem Generaloberst könnten »die Kirche und der FSB gemeinsam auf die gefährlichen Bedrohungen unserer Zeit antworten und Russlands Macht und Einheit erhalten«. Die Kirche zur Ikone der Muttergottes in Iviron wurde 2016 fertiggestellt. Dort werden Gottesdienste für die Mitarbeiter des FSB und ihre Familien sowie für die Studierenden der FSB-Akademie abgehalten.

Man sagt, der Patriarch Kyrill habe »eigene Spezialeinheiten«. Der Name der Garde ist Sorok Sorokow, was frei übersetzt so viel bedeutet wie »vierzig mal vierzig«. Sie ist eine orthodoxe Aktivistenbewegung, von einigen als radikale Gruppierung bezeichnet. Die Sorok-Sorokow-Garde bildet ihre Mitglieder im Kampfsport aus und ein Teil verfolgt eine neonazistische Gesinnung. Das Erkennungsmerkmal der Bewegung ist ein rotes Hemd; in der Liturgie symbolisiert die Farbe Rot Märtyrertum.

Laut russischen Medieninformationen haben sich einige Mitglieder der Staatsduma beim FSB über diese Gruppe beschwert.

Die himmlische Annexion der Krim durch die heiligen Sicherheitskräfte

Die Wutreden des Patriarchen Kyrill I. sind sprachgewandt und in den Deckmantel der Spiritualität gehüllt: Er verkündet seit über zehn Jahren immer wieder, dass Russland, Weißrussland und die Ukraine sowohl durch die gemeinsame Vergangenheit als auch eine gemeinsame Zukunft miteinander verbunden seien. Der Patriarch, der selbst gesagt hat, dass er sich der heutzutage geführten Informationskriege »bewusst« sei, hielt im Herbst 2012 eine Eröffnungsrede auf dem Weltkongress der [russischen] Landsleute. Die Seele Russlands werde Kyrill zufolge von feindlich gesinnten Kräften bedroht, aber wem die Vergangenheit gehöre, dem gehöre auch die Zukunft. Und jetzt, da versucht werde, »die Geschichte neu zu schreiben«, würde »die Geschichte Russlands Schutz brauchen«, zitierten ihn die russischen Medien.

Das zentrale Narrativ im Informationskrieg der orthodoxen Kirche Russlands gegen die Ukraine ist die Geschichte von der *Taufe Russlands.*

»Die Russen, Ukrainer und Weißrussen müssen sich daran erinnern, dass die Taufe Russlands ein richtungsweisendes Ereignis im Kontinuum der Geschichte der slawischen Völker war«, verkündete der Patriarch bereits zehn Jahre vor dem völkerrechtswidrigen Angriff Russlands gegen die Ukraine. Die von Patriarchen und dem Kreml erzählte Geschichte rankt sich um den historischen Fürsten Wladimir den Großen. Der als grausamer Despot bekannte Heilige Wladimir herrschte 980–1015 über die Kiewer Rus und vereinigte die slawischen Stämme zu einer Nation.

Patriarch Kyrill konstruiert ein Narrativ, das sowohl das heutige wie auch das historische Russland umfasst. Dieser Erzählung zufolge fand die Taufe des »heiligen Russland«, also laut Kyrill Russlands, der Ukraine und Weißrusslands, in Kiew in der Ukraine statt. Und deswegen sind die heutige Ukraine und das heutige Russland eigentlich eins. Die Ukraine *gehört* zu Russland. Der Patriarch Kyrill I. hat allen empfohlen, die Gesinnung Wladimir des Großen anzunehmen.

Die Sichtweise der Ukrainer auf die Geschichte und die Gegenwart ist eine andere. Es handelte sich nicht um Kiewer Russland, Fürst Wladimir habe vielmehr *den ukrainischen Staat* aus der Taufe gehoben.

Die orthodoxe Kirche Russlands begeht den Jahrestag der Taufe Russlands jedes Jahr, und das spektakulär. Unter der Federführung Kyrills wurden die Zeremonien lange Zeit in Moskau, Kiew und Minsk veranstaltet. Die Zeremonie zum 1025-jährigen Jahrestag der Taufe wurde schon Monate im Voraus von Kyrill auf Russlands erstem Nachrichtensender beworben.

Mit diesem Narrativ von der Taufe wurden die Russen auf den Kriegszug gegen die Ukraine vorbereitet. *Die russische Welt* und *Das Heilige Land Russland* sind Konzepte, die der russische Staat aufgrund seiner außenpolitischen Ambitionen entwickelt hat. Und nicht nur das. Die Geschichte von der Taufe dient auch dazu, *Russlands Geheimdienst und Militär* anzupreisen.

Der Vertraute des Patriarchen Kyrill, Kirill Frolow, ein Kirchenfunktionär, der ebenfalls dem innersten Kreis der orthodoxen Kirche Russlands angehört, spornte 2013 alle »kirchentreuen Beamten des FSB« zum »bedingungslosen Kampf gegen den Aufstand und die Revolution [der Ukraine]« an. Für seine Argumentation zog er ebenfalls die Geschichten von Wladimir dem Großen und der Taufe Russlands heran. Das »Kraftgerüst«, also die Sicherheitsbehörden Russlands, seien laut Frolow *Nachfolger* Wladimir des Großen, der vor über tausend Jahren gelebt hat: Hierbei erwähnte er die Offiziere, den Sicherheitsrat, den FSB, den militärischen Nachrichtendienst GRU, den Auslandsgeheimdienst SWR und das Katastrophenschutzministerium Russlands. Diese Verteidigungs- und Sicherheitsorgane müssten laut Frolow *auf die weisen Worte seiner Heiligkeit des Patriarchen Kyrill hören.*

Frolow erwartete bereits im folgenden Jahr, also 2014, einen Angriff Russlands auf die Ukraine. »Bevor dieser Gewaltapparat endgültig nach Sewastopol zieht, braucht er himmlische Beschützer«, meinte Frolow, und so kam es auch: Im darauffolgenden Jahr annektierte Russland Sewastopol und die gesamte Krim. Im Namen der Taufe Russlands, mithilfe des heiligen Kraftgerüstes, unter dem Schutz Gottes.

Die Kirchengemeinde als Waffe

Der Patriarch Kyrill und seine Gefolgschaft haben schon seit Jahren die inneren Glaubensangelegenheiten der Ukraine zugunsten des Kreml manipuliert. Seine Clique hat versucht, den Einflussbereich des Moskauer Patriarchats, das der orthodoxen Kirche in der Ukraine vorsteht, auszudehnen. Das geht zum Beispiel aus den privaten E-Mails hervor, die das ukrainische Verteidigungsbündnis Inform Napalm veröffentlicht hat.

Kirill Frolow, der Vertraute des Patriarchen, mailte 2011, dass Patriarch Kyrill die Ukraine überhaupt nicht anerkenne. Stattdessen strebe die Vereinigung Russlands mit der Ukraine *auf Staatsebene* und nicht bloß *spirituell* an. Die E-Mails zeigten auch, dass der dem Patriarchen nahestehende Propst Andrej Nowikow 2011 als Beichtvater beim damaligen Oberbefehlshaber der Ukraine, General Hryhorij Pedtschenko, eingeschleust wurde.

Nach dem orthodoxen Glauben muss man die Beichte bei einem Beichtvater ablegen. Wenn man also einen hochrangigen Träger militärischer Geheimnisse dazu brachte, einem russlandnahen Beichtvater zu vertrauen, könnte das für den Kreml nützlich sein. Der Vertraute des Patriarchen Frolow schrieb, das sei eine »beachtliche Errungenschaft für Russland gewesen«: Der Beichtvater des Generals, der die Wiedervereinigung Russlands mit der Ukraine befürwortete, könnte für die Sichtweise Russlands werben.

Die orthodoxe Kirche Russlands hat während der ganzen Amtszeit Kyrills I. über das geistliche Leben Einfluss auf die Politik in der Ukraine ausgeübt. Ein Tool war dabei die Lenkung der kremlfreundlichen Glaubensführer in der orthodoxen Kirche der Ukraine. Ein Verbündeter des Patriarchen schrieb an Frolow, dass in der Ukraine diejenigen, die gegen Gott und Kyrill sind, dem Tod entgegensehen. »Dem physischen oder politischen, auf jeden Fall aber dem Tod.«

Als der korrupte Wiktor Janukowytsch, der Günstling des Kreml, noch Präsident der Ukraine war, besuchte ihn Patriarch Kyrill sowohl allein als auch in Begleitung von Wladimir Putin und dem Vorstand des Energieriesen Gazprom, Aleksej Miller. Die Ukrainer demonstrierten, weil sie den Patriarchen schon damals für eine Gefahr für die Sicherheit hielten.

2013 zog der Patriarch bei seinen Kriegsreden neue Saiten auf. Er forderte das russische Volk auf, sich für einen Sieg zu mobilisieren, »wie im Großen Vaterländischen Krieg«, wie Russland den Zweiten Weltkrieg nennt. Die Jugend Russlands sprach er an, indem er

Vorbilder aufzählte, »Helden, die ihr Leben für das Vaterland geopfert hatten«. Unter anderem nannte der Patriarch den Infanteristen Alexander Matrossow, der im Zweiten Weltkrieg unter Einsatz seines Lebens andere gerettet hatte.

Obwohl Kyrill und seine Getreuen die Fäden in der orthodoxen Kirche der Ukraine zu ziehen versuchten, verlautbarte die orthodoxe Kirche der Ukraine noch im selben Jahr, sich von Moskaus Führung lossagen zu wollen. Gleichzeitig brachte das ukrainische Volk immer lauter ihren Wunsch zum Ausdruck, weiter in Richtung Westen und von Russland abrücken zu wollen. Die orthodoxe Kirche der Ukraine bat das Moskauer Patriarchat darum, der proeuropäischen Entscheidung der Ukraine nicht im Weg zu stehen.

Dieses Ersuchen muss Besorgnis sowohl beim Patriarchen Kyrill als auch im gesamten Kreml ausgelöst haben.

Der Glaubenskrieg des Patriarchen Kyrill gegen die Ukraine

Die Kommunikation des Patriarchen Kyrill ist ebenso heuchlerisch wie die sonstige Kommunikation des Kreml auch. Während Kyrill behauptet, dass sich die Kirche nicht in die Politik einmische, sondern über alle Streitigkeiten hinweg Frieden schaffe, politisiert er im gleichen Atemzug wieder und benutzt selbst die Kirche unentwegt als Werkzeug der Kriegsführung.

Die spirituelle Einheit des »Heiligen Russlands« und der »Bürgerkrieg« in der Ukraine sind Themen, die der Patriarch verwendet hat, um die Ukraine mit Worten zu erobern. Als die Ukrainer 2013 gegen den russlandfreundlichen Präsidenten Janukowytsch aufbegehrten, betete Kyrill für »Frieden in der Ukraine«. Er predigte, die Ukraine sei historisch ein Teil Russlands und bat Gott darum, die Ukrainer zu befrieden, damit die geistige Einheit des Heiligen Russlands gewahrt bleibt.

Als die Ukrainer den Rücktritt von Janukowytsch forderten, rief der Patriarch dazu auf, die *geistige und brüderliche Einheit Russlands* zu hüten, denn sie biete Schutz vor Zerstörung und Versuchungen. Die Kirchen Russlands und der Ukraine seien eins, sagte er.

Nachdem die Sicherheitstruppen Janukowytschs mit Gewalt gegen die Demonstranten vorgegangen waren, forderte der Patriarch die Ukrainer laut russischen Medien dazu auf, die Kraft zu finden, nicht weiter »den Konflikt zu befeuern, weil sonst ein Bürgerkrieg« möglich sei. »Wenn die Menschen nicht die Gesetze Gottes und die christliche Tradition der Ukraine befolgen, kann es zum Bürgerkrieg kommen.«

Die Wortmeldungen des Patriarchen entsprechen der Linie des Kreml. Russlands Behörden und Propagandaapparat wollten die Welt glauben machen, dass die Ukrainer Bürgerkrieg gegeneinander führten. Während Kyrill über den innerukrainischen Konflikt zeterte, beweisen Jahre später veröffentlichte E-Mails, dass der Patriarch in Russlands Hauptquartier mit Generälen zusammentraf und die Kirche für grenzübergreifende Gebietseroberungen in der Ukraine missbrauchen wollte. Einem früheren Plan zufolge wären die Bistümer des Moskauer Patriarchats so errichtet worden, dass sich ihre Grenzen vom süd-russischen Rostow bis nach Luhansk in der Ukraine erstreckt hätten.

Im Januar 2014 gratulierte der russische Präsident Kyrill zum fünften Jahrestag seiner Ernennung zum Patriarchen. Als Putin dem Patriarchen für seine religiöse und gesellschaftliche Arbeit dankte, erzählte Kyrill russischen Medienberichten zufolge, dass er sich neben Belangen der Kirche auch für jene des Vaterlandes einsetze.

Zeitgleich mit der Entsendung kennungsloser Soldaten zur Eroberung der Krim und der Ost-Ukraine durch den Kreml veröffentlichte die russische Nachrichtenagentur TASS einen Artikel über Kyrill, wie er auf Knien für die in der Ukraine Verstorbenen betete. Der Patriarch forderte die ganze christliche Gemeinschaft dazu auf, für den Frieden in der Ukraine zu beten. Er erinnerte an die Möglichkeit eines Bürgerkrieges – oder vielmehr *drohte* er damit. Laut dem Patriarchen sei die Existenz der Ukraine als einheitlicher Staat gefährdet und die Ereignisse seien die Folge einer *innerukrainischen* politischen Krise. Kyrill schrieb, dass die Nachrichten aus der Ukraine ihn schmerzten, weil Menschen stürben und litten und das Land in einen *inneren Konflikt* gestürzt sei. Der Patriarch appellierte an den neugewählten Präsidenten Petro Poroschenko und bat ihn, den Krieg und das Blutvergießen zu beenden – obwohl man diese Bitte an Putin hätte richten müssen.

Von den Orthodoxen in der Ukraine hagelte es Kritik an Putin ebenso wie an Kyrill. Bemerkenswert daran war, dass er von Kyrills »eigenen« Leuten kam, den Oberhäuptern der dem Moskauer Patriarchat unterstellten orthodoxen Kirche der Ukraine. Viele Bischöfe der dem Moskauer Patriarchat unterstellten Kirche der Ukraine baten Kyrill, seinen Einfluss zu nutzen, um das Blutvergießen in der Ukraine zu beenden. Vergeblich.

Als Russlands Sicherheitsrat ankündigte, Soldaten in die Ukraine zu schicken, erklärte der Sprecher der dem Moskauer Patriarchat unterstellten orthodoxen Kirche der Ukraine Georgij Kowalenko, dass das Eindringen der russischen Truppen in die Ukraine gegen einige der Zehn Gebote verstoße, wie »Du sollst nicht falsch Zeugnis reden wider deinen Nächsten«, »Du sollst nicht töten« und »Du sollst nicht begehren deines Nächsten Gut«. Laut Kowalenko könne die orthodoxe Kirche der Ukraine Kyrills politische Aussagen nicht akzeptieren, falls dieser die russische Aggression gutheiße, hieß es in Medienberichten.

Der Metropolit der orthodoxen Kirche von Kiew und der ganzen Ukraine Filaret sagte, der Aggressor sei nicht nur Putin, sondern auch das Moskauer Patriarchat, gegen das man in der Ukraine eine noch stärkere Kirche errichten müsse. Die Kirche teilte mit, eine große Geldspende für die Streitkräfte gesammelt zu haben und diese auch weiterhin unterstützen zu wollen.

Russisches Heldentum gleicht einer Rakete

In der Ukraine wurde die vom Patriarchen Kyrill ausgehende Bedrohung für die nationale Sicherheit erkannt. Im Sommer 2014 erklärte der Vertreter des ukrainischen Kulturministeriums, Kyrills bevorstehenden Besuch in der Ukraine abzulehnen. Das Moskauer Patriarchat erwiderte säuerlich, dass diese Aussage »eine Parodie« von dem sei, »was ein Kulturministerium eigentlich tun sollte«.

Im selben Sommer unternahm Patriarch Kyrill eine Reise durch Russland und befeuerte Heldentum und Martyrium: Er verglich russisches Heldentum mit einer »fliegenden Rakete«. Erzpriester Wsewolod Tschaplin, damals ein Unterstützer des Patriarchen, verkündete, dass ein gewaltsamer Konflikt der Zivilisationen unweigerlich bevorstehe, obwohl Russland ihn nicht wolle.

Im Juli 2014 war es wieder Zeit für die Feier zu Ehren des Fürsten Wladimir des Großen und der Taufe Russlands. Kriegsbedingt wurde der Gottesdienst zum ersten Mal seit Jahren nicht in Kiew, sondern in der Christ-Erlöser-Kathedrale in Moskau gefeiert. Laut Medienberichten wurde das Fest auch auf der Krim begangen, die nun von Russland besetzt war.

An diesem Festtag erzählte Kyrill, dass der orthodoxe Glaube den Kern darstellt, der es nie zulassen werde, dass Russland versklavt oder zerstört wird. In seiner Predigt behauptete er, Russland sei während seiner gesamten orthodoxen Geschichte Zielscheibe für militärische Zerstörungsversuche, anti-religiöse Propaganda und andere Arten von »weicher Macht« gewesen. »Und heutzutage wiederholt sich die Geschichte leider«, behauptete er und appellierte an die Gläubigen, vor der »weichen Macht« nicht zu kapitulieren. »Die Bereitschaft, sich selbst zu opfern, ist Heldentum, so lehrt es die Kirche«, sagte der Patriarch.

Laut russischen Medienberichten nahmen an diesem Gottesdienst sowohl Vertreter aus der russischen Militärführung als auch aus Putins innerem Kreis teil, unter anderen der Direktor von

Russlands Nationalgarde Wiktor Solotow. Solotow gratulierte dem Patriarchen und allen, die Russlands Taufe feierten. Er sagte, der Gottesdienst werde den Soldaten ihr ganzes Leben lang in Erinnerung bleiben. »Durch dieses heilige Abendmahl finden die Soldaten großen Glauben, Stärke des Geistes und einen Weg zu Gott. Die Truppen verteidigen unser Vaterland und unsere Staatsbürger«, sagte Solotow Medienberichten zufolge.

Zeitgleich verstärkten die russischen Truppen im Donbass und Luhansk in der Ostukraine ihre Angriffe, zerstörten zivile Einrichtungen und besetzten Medieneinrichtungen.

Patriarch Kyrill nahm neben der orthodoxen Kirche Russlands und der Ukraine auch Einfluss auf alle orthodoxen Kirchen der Welt. Er beschuldigte die »Schismatiker«, geistige Unruhestifter und unierte Kirchen, die traditionelle Orthodoxie im ostukrainischen Donezk und Luhansk zerstören zu wollen, und bat die orthodoxen Kirchen der Welt, »die Orthodoxie in der Ostukraine zu verteidigen«, berichtete die russische Online-Zeitung Fontanka.

Währenddessen appellierte der Patriarch der orthodoxen Kirche der Ukraine, Filaret, an den Patriarchen Konstantinopels, Bartholomäus I., nicht zuzulassen, dass die orthodoxe Kirche in die Lügenkampagne über die Ukraine mit hineingezogen wird. Russland rechtfertige seine militärische Aggression durch Lügen und Propaganda.

Filaret schrieb nach Konstantinopel, dass in den Kirchengebäuden der Moskauer Patriarchats in der Ukraine Waffenverstecke gefunden worden seien. Dort seien auch »Terroristen«, eine in der Ukraine geläufige Bezeichnung für russische Soldaten, untergebracht und verpflegt worden. Auch Inform Napalm hat Informationen darüber veröffentlicht, wie die Priester von Russlands orthodoxer Kirche sich an Kriegshandlungen beteiligt und illegalen bewaffneten Gruppen geholfen haben.

Patriarch Filaret wusste weiter zu berichten, dass manche Kämpfer Kleidung und Papiere von Priestern für die Flucht benutzt hätten. Die Dokumente seien vom Bistum des Moskauer Patriarchats in der Ostukraine ausgestellt gewesen.

Einige Tage nach Filarets Brief behauptete Patriarch Kyrill großspurig in den Medien, dass er nicht nur für die russische Föderation und die Behörden da sei, sondern für das gesamte Patriarchat. Er habe laut eigenen Worten keine »auserwählten« Völker oder bevorzugte Länder.

Der Metropolit der orthodoxen Kirche des Kiewer Patriarchats auf der Krimhalbinsel und Simferopols, Wladika Kliment, erzählte in Radio Free Europe/Radio Liberty (RFE/RL), dass die Priester der orthodoxen Kirche des Moskauer Patriarchats mit dem russischen Geheimdienst FSB und den russischen Behörden zusammengearbeitet hätten, als Russland die Krimhalbinsel eroberte. Kliment zufolge sei ein Priester des Moskauer Patriarchats herumgefahren und habe ukrainische Militäreinheiten fotografiert. Derselbe Mann arbeite mittlerweile als Priester beim russischen Militär.

Als der Krieg in der Ukraine andauerte, wurde in den Medien auch darüber berichtet, dass Priester der orthodoxen Kirche in der Ostukraine bei den Truppen der Volksrepublik Luhansk mitgekämpft hätten. Auf der Seite Russlands, gegen die Ukraine. Mit diesen Enthüllungen wuchs der Widerstand gegen das Moskauer Patriarchat.

Kyrill Frolow, der dem Dunstkreis des Patriarchen Kyrill angehört, hatte auch selbst 2015 in der Ostukraine kämpfende »orthodoxe Soldaten gehütet«, wie er selbst es ausdrückte. Dieses Hüten hatte mit dem Wissen, dem Segen und der Unterstützung des Patriarchen Kyrill stattgefunden, wie aus den E-Mails hervorgeht, an die Inform Napalm kommen konnte.

Gesegnete Waffen

Der Hass Moskaus und ganz Russlands auf die Ukraine wurde 2015 sichtbarer. Der Metropolit des Kiewer Patriarchats Eustratius Zorya schrieb darüber, wie das Moskauer Patriarchat versuchte, die Spaltung der Orthodoxen in der Ukraine aufrechtzuerhalten. Dreißig Gemeinden waren bereits zum Kiewer Patriarchat gewechselt, aber das Moskauer Patriarchat strengte Gerichtsprozesse an, um die Übertritte zu verhindern.

Die Priester des Moskauer Patriarchats verbreiteten die Behauptung, dass die Freiwilligen aufseiten der Ukraine, die im Donbass gegen die Besatzer kämpften, »Sünde begingen und orthodoxe Brüder töteten«. Die Priester des Moskauer Patriarchats weigerten sich auch, für die Freiwilligen Beerdigungen auszurichten. Gleichzeitig stellte Patriarch Kyrill die Priester des Moskauer Patriarchats als Opfer dar und dämonisierte die Ukrainer. Gegenüber der TASS behauptete der Patriarch, dass die »Schismatiker« die militärische Situation in der Ukraine auszunutzen wüssten. Dort sei laut ihm eine »gewaltsame Übernahme der orthodoxen Kirchen« im Gange. Der Patriarch behauptete weiter, dass Priester des Moskauer Patriarchats im Konfliktgebiet in der Ukraine bedroht und sogar zum Tod verurteilt worden seien. Angeblich würden »nationalistische Gruppen« die Priester immer wieder verhören und misshandeln. In der Ukraine gäbe es laut ihm auch Vandalismus und Brandstiftung in Kirchen, darüber hinaus werde der ethnische Hass geschürt.

Kyrill sagte, im Gebiet von Donezk und Horliwka seien bei Raketenangriffen über sechzig Kirchen beschädigt und zerstört worden, und dabei seien Gemeindemitglieder während der Gottesdienste getötet worden. Der Patriarch lobte den Mut der Hirten, die unter Einsatz ihres Lebens bei ihrer Herde blieben und die schwere Zeit des Krieges an ihrer Seite durchstünden. Die orthodoxe Kirche der Ukraine unter der Führung des Patriarchen Filaret sei ihm zufolge ein Schisma.

Der ukrainische Religionswissenschaftler Dmitrij Stepowik schrieb, dass Patriarch Kyrill die russischen Kriegshandlungen im Donbass unterstütze, indem er sie als »Bürgerkrieg« darstelle, den russischen Angriff auf ukrainisches Gebiet abstreite und die Ukrainer als Faschisten bezeichne. Stepowik bemerkte, dass der Patriarch dieselbe Wortwahl wie Putin und Sergej Lawrow verwendete.

Die orthodoxe Kirche Russlands erteilt neben dem Ukrainekrieg auch Waffen ihren Segen. Auf Nachrichtenbildern konnte man sehen, wie Priester Langstreckenraketen, U-Boote und Weltraumraketen mit Weihwasser besprenkeln. So hielt beispielsweise im Jahr 2015 ein orthodoxer Priester ein großes Kreuz in seiner linken Hand und segnete einen Flugkörper, bevor er in ein russisches Flugzeug geladen wurde, das (soweit ich weiß) nach Syrien fliegen sollte. Sogar innerhalb der russischen Kirche wurde vorgeschlagen, dass man die Segnung der Waffen unterlässt.

Im Nachhinein hat man leicht reden. Die Vorgehensweise von Patriarch Kyrill hätte aber spätestens seit 2015 kritisch betrachtet und Sanktionen gegen ihn verhängt werden müssen.

Die geistige Unabhängigkeit der ukrainischen Kirche

In seinem Neujahrsgebet 2017 blieb Patriarch Kyrill weiterhin beim Mythos von der Ukraine als bürgerkriegsgebeuteltem Land. Er erklärte der Kirchengemeinde, dass Russland und die Ukraine immer schon ein Volk gewesen seien, verbunden durch einen Glauben, eine Geschichte sowie gemeinsame Werte. »Der Herr soll die Menschen in inneren Konflikten versöhnen, insbesondere die Ukraine. Segne das Vaterland und das ganze historische Russland«, bat er den Allmächtigen.

Das ukrainische Parlament erließ damals gerade Gesetze zum Schutz von Religionsgemeinschaften, deren Oberhaupt sich im Staat des Aggressors, also in Russland, befindet. Die Gesetzgeber wollten verhindern, dass die orthodoxe Kirche Russlands oder ähnliche Organisationen Metropoliten oder Bischöfe ernennt; das sollte nunmehr in Zusammenarbeit mit den ukrainischen Behörden erfolgen.

Dem Patriarchen Kyrill gefiel dieses Vorhaben nicht. Im April 2017 schickte er Drohbotschaften an die Staatsoberhäupter in der Welt. Er informierte die deutsche Bundeskanzlerin, den französischen Präsidenten, den Papst und den UN-Generalsekretär darüber, dass »die Versuche, die von Moskau aus geleitete orthodoxe Kirche der Ukraine in den politischen Konflikt hineinzuziehen, unumkehrbare Folgen nach sich ziehen: die Gefährdung der Rechte von Millionen Ukrainern, eine neue Welle der Gewalt und Kirchenbesetzungen«. Die Verabschiedung dieses Gesetzentwurfes würde laut ihm den »Konflikt im Innern« der Ukraine noch weiter verschlimmern.

Laut Medienberichten war Kyrill der Ansicht, dass dieses Gesetzesvorhaben die Umsetzung der Friedensverhandlungen von Minsk torpedieren würde, obwohl es Russland war, das sich nicht an die Vereinbarungen von Minsk hielt, sondern Waffensysteme, Kämpfer und Saboteure in die Ostukraine schleuste.

Für Russland entwarf Kyrill eine großartige Zukunft. Der russische Staat werde *die Konturen der Größe* erreichen, sobald Russland mithilfe des Glaubens das »Schisma« überwunden habe, predigte Kyrill. Einige Herausforderungen gelte es noch zu meistern, wie »die Armut unserer Krim und dass Teile des Donbass tagtäglich bombardiert werden«.

Für seine Bemühungen um »Frieden« in der Ukraine errichtete man in Russland sogar ein Denkmal für den Patriarchen, eine Statue, die in Moskau in der Nähe der Christ-Erlöser-Kathedrale aufgestellt wurde.

Anfang 2018 trat der ukrainische Staat an den ökumenischen Patriarchen von Konstantinopel heran. Er erbat für die orthodoxe Kirche der Ukraine Autokephalie, also Selbstverwaltung, was einer Loslösung der Kirche vom Moskauer Patriarchat gleichkäme. Anfang 2019 wurde der Wunsch Wirklichkeit: Die Unabhängigkeit von der russischen Nationalkirche wurde in Istanbul vom ökumenischen Patriarchen Bartholomäus I. verkündet. Die neue orthodoxe Kirche sollte auf dem Gebiet der Ukraine agieren und ihre Bischöfe und Sprengel durften zukünftig nicht mehr vom Ausland aus bestimmt werden.

Moskau war verärgert und brach die Beziehungen zum ökumenischen Patriarchat von Konstantinopel ab sowie auch zu allen unabhängigen Kirchen, die die Autokephalie der neuen orthodoxen Kirche der Ukraine anerkannten.

Kurz zuvor, Ende Dezember 2018, hatte das ukrainische Parlament ein Gesetz verabschiedet, wonach die dem Moskauer Patriarchat unterstellte orthodoxe Kirche der Ukraine ihren Namen ändern konnte. Patriarch Kyrill drohte, dass die Forderung nach der Namensänderung zu »blutigen Konflikten« führen könne und dass sie Unterdrückung und Kirchenbesetzungen zur Folge haben werde. Seine Drohungen sollten sich später bewahrheiten.

In der Ukraine hingegen wurde der Tomos, also das Dokument, in dem das ökumenische Patriarchat die Autokephalie der örtlichen Kirche verkündet, willkommen geheißen. Der ukrainische Präsident Petro Poroschenko erklärte öffentlich: »Der Tomos war eine Art, die Ukraine für unabhängig zu erklären.«

»Uns Ukrainern garantiert eine eigene Kirche die geistige Freiheit und die gesellschaftliche Harmonie. Ich als Präsident garantiere im Namen des Staates, dass die Ukraine die Religionsfreiheit und die Religionswahl jedes Staatsbürgers respektiert«, sagte Poroschenko im Krim-Realii-Onlineportal.

Die Vertreterin des Präsidenten im Parlament, Iryna Lutsenko, beschrieb die Autokephalie den Medien gegenüber als die geopolitische Scheidung der Ukraine von Russland. »Das wird eine Kirche, die nicht für Putin und Kyrill betet«, sagte Lutsenko im Fernsehsender Direct.

Die Autokephalie beraube Putin seinen Einfluss auf die Seelen der Ukrainer, sagte man.

Der Patriarch Kyrill erkannte die Autokephalie selbstredend nicht an, trat eine Schmutzkampagne los und tat dies auch noch eindrucksvoll auf Russlands erstem Staatssender. Ihm zufolge hätte sich Präsident Poroschenko unverschämt in die Angelegenheiten der Kirche eingemischt, obwohl in Europa, nach der sich die Ukraine so sehr sehne, die Trennung von Staat und Kirche »eines der obersten Prinzipien« sei. Laut Kyrill sei die neue Kirche von den »Machthabern und Puppenspielern in Kiew« erschaffen worden, indem sie »zwei schismatische Gruppen miteinander verbunden« hätten.

Bald wurde in der Ukraine berichtet, dass Kirchen der neuen orthodoxen Kirche gewaltsam besetzt worden seien, genau wie Kyrill angedroht hatte. Zeitungsberichten zufolge versammelten sich Vertreter von radikalen Gruppen vor den Kirchen, brachen die Schlösser auf und ließen Priester des Moskauer Patriarchats hinein.

Präsident Poroschenko erklärte, dass er alles tun würde, um ein Blutvergießen zu vermeiden. Die Konflikte beim Übergang vom Moskauer Patriarchat in eine eigenständige neue orthodoxe Kirche stelle eine Provokation Russlands dar. Patriarch Kyrill sei laut Poroschenko am Tod von Zivilpersonen im Donbass beteiligt gewesen.

Nicht alle orthodoxen Kirchen der Ukraine wechselten zur neuen autokephalischen Kirche, ein Teil blieb dem Moskauer Patriarchat unterstellt. Präsident Poroschenko sagte, dass er die Religionswahl aller Gläubigen verteidige, auch wenn er selbst nicht der gleichen Meinung wäre. »Wenn manche eine Kirche besuchen wollen, in der der Gottesdienst mit einem Gebet für Kyrill beginnt, die für Russlands Regierung und Russlands Streitkräfte betet, die in der Führung des Verteidigungsministeriums der russischen Föderation sitzt, in der Pläne zum Töten von Ukrainern geschmiedet werden, und die sich am Sicherheitsrat der russischen Föderation beteiligt – dann ist das ihre Entscheidung«, sagte Poroschenko.

Patriarch Kyrill hatte eine andere Sichtweise. Ihm zufolge versuche die ukrainische Führung, die Orthodoxie in der Ukraine zu zerstören. Aber die Gläubigen stünden nicht alleine da. »Ich bin sicher, dass der Herr niemals Menschen im Stich lässt, die an ihn glauben [...] Der Glaube ist stark. Sogar Stalin wusste das. Dieser Glaube hat uns bei unserem Großen Sieg wesentlich geholfen«, wetterte der Patriarch in den russischen Medien.

Putin als Vorreiter der Religionsfreiheit

Auch Putin bezog Stellung, als die Kirche der Ukraine unabhängig wurde. In *Russland* sei es unverzeihlich, wenn sich Behörden in die Angelegenheiten der Kirche einmischten. Der *russische Staat* habe die Unabhängigkeit des Kirchenlebens immer respektiert und werde es auch weiterhin tun, *insbesondere in der Ukraine.* Laut Putin schüre es Hass, dass das Kirchenprojekt in der Ukraine politisch geleitet wird. Er pries auch die orthodoxe Kirche Russlands als wirksames Instrument der Friedenssicherung an. Sie unterstütze Russen im Ausland, Landsmänner, und fördere gute nachbarschaftliche Beziehungen. Dann fügte er unheilverheißend an, dass Russland »das Recht habe zu reagieren und alles zu unternehmen, um Menschenrechte wie die Religionsfreiheit zu schützen«. Er sann auch über »neue Grenzen« nach. Wenn die auf orthodoxen Werten basierende Identität und Einheit gewahrt bleibe, könne alles gelingen. Aber: »Wenn man diese Werte vergisst, hat das zerstörerische Folgen«, drohte er in den russischen Medien.

Kyrill war gerade zehn Jahre lang Patriarch gewesen. Putin lobte, dass die orthodoxe Kirche während Kyrills Amtszeit die gesellschaftliche Harmonie innerhalb und außerhalb Russlands gestärkt habe.

Die russischen Medien spotteten darüber, dass ein Großteil der orthodoxen Kirchen die neue orthodoxe Kirche der Ukraine nicht anerkannt hätte und dass manche Kirchenführer angeblich die Weihe des Anführers der neuen Kirche boykottierten. Dennoch wurde Anfang Februar 2019 Epiphanius I. zum neuen Metropoliten Kiews und der ganzen Ukraine ernannt. Zeitgleich wurde in Russland eine Umfrage zur Stellung der orthodoxen Kirche veröffentlicht. Daraus ging hervor, dass ungefähr die Hälfte der Russen der orthodoxen Kirche Russlands vertraut, etwas über ein Drittel vertraut ihr hingegen nicht. Die Kirche hatte an Ansehen verloren, denn sie war vom zweitvertrauenswürdigsten Institut auf den vierten Platz gefallen. Vor der Kirche lagen auf dieser Skala nun der Präsident, die Streitkräfte und der FSB.

Patriarch Kyrill stellt nur für ein Prozent der Russen eine moralische Instanz dar; im Gegensatz dazu sehen 36 Prozent der Russen Putin als moralische Instanz, immerhin sechs Prozent entfallen noch auf Sergei Schoigu und Lawrow.

Als Poroschenko nicht für eine weitere Amtszeit zum Präsidenten gewählt wurde, behauptete Patriarch Kyrill, dass die Wahlniederlage daher rühre, dass die Ukrainer die Einmischung des Staates in Kirchenangelegenheiten nicht gutheißen würden.

Der russische Wissenschaftler Dmitri Trawin schreibt, dass Kyrill ein schlechter Politiker sei. Er sei nicht in der Lage gewesen, Putin an der Kirchenfront zu schützen, sondern habe trotz bester Voraussetzungen die ukrainische Kirche verloren. Der ökumenische Patriarch von Konstantinopel wäre eventuell umzustimmen gewesen, aber Kyrill sei es nicht gelungen, einen Kompromiss herbeizuführen. Laut Trawin sei Kyrill ein Patriarch des Systems Putin, ein Hilfskönig, wie ein General, der sich für die letzte Schlacht bereitmacht. Er handle ganz und gar nach der uralten, noch aus der byzantinischen Zeit stammenden russisch-orthodoxen Tradition. Anders als in der Welt des Katholizismus und Protestantismus sei die orthodoxe Kirche in Russland niemals unabhängig gewesen, merkt Trawin an, sondern musste immer schon den Zaren, den Kaiser oder das Politbüro unterstützen.

Im Sommer 2020 hielt Patriarch Kyrill eine Rede in der Hauptkirche der Streitkräfte Russlands im Park Patriot im Oblast Moskau. Diese Kirche ist armeegrün, und an ihren Innenwänden prangen dramatische Darstellungen von biblischen Schlachten, aber auch von jenen, die Russland geführt hat. In den Mosaiken sind russische Militärorden abgebildet. Der Patriarch schien darauf erpicht, die Soldaten auf Kämpfe vorzubereiten. Er zählte als wichtigste Faktoren für die Sicherheit Russlands neben exzellenten Waffen auch die Treue der Soldaten zu Mütterchen Russland auf sowie ihre Bereitschaft, ihr Leben für ihr Land zu geben. »Neben der benötigten technischen Ausrüstung ist es zudem wichtig, dass der Geist unserer Soldaten stets unverwüstlich und stark ist«, sagte Kyrill.

Als Russland im November 2021 seine Truppen an der Grenze zur Ukraine zusammenzog und bis zum Großangriff auf die Ukraine nur noch drei Monate vergehen sollten, verlieh Putin Kyrill einen Orden. Er war die Belohnung für »die Entwicklung geistiger und kultureller Traditionen und in der Stärkung des Friedens und der Harmonie zwischen den Völkern«.

Zeitgleich kündigte der Patriarch an, dass man die in bestimmten Gebieten der Ukraine vorherrschende *Russophobie* in allernächster Zukunft von der Tagesordnung fegen wolle.

Erzbischof Leo

Nachdem ich Hunderte Seiten voller Hassreden des Patriarchen Kyrill in den russischen Medien gelesen habe, will ich mit einem vertrauenswürdigen Mann des Glaubens sprechen. Ich möchte wissen, was der Erzbischof der orthodoxen Kirche Finnlands dazu zu sagen hat, dass ein Völkermord durch einen religiösen Anführer gerechtfertigt wird. Die von Erzbischof Leo angeführte orthodoxe Kirche Helsinkis und ganz Finnlands hat mehrmals den Patriarchen Kyrill und Russlands Krieg in der Ukraine kritisiert. Diese Äußerungen wurden sowohl in Finnland als auch im Ausland zitiert.

Erzbischof Leo empfängt mich im Sommer 2022 im Verwaltungsgebäude der orthodoxen Gemeinde Helsinkis im Helsinkier Stadtteil Kruunuhaka.

Der Erzbischof erinnert sich wahrscheinlich nicht mehr daran, aber wir sind uns zum ersten Mal 2005 in Russland begegnet. Ich arbeitete als Reporterin für die russische Wochenzeitung Karjalan Sanomat (dt. Karelische Nachrichten) und reiste aus Petrosawodsk in die Kleinstadt Olonez, um über die Gedenkfeier zu Ehren des karelischsprachigen Dichters Wladimir Brendojew zu berichten. Erzbischof Leo hielt dort eine Rede, ich machte Fotos. Als wir in der Liisankatu in Helsinki miteinander Kaffee trinken, zeige ich dem Erzbischof zu seiner Freude eines der Fotos.

Bevor wir über Kyrill reden, erzählt mir der Erzbischof, dass er sich um die Kinder und Jugendlichen sorgt. Laut ihm leben wir in einer Zeit, in der die Menschen mehrfach durch Ängste belastet sind. »In den Medien sieht man Krieg und durch die Ukraine ist der Krieg auf eine ganz neue Art zum Thema geworden«, sagt er.

Neben Russlands Krieg gegen die Ukraine fürchteten sich die Menschen vor Corona, Klimawandel und Armut. Die steigenden Lebenshaltungskosten und Zinsen seien furchtbar. Der Erzbischof erzählt, dass es aber vor allem die Lügen seien, die den Menschen Angst machten, was insbesondere für Wladimir Putin und den russischen Außenminister Sergej Lawrow gelte.

Ich erkundige mich danach, wie der Erzbischof Leo und die Kirche den Menschen ihre Angst nehmen. Ihm zufolge versuche man bei allen Begegnungen, mit Worten zu helfen, aber das gelänge nicht immer. Der Erzbischof kennt viele Menschen, die Verwandte in Russland haben und mit denen kein Gespräch mehr möglich ist: Die Informationen sind so konträr, dass keine gemeinsame Sichtweise gefunden werden kann. »Dann muss man sie in Ruhe lassen«, sagt er Erzbischof.

Er habe sich Gedanken darüber gemacht, erzählt er weiter, wie man über diese Zeit in den Geschichtsbüchern schreiben wird. Wie in diesem Moment, werden die Lügen auch ihren Niederschlag in der Geschichtsschreibung finden.

Ich sage ihm, dass gerade deswegen die Worte des Erzbischofs jetzt so wichtig sind, denn: Die Menschen brauchen Trost. Ich danke ihm dafür, dass die orthodoxe Kirche Finnlands und er selbst das aggressive Vorgehen der orthodoxen Kirche Russlands und des Patriarchen Kyrill öffentlich verurteilt haben.

Ihre erste Stellungnahme hat die orthodoxe Kirche Finnlands bereits zwei Tage nach dem Beginn des Angriffskrieges, am 26.2.2022, abgegeben. Erzbischof Leo sagt, er sei schon vor dem Ausbruch des Krieges unterwegs gewesen und habe gesehen, was vor sich ging, und in der Diakonie der Gemeinde habe man sich entsprechend vorbereitet. Gleich am ersten Morgen schritt man im Bistum Helsinki zur Tat, um der Ukraine zu helfen. Leo stand in Kontakt mit allen Vikaren und man machte sich an die Arbeit.

Für Erzbischof Leo war die Predigt des Patriarchen Kyrill am Sonntag nach Kriegsausbruch der Tropfen, der das Fass zum Überlaufen brachte. In dieser Predigt moralisierte Kyrill gegen sexuelle Minderheiten und behauptete, der Angriff Russlands sei gerechtfertigt, weil es angeblich um den Kampf für die traditionellen Werte ginge. »Das war's.«

Auf den Internetseiten der orthodoxen Kirche Finnlands wurde eine Presseerklärung veröffentlicht, in der Erzbischof Leo Kyrills Predigt als völlig unpassend und unglaublich bezeichnete. Es sei ein trauriger Tiefpunkt, eine absichtliche Irreführung gläubiger Menschen. »Ich bin wirklich enttäuscht darüber, dass Patriarch Kyrill diesen Krieg nicht verurteilt, sondern mit der Sichtweise Putins mitgeht und diese Lügen zum Leitfaden für die von ihm angeführte Kirche macht«, erklärte Erzbischof Leo.

In der Presseerklärung appellierte Erzbischof Leo außerdem an die orthodoxe Kirche Russlands, sich ihrer eigentlichen Aufgabe zu besinnen und für den Frieden zu arbeiten.

»Wer hat das alles gebaut?«

Bevor Erzbischof Leo bei einer Tasse Kaffee in der Liisankatu über seine eigene Beziehung zu Kyrill spricht, denkt er laut darüber nach, dass man nicht weiß, was für Folgen das für ihn haben wird. Doch noch während er die Worte ausspricht, trifft er seine Entscheidung. »Was brauche ich mich darum [um Folgen] zu kümmern. Das ist eine Tatsache«, sagt Erzbischof Leo.

Derzeit spricht der Erzbischof nicht direkt mit Patriarch Kyrill und korrespondiert auch nicht mit ihm. Leo ist davon überzeugt, dass die Informationen den Patriarchen besser erreichen, wenn er sie aus den Zeitungen und der internationalen Öffentlichkeit entnehmen kann.

Vor dem Großangriff auf die Ukraine seien die Beziehungen zu Kyrill an sich gut gewesen. Es wurden Weihnachts- und Ostergrüße ausgetauscht und man gratulierte einander zum Geburtstag. Zudem gedachte Kyrill auch immer des Jahrestages von Leos Weihe, seiner Ernennung zum Metropoliten von Oulu sowie seiner Ernennung zum Erzbischof.

Zum ersten Mal traf Erzbischof Leo Anfang der 1970er-Jahre mit Kyrill zusammen. Damals kamen die Orthodoxen Finnlands und Russlands im Rahmen des internationalen Syndesmos-Programms zusammen – Syndesmos bedeutet Verbindung – und für Jugendliche wurden Treffen organisiert. Kyrill war als Rektor der geistlichen Akademie in Leningrad tätig und der Gastgeber beim internationalen Syndesmos-Seminar für die orthodoxen Jugendlichen. Leo hielt dort einen Vortrag.

»Schon damals konnte man sehen, dass Kyrill es zu etwas bringen würde. Und so war es ja auch. Er war kompetent und hatte eine sehr starke Persönlichkeit«, erinnert sich der Erzbischof.

Ich bitte ihn, genauer darauf einzugehen.

»Man sieht es einem Menschen an, man spürt es irgendwie, was ihn ausmacht. Kyrill hatte Charisma. Und er hat alle Aufgaben in der Kirche Russlands, mit denen er betraut worden ist, souverän gemeistert.«

Schon sehr früh also ahnte Leo, dass Kyrill zu gegebener Zeit Alexius II. als Patriarch nachfolgen würde.

Als Leo 1979 zum Bischof geweiht wurde, vollführte Kyrill mit anderen zusammen die Weihe. Als Leo Metropolit von Oulu wurde, besuchte Kyrill Finnland, auch um Leo zu treffen. Kyrill reiste außerdem nach Finnland, weil er zwei Gemeinden in Helsinki vorstand: Die orthodoxen Kirchengemeinden Nikolski und Pokrova in Helsinki unterstehen dem Patriarchat Moskau. Die Sprengel gibt es heute noch, aber sie sind klein.

Erzbischof Leo hat auch den Vorgänger von Patriarch Kyrill, Alexius, getroffen. Im Sommer 2002 teilte Alexius mit, dass die Kirche Russlands das kanonische autonome Gebiet Finnlands anerkenne. Bis dahin hatte die orthodoxe Kirche Russlands die orthodoxe Kirche Finnlands als ihre *Tochterkirche* bezeichnet. »Aber 2002 erklärte Patriarch Alexius, dass sie von nun an Schwesterkirche genannt werde. Das war also eine Beförderung, und diese wurde im Kloster Zagorsky bei einem Anlass ausgesprochen, bei dem Bischöfe, Medien und Tausende von Kirchgängern anwesend waren.«

Auch Kyrill hatte bei seinem Finnlandbesuch dem damals neu ernannten Erzbischof Leo gegenüber versichert, den Rang der orthodoxen Kirchen Finnlands anzuerkennen. Davor hatte die orthodoxe Kirche Russlands die Errichtung eines Bistums in Finnland geplant, aber Kyrill sagte zu Leo, dass man von dem Plan abgerückt sei.

Als Kyrill noch die Auslandsabteilung der Kirche Russlands leitete, zeigte man sich dort besorgt darüber, wie man in Finnland die immigrierten Orthodoxen aus Russland aufnehmen werde. »Aber Kyrill konnte sehen, dass wir sie gut aufnahmen. Sie gaben ihr Misstrauen auf und die Stimmung wandelte sich zum Positiven. Zwischen den Zeilen dankten sie uns sogar dafür, dass wir ihre Landsleute so gut aufgenommen hatten. Das war kein Problem.«

Erzbischof Leo erzählt weiter, dass die nach Finnland eingewanderten Russen sich gut eingelebt hätten und in den Gemeinden der orthodoxen Kirche Finnlands aktiv mitwirkten. So war man zwischen den Kirchen Finnlands und Russlands vorgegangen, und so war man vorangekommen, sagt der Erzbischof. Alles war gut, und man wusste, woran man war. Kyrills Kontakte zu Russlands Geheimdiensten hätten bei der Kommunikation zwischen Leo und Kyrill keine Rolle gespielt. Aber über Kyrills Philosophie und Standpunkte habe Leo durchaus Bescheid gewusst.

»Kyrill und Putin kennen die Geschichte. Sie kennen die Zeiten, in denen Russland groß gewesen ist und betonen sie«, sagt Erzbischof Leo.

Kyrills Geschichtsverständnis trat an dem Tag klar zutage, als sie einmal zusammen am Senaatintori im Zentrum Helsinkis standen: »Kyrill sah sich um und fragte mich: ›Wer hat das alles gebaut?‹«

Der Patriarch wollte damit darauf hinweisen, dass die Russen diesen Platz in Helsinki errichtet hatten. Oder dass das alles russisches Eigentum sei.

Ein Dorn im Auge

Derzeit hält Erzbischof Leo einen Besuch Patriarch Kyrills in Finnland nicht für möglich. Zuletzt hat ihn der Erzbischof 2018 in Wyborg gesehen. Danach wurde ein geplanter Finnlandbesuch Kyrills wegen der Coronapandemie abgesagt. Die Ukrainefrage stand laut Erzbischof Leo immer mehr zwischen ihnen und wurde sowohl für Finnlands als auch für Russlands orthodoxe Kirchen zum Problem.

»Als sich die Ukraine von der Kirche Russlands lossagte, war das für Kyrill ein Dorn im Auge«, sagt Leo.

Die kirchliche Ukrainefrage hängt mit einem Trauma sowohl des Patriarchen Kyrill als auch des russischen Präsidenten Wladimir Putin zusammen. Russlands Kirche erlebte einen großen Verlust, als die Kirche der Ukraine um Hilfe beim Patriarchat von Konstantinopel ersuchte und ihre Unabhängigkeit anerkannt wurde.

Ich erzähle Leo, dass ich Kyrills aggressive religiöse Hassreden gelesen habe und dass sie mich traurig stimmen.

Erzbischof Leo erwidert, dass er das Material nicht kenne. Aber er wisse, dass Kyrill lange eine eigene regelmäßig ausgestrahlte Radiosendung hatte, über die er kirchliche Volksbildung betrieb.

Ich frage den Erzbischof, wie man damit umgehen solle, dass religiöse Predigten für die Zwecke eines brutalen Völkermordes und dessen Vorbereitung genutzt werden. Selbst halte ich das für falsch und für einen Verrat an der Menschheit und das sage ich dem Erzbischof auch. Der Erzbischof antwortet, dass er es bedenklich findet, und sogar schier unglaublich. *Unglaublich.* Er wisse, dass zu Sowjetzeiten Stalin den damaligen Patriarchen Russlands gefragt habe, wie viele *Divisionen* sie in Russland hätten. Er meinte damit Kirchen.

»Die Macht der Kirche Russlands besteht nicht aus Panzerwagen, sondern im geistlichen Volk, dem christlichen Christenvolk.« Erzbischof Leo führt aus, dass Patriarch Kyrill von seinem historischen Hintergrund und seiner Berufung, von seiner russischen Identität aus handelt. »Ich will nicht zu hart darüber urteilen, ob Kyrill blind geworden ist, aber Putin ist auf jeden Fall blind geworden, und mit ihm viele andere.«

Ich frage den Erzbischof, wie er es sieht, dass der Patriarch im Angriffskrieg russische Waffen und Soldaten segnet. Der Erzbischof meint, das Segnen der Soldaten sei in einem Verteidigungskrieg in vielerlei Hinsicht sogar verständlich, aber in einem Angriffskrieg sei das problematisch. »Und es ist nicht wirklich notwendig, Waffen zu segnen«, sagt der Erzbischof.

Geht man vom Standpunkt Kyrills und Putins aus, könne er ihre Vorgehensweise in gewisser Hinsicht sogar verstehen. Aber das bedeutet nicht, dass er sie gutheißt. »Ich hätte mir nicht vorstellen können, dass so etwas geschieht. Und dass so eine Zeit auf dieser Welt anbricht.«

Der Erzbischof erinnert daran, dass bereits viele Menschen aus Russland geflohen sind. Und dass diese Menschen sehr wichtig für den zukünftigen Wiederaufbau der Kirche Russlands sind. Letzten Endes siege schließlich die Wahrheit, sagt Leo, *irgendwann*.

Das Schicksal der Kritiker

Die Stellung des Patriarchen Kyrill als Oberhaupt der orthodoxen Kirche Russlands ist unerschütterlich und steht außer Diskussion. Der Sachbuchautor Andrej Soldatow, der sich auf Russlands Geheimdienste und orthodoxe Kirche spezialisiert hat, schrieb 2019 in der Nowaya Gazeta, dass Kyrill die alleinige Entscheidungsgewalt habe und dass mehrere langjährige Führungskräfte aus der Patriarchatsverwaltung entlassen worden seien.

Einer der rar gesäten Kritiker der Linie des Patriarchen war Erzpriester Wsewolod Tschaplin. 2015 wurde Tschaplin als Vorsitzender der Abteilung für Beziehungen zwischen Kirche und Gesellschaft in der Synode des Moskauer Patriarchats entlassen. Als offizielle Begründung wurde eine Umstrukturierung angegeben, aber in den Medien hieß es, er habe sich mit Kyrill angelegt.

Nach seinem Abgang war von Tschaplin in Russlands Medien zu vernehmen, dass es Meinungsverschiedenheiten innerhalb der Kirche gegeben habe und dass er schon länger in grundlegenden Fragen mit Kyrill gestritten habe. Tschaplin wollte Kritik an Behörden üben, Kyrill nicht. Innerhalb der Kirche hätten manche befürchtet, dass die Kirche Russlands den Mitgliedern der orthodoxen Kirche der Ukraine schaden könnte. Die Kirche würde sich zunehmend verschließen, sagte Tschaplin in der Onlinezeitung Meduza.

2020 brach Tschaplin auf einer Bank in der Nähe seiner Kirche zusammen. Ein Mitglied der Kirchengemeinde beschrieb auf BBC, dass Tschaplin keine Luft mehr bekommen habe und umgefallen sei. Als der Rettungswagen eintraf, konnte nur noch sein Tod festgestellt werden.

Ein weiterer sichtbarer Kritiker, der Theologe Andrej Kurajew, hatte 2018 sowohl die Kirche als auch den Patriarchen deutlich kritisiert, weil sich die Situation seiner Gemeindemitglieder deutlich verschlechtert habe. Kurajew war der Meinung, die Kirche würde sich selber isolieren, ein Schisma vorantreiben und sei reformbedürftig. 2020 enthob die bischöfliche Rechtsprechung in Moskau Kurajew seines Priesteramtes, was der Geschasste als Kyrills Neujahrsgeschenk an ihn bezeichnete. Zwei Jahre später wurde er vor Gericht wegen Verunglimpfung der russischen Armee verurteilt, weil er in seinem Blog über den Ukrainekrieg geschrieben hatte. Meduza berichtete darüber.

Der homophobe Patriarch radikalisiert sich

Russland begann in der Nacht des 24. Februar 2022 seinen Großangriff auf die Ukraine. Noch am selben Tag rechtfertigte Patriarch Kyrill den Krieg, indem er eine Predigt vor »seiner Herde, der von Gott erschaffenen Gemeinschaft« hielt. Laut Kyrill befand sich diese Gemeinschaft in Russland und in der Ukraine. Der Patriarch betonte, das »gemeinsame Volk« der Russen und Ukrainer habe eine jahrhundertelange, gemeinsame Geschichte. Drei Tage später predigte Kyrill in der Christ-Erlöser-Kathedrale in Moskau und behauptete, die Ukraine und Weißrussland würden zu Russland gehören. Das gehe angeblich aus alten russischen Chroniken hervor.

Der Patriarch sieht weder den Splitter, noch den Balken in Putins Auge. Hingegen erklärte er, dass die »politische Führung der Ukraine blutig und in fürchterlicher Weise die Einheit der Ukraine gefährde«. Er bete zu Gott, damit dieser »die Augen der Ukrainer mit göttlichem Licht erleuchte, das ihren Hass zum Erlöschen bringe«.

Bereits seit geraumer Zeit befeuert Patriarch Kyrill, ganz auf einer Linie mit dem Kreml, die Diskriminierung sexueller Minderheiten und die Homophobie. Die Toleranz der westlichen Länder gegenüber gleichgeschlechtlichen Beziehungen dient dem Kreml und dem Patriarchen als Werkzeug, um die gesamte westliche Welt als »unmoralisch und unsittlich« hinzustellen. Bereits 2013 predigte Kyrill, dass die Legalisierung der gleichgeschlechtlichen Ehe ein gefährliches »apokalyptisches Symptom« und Sünde sei. Er hat die tolerante Gesetzgebung in den westlichen Ländern mit Nazi-Deutschland gleichgesetzt, und seit Jahren wiederholt, dass die Toleranz der westlichen Länder Russland bedrohe.

Am orthodoxen Versöhnungssonntag nach dem Großangriff kam der Patriarch mit einer wirklich seltsamen Predigt wieder auf das »Homothema« zu sprechen. Dieser Predigt zufolge wollten »die Ausländer die Gläubigen in Russland schädigen«, und »bestimmte Kräfte« hätten versucht, den Donbass und insbesondere die Kirche Russlands in der Ostukraine zu zerstören. Kyrill deutete an, dass der Westen dabei sei, den Donbass zu zerstören – derselbe Westen, der laut Kyrill »von anderen forderte, Homo-Paraden zu veranstalten«.

Der Patriarch entwarf also die Vorstellung, wonach der Westen schuld an dem Krieg in der Ukraine sei. In Wirklichkeit hat natürlich niemand Homo-Paraden für die Ost-Ukraine gefordert. Aber das hielt den Patriarchen nicht davon ab zu predigen, Russland sei nun »in einem Kampf, der keine physische, sondern eine metaphysische Bedeutung« habe. Er rief dazu auf, den Kampf gegen die »Sünde« fortzusetzen.

Die Aufgabe des Patriarchen scheint ein Informationskrieg zu sein, bei dem die Rolle der politischen Führung Russlands und seiner Streitkräfte als Aggressor gegenüber der Ukraine vertuscht werden soll. In einer seiner Predigten hat er behauptet, dass Russland *niemals* ein anderes Land angegriffen, sondern lediglich seine Grenzen verteidigt habe.

Eine andere wichtige Aufgabe sieht der Patriarch darin, Soldaten für die Schlacht aufzuhetzen. In einer Rede, die er vor den russischen Streitkräften in der Kirche im Patriot Park hielt, beschrieb er Russland als ein friedliebendes Land, das keinen Krieg anzetteln wolle. Er appellierte jedoch an die Treue der Soldaten zu ihrem geleisteten Eid und rief sie auf, ihr Leben für ihre Freunde zu geben. »Die Menschen in Russland leiden mehr unter dem Krieg als irgendjemand in Europa«, sagte der Patriarch.

Im selben Frühjahr wurde mit dem Voranschreiten der Großoffensive auch der Patriarch zunehmend radikal. Plötzlich verglich er den »Konflikt zwischen Russland und dem Westen« mit der Apokalypse. Nach seinen eigenen Worten befinde man sich in einem Kampf mit dem »Fürsten der Finsternis«. Der orthodoxe Glaube und Russland sind laut dem Patriarchen in der Bibel als *Katechon* erwähnt, also als eine Kraft, die die Zerstörung der Welt aufhält. Die Angriffe des Westens bezeichnete er dabei als *Pfeile*.

Die russische Onlinezeitung Lenta berichtete, dass viele orthodoxen Theologen diese Auslegung kritisierten und die ganze Idee von der »russischen Welt« für Häresie hielten.

Bei der Auswahl seiner Themen kommt Kyrill immer wieder auf die behaupteten Fehler der westlichen Länder zu sprechen. Zugleich sieht er Russland als Opfer und bezichtigt den Westen, zwischen Russland und der Ukraine Feindschaft und Konflikte gesät zu haben. »Zwischen Geschwistern kommt es zwar manchmal zu Streitigkeiten, aber hier geht es um Brudermord«, sagte er.

Die westlichen Länder *canceln* laut Kyrill die russische Kultur, was laut ihm ein trauriges Beispiel für die traurige Moral der westlichen Gesellschaften sei.

In väterlicher Liebe Kyrill, Patriarch Moskaus und ganz Russlands

Im Frühjahr 2022 gab es Berichte aus den von Russland besetzten Gebieten in der Ukraine, wonach die russischen Soldaten allen Regeln des Kriegsrechts widersprechende Gräueltaten verübt hatten: Es wäre zu Vergewaltigungen und Massenmorden gekommen. Krankenhäuser und Hochhäuser wurden angegriffen. Die russischen Soldaten begingen ethnische Säuberungen, einen Völkermord an den Ukrainern.

Die ukrainischen Religionsführer schrieben Briefe an Putin, in denen sie ihn baten, den Krieg zu beenden. Putin beendete den Krieg nicht. Dem Patriarchen Kyrill schickte er Ende April 2022 herzliche Ostergrüße.

Laut Patriarch wolle Russland niemandem etwas Böses und plane niemanden zu besetzen oder ins Gefängnis zu stecken. »So etwas haben wir gar nicht nötig«, behauptet Kyrill.

Während Kyrill die Russen dazu aufruft, für den Frieden und für die Vermeidung eines weltweiten Krieges zu beten, führt Russland in der Ukraine Massenmorde an den Ukrainern aus, unter anderem mit weißem Phosphor. Russische Soldaten entführen ukrainische Kinder und bringen sie nach Russland, um ihnen die ukrainische Identität auszumerzen und sie zwangsweise zu russifizieren.

Patriarch Kyrill unterstützt mit seinen psychologisch wirkungsvollen Predigten die Soldaten bei der Ausübung der Gräueltaten. Er hat beispielsweise geradeheraus gesagt, dass die Soldaten sich ein Beispiel an bestimmten namentlich erwähnten russischen Militärkommandanten nehmen sollten. Das gesamte russische Militär fordert er dazu auf, sich »geistig und materiell« zu stärken, um das Vaterland zu beschützen.

Der Patriarch fleht Gott um Hilfe für Russlands Land- und Seestreitkräfte an. Sie bräuchten laut ihm Gebete, weil die Souveränität des russischen Staates von ihnen abhinge. Die Aufrüstung der Streitkräfte diene »Verteidigungszwecken, damit niemand es wage, die heiligen Grenzen Russlands zu übertreten«. Der Patriarch gibt dem Märtyrertum Auftrieb und idealisiert die Aufopferung der Soldaten. Im Sommer 2022 wusste Kyrill zu berichten, dass er von russischen Soldaten, die in der Ukraine kämpfen, Geschichten über Mut und Selbstaufopferung gehört habe. Diese seien nicht die Folge eines höheren Solds, »sondern eines moralischen Gefühls. [...] In den westlichen Staaten hingegen verfalle der Glaube«, sagte er.

Der russische Sachbuchautor Andrej Soldatow hat die Reden des Patriarchen, in denen er den Krieg rechtfertigt, analysiert. Der Patriarch habe gesagt, dass der Krieg auch metaphysisch sei, und das bedeutet, dass der Krieg nicht nur auf der Erde, sondern auch im Himmel geführt werde. Soldatow vergleicht Russlands Krieg mit einem anderen »Heiligen Krieg«, in dem physische Gewalt die Geistigkeit widerspiegelt: dem radikal-islamistischen Dschihad.

Auch das Oberhaupt des Weltkirchenrats appellierte nach Ausbruch des Krieges an den Patriarchen. Er bat diesen, als Vermittler tätig zu sein, damit der Krieg Russlands gegen die Ukraine ein Ende fände. Patriarch Kyrill antwortete ihm in einem Brief wortreich mit »Nein«. Den Krieg hätten nicht das Volk Russlands oder der Ukraine begonnen, die »eins« seien. Vielmehr seien die Kräfte, die »Russland für ihren Feind halten, näher an Russlands Grenzen gerückt«. Insbesondere die Mitglieder der NATO hätten ihre militärische Präsenz in Russlands Nachbarschaft aufgestockt, so der Patriarch, und diese »Kräfte« verfolgten angeblich den Plan, die Russen und die Ukrainer zu Feinden zu machen. »Sie haben weder Kosten noch Mühe gescheut, um zahllose Waffen und Militärausbilder in die Ukraine zu entsenden. Aber das Schlimmste sind nicht die Waffen, sondern der Versuch, die in der Ukraine wohnenden Ukrainer und Russen zu Feinden Russlands umzuschulen und geistig umzuformen«, schrieb der Patriarch laut Medienberichten.

An dem russlandfeindlichen Plan war laut Kyrill auch der Patriarch der ökumenischen Kirche von Konstantinopel beteiligt, wahrscheinlich eine Retourkutsche, weil er der orthodoxen Kirche der Ukraine vier Jahre zuvor die Autokephalie genehmigt hatte.

Kyrill behauptete, der Patriarch von Konstantinopel habe »im Jahre 2018 das Kirchenschisma herbeigeführt« und sei an der »groß angelegten geopolitischen Strategie« der NATO und anderer Feinde mitbeteiligt, die es sich zum Ziel gesetzt hätten, Russland zu schwächen. Am Ende seines Briefes bat Kyrill Gott, die Bevölkerung Russlands und der Ukraine zu beschützen. Den Brief unterschrieb er dann mit:

In väterlicher Liebe Kyrill, Patriarch Moskaus und ganz Russlands.

Razzien in Kirchen

Nach Beginn der Großoffensive führte der Inlandsgeheimdienst der Ukraine SBU Razzien in den Kirchen und Klöstern des Moskauer Patriarchats in der Ukraine durch. Laut SBU hatten diese dazu gedient, den russischen Einfluss in der Ukraine auszuweiten.

Im Dezember 2022 berichtete ein Sprecher des SBU in Radio Free Europe, dass er mithilfe der Razzien verhindern wolle, dass Glaubensgemeinschaften als Zellen für russische Ideologie missbraucht werden. Außerdem wolle der SBU die Bevölkerung vor Provokationen und Terroranschlägen beschützen. Bei den Razzien sei ukrainefeindliches Material gefunden worden, und der SBU nahm einen Mönch fest, der verdächtigt wurde, an der Beschaffung von Geheimdienstinformationen für Moskau mitgewirkt zu haben.

Der Präsident der Ukraine, Wolodymyr Selenskyi, hat betont, dass die Regierung weiter an der Sicherstellung der geistigen Unabhängigkeit arbeite.

Anfang April 2023 berichtete der SBU auf seinem YouTube-Kanal, dass als Ergebnis seiner Operationen bereits sieben Urteile gegen Priester gesprochen worden seien, die auf »auf der Seite des Feindes« stünden. Zudem sei ungefähr 250 Priestern der orthodoxen Kirche Russlands die Einreise in die Ukraine verwehrt worden, und elf Priestern – die auch russische Staatsbürger seien – habe man die ukrainische Staatsbürgerschaft aberkannt und sie nach Russland abgeschoben.

Das Moskauer Patriarchat ist immer noch in der Ukraine tätig. Wie der Radiosender National Public Radio (NPR) berichtete, besuchten 2023 Millionen Ukrainer die von Moskau aus geführte orthodoxe Kirche. Der Metropolit der orthodoxen Kirche Russlands sagte gegenüber NPR, dass die Gläubigen seiner Kirche in der Ukraine verfolgt würden. Viele Angehörige der Moskauer Kirche in der Ukraine besuchen aus der Tradition mehrerer Generationen heraus diese Kirche. Und setzen sich zugleich den Propagandapredigten des Kreml aus.

Gesucht: Patriarch Kyrill I.

Im Dezember 2023 hat das ukrainische Innenministerium Patriarch Kyrill, der mit bürgerlichem Namen Wladimir Michailowitsch Gundjajew heißt, zur Fahndung ausgeschrieben. Der Inlandsgeheimdienst SBU und der Generalstaatsanwalt der Ukraine hätten Beweise gesammelt, die zeigen, dass Kyrill den Angriffskrieg Russlands unterstützt.

Laut SBU-Bericht soll Patriarch Kyrill den bewaffneten Angriff angepriesen und die Kriegsverbrechen der Besatzer abgestritten haben. Die ukrainischen Untersuchungen zeigen, dass er dem inneren Kreis der obersten militärischen und politischen Führung Russlands angehört. Zudem befürwortete er als einer der Ersten öffentlich die groß angelegte Offensive Russlands gegen die Ukraine. Er stand unter Verdacht, gegen mindestens drei Gesetze verstoßen zu haben.

»Bei der Verbreitung der Propaganda macht er sich regelmäßig die ihm unterstellten Glaubensgemeinschaften der orthodoxen Kirche Russlands auf dem Boden der Russischen Föderation und auch Vertreter der orthodoxen Kirche in der Ukraine zunutze«, schrieb der SBU. Bei den Beweisen ist insbesondere die Liturgie vom März 2022 dokumentiert, bei der Kyrill den Direktor der Nationalgarde Russlands, Wiktor Solotow, für seinen Kampf gegen die Ukraine segnete. Der SBU wies auch auf Aussagen hin, die der Patriarch im russischen Fernsehen getätigt hatte, in denen er die Gläubigen dazu aufrief, sich dem Krieg gegen die Ukraine anzuschließen.

Der Inlandsgeheimdienst der Ukraine teilte mit, dass er insgesamt 70 strafrechtliche Ermittlungen gegen Vertreter der orthodoxen Kirche unter Moskauer Patriarchat in der Ukraine eingeleitet habe.

Putin, der Teufelsaustreiber

Zu Beginn des Angriffskrieges rechtfertigte Putin den Ukrainekrieg mit der Entnazifizierung, der Säuberung der Ukraine von Nazis. Aber nun meint der Kreml, dass es an der Zeit wäre, den Teufel aus der Ukraine auszutreiben. Zu Winterbeginn 2022 erklärte der stellvertretende Vorsitzende des russischen Sicherheitsrates, Alexej Pawlow, dass es zunehmend wichtig sei, die »Ent-Satanisierung der Ukraine« zu beginnen; er gab darüber hinaus bekannt, dass sich die Kirche Satans in der ganzen Ukraine ausgebreitet habe und stellte die (rhetorische) Frage, ob es ein Wunder sei, wenn eine heidnische Gruppierung 2015 in Kiew das Kreuz demoliert und geschändet habe, das zu Ehren des Fürsten Wladimir dem Großen, des Täufers Russlands, errichtet worden war.

Im Namen des Satanismus seien angeblich Forderungen gestellt worden, behauptete Pawlow laut Medienberichten. Zum Beispiel, dass alle Russen getötet werden sollen. Laut ihm würden die ukrainischen Behörden solchen Satanismus unterstützen. »Mithilfe von Medienmanipulation und Psychotechnologien verwandeln die ukrainischen Behörden die Ukraine in eine totalitäre Hypersekte«, erklärte Pawlow. So gäbe es in der Ukraine Hunderte Sekten, die nur für einen bestimmten Zweck gegründet worden seien.

Der Patriarch Kyrill vervollständigte die Geschichte im Weltrat der russischen Landsleute. Laut ihm frönt der Westen dem satanistischen Glauben und der Kampf gegen den Westen könnte zur Apokalypse führen. Aber der Patriarch hatte die Lösung parat: Wladimir Putin sei der weltweit führende Teufelsaustreiber, er werde gegen den Antichristen kämpfen.

Auf den Internetseiten der amerikanischen Cornell Universität wurde eine hehre Analyse der »Satansreden« in Putins innerem Kreis veröffentlicht. Laut dieser Untersuchung zielen Russlands Äußerungen über Nationalsozialismus und Satanismus in der Ukraine darauf ab, den Gegner als extrem darzustellen. Als jemanden, mit dem Versöhnung oder Kompromisse nicht möglich sind.

Die öffentlich-rechtliche Informationsplattform der Schweiz SWI swissinfo.ch interviewte den Schweizer Theologen Stefan Kube zu der religiösen Dimension des Ukrainekrieges und wollte unter anderem wissen, inwieweit die Maßnahmen von Russlands Kirche und Regierung miteinander koordiniert sind. Als Beispiel führte Kube die Weihnachtsbotschaft des Patriarchen an, in der Kyrill die Kriegsparteien dazu aufrief, den weihnachtlichen Waffenstillstand am 6. und 7. Januar einzuhalten. Ein paar Stunden später machte Putin denselben Vorschlag. Das deutet darauf hin, dass es im Vorhinein abgesprochen worden war.

»Aber die Feuerpause fand nie statt. Sie diente nur dem Zweck zu zeigen, dass Russland Frieden wolle, während die ›bösen Kräfte‹ des Westens den Wunsch Russlands sabotierten«, sagte Kube.

Epiphanius besucht Finnland

Im Dezember 2023 war der Geburtstag der autokephalischen, unabhängigen orthodoxen Kirche der Ukraine. Der Kiewer Metropolit und Oberhaupt der orthodoxen Kirche der Ukraine, Epiphanius, stattete Finnland einen Besuch ab, um Kirchenvertreter zu treffen. Bei einer Informationsveranstaltung am 15. Dezember erklärte er, dass sich rund 75 Prozent der Ukrainer für orthodox hielten. Von ihnen gehören etwas mehr als die Hälfte der orthodoxen Kirche der Ukraine an, der orthodoxen Kirche des Moskauer Patriarchats ungefähr ein Viertel. »Unsere Kirche hat ungefähr 9000 Gemeinden in der Ukraine, das Moskauer Patriarchat 7000«, sagte Epiphanius. Die orthodoxe Kirche der Ukraine habe einen Dialog mit der Kirche des Moskauer Patriarchats führen wollen, aber das sei nicht gelungen. Moskau sei ihnen nicht entgegengekommen. »Wir sehen die Sache so, dass Putin die Kapitulation der Ukraine ebenso hartnäckig herbeiführen will, wie das Moskauer Patriarchat unsere Existenz leugnet«, sagte Epiphanius.

Moskau ist der Ansicht, dass es kein ukrainisches Volk gibt und die Ukrainer Teil der »großen russischen Nation« sind. Epiphanius schildert, dass der Völkermord und der Staatsterror Russlands gegen das ukrainische Volk an die Grausamkeit vergangener Glaubenskriege in Europa erinnert. »Es ist schwer zu verstehen, aber Russlands Staat und Kirche leben und agieren im 20. Jahrhundert noch immer gemäß mittelalterlichen Realitäten«, sagt Epiphanius.

Laut ihm sprechen wir von grundlegenden Dingen. Wie darüber, ob das ukrainische Volk und ganz Europa eine Existenzberechtigung haben. Russland und andere totalitäre Regime wollen Europa und die ganze Welt in eine längst vergangene Wirklichkeit zurückversetzen, in der das Faustrecht regiert und nicht der Rechtsstaat.

Metropolit Epiphanius bat darum, jeden Tag die Ukraine ins Gebet einzubeziehen. »Bittet Gott darum, dass die Wahrheit siegt und unser leidendes Volk einen gerechten Frieden erhält.«

Die Informationen in diesem Kapitel stammen vom Dozenten und Master der orthodoxen Theologie, Petteri Lalu.

Ich, Jessikka Aro

Als ich Ende 2018 von meiner »Flucht« nach Finnland zurückkehrte und wieder bei der öffentlich-rechtlichen Rundfunkanstalt Finnlands, Yleisradio, zu arbeiten begann, war ich aufgrund meiner Russland-Berichterstattung vier Jahre lang zum Ziel von Angriffen geworden. Die Hälfte der Zeit hatte ich im Ausland verbracht, um ohne Angst vor der Umsetzung der Gewaltandrohungen leben zu können. Die Welle der Straftaten war über mich geschwappt, nachdem ich als Journalistin über die Auswirkungen von Russlands Informationskrieg für die Menschen zu ermitteln begonnen hatte.

In Finnland versuchte ich, in mein normales Leben zurückzufinden. Gleich zu Beginn musste ich zusammen mit meiner Rechtsanwältin Martina Kronström und der Sicherheitsabteilung von Yle Strafanträge gegen Personen stellen, die mich mit denselben Behauptungen anschwärzten wie die bereits von dem Bezirksgericht in Helsinki verurteilten Johan Bäckman und Ilja Janitskin. Bäckman war der für die nordischen Staaten zuständige Repräsentant von Russlands Institut für strategische Forschung, das von Präsident Wladimir Putin und dem russischen Geheimdienst geleitet wird. Ilja Janitskin war wiederum Chefredakteur einer Onlinepublikation namens MV-Lehti, die unter anderem Berichte von RT, dem Werkzeug in Kremls Informationskrieg, für das finnische Publikum übersetzte. Im Internet und in den sozialen Medien wurde ich fortwährend als Drogenabhängige, Kriminelle, Lügnerin, US-Geheimdienst-Büttel und NATO-Hybridsoldat abgestempelt. Bäckman und Janitskin erschufen gezielt eine Online-Community, in der man mich verbal attackieren konnte.

Ich stellte auch einen Strafantrag gegen Tiina Keskimäki, die mich in den sozialen Medien diffamiert hatte, nachdem sie 2016 zur Sprecherin von MV-Lehti und Janitskins PR-Beauftragter gewählt worden war. Ich sammelte für die Polizei Dutzende Screenshots von Keskimäkis Geschreibsel im russischen Vkontakte, auf Facebook, Twitter und bei MV-Lehti. Aus ihren Jessikka-Postings ging hervor, dass sie meinen Aktivitäten in einer Weise folgte, die in ihrer Intensität etwas Beängstigendes an sich hatte. Ich fühlte mich buchstäblich *gestalkt*. Tiina Keskimäki wiederholte ständig die gleichen Sachen: Ich sei angeblich eine Kriminelle, die ein schweres Verbrechen begangen habe, und somit eine Lügnerin, die ins Gefängnis gehöre. Zudem sei ich Drogendelinquentin und einzig und allein schuld daran, dass der hochanständige Janitskin zum Ziel »behördlicher Verfolgung« geworden sei. Keskimäki behauptete auch, dass amerikanische Informationskriegsprofis hinter mir wirkten und dass ich als Journalistin einer geheimen Agenda nachgehe. Sie teilte Berichte, denen zufolge ich angeblich auf den Kanälen von Yleisradio »im Auftrag des Militärbündnisses NATO einen Informationskrieg gegen Finnland« führe. Es gab Tage, an denen sie mehrmals etwas über mich postete, und mit jedem Posting streute sie mehr Lügen und Verleumdungen über mich in die Welt. Ich bin vielleicht nicht unvoreingenommen, aber für mich war dieser Shitstorm ein Lehrbuchbeispiel für Stalking, das in Finnland ein Straftatbestand ist. Laut Gesetz macht man sich des Stalkings schuldig, wenn man jemanden wiederholt bedroht, verfolgt, beobachtet, kontaktiert oder in einer ähnlichen Weise jemand anderen in einem Ausmaß verfolgt, dass es bei der verfolgten Person Angst und Beklemmung auslöst.

Keskimäki beobachtete mich auch in den sozialen Medien und bei meinen öffentlichen Auftritten. Zudem zeigte sie mich am laufenden Band bei den Behörden an, holte Erkundigungen über mich ein und schrieb den Sicherheitsbehörden und den Medien Kettenmails, in denen sie mich irgendwelcher Straftaten bezichtigte. Sie arbeitete mit einem Aktivisten namens Panu Huuhtanen zusammen, und ihre gemeinsame Vorgehensweise zeichnete sich dadurch aus, dass sie Dinge ständig wiederholten, wie bei einer Art Gehirnwäsche. Der Mechanismus funktioniert genauso wie beim Erlernen von etwas Neuem: Wenn man das Gehirn immer wieder mit denselben Informationen füttert, verfestigen sich diese Gedanken irgendwann – wie Muskeln, die man trainiert. Ein Gerücht wird durch Wiederholung so vertraut, dass es einem wie wahr *vorkommt.*

Bereits 2017 hatte ich Tiina Keskimäki gebeten aufzuhören, aber das stachelte sie nur noch mehr an.

Die Aufgabe, mich zu belästigen, war auf einen größeren Personenkreis aufgeteilt worden, innerhalb dieses Kreises wechselte man sich bei den Störaktionen ab. Und auch wenn eine oder zwei dieser Personen verurteilt würden, würden die anderen sich weiter an mir abarbeiten. Ja, es handelte sich die ganze Zeit über um eine Art verschwörerischen Ring, dessen Hauptakteure ihre Verbindungen zueinander nicht einmal verheimlichten. Sie agierten wie Arbeitskollegen: Sie schrieben einander in den sozialen Medien offen Nachrichten, interviewten einander, teilten das Material des jeweils anderen.

An diesem Ring waren als Hauptakteure neben Johan Bäckman auch die Chefredakteure von MV-Lehti beteiligt, Ilja Janitskin und Janus Putkonen; Letzterer hat für den Kreml beim Informationskrieg in Finnland die Federführung inne. Außerdem war eben die PR-Beauftragte von MV-Lehti Tiina Keskimäki an dem Ring beteiligt, die gemeinsam mit dem ebenfalls beteiligten Panu Huuhtanen jahrelang einen YouTube-Kanal betrieben hatte, sowie auch Juha Molari, der Dutzende Stalking-Inhalte über mich veröffentlicht hat. Als Ersatzspieler fungierte der Chef von MV-Lehti und vieler anderer Publikationen, Juha Korhonen.

In meinem Strafantrag musste ich mühsam beweisen, dass die Verfolgung System gehabt hatte. Ein Jurist riet mir auch, dass ich die Polizei ersuchen sollte zu klären, ob es sich in meinem Fall der orchestrierten Belästigung nicht um *Organisierte Kriminalität* handle, weil es ganz danach aussah: Es waren mindestens drei Personen daran beteiligt, die gemeinsam für bestimmte Zeit schwere Straftaten begingen.

Ich ging davon aus, dass die Polizei sich meinen neuesten, umfangreichen und gut vorbereiteten Strafantrag mit ebenso gründlicher Ernsthaftigkeit widmen würde, wie sie es etwas über drei Jahre zuvor getan hatte.

Während ich auf den Beginn der Ermittlungen wartete, bereitete ich mich auf eine Verhandlung vor dem Berufungsgericht vor. Sowohl ich als auch Ilja Janitskin und Johan Bäckman hatten gegen das Urteil der ersten Instanz Berufung eingelegt. Mir waren die Entschädigungszahlungen, zu denen Janitskin und Bäckman verurteilt worden waren, zu gering bemessen; Janitskin und Bäckman hingegen fielen sie zu hoch aus.

Ich war noch nicht einmal ein Jahr in Finnland gewesen. Ich fühlte mich schutzlos, weil mich fremde Menschen auf der Straße erkannten und mir manchmal etwas nachriefen. Sie hatten die Lügen über mich gelesen, die der Ring über mich im Internet verbreitete, und diesen Glauben geschenkt.

Paparazzi

Mein erstes Buch, *Putins Armee der Trolle*, wurde im September 2019 veröffentlicht. Glücklicherweise wusste ich damals noch nicht, welcher Albtraum mich deswegen noch erwartete.

Die Nachfrage war groß, sodass mein Verlag Johnny Kniga zwei Release-Partys mit mir organisierte. Die zentralen Personen meines Buchs aus Norwegen und Schweden und ein Vertreter aus der Ukraine waren eingeladen worden, um über die Operationen des Kreml außerhalb Russlands zu sprechen. Die finnischen Medien interviewten mich zum Inhalt des Buchs und einige von ihnen streamten die Release-Party auf ihren Webseiten. Es gab enorme

Sicherheitsvorkehrungen bei der Veranstaltung, und die waren nicht umsonst: ein nicht identifizierter Mann mit einem Rucksack wollte sich gewaltsam Zutritt zu der Veranstaltung verschaffen, aber die Security-Leute warfen ihn raus.

Auch die Lügenmedien, die Inhalte des Kreml teilten, und die Social-Media-Aktivisten waren interessiert. *Besessen* trifft es wohl eher. Weil sie die Veröffentlichung meines Buchs nicht verhindern oder dessen Glaubwürdigkeit in der breiten Öffentlichkeit erschüttern konnten, traten sie am Tag der Veröffentlichung eine neue gegen mich gerichtete Welle psychischer Gewalt los. Ich weiß gar nicht, die wievielte Attacke das war.

Am Abend der Buchveröffentlichung diskutierten Johan Bäckman, der sich zuvor als Vertreter der nordischen Länder in Moskaus Strategischem Institut vorgestellt hatte, mit Panu Huuhtanen und Tiina Keskimäki live auf YouTube über mein Buch: Wie professionelle Buchkritiker nahmen sie mein Buch auseinander. Sie waren der Meinung, mein Titel enthalte Lügen. Sie nutzten auch die Gelegenheit, um gegen das Urteil zu wettern, das die erste Instanz ein Jahr zuvor gegen Bäckman gefällt hatte. Sie nannten mich »NATO-Tussi« und »Krawall-Jessi«. Dieselben Spottnamen wurden vor Gericht als Bestandteil von Bäckmans Stalking gegen mich angesehen. Der Ring kam in Fahrt.

Tiina Keskimäki zeigte sich erstaunt, weil ich in meinem Buch von der Belästigung durch sie erzählt und sie dabei namentlich erwähnt hatte. Ihren eigenen Worten gemäß hätte sie »nicht geglaubt, dass ich mich *trauen* würde, über sie zu schreiben«. Damit hatte sie ihr Motiv verraten: mich einzuschüchtern und zum Schweigen zu bringen. In dem Gespräch wiederholten Huuhtanen und Keskimäki die Lügen, die Bäckman seit Jahren über mich verbreitet hatte: sie sagten, ich würde »normale Leute« wie sie selbst als *Putins Trolle* abstempeln. Das habe ich natürlich nicht in meinem Buch geschrieben, obwohl ich vielleicht Grund dazu gehabt hätte.

Nach der Release-Party besuchte ich meinen Verlag Johnny

Kniga auf der Buchmesse in Helsinki. Wieder musste privates Sicherheitspersonal angeheuert werden, um mich und die Botschaft meines Buchs zu schützen. Während ich mit der Journalistin Johanna Vehkoo auf der Hauptbühne vom Kulturreporter der Tageszeitung Helsingin Sanomat, Jussi Ahlroth, interviewt wurde, waren Panu Huuhtanen und Tiina Keskimäki vor Ort, um uns in einem Livestream für ihre Online-Community aufzunehmen.

Als ich später am Stand des Verlags Bücher für meine Leserschaft signierte, kamen Huuhtanen und Keskimäki auf mich zu und filmten mich dabei mit ihren Handys. Huuhtanen stellte sich nicht wie die anderen an, sondern drängelte sich vor und so nah an mich heran, dass zwischen uns nur noch der Signiertisch war. »Tiina Keskimäki kommt auch in deinem Buch vor. Was hast du dazu zu sagen?«, fiel er regelrecht über mich her, ohne sich darum zu kümmern, dass er nicht nur mich, sondern auch die Leser meines Buchs störte, die beim Signieren auch ein paar Worte mit mir wechseln wollten.

Ich schenkte Huuhtanen keinerlei Beachtung. Die Sicherheitsleute packten ihn am Arm und brachten ihn weg. Huuhtanen filmte mich daraufhin ohne meine Zustimmung aus ein paar Metern Entfernung weiter und streamte alles live ins Internet.

Meine Schwester Pipsa verfolgte seit vielen Jahren das gegen mich gerichtete Stalking. Sie war selbst 2016 Ziel einer Schmutzkübelkampagne geworden, als Rache dafür, dass sie mich öffentlich in den sozialen Medien verteidigt hatte. Pipsa hatte mein Buch probegelesen und war auf der Buchmesse zugegen, um mit mir die Veröffentlichung zu feiern.

Als Pipsa sah, wie Huuhtanen und Keskimäki auf mich zukamen, um zu stören, bat ich sie, die Ereignisse mit meinem Handy zu filmen und es live auf Facebook zu streamen; ich muss dazu sagen, dass gerade mein eigener Messestream lief. Pipsa schritt sofort zur Tat und sagte Huuhtanen auch, dass er nicht erwünscht sei.

Huuhtanen filmte abwechselnd Pipsas Gesicht und mich und

versuchte wieder, näher an mich heranzukommen, um mich zu provozieren.

Weil ihm nicht gelungen war, sich vorzudrängeln, stellte er sich jetzt hinten an. Pipsa fragte und erfuhr, dass er anders als die anderen natürlich nicht mein Buch bei sich hatte, um es signieren zu lassen, obwohl das der Zweck der Veranstaltung war.

Pipsa erklärte Huuhtanen, dass seine Vorgehensweise genauso sei, wie ich es in meinem Buch beschrieben hatte: störend. Huuhtanen filmte weiter live, ohne von irgendjemandem die Erlaubnis oder das Einverständnis dafür zu haben, und beschimpfte mich weiter. Manche Menschen, die in der Schlange standen, teilten mir mit, dass sie Huuhtanens Belästigung als störend empfanden. Sogar Keskimäki sah angesichts des Trubels, den Huuhtanen verursacht hatte, peinlich berührt aus, hielt Abstand und machte vorsichtig ein paar Fotos.

Ich schrieb weiter Widmungen für die Leser meines Buchs, von denen viele schon lange auf das Werk gewartet hatten. Als Huuhtanen sich mir erneut näherte, führten ihn die Sicherheitskräfte wieder weg und begleiteten ihn in einige Entfernung vom Verlagsstand. Aber er blieb mit Keskimäki im Messezentrum, um mir weiter aufzulauern.

Nachdem ich alle Bücher signiert hatte, ging ich mit Pipsa und einer neuen Messebekanntschaft, der die Ereignisse mitverfolgt hatte, auf einen Imbiss ins Café. Schon bald näherte sich aus einer Ecke des Cafés Panu Huuhtanen, den Arm mit dem Streaminghandy in der Hand provokant vor sich ausgestreckt. Er kam zielstrebig auf uns zu. Ein Außenstehender konnte nicht ahnen, dass er für seine Zuseher eine Livesendung machte – über uns.

Das Gefühl, wenn man ungefragt gefilmt wird, ist brutal. Das Ausmaß dieser Brutalität wird noch größer, wenn der Filmende offensichtlich Böses im Sinn hat.

Aufnahmen ohne Erlaubnis sind ein Mittel, das von den vom Kreml kontrollierten Staatsmedien eingesetzt wird. Der Kreml schickt eigens Reporter, um Oppositionspolitiker und Regierungskritiker ohne ihr Einverständnis zu filmen. Zusätzlich provozieren die Täter ihre Opfer mit dem Ziel, Konflikte zu erzeugen, um eine negative Reaktion des Gefilmten einzufangen, einen Wutausbruch oder Verzweiflung, etwas, was man dann jahrelang im Loop zeigen kann, um zu demonstrieren, dass er nichts taugt.

Es gibt Situationen, in denen auch die westlichen Medien jemanden »mit Gewalt« filmen. Meistens aber nur, wenn die Zielperson ein eklatantes Fehlverhalten gezeigt hat und sich den Medien entziehen will.

Aber ich trank im Oktober 2019 in Finnland auf einer Buchmesse einfach nur meinen Kaffee, als ein »Wutstreamer« mit Verbindungen zum gewaltbereiten Rechtsextremismus und zu russischen Manipulationsagenten, der bereits seit Jahren Hassreden und Verschwörungstheorien über mich verbreitet hatte, auf mich zukam, um meine Privatsphäre zu verletzen, damit ich mich unsicher fühle und er mir einfach nur schaden kann.

Pipsa und ich wandten unser Gesicht ab. Wir konnten nicht verhindern, dass wir gefilmt werden, aber zumindest würden wir unsere Gesichter nicht dem Spott von Unbekannten preisgeben. Es schien mir unbegreiflich, dass ich mich in Finnland, in meiner sicheren Heimat am Ende der Welt, meinem »Lintukoto«, sozusagen *physisch* vor einem sadistischen Filmer verstecken musste.

Huuhtanen war fast schon an unserem Tisch angelangt, als ihn die Sicherheitsmänner einholten und das Zweiergespann aus dem Messezentrum hinausbegleiteten. Das Duo streamte hinter der geschlossenen Seitentür weiter. Sie waren so beleidigt über den Rausschmiss, dass sie in der Notrufzentrale anriefen und drohten, die Buchmesse anzuzeigen.

Alles für die Vorweihnachtszeit aus dem sokos.fi-Onlineshop

Gerade mal ein knappes Jahr nach meiner Rückkehr nach Finnland war ich bereits völlig erschöpft; ganze Tage verbrachte ich damit, die Drohnachrichtenflut zu verfolgen.

Ich hielt weiterhin Schulungen über den russischen Informationskrieg und über Journalismus. In Finnland wurden Ordnungsdienstmitarbeiter hinzugezogen, um Keskimäki und Huuhtanen sowie andere Störenfriede von den Veranstaltungen fernzuhalten.

Als ich im Herbst 2019 bei der Veranstaltung der Reporter ohne Grenzen zur Redefreiheit als Referentin auftrat, kamen zur Besucherregistrierungsstelle auch Huuhtanen und Keskimäki, um zu streamen, und verlangten die Herausgabe meiner Präsentation. Ihr Vorwurf lautete, ich würde bei meinen Schulungen Verleumdungen über sie verbreiten. In Wirklichkeit hatte ich sie dort mit keinem Wort erwähnt.

Ein Mann vom Wachpersonal geleitete die beiden hinaus. Bei einer ähnlichen Veranstaltung in Hanasaari schaffte es Huuhtanen bis ins Publikum, bevor das Wachpersonal ihn von dort hinausbegleiten musste.

Bei Livesendungen auf YouTube versuchten Huuhtanen und Keskimäki ein Drama, einen Konflikt und Feindbilder zu konstruieren. Sie drehten es so, dass sie bei ihren Zusammenstößen mit dem Wachpersonal die Opfer waren. Die Sendungen erweckten den Anschein, alles sei das spontan so geschehen, aber insbesondere Huuhtanen fertigte für seine abendlichen Streams im Vorhinein ein Manuskript an und las seine Beiträge von einem Zettel ab. Zwei ihrer YouTube-Streams widmete das Duo Störanrufen: Sie streamten live, wie sie in der Redaktion der Tageszeitung Maaseudun Tulevaisuus (dt. Die Zukunft des ländlichen Raums) anriefen. Dieser Zeitung hatte ich ein Interview gegeben, in dem ich darüber berichtete, wie finnische Unternehmen Werbung auf Social-Media-

Kanälen kauften, die falsche Informationen verbreiteten. Im Stream setzten Huuhtanen und Keskimäki die Reporter von Maaseudun Tulevaisuus unter Druck und wollten in die Redaktion gelassen werden, um über den Artikel zu reden, bei dem es sich laut dem Duo womöglich um eine »Hybridoperation« handele. Aber die leitenden Journalisten von Maaseudun Tulevaisuus reagierten professionell und beugten sich dem Druck von außen nicht.

Man könnte Huuhtanen und Keskimäki für Putins Trolle halten. Ich hatte den Eindruck, dass die Anrufe ein Teil ihrer Strategie waren, um auf den Journalismus, die Diskussionskultur und auf öffentlich diskutierte Themen in Finnland einzuwirken, und das auf eine Art, die der Diversität und der westlichen Demokratie nicht gerade förderlich ist.

Der Artikel in der Zeitung Maaseudun Tulevaisuus dürfte für Huuhtanen und Keskimäki so bedeutsam gewesen sein, weil ihr YouTube-Kanal Geld mit Anzeigen finnischer Firmen generierte. Zum Beispiel brachte die vorweihnachtliche Werbekampagne der finnischen Supermarktkette S-Market *Alles für die Vorweihnachtszeit aus dem sokos.fi-Onlineshop – kauf jetzt, zahl im Februar* dem Duo Euros für ihren Stream ein, bei dem Johan Bäckman, der Finnen für den Ukrainekrieg für die russische Seite angeworben hatte, mich mit denselben Beleidigungen bedachte, für die er bereits gerichtlich verurteilt worden war. Auf demselben von S-Market gesponserten Video behauptete Keskimäki immer und immer wieder, dass ich wegen Drogenmissbrauchs verurteilt worden sei – eine Behauptung, wegen deren öffentlicher Verbreitung Ilja Janitskin aufgrund schwerer Verleumdung verurteilt worden war.

Auf YouTube finanzierten mit ihren Kampagnen zumindest die Back- und Lebensmittelfirma Fazer, die Lebensmittelfirma Valio, Sokos, das Versicherungsunternehmen POP Vakuutus und der schwedische Haushaltsgerätehersteller Electrolux diese und andere Sendeformate dieser Art. Weil ich auch Kundin dieser Unternehmen war, rief ich die Kommunikations- und Marketingchefs einiger Firmen an und erkundigte mich, ob die Werbung auf diesen Kanälen bewusst platziert worden sei. Die Verantwortlichen klangen erschrocken und sagten mir zu, sie würden die Werbung sofort entfernen.

Manche von ihnen erklärten mir, sie *wüssten* nicht, auf welchen Kanälen ihre Werbung zu sehen sein wäre. Die Unternehmen schickten ihr Werbematerial an Medienbüros, die sich dann um die Platzierung der Werbeclips in den sozialen Medien kümmere. Ein Unternehmen bat mich sogar um Hilfe bei der Auflistung der entsprechenden Kanäle, die zum Teil sehr beliebt sind und auf treue Zuschauer zählen können. Unter den Followern sind bestimmt Zielgruppen vieler Unternehmen, zahlungskräftige potenzielle oder bestehende Kunden.

Ich war nicht die Einzige, gegen die Keskimäki und Huuhtanen in den sozialen Medien wetterten und damit Geld machten. Auf ihren geldbringenden Werbe-Kanälen, die YouTube zuvor in ihrem Monetarisierungsprogramm zugelassen hatte, wurden darüber hinaus Staatsanwälte und andere finnische Behörden verunglimpft.

Wie schon für MV-Lehti, war ich auch für Huuhtanens und Keskimäkis YouTube-Stream ein Clickbait, der ihren Botschaften Sichtbarkeit verschaffte. Die Videos, die mit meinem Namen und Gesicht vermarktet wurden, sind gut und gerne zehntausend Mal angeschaut worden – ein für finnische Maßstäbe beachtlicher Wert, vor allem wenn man die schwache Qualität des Inhalts bedenkt.

In der Zeit zwischen dem 29.8.2019 und 2.12.2019, also innerhalb von gut drei Monaten, veröffentlichten Huuhtanen und Keskimäki mindestens 26 Livestreams auf YouTube, in denen ich die Hauptrolle spielte. Als Hintergrundbild der meisten Streams war ein Konterfei von mir zu sehen. Meine Bilder hatten sie von echten Medien wie der finnischen Nachmittagszeitung Ilta-Sanomat, ohne sich um das Urheberrecht zu scheren.

Ursprünglich war ich also im Einverständnis gegenüber Fotografen der traditionellen Medien abgelichtet worden. Jetzt war es absurd zu sehen, wie meine Porträtfotos in einem stundenlangen perversen Schmutzkübel-Stream vorkamen, das von Zusehern mit Pseudonymen in unverschämter Weise kommentiert wurde. Während ich das Material ansah, aktivierten sich meine psychologischen Schutzmechanismen ganz automatisch: Ich wurde innerlich taub, spürte nichts mehr. Hauptsächlich überprüfte ich mechanisch, ob die Macher Drohungen gegen mich aussprachen oder ob sie planten, mir vor Ort auf irgendeine Veranstaltung zu folgen. Dann lud ich routinemäßig die Videos herunter und sicherte sie, notierte mir das Veröffentlichungsdatum, den Namen, den Link und die Anzahl der Clicks für künftige Anzeigen.

Mich schützte ein aufrichtiger Glaube daran, dass ich eines Tages bestimmt recht bekommen würde. Obwohl ich beklommen war und mich fürchtete, fühlte ich mich aufgrund der vorherigen gelungenen Gerichtsprozesse sicher. Ich vertraute darauf, dass die Polizei ihren Job machen würde. Ich sah es als gesichert an, dass die Personen, die mich belästigten, eines Tages verurteilt werden würden. Ich müsste nur die Polizei über die Vorgänge in Kenntnis setzen. Dann würde die Sache ins Rollen kommen.

Tiina Keskimäki erbettelte sich bei solchen Streams auch Geld von den Zuschauern, bei denen irgendein von einem seriösen Medium gemachtes Bild von mir als Hintergrund diente. In einem dieser Videos behauptete Keskimäki, ich hätte Ilja Janitskins Leben zerstört, mein Anwalt und ich hätten Janitskin ermordet. Das Bezirksgericht in Helsinki war allerdings der Auffassung, dass Janitskin aufgrund meiner Berichterstattung über MV-Lehti und Russland eine beispiellose Rachekampagne gegen mich losgetreten hatte.

Die beharrlichen Belästigungen dienten vielerlei Zwecken. Ich sollte zur Zielscheibe der angeblich gerechtfertigten Verachtung, des Hasses und der Aggressionen der Menschen werden. Keskimäki und Co. zahlte mir in Echtzeit heim, dass ich bloß meiner Arbeit als Journalistin nachgegangen war.

Am besorgniserregendsten hinsichtlich des finnischen Rechtsstaats war es, dass die Belästigungen Rachefeldzüge wegen meiner vorherigen Anzeigen gegen Johan Bäckman und Ilja Janitskin waren. Ich musste ganz besonders hart bestraft werden, damit ich mich nicht mehr trauen würde, vor Gericht zu gehen. Und wenn doch, würde man mir mein Leben so ungemütlich und schwer wie möglich machen.

Ich habe das von Bäckman, Keskimäki und Huuhtanen in Zusammenarbeit mit ihren Partnern produzierte Jessikka-Material Juristen gezeigt. Alle waren sich darin einig, dass es höchstwahrscheinlich folgende Straftatbestände erfüllt: Verleumdung, die Verbreitung von privaten Informationen und Verfolgung beziehungsweise Stalking.

Im Herbst 2019 spazierte ich von der finnischen öffentlich-rechtlichen Rundfunkanstalt Yle einen Häuserblock weiter zur Polizeidienststelle in Pasila und stellte erneut einen Strafantrag. Die Polizei gab mir eine Empfehlung: Ich könne versuchen, gegen das Duo bei Gericht ein Annäherungsverbot zu erwirken, eine Idee, für die ich mich sofort erwärmen konnte. Zusammen mit meiner Anwältin Martina Kronström beantragten wir also ein Annäherungsverbot.

Frischgrätenparkett

Ich hatte angenommen, dass die Gerichtsverhandlung vor dem Berufungsgericht in Helsinki würdevoller ablaufen würde als vor dem Bezirksgericht, wo die Anhänger von MV-Lehti die Journalisten der traditionellen Medien, mich und die Zeugen störten.

Ich hatte mich geirrt.

Ende Oktober 2019 veranstaltete der systemfeindliche Kreml-gesteuerte Kult vor dem Berufungsgericht Helsinki das, was er am besten konnte. Panu Huuhtanen stand am Haupteingang und erklärte den Zuschauern via Stream lautstark, dass ich auf Steuerkosten Ilja Janitskin attackieren würde. In der Aula vor dem Gerichtssaal wurden Verschwörungstheorien über meine Anwältin Martina Kronström verbreitet; außerdem filmte man die Journalistin von Yleisradio für irgendwelche Schmutzkanäle, während sie den Staatsanwalt Juha-Mikko Hämäläinen interviewte.

Johan Bäckman, einer der Angeklagten, hatte eine Miniatur der estnischen Bronzekriegerstatue mit in den Gerichtssaal gebracht und posierte mit dieser lächelnd für die Zeitungsfotografen. In der ersten Instanz war eine solche Miniatur-Bronzekriegerstatue als ein Teil des gegen mich gerichteten Stalkings angesehen worden, weil Bäckman mir so eine Statue als Geschenk geschickt hatte. »Ich könnte diese Statue dem Kriminalmuseum schenken«, sagte Bäckman zum Reporter der Nachmittagszeitung Ilta-Sanomat Rami Mäkinen.

Ich verfolgte die Missachtung des Gerichts über die Bildschirme mit. Als Nebenklägerin musste ich den Gerichtssaal nämlich über den Nebeneingang für das Personal betreten, weil die Angeklagten mir mit Gewalt gedroht hatten und ich nicht mit ungefragtem Streamen belästigt werden wollte. *Ich* musste ausweichen, während die Störenfriede weiter Unruhe stiften konnten.

Im Gerichtsgebäude wurde ich von einem Justizvollzugsbeamten in den Verhandlungssaal hineingelassen. Zuvor wartete ich mit meiner Anwältin in einem kleinen fensterlosen Raum und ging durch Gefängnisgänge. Dieselbe Behandlung musste auch meine Schwester Pipsa über sich ergehen lassen, gegen die im Vorhinein in den sozialen Medien Aufrufe gestartet worden waren, weil sie für mich aussagen wollte.

Während wir in dem fensterlosen Raum hockten, verhielten sich die Verbrecher, die mein Leben zerstört hatten, als würde ihnen die Welt gehören. Bäckman schwenkte die Kopie des Corpus Delicti vor den Kameras, und dabei wusste er ganz genau, dass er mir mit genau so einer Kriegerstatue Angst gemacht hatte.

Während man mich im Gerichtssaal weiter zu verunsichern versuchte, starrte ich das Fischgrätenparkett an und überlegte, ob er nicht dringend geschliffen werden müsste. Tiina Keskimäki, Panu Huuhtanen und zahlreiche weitere Mitglieder des »Rings« nahmen direkt hinter mir Platz. Graue wackelige Stellwände trennten mich zwar physisch von den Angeklagten und den Störenfrieden hinter mir, aber in der virtuellen Realität gab es kein Halten: Keskimäki, Huuhtanen und ihr Kumpel Juha Korhonen stellten meine Aussagen verfälscht ins Internet und stempelten dabei *mich* als Verbrecherin ab.

Die Situation war absurd. Ich musste beim Berufungsgericht um mein Recht für Jahre zuvor gegen mich verfasste Schmähschriften kämpfen, während die Krawallmacher direkt hinter meinem Rücken exorbitante Mengen an Geschreibsel ins Internet schleusten und behaupteten, dass ich vor Gericht lügen würde. Ich konnte nicht glauben, was ich da erleben musste. In Finnland hat jeder das Recht, seine Anliegen sachgemäß vor Gericht verhandelt zu bekommen. Als ich sah, was in Echtzeit und unter den Augen der tatenlos dasitzenden Richterschaft über mich ins Netz gestellt wurde, überlegte ich, wie die Situation mit den Zielen zusammenpasste, die sich Finnland in demselben Jahr als Vorsitz der EU gesetzt hatte: So wollte man Polen und Ungarn die Grundsätze des Rechtsstaates näherbringen.

Zum Glück konnte ich auf seelische Unterstützung durch Freunde und Unterstützer der Presse- und Meinungsfreiheit zählen, die auch mit im Gerichtssaal dabei waren. Beispielsweise waren die Vertreterinnen von Finnlands PEN, Elina Hirvonen und Oula Silvennoinen, unter den Zuschauern, sowie die Menschenrechtsaktivistin Tiia Silvennoinen.

Auch sie wurden auf dem Weg zum Gerichtssaal gedemütigt. Sie wurden gefilmt und die Aufnahmen namentlich ins Internet gestellt, obwohl sie es verboten hatten. Eine Freundin erzählte mir, die Stimmung unter den Störenfrieden sei so ausgelassen gewesen wie bei einem feuchtfröhlichen Abend mit Freunden.

Ein Jahr zuvor beim Bezirksgericht hatte die Richterin dem

Lärm im Gerichtssaal Einhalt geboten. Eine Person, die den Prozess heimlich aufzeichnete, bekam eine Verwaltungsstrafe. Aber hier, beim Berufungsgericht, konnte das Publikum sich gebärden, wie es wollte.

An einem Verhandlungstag saß einer der Richter sogar mit geschlossenen Augen da und schien zu schlafen.

Die persönlichen Werte

Die Hauptverhandlung ging unangenehm los, da mich die Gegenseite als Verbrecherin hinstellte.

Bei der Sitzung verlas die Anwältin von Ilja Janitskin Anu Koivu einen *mich* betreffenden Voruntersuchungsbericht zu einem Rauschgiftdelikt aus dem Jahr 2002, also von vor siebzehn Jahren, laut vor. Es war dieselbe Rechtssache, die Johan Bäckman beim Bezirksgericht in Hyvinkää ausgegraben und bei MV-Lehti veröffentlicht hatte, um mich zu diskreditieren und meine Arbeit über Russland abzuwerten. Wir sollten bei dieser Gerichtsverhandlung Bäckmans Taten untersuchen und nicht meine Vergangenheit.

Die Anwältin Anu Koivu las auch den Namen meiner Freundin laut vor, der im Voruntersuchungsbericht genannt wurde. Ich hielt die Vorgehensweise von Koivu für unangemessen.

Mir kamen die Tränen und ich protestierte bei den Richtern gegen die Verlesung des irrelevanten Schriftstücks bei der Verhandlung. Ich weiß nicht, warum die Richter, die von ihrem Podest aus die Performance von Anwältin Koivu mitverfolgten, nicht dazwischengingen. Ich saß nicht auf der Anklagebank, hier ging es um Janitskins und Bäckmans Taten. So etwas war bei Gericht in der ersten Instanz nicht vorgekommen.

Weil das Vorlesen des Schriftstücks im Saal fortgesetzt wurde, verließ ich in Begleitung eines Sicherheitsbeamten den Saal. Dort auf dem Gang wartete ich, bis die Anwältin Anu Koivu vor Publikum im vollen Gerichtssaal in allen geschmackvollen Einzelheiten die Tatsache breitgetreten hatte, dass ich in meiner Jugend ein Drogenproblem gehabt hatte.

Als ich in den Saal zurückkehrte, nahm ich wieder Platz hinter jenen Stellwänden neben und hinter mir, wie man sie in Büros aufstellt, um darauf die Liste anzupinnen, wer mit dem Kaffeekochen dran ist. An jedem dieser Verhandlungstage vor dem Oberlandesgericht saßen hinter diesen Stellwänden Keskimäki und Huuhtanen und produzierten für ihren YouTube-Kanal Videos, in deren Mittelpunkt eine verfälschte Version von mir stand. In ihren Videos verbreiteten sie dieselben Verschwörungstheorien wie Janitskin und Bäckman in ihren Schriften, um die es jetzt bei der Gerichtsverhandlung ging: frei erfundene Geschichten über meine angeblichen Kontakte zu US-Geheimdiensten und zum Verteidigungsbündnis NATO. In ihren Videos war ich der NATO-Troll und die NATO-Tussi und nun natürlich auch die »Stellwand-Prinzessin«.

Aber bei den Streams zur Verhandlung ging es auch um andere Themen. Nach dem ersten Verhandlungstag sagte Tiina Keskimäki, sie habe in Arto Nybergs Sendung einen Verlobungsring an meinem Finger gesehen, und spekulierte, »welcher Mann mich wohl beringt« habe. Sie grübelte darüber nach, ob es der Anwalt Kai Kotiranta sei, der mich unterstützte und mit mir innerhalb der Stellwände gesessen hatte, oder ob es einer der Zeugen, mein ehemaliger Chef und verantwortlicher Chefredakteur bei Yle, Atte Jääskeläinen, sein könnte.

Zumindest mein Privatleben sollte nun wirklich niemanden etwas angehen.

Einer der Angeklagten, Ilja Janitskin, spielte fast seine ganze Anhörung lang die Rolle des harten Mackers. Als wir über die großen Leserzahlen von MV-Lehti sprachen, sagte Janitskin, dass *ich selbst* die Anzahl der Clicks bei MV-Lehti manipuliert habe, sodass sie weiter angestiegen seien. Als wir über Janitskins Verantwortung für die Hasskommentare sprachen, die die Leser und Trolle unter alle

Jessikka-Storys schrieben, behauptete Janitskin, dass *meine Vorgesetzten* sie geschrieben hätten. In diesen Kommentaren wurde unter anderem zum Ausdruck gebracht, dass man mir so viel Sand in den Hintern blasen müsste, dass er mir zu den Augen wieder rauskäme. Und dass ich alle möglichen Arten von Prostituierte sei, natürlich in entsprechender Wortwahl.

Aber einmal zeigte Janitskin sein wahres Ich. Meine Anwältin Martina Kronström fragte ihn, ob seine Veröffentlichungen über mich seinen eigenen Werten entsprochen hätten. Janitskins Antwort kam für mich unerwartet, denn er antwortete mit Nein.

Also – nein?!

Ich glaube, dass auch Janitskins Unterstützer im Saal überrascht waren. Ich weiß nicht, warum er verriet, dass er gegen seine eigenen persönlichen Werte gehandelt hatte. Bis zu diesem Moment hatte er über vier Jahre lang behauptet, dass er als Journalist und Kämpfer für Meinungsfreiheit das Recht und sogar die Pflicht habe zu schreiben, dass ich eine Verbrecherin, Drogensüchtige und Amphetamin-Konsumentin sei, die an Wahnvorstellungen leide und den US-Geheimdiensten diene.

Janitskins abschlägige Antwort bestärkte mich in meinem Verdacht, dass in diesem Ring viele auf Anweisung arbeiteten und Geld oder sonstige Vorteile erhielten, wenn sie mich terrorisierten. Den Schmutz über mich zu schreiben war ihre *Arbeit*. Zum Vergnügen oder ohne Lohn hätte wohl kaum jemand Hunderte Veröffentlichungen über mich produziert.

Das zu begreifen war für mich zugleich erleichternd und furchterregend.

Weil die Stellwände zwischen uns die Sicht versperrten, sah ich Janitskin bloß in den Nachrichtenbildern. Aber meine Schwester Pipsa musste sich in den Zeugenstand begeben, legte den Schwur ab, sah Janitskin in die Augen und sagte gegen ihn aus. Als sie dem Gericht erzählte, wie Janitskins Veröffentlichungen meine Lebensqualität beeinträchtigt hatten, wie ich mich verändert hatte und wie viel Zeit meines Lebens das alles gekostet hatte, und wie es für sie ist, ihre Schwester zu verlieren, versagte Pipsa die Stimme.

Ich wusste, dass Pipsa Angst hatte, weil auch sie mehrmals zur Zielscheibe des Hasses geworden war. Nachdem sie vor dem Bezirksgericht ausgesagt hatte und noch mal direkt vor ihrer Aussage vor dem Berufungsgericht und auch schon einmal Jahre vor der Gerichtsverhandlung – meinetwegen. Ich bewunderte sie für ihren Mut.

Später erzählte mir Pipsa, dass Janitskin die Tischplatte angestarrt habe. Vielleicht schämte er sich. Vielleicht hörte er auch gar nicht zu.

Auf jeden Fall moderierten Tiina Keskimäki und Panu Huuhtanen nach Pipsas Aussage wieder eine Livesendung auf ihrem YouTube-Kanal. Sie hatten sich vom Gericht die Tonaufnahmen schicken lassen und spielten in der Sendung die Zeugenaussage der weinenden Pipsa ab. Und machten sich darüber lustig.

Ich fühlte mich trauriger als jemals zuvor. Es ist eine Sache, selbst jahrelang am laufenden Band terrorisiert zu werden. An die seelische Misshandlung, die sich gegen einen selbst richtet, gewöhnt man sich, weil man muss. Aber wenn Familienmitglieder öffentlich gedemütigt werden, spürt man den Schmerz fast körperlich.

Um die gleiche Zeit herum, vor Weihnachten 2019, nahm meine Anwältin Martina Kronström Kontakt zur Polizei auf. Ich war nicht zu Befragungen eingeladen worden und die Polizei hatte auch kein zusätzliches Material angefordert. Es wirkte so, als wären meine Strafanträge gar nicht vorangebracht worden oder zumindest nicht so schnell wie 2016, als ich meinen ersten Strafantrag gegen Johan Bäckman und Ilja Janitskin eingebracht hatte.

Meine Anwältin fragte bei der Polizei nach, wie die Ermittlungen vorankämen. Man erklärte ihr am Telefon, dass »die Ladung dieser Personen zu einem Verhör wahrscheinlich noch mehr Belästigungen« zur Folge haben würde. Meine Anwältin hatte auch den Eindruck, dass man bei der Polizei unwillig war, diese Straftaten zu untersuchen, die man gar nicht für Straftaten zu halten schien.

Das machte mich stutzig. Einige Ermittler bei der Helsinkier Polizei hatten mir gesagt, dass es sich um strafrechtlich relevantes Vorgehen handelte, das ihrer Meinung nach auch noch teilweise organisiert wirkte.

Die Einstellung, die der in meinem Fall zuständige Polizist an den Tag legte, war für mich alarmierend. Ich rief einen Beamten beim Polizeipräsidium an, weil ich gesehen hatte, dass der Beamte einen ähnlichen aktuellen Fall öffentlich kommentierte: Ein finnischer Influencer hatte in den sozialen Medien darüber berichtet, dass die Polizei ihm empfohlen hätte, nicht mit Ermittlungen gegen die Drohungen vorzugehen, weil polizeiliche Untersuchungen *den Täter provozieren* könnten. Der Beamte sagte in der finnischen Tageszeitung Helsingin Sanomat, dass die Reaktion des Täters keine Auswirkung auf die Entscheidung der Polizei haben dürfe, ob sie Ermittlungen in einem Fall einleite oder nicht.

Ich erzählte diesem Beamten, dass der Polizist in meinem Fall gemeint habe, dass eine Untersuchung der Personen nur noch mehr Belästigung nach sich ziehen würde. Der Beamte bat mich um mehr Informationen per E-Mail, ich tat wie geheißen, aber der Mann meldete sich nicht mehr zurück. Da bat ich einen weiteren Beamten um Hilfe, und der empfahl mir, beim Ombudsmann im Parlament eine Beschwerde über die Polizei Helsinki einzureichen.

Ich erwartete zu diesem Zeitpunkt noch immer voller Hoffnung den Beginn der Ermittlungen. Vielleicht war ich einfach zu ungeduldig, *die Polizei tut bestimmt ihr Bestes,* dachte ich. Ich wartete auf Hilfe der Polizei wie ein Kind auf die der Eltern. Ich vertraute darauf. Ich hatte auch schon zu viele Kämpfe vor Gericht auszufechten, um mich auf noch eine weitere Beschwerde konzentrieren zu können.

Es ist leicht, jemandem wohlmeinend den Rat zu erteilen, er möge eine Beschwerde einlegen. Um das zu tun, braucht man die

Dienste eines Juristen, den man bezahlen muss. Und dennoch gibt es keine Garantie auf Erfolg. Neben Geld muss man in eine Beschwerde auch wieder einmal Zeit investieren.

Ich hätte liebend gern irgendwann einmal auch Zeit zum Leben gehabt.

Die Verhandlung zum Annäherungsverbot

Die Verhandlung zum Annäherungsverbot kam deutlich schneller zustande als die Strafrechtsverhandlungen. Sie fand Anfang Dezember 2019 statt. Wir hatten den Antrag damit begründet, dass mir das Zweiergespann auf beängstigende und beklemmende Weise nachgestellt und mich belästigt hatte. Wir waren der Ansicht, dass Panu Huuhtanen und Tiina Keskimäki versuchten, mich in meiner journalistischen Tätigkeit einzuschränken, und ersuchten das Gericht, diese Annäherungen sowohl physisch als auch virtuell zu unterbinden.

Das Aussprechen eines Annäherungsverbots setzt keine körperliche Misshandlung voraus. Es kann erfolgen, wenn dem Antragsteller eine auf seine Gesundheit gerichtete Straftat droht, wie eine Misshandlung, eine auf die persönliche Freiheit abzielende Straftat wie Stalking, eine gegen den Seelenfrieden gerichtete Straftat wie die Verbreitung privater Informationen oder Verleumdung oder andere schwerwiegende Belästigungen, die keinen Straftatbestand erfüllen. Laut Gesetzentwurf kann es so eine andere schwerwiegende Belästigung sein, wenn man sich zum Beispiel wiederholt hämisch oder beleidigend verhält, auch wenn die Vorgehensweise nicht den Tatbestand der Verleumdung erfüllt.

So gesehen hatte ich Hoffnung, dass die durch Huuhtanen und Keskimäki bereits seit Jahren verursachte Plage tatsächlich mithilfe eines Annäherungsverbots zu beenden sein könnte. Ich müsste vielleicht nicht warten, bis die Polizei Ermittlungen gegen die beiden in die Wege leitete. Bei einem Annäherungsverbot dürften die beiden keinen Kontakt zu mir aufnehmen und es auch nicht versuchen. Sie dürften mir auch nicht mehr nachstellen und mich beobachten. Wenn sie es doch versuchen würden, hätte die Polizei das Recht, sofort einzugreifen.

Ich dachte, dass ein Annäherungsverbot auch deswegen möglich sein würde, weil im finnischen Strafrecht psychische Gewalt auch indirekt als Misshandlung angesehen wird. Laut Gesetz kann derjenige, der einem anderen durch körperliche Gewalt *oder ohne eine solche körperliche Gewalt auszuüben* gesundheitlichen Schaden zufügt, ihm Schmerzen bereitet oder ihn in einen bewusstlosen oder ähnlichen Zustand versetzt, wegen Misshandlung zu einer Geldstrafe oder zu einer Freiheitsstrafe von bis zu zwei Jahren verurteilt werden.

Als Huuhtanen und Keskimäki die Ladung zur Verhandlung wegen des Annäherungsverbots erhielten, spotteten sie in den sozialen Medien darüber. Sie lasen den Antrag für das Annäherungsverbot, der damals noch vertraulich war, live in ihrem Stream vor.

Ich wusste, dass das Gericht Beweise für die Belästigung benötigte, und stellte ein Video über die Vorgehensweise zusammen, die meines Erachtens unterbunden werden sollte. Auf dem Video schrie Huuhtanen im Hof vor dem Bezirksgericht, dass ich für die NATO, Europol und das »Hybridzentrum« arbeite und dass ich drogensüchtig sei und im Gefängnis landen würde, sobald in Finnland Recht und Ordnung wiederhergestellt sein würden. In einem zweiten Clip rief mich Huuhtanen vor dem Gebäude von Yleisradio über ein Megafon dazu auf, die »Fake News« richtigzustellen, die ich seiner Meinung nach über Ilja Janitskin geschrieben hatte. In mehreren Filmausschnitten ist zu sehen, wie sich Huuhtanen und Keskimäki mir physisch zu nähern versuchen.

Vor dem Bezirksgericht zogen sie die Verhandlung auf ungefähr fünfzehn Stunden in die Länge. Sie behaupteten wortreich, Vertreter legaler und durch die Meinungsfreiheit geschützter Medien zu sein, sodass sie nicht nur das Recht, sondern auch die Pflicht hätten, meine Vorgehensweise kritisch zur Sprache zu bringen.

Tatsächlich müssen die Medien, die der Gesetzgeber gemeint hat, als er ihnen die Schutzwürdigkeit der Meinungsfreiheit gewährte, mehrere rechtliche Kriterien erfüllen. Mit viel gutem Willen erfüllten Huuhtanen und Keskimäki eines dieser Kriterien, weil ihr Medienunternehmen angeblich einen verantwortlichen Chefredakteur ernannt hatte. Andere Kriterien des Meinungsfreiheitsrechts erfüllten sie jedoch nicht.

Meine Zeugen berichteten Einzelheiten, wie ich belästigt worden war. Vor Ort waren sowohl der damalige Sicherheitschef von Yle als auch der Verleger meiner Sachbücher, Jaakko Pietiläinen, von Johnny Kniga WSOY. Ich wartete auf das Ergebnis der Verhandlung.

Huuhtanen und Keskimäki forderten ihrerseits vom Gericht die Tonaufzeichnung der Verhandlung an und luden sie auf ihrem YouTube-Kanal hoch, damit alle sich darüber lustig machen konnten. Auch in diesem Augenblick, im Herbst 2023, sind alle Tonaufnahmen des Verfahrens weiterhin auf dem YouTube-Kanal von Huuhtanen und Keskimäki zu finden.

Am 10. Januar 2020 lehnte das Bezirksgericht Helsinki meinen Antrag auf ein Annäherungsverbot ab. Es wurde zwar festgestellt, dass die beiden Personen mich ernsthaft belästigt hatten, und indem sie dies taten, sich auch verschiedener Straftaten schuldig gemacht haben könnten wie Stalking, Verletzung der Privatsphäre durch Veröffentlichung von Informationen sowie Verleumdung. Allerdings kam das Bezirksgericht zu dem Schluss – im Nachhinein betrachtet zu dem richtigen –, dass die Belästigung mit großer Wahrscheinlichkeit auch in Zukunft fortgesetzt werden würde. Aber weil Keskimäki und Huuhtanen in den Augen des Richters für ein *Medienunternehmen im Sinne des Meinungsfreiheitsgesetzes* tätig gewesen waren, hätten sie laut der Gerichtsentscheidung das Recht, mich zu kritisieren. Deswegen konnte gegen sie kein Annäherungsverbot ausgesprochen werden.

Die Schadenfreude der Hasscommunity von Huuhtanen und Keskimäki kannte keine Grenzen. Überraschenderweise hatte auch der Parlamentsabgeordnete und Parteiobmann der Partei Die Finnen, Jussi Halla-aho, die Nachrichten gelesen und verspottete mich in meinem Twitter-Feed, in dem ich geschrieben hatte, dass ich auf die Urteilsverkündung warte: *Hoffentlich respektierst du die Entscheidung des Gerichts. Das Infragestellen des Gerichts ist genau das, was Putin will*, schrieb Halla-aho.

Ich musste daran denken, wie Jussi Halla-aho zusammen mit seiner Parteiführungsriege im Oktober 2018 in den sozialen Medien seine Unterstützung für Ilja Janitskin verkündet hatte, und zwar genau an dem Tag, an dem das Bezirksgericht Janitskin und Bäckman verurteilt hatte. Über die Liebesbeziehung zwischen der Partei Die Finnen und den russischen Trollaktivisten habe ich bereits in meinem Buch *Putins Armee der Trolle* berichtet. Mit seiner Twitter-Meldung zum Urteil in meinem Annäherungsverbotsprozess motivierte Jussi Halla-aho seine Anhänger, mich zu beschimpfen, und einer seine Follower fragten mich, ob ich wisse, *wo man Speed bekommen könnte.*

Als der Menschenrechtsexperte und Jurist Martin Scheinin mich auf Twitter verteidigte, teilte Jussi Halla-aho sowohl meine als auch Scheinins Tweets und verspottete sie als *Pahkasika-, Monty Python- und Kummelikram.* Dieselbe Person kandidierte 2024 bei der Wahl zum finnischen Präsidenten.

Ich hatte schon früher bemerkt, dass Halla-aho irgendwie besessen von mir war. Er war auch in den Schlagzeilen des finnischen Skandalblattes Seiska gelandet, weil er kurz vor dem Erscheinen meines Buchs *Putins Armee der Trolle,* als Putin gerade in Finnland war, getwittert hatte: *Hoffentlich beobachten die Medien genau, welche finnischen Politiker neben Putin stehen, lächeln und ihm nach dem Mund reden. Auch Jessikka Aro wird sich nicht vom Sofa aufraffen können, um demonstrieren zu gehen, wenn Trump nicht dabei ist.*

In vielen Ländern unterstützt und radikalisiert der Kreml die nationalistischen Rechtsparteien. Irgendeinen Grund wird auch Halla-aho haben, die Aktivisten der Zeitschrift Mitä vittua (dt. Was soll der Scheiß) zu unterstützen, die eine über Russland schreibende Journalistin verfolgen.

Ich weiß nur nicht, welchen.

Drei Tage nach der Entscheidung zum Annäherungsverbot begann die Juristin und Parlamentsabgeordnete der Partei Die Finnen Leena Meri – mittlerweile finnische Justizministerin –, sich für die Sache der YouTube-Störenfriede starkzumachen. Das ganze Wochenende lang hatten Huuhtanen und Keskimäki auf YouTube darüber spekuliert, wer für meine Verfahrenskosten aufkäme, sofern ich den Prozess verlöre. Das hatten sie bereits in der ersten Instanz vor dem Bezirksgericht in Helsinki herauszufinden versucht.

Und bereits am Wochenende freute sich das Duo auf YouTube darüber, dass die Abgeordnete Leena Meri versprochen hatte, sich bei meinem Arbeitgeber Yleisradio im Verwaltungsrat, dessen Mitglied sie war, zu erkundigen, wer meine Gerichtskosten bezahlt habe. Als Mitglied im Verwaltungsrat war es Meri *grundsätzlich* möglich, über meinen damaligen Dienstgeber einen genaueren Einblick in meine Angelegenheiten zu bekommen als andere Parlamentsabgeordnete.

Am 15. Januar 2020 schrieb Leena Meri über Twitter an Panu Huuhtanen und an die Chefredakteurin von Yleisradio Merja Ylä-Anttila: *Hallo. Der Verwaltungsrat entscheidet nicht über die Verwendung von Mitteln und trifft keine operativen Entscheidungen, sodass wir in dieser Sache keine Entscheidungskompetenz haben. Ich habe dennoch nachgefragt, wie ihr es wolltet.*

Ich habe dennoch nachgefragt, wie ihr es wolltet.

Als meine Schwester und ich und viele andere uns gemeinsam bei Meri darüber beschwerten, dass sie als Mitglied des Verwaltungsrates bei meinem Arbeitgeber Yle im Auftrag von Personen, die mich seit Jahren belästigt hatten, Nachforschungen über mich angestellt hatte, rechtfertigte Meri weiterhin ihr Handeln:

Yle wird mit Steuermitteln finanziert [...] Es wäre gut, wenn es Klarheit in der Sache geben würde, damit niemand spekulieren müsste.

Ich schrieb der Parlamentsabgeordneten Leena Meri auf Twitter, dass man seit 2014 versucht, mich wegen meiner Arbeit auszuspionieren, u.a. beim Bezirksgericht, der Bezirksverwaltungsbehörde, an meiner Universität, bei der Steuerbehörde und bei meinem Arbeitgeber. Ich fragte sie, warum sie sich an dieser Schnüffelei der Unruhestifter, die mir mein Leben schwer machen, beteiligt.

Die Abgeordnete Meri antwortete mir nicht.

Ich finde sowohl das Verhalten von Jussi Halla-aho als auch das von Leena Meri undemokratisch und unangemessen. Ich meldete das Verhalten von Meri sowohl bei meinem Arbeitgeber als auch bei der Journalistenvereinigung. Ich hatte versucht, ein Annäherungsverbot zu erwirken, und der Richter war, nachdem er sich mit der Sache befasst hatte, zu dem Schluss gekommen, dass ich Opfer von schwerer Belästigung geworden war. Aber letztendlich hatte mein Versuch nur dazu geführt, dass ich noch schlimmer als zuvor, nun auch durch einflussreiche Politiker, belästigt wurde.

Zusammen mit meiner Anwältin legte ich gegen die Entscheidung in Sachen Annäherungsverbot Berufung beim Oberlandesgericht ein, wo wir noch einmal denselben Wahnsinn durchmachten. Im Dezember 2020 wurde der Antrag auf Annäherungsverbot auch in zweiter Instanz abgelehnt, die Entscheidung wurde mit dem Recht auf Meinungsfreiheit und dem Verbot einer Vorabzensur begründet. Obwohl auch dieses Gericht davon ausging, dass die von mir als Belästigung empfundenen Nachrichten weiterverbreitet werden würden.

Das Berufungsgericht war der Meinung, dass man die Schriften erst im Nachhinein, zum Beispiel vom strafrechtlichen Standpunkt aus, beurteilen müsste. In zwei Rechtsinstanzen wurde also befunden, dass das Verhalten strafrechtlich relevant sei; aber die Polizei hatte noch immer keine Ermittlungen eingeleitet.

Und jeder Versuch von mir, zu meinem Recht zu kommen, generierte noch mehr Hassbotschaften. Ich hatte keine Kraft mehr, auch noch Beschwerde beim Obersten Gerichtshof einzulegen.

Die aufregende Wahrheit der Partei der Finnen

Im Sommer 2020 veröffentlichte die mit Steuergeld finanzierte Denkfabrik der Partei Die Finnen ein Pamphlet des Philosophen Dr. Jukka Hankamäki mit dem Titel: *Die Wahrheit ist aufregend.* Jussi Halla-aho war bei der Buchpremiere anwesend.

Ich blätterte in dem Werk, das auf den Internetseiten der Denkfabrik verfügbar war. Das Pamphlet war nicht nur frauenfeindlich und rassistisch, sondern stellte auch mich seitenlang ungehobelt und diskriminierend dar. Hankamäki stempelte mich mehrmals als verurteilte Drogenkriminelle ab, wobei er genau darauf einging, dass es sich um ein Urteil wegen *Amphetaminen*, und noch genauer »um ein Urteil wegen Besitz von Amphetaminen« gehandelt hatte.

In der Streitschrift wurde gesagt, dass ich unwahre Behauptungen über Verbindungen von MV-Lehti zu Russland verbreite. Zudem sei ich »eine Märtyrerin, die sich als Opfer inszeniert und die Unterdrückte mimt«. In meinen Augen sei der Glanz des Geldes zu sehen, und Hankamäki zählte die Fördermittel auf, die ich für mein Buchprojekt bekommen hatte. Als Quelle zitierte er Artikel von MV-Lehti. Laut Hankamäki würde ich einen Krieg gegen Finnland führen, während ich gleichzeitig eine der unnötigsten Promis des Landes sei. »Objektiv betrachtet ist Aro eine mittelmäßige Journalistin, und als Investigativjournalistin betreibt sie am ehesten eine Nabelschau, die niemand weiter beachten muss«, schrieb Hankamäki.

Als ich diesen Text las, kamen mir mehrere Fragen in den Sinn. Hankamäki stellte öffentlich weiterhin Behauptungen auf, deren

Veröffentlichung zuvor gerichtlich untersagt worden war. Viele politisch einflussreiche Personen, die in Verbindung mit der Partei Die Finnen stehen, stellten sich hinter dieses Pamphlet, und in seiner Eigenschaft als Herausgeber lobte der Journalist und Sachbuchautor Marko Hamilo es. Der Historiker Professor Timo Vihavainen lobte das Buch ebenfalls, das auf Fakten basiere und eine große Zukunft habe.

Ich rief im Unterrichts- und Kulturministerium an und erkundigte mich nach der Verteilung staatlicher Mittel auf die Think Tanks der Parteien. Ich skizzierte den Inhalt von Hakamakis Werk und fragte, ob der Inhalt mit den Richtlinien für die Bewilligung der Förderungen für die Parteien-Denkfabriken übereinstimme. Der Beamte im Ministerium sagte, dass meine Ausführungen eher nach einem illegalen Inhalt klinge, und bat mich um zusätzliche Informationen.

Am darauffolgenden Tag schrieb die damalige Wissenschaftsministerin Hanna Kosonen auf Twitter, dass die gesamte Veröffentlichung im Unterrichts- und Kulturministerium untersucht werde. Die Medien berichteten groß in den Nachrichten darüber. Der Think Tank der Partei Die Finnen entfernte das Buch von seinen Internetseiten und die Parteiführung kritisierte das Werk vernichtend.

Im Herbst entschied das Unterrichts- und Kulturministerium, dass die Denkfabrik Suomen Perusta (dt. Finnlands Fundament) der Partei Die Finnen über 100 000 Euro an staatlicher Förderung zurückzahlen müsse, weil das Buch von Hakamäki an mehreren Stellen den Gleichstellungsgrundsatz und die Gleichberechtigung verletze und belästigend sei.

Bäckmans neue »Beweise«

Die Verhandlung der Causa Johan Bäckman und Ilja Janitskin vor dem Berufungsgericht schien eine Ewigkeit zu dauern. Es wurde, wie auch schon zuvor beim Bezirksgericht, untersucht, wie sich die Vorgehensweise Bäckmans und der anderen auf meine Gesundheit, meine Lebensqualität und auf meine Arbeit ausgewirkt hatten. Ich hatte zum Schutz meiner Privatsphäre darum gebeten, dass diese Sache teilweise unter Ausschluss der Öffentlichkeit verhandelt wird, sodass ich nicht ganz offen in diesem Buch darüber schreiben kann.

Aber für eine Sitzung hinter verschlossenen Türen hatte Johan Bäckman eine Überraschung vorbereitet, wie man sie vor dem Bezirksgericht noch nicht erlebt hatte. Sein Anwalt Ville Hoikkala schob plötzlich einen umfangreichen Stoß von DIN-A4-Seiten auf meinen Tisch und sagte etwas von »neuen Beweisen«. Ich blätterte in dem seltsamen Packen von Papieren und erkannte darin Material aus meiner Arbeit von vor knapp zehn Jahren.

Die Informationen in diesen Papieren betrafen nicht Bäckmans Stalking gegen mich oder seine anderen Straftaten. Es waren Informationen, in denen es um mich ging und die Zeit, als ich noch nicht wegen meiner Arbeit auf Bäckmans Radar aufgetaucht war. Aus Gründen der Geheimhaltung kann ich keine Einzelheiten verraten.

Bäckmans Anwalt las den Richtern des Berufungsgerichts aus den Papieren vor. Die Botschaft war klar. Die Gegenseite wollte damit beweisen, dass *ich* problembehaftet sei, und auch in diesem Fall niemals Bäckman das Problem gewesen sei, sondern *ich.*

Auf einmal lag also dieser Papierstapel beim Gerichtshof auf dem Tisch, in dem von der Behörde gesammelte alte Informationen, die ich bisher für vertraulich gehalten hatte, über eine namentlich genannte Privatperson standen. Und dessen einziger Zweck war es, den Richtern des Gerichtshofs ein Bild von mir zu vermitteln, dass ich eine problematische Person sei, die so ziemlich mit jedem, der ihr begegnet, einen Streit vom Zaun bricht.

Ich überlegte fieberhaft, wer Bäckman die behördlichen Dokumente zugesteckt haben konnte. Verwunderlich war auch, dass Bäckmans Anwalt Hoikkala, der auf Menschenrechte spezialisiert ist, sich überhaupt auf die Sache mit diesen Dokumenten eingelassen hatte, in denen Namen und private Informationen mehrerer Personen standen, die nichts mit der verhandelten Sache zu tun hatten.

Trotz unserer Proteste wälzte der Anwalt das Thema weiter aus.

Wieder einmal erlebte ich den Verlust meine Privatsphäre. Seit langer Zeit abgeschlossene Angelegenheiten aus meinem Leben wurden in einer Art und Weise dargestellt, dass ich um die Integrität und das Urteil der Gerichtsverhandlung fürchten musste.

Ich wunderte mich über die Einstellung der Richter. Nach alldem, was wir dem Gericht schon über die Machenschaften von Bäckman und Janitskin vorgelegt hatten, ließen sie ihn gewähren.

Normalerweise werden bei einer Verhandlung vor dem Berufungsgericht dieselben Beweise und Indizien behandelt wie in erster Instanz vor dem Bezirksgericht. Aber diese Verhandlung war offensichtlich speziell, sodass hier auch einige Dinge anders behandelt wurde.

Bei der nächsten Sitzung versuchten wir die Aufmerksamkeit des Berufungsgerichts wieder auf das Wesentliche zu lenken. Johan Bäckman hatte zuvor seine Verbindungen mit dem strategischen Institut Russlands, das dem russischen Präsidenten Putin unterstellt ist, heruntergespielt. Das Institut kennt man zum Beispiel von der Kampagne, mit der der Kreml 2016 die US-Präsidentenwahlen mit Propaganda, Trollen und Hackeranschlägen torpedierte.

Der Russland-Korrespondentin der finnischen Zeitung Ilta-Sanomat, Arja Paasanen, war aufgefallen, dass Bäckman seine Verbindungen vor Gericht abstritt. Daraufhin schrieb sie einen Artikel, in dem sie ausführlich alle Erwähnungen Bäckmans auf den Internetseiten des Instituts sowie Bäckmans frühere eigene Aussagen zu seiner Arbeit in dem Institut aufzählte. Meine Anwältin präsentierte dem Berufungsgericht den Inhalt dieses Artikels, und wir unterstrichen dabei Bäckmans Motiv, mir das Leben schwer zu machen.

Nach der Sitzung nahm meine Anwältin Kontakt mit der Behörde auf, deren Dokumente Bäckman vor dem Berufungsgericht ausgebreitet hatte. Wir erbaten Auskunft darüber, wem die Papiere ausgehändigt worden waren und wann.

Die Behörde teilte mit: 2016, an Johan Bäckman.

Zivilisierte Kommunikation

Ilja Janitskin verstarb im Februar 2020 an Krebs. Die finnische Tageszeitung Iltalehti war bei seiner Beisetzung in der Kirche in dem Helsinkier Stadtteil Kallio dabei und berichtete, dass die Motorradgang Bandidos dort Wache hielt. Als Bandidos-Mitglied wurde Janitskin auch eine Bandidos-Beerdigung zuteil.

Weil das Berufungsgericht noch kein Urteil gefällt hatte und weil Janitskins Erben seine Berufung nicht weiter fortführen wollten, erlangte das vom Bezirksgericht 2018 gefällte Urteil mit seinem Tod für seinen Teil Rechtskraft.

Hinsichtlich Johan Bäckman gelangte das Berufungsgericht Mitte Juli 2020 zu einer Entscheidung. Bäckman hatte es tatsächlich geschafft, die Richter davon zu überzeugen, dass seine Kontaktaufnahmen und sein sonstiges Verhalten nicht den strafrechtlichen Tatbestand des Stalkings erfüllten, sodass das Berufungsgericht die Anklage abwies. Die Begründungen für diese Entscheidung waren zum Teil dieselben, die Bäckman scheinbar überzeugend vor Gericht präsentiert hatte.

Aber diese Begründungen halten einer juristischen Überprüfung nicht stand. Das Berufungsgericht meinte beispielsweise, dass Johan Bäckmans Behauptungen auf den russischen Internetseiten, wonach ich eine bekannte Helferin amerikanischer und baltischer Geheimdienste und Partnerin der NATO sei, nicht *glaubwürdig* und deswegen keine Verleumdung seien. Laut Gesetz ist die *Glaubwürdigkeit* jedoch kein Tatbestandsmerkmal für verleumderische Behauptungen.

Die Abweisung der Klage wegen Stalkings begründete das Berufungsgericht unter anderen damit, dass Bäckmans Kommunikation mit mir zum Teil »zivilisiert« gewesen wäre. Bäckman hatte mir eineinhalb Jahre lang Privatnachrichten geschickt, in denen er mich zu einem Treffen unter vier Augen überreden wollte, dann kanzelte er mich ab, weil ich weder zu solchen Treffen noch zu seiner Informationsveranstaltung kommen wollte, bei der er über mich herzog. Außerdem versuchte er, sein in der Öffentlichkeit gegen mich gerichtetes Bedrängen zu erklären und lud mich auf Reisen nach Moskau, St. Petersburg und auf die Krim ein.

Gesetzlich ist die Art der Kommunikation nicht relevant, wenn beurteilt werden soll, ob es sich um Stalking handelt. Die Anzahl und Häufigkeit dagegen schon.

Zugleich wies das Berufungsgericht meine Berufung wegen der Entschädigungszahlungen ab, sodass ich den Obersten Gerichtshof anrufen musste. Wir benötigten ein tragfähiges Urteil gegenüber der außergewöhnlichen Verbrechenswelle, die wegen meiner journalistischen Arbeit zu Russlands Propaganda in den sozialen Medien losgetreten worden war. Ohne einen gewissen ethischen Standard dürfte jeder Journalist unter Berufung auf die Meinungsfreiheit alles tun.

Der Oberste Gerichtshof reagierte in Rekordzeit. Sie würden sich mit der Berufung befassen.

Zu diesem Zeitpunkt waren bereits sechs Jahre seit dem Beginn der Straftaten vergangen.

Die Polizei und das Recht der Medien

Im Frühsommer 2021 schien es bei den Strafanträgen, die seit zwei Jahren irgendwo verstaubten, Fortschritte zu geben. Ich erhielt eine Einladung zur Polizeistation in Pasila, um Fragen zu Tiina Keskimäki und Panu Huuhtanen zu beantworten.

Wir gingen gemeinsam mit dem Ermittler Keskimäkis und Huuhtanens Machenschaften noch einmal durch. Unter anderem ging es um die Videos, die die beiden während Bäckmans und Janitskins Verhandlungen am Berufungsgericht gemacht hatten, sowie um einen Teil der Videos, die sie nach ihrer Ladung zur Verhandlung in Sachen Annäherungsverbot produziert hatten.

Auf den Videos behaupteten sie, von mir verfolgt worden zu sein, und beschuldigten mich, Janitskins Leben zerstört zu haben. Sie sagten, ich hätte vor Gericht gelogen, spielten meine und die Aussagen meiner Schwester, die als Zeugin gehört worden war, herunter und spotteten über meine Schwester.

Wir sahen uns auch das Video an, auf dem zu sehen war, wie Huuhtanen mir zu der Präsentationsveranstaltung in Hanasaari gefolgt war und behauptete, ich würde trotz meiner Krankschreibung Reden halten. Er berichtete auch, neben wem ich saß, und sagte, die Veranstaltung sei von einem »Hybridzentrum« organisiert worden.

Ich erzählte der Polizei, dass die Videos beweisen würden, wie Huuhtanen und Keskimäki meine Tätigkeiten und Veröffentlichungen beobachteten, mich während der Gerichtsverhandlungen entmutigen und mir heimzahlen wollten, dass ich einen Gerichtsprozess gegen ihre Geschäftspartner angestrengt habe. Ich wies darauf hin, dass Keskimäki mit den Videos, auf denen ich abschätzig behandelt wurde, Geld sammle, sie also aus einer strafbaren Handlung Profit schlage. Zudem gab ich an, dass ein Großteil des Materials, in dem es um mich ging, von einer gewissen Professionalität zeugt, was teils sehr beängstigend war.

Der Polizist fragte mich, ob ich Interesse hätte, mich hinsichtlich eines Teils der Straftaten mit Keskimäki und Huuhtanen außergerichtlich zu einigen. Bei der Einigung könnten wir offen und im Vertrauen über alles reden.

Ich war endlich schwanger und erklärte mich gegenüber der Polizei hinsichtlich Huuhtanen gesprächsbereit. Daraufhin wartete ich fast ein halbes Jahr auf diese außergerichtliche Einigung und darauf zu erfahren, welche vermuteten Straftaten dort überhaupt behandelt werden würden. Schließlich, Anfang Dezember 2021, wurde in der Schlichtungsstelle in Helsinki ein Treffen mit zwei Mediatoren, meiner Anwältin und Huuhtanen vereinbart.

Bei dem Schlichtungsprozess musste ich versprechen, dessen Inhalt geheim zu halten, weshalb ich an dieser Stelle nur über das Ergebnis berichten kann. Huuhtanen hatte die Information über den Schlichtungstermin natürlich bereits längst in den sozialen Medien verbreitet und im Vorfeld gemeinsam mit Keskimäki ein Video erstellt, auf dem sie sich darüber lustig machten.

Der Schlichtungsversuch war nicht erfolgreich.

Wenn die außergerichtliche Einigung nicht gelingt, kommt der Tatverdachtsfall normalerweise zurück zur Polizei und dann nach der Beurteilung des Staatsanwalts weiter zum Gericht.

Panu Huuhtanens Fall kam also wieder zur Polizei.

Nachdem sie einige Zeit darüber gebrütet hatte, teilte mir die Polizei mit, dass der Tatverdacht hinsichtlich der Weitergabe meiner vertraulichen Voruntersuchungsprotokolle, wodurch meine Privatsphäre verletzt worden war, mittlerweile verjährt sei.

An den Staatsanwalt wurde nichts weitergeleitet.

Ich bekam von der Polizei einen ganzen Haufen weiterer Mitteilungen, dass die Ermittlungen eingestellt worden waren. Die Polizei konnte in dem Zeitraum zwischen 29.4.2018 und 10.11.2019 keine Verleumdungen, unerlaubte Verbreitung privater Informationen oder gar Stalking durch Huuhtanens oder Keskimäkis Vorgehensweise feststellen.

Laut Polizei waren Huuhtanen und Keskimäki *der Meinung gewesen, als Journalisten* zu handeln und hätten nur *öffentliche Auftritte und Gerichtsverfahren* mitverfolgt. Ausschlaggebend für die Polizei war auch, dass die Taten, die an sich den Straftatbestand des Stalkings erfüllten, bei *öffentlich zugänglichen Veranstaltungen* erfolgt waren.

Unter anderem sei laut Polizei keine Straftat begangen worden, weil *das seriöse Handeln von Medienvertretern* nicht den Tatbestand des Stalkings erfüllt. Außerdem sei der Polizei nicht bekannt, dass Stalking *außerhalb der öffentlichen Veranstaltungen zum Aro-Buch und der Gerichtsverhandlung* stattgefunden hätte. Somit seien weder der Hausfrieden noch die Privatsphäre oder das Familienleben gestört worden.

Verleumdung sei laut der Polizei deswegen nicht erfolgt, weil Huuhtanens und Keskimäkis Kommentare *stark auf subjektiver Interpretation beruhen und sich insbesondere auf Aros Tätigkeit als Schriftstellerin und Journalistin in der Öffentlichkeit beziehen.* »Als Leserkritik stellen Huuhtanens und Keskimäkis Aussagen meiner Ansicht nach eine zulässige Wissenschafts- und Kunstkritik dar [...], die in einer freien Gesellschaft dazugehört«, lautete die Begründung der Polizei.

Keiner von den Polizisten, die meine Strafanträge auf die lange Bank geschoben hatten, verteidigte *mein* Recht auf Meinungsäußerungsfreiheit als Schriftstellerin und Journalistin, oder mein Recht als Opfer schwerer Straftaten oder auch nur als Privatperson.

Ich bekam von der Polizei noch ein weiteres Dokument. Darin ging es um meinen 2019 gestellten Strafantrag, dem ich Beispiele von meines Erachtens strafbaren Handlungen Tiina Keskimäkis zwischen Anfang 2016 und Ende März 2019 beigelegt hatte. Die Polizei konnte keine Verleumdung feststellen. Stattdessen wurde begründet, dass Keskimäkis Botschaften keine »vulgären, abwertenden und persönlichen Schimpfwörter« beinhalteten. »Die heftige und schockierende Kritik hängt mit Aros öffentlichem Handeln, ihrer gesellschaftlichen Kontribution und den von ihr geäußerten Meinungen zusammen«, schreibt die Polizei.

Laut Polizeibericht hatte ich bloß eine *pauschale Behauptung* dahin gehend geäußert, dass Keskimäkis vorgebrachte Auffassung unwahr sei. Und zudem sei bei dem Fall nichts behauptet worden, was *auch, wenn es unwahr sein sollte*, geeignet sei, den Tatbestand der Verleumdung zu erfüllen. »Eine Verleumdung schützt nicht gegen alle fehlerhaften Behauptungen, sondern nur gegen solche, die Leid, Schaden oder Herabwürdigung verursachen. Solche sind in dieser Sache nicht feststellbar«, schreibt der leitende Ermittler.

Ich machte weiter Schulungen zum russischen Informationskrieg und unterrichtete kanadisches, finnisches, estnisches und anderes Publikum. Mein erstes Buch wurde ein internationaler Erfolg und ist mittlerweile in fünfzehn Sprachen übersetzt worden.

Ich war arbeitsfähig, aber das Leben in einem ständigen Shitstorm erschwerte meine Arbeit. Immer wieder war ich so erschöpft und gestresst, dass ich mich krankmelden musste. Mein Arbeitgeber Yleisradio unterstützte mich und ließ mich über die Themen schreiben, die mir am Herzen lagen. Im Sommer 2020 schrieb ich darüber, welche mit der Covid-19-Pandemie zusammenhängenden Verschwörungstheorien Russland sowohl im eigenen Land als auch international verbreitete.

Ich hätte gerne einen größeren Beitrag geleistet, aber wegen der Belästigung und der Straftaten war meine Aufmerksamkeit auf die falschen Dinge gerichtet. Niemand wusste, wie man die Situation verbessern konnte. Der Arbeitgeber kann nur bis zu einem bestimmten Punkt Verantwortung für die Sicherheit seiner Mitarbeiter übernehmen. Er kann zum Beispiel dabei behilflich sein, die Informationsumgebung zu beobachten und Strafanträge zu stellen. Aber er kann nicht die Polizei ersetzen.

Im Frühjahr 2021 wurde auf Finnisch und Englisch eine Enthüllungsstory über die Nachrichtenagentur Ruptly, an der ich lange gearbeitet hatte, veröffentlicht. Mir stand dabei der kalte Schweiß auf der Stirn.

Weil die Polizei nichts von sich hören ließ, hatte ich das Gefühl, dass mich niemand mehr beschützt.

Eine ganz normale Debatte

Im September 2021 saß ich wieder im Bezirksgericht Helsinki. 2016 hatte ich einen Strafantrag gestellt, und nun, fünf Jahre später, musste sich der Redakteur von MV-Lehti, Juha Molari, der mich verfolgt hatte, deswegen vor Gericht verantworten. Außerdem ging es für Molari auch um schwere Verleumdung eines Forschungsbeauftragten des finnischen Heeres.

Molari, ein Partner von Johan Bäckman, war dafür berüchtigt, dass er Russlands Geheimdienst FSB öffentlich darum gebeten hatte, finnische Staatsbürger zu eliminieren. Auch in seinen Texten hatte Molari darüber berichtet, dass er mit dem FSB und einer FSB-Kontaktperson in der russischen Botschaft in Helsinki zusammengearbeitet hatte.

Mir hat Molari Dutzende Male zugesetzt, gleich nachdem ich mit meinen Trollrecherchen begonnen hatte. Er belästigte mich in E-Mails, und er analysierte meine Mimik und Gestik bei Fernsehinterviews zu den russischen Trollen, wobei er mich als Lügnerin ausmachte. Er verfolgte mich zu meinen Seminaren, starrte mich an und filmte mich, verfasste zahlreiche beängstigende und demütigende Postings in den sozialen Medien und schrieb Dutzende Artikel über mich bei MV-Lehti, in denen er behauptete, dass ich nicht nur Plagiate veröffentliche, sondern auch drogenabhängig sei und an einer Persönlichkeitsstörung leide. In seinen Artikeln kommentierte er das Aussehen meiner Zunge und meiner Lippen und fantasierte, dass ich Kontakte zu US-Geheimdiensten hätte. Ich hatte wirklich Angst vor und Albträume wegen ihm.

Bei Gericht bekam er Schützenhilfe von Tiina Keskimäki und

Panu Huuhtanen, die wieder jeden Tag ihren Müll im Internet verbreiteten und es mir dadurch merklich erschwerten, mich auf die Verhandlung zu konzentrieren. Nach dem Ende des Verhandlungstages gingen sie mit Juha Molari gemeinsam an die Arbeit und beschimpften mich und den Forschungsbeauftragten, der ebenfalls geklagt hatte, in einem Livestream.

Huuhtanen und Keskimäki bestellten sich die Tonspur des zweiten Klägers und veröffentlichten sie auf ihrem YouTube-Kanal, womit sie fürchterliche Hassbotschaften gegen ihn generierten. Ich wusste, dass mir das Gleiche bevorstand. Deswegen baten meine Anwältin und ich den Vorsitzenden des Gerichts, die restlichen Tonaufnahmen zum Schutz der Gerichtsverhandlung geheim zu halten. Der Richter des Bezirksgerichts tat das, aber Keskimäki legte Beschwerde gegen diese Entscheidung ein, und wir mussten die Sache bis zum Obersten Gerichtshof mit ihr ausfechten.

Im Juli 2023 entschied der Oberste Gerichtshof, dass das Bezirksgericht Helsinki die Aufnahme aus Transparenzgründen herausgeben müsse. *Jemand* bestellte sich unmittelbar darauf die Aufnahmen und veröffentlichte sie auf Tiina Keskimäkis YouTube-Kanal. Wir legten Beschwerde beim Europäischen Gerichtshof für Menschenrechte ein.

Nach den Sitzungen von Molaris Gerichtsverhandlung beschimpften die Follower von Huuhtanen, Keskimäki und Molari mich und den zweiten Kläger im Chat des Streams auf YouTube. Angeblich waren wir Mitglieder von *Cabal*, einer korrupten westlichen Elite, die laut Qanon-Verschwörungstheorie Kinder missbraucht und tötet. Diese Theorie besagt weiter, dass Wladimir Putin, der chinesische Staatsführer Xi und Donald Trump die Einzigen sind, die den Kampf gegen *Cabal* aufgenommen hätten.

Ich versuchte, die Inhalte bei YouTube zu melden. Für mich war es unbegreiflich, dass YouTube seine Plattform der systematischen Störung von Gerichtsverfahren und psychischer Misshandlung von Opfern zur Verfügung stellte.

Ich ärgerte mich, hatte Angst und war erschöpft.

Molari hatte auch nicht damit aufgehört, mir nachzustellen. Ich hatte bereits zwei Jahre vor dem Prozess, also 2019, die Polizei gefragt, ob man bei der Voruntersuchung auch Molaris neueste Interinhalte mitberücksichtigen könne, weil er am laufenden Band produziere. Laut Polizei war das nicht möglich. Stattdessen wurde mir geraten, einen neuen Strafantrag wegen Molaris jüngster Aktivitäten zu stellen.

Das tat ich. Mit meiner Anwältin zusammen listeten wir sorgfältig über zehn Sachverhalte auf, aus denen hervorging, dass Molari mir in den sozialen Medien ständig folgte und meine Arbeit bezüglich Russlands Informationskrieg schlechtmachte.

Molari suchte Interviews zusammen, die ich gegeben hatte, verfälschte sie und fügte Texte hinzu, in denen ich gedemütigt wurde. Dann veröffentlichte er seine Machwerke und konstruierte eine Verschwörungstheorie über mich, nach der ich überhaupt nicht die war, die ich zu sein behauptete, also eine Journalistin der öffentlich-rechtlichen finnischen Rundfunkanstalt Yle, die sich für Russland interessierte, sondern eine Erfüllungsgehilfin der NATO, die insgeheim danach trachtet, die finnische Gesellschaft ins Wanken zu bringen.

In den Artikeln von Molari, wegen denen ich neue Ermittlungen wollte, schrieb er, dass ich mit dem Verteidigungsbündnis NATO und dem Netzwerk für Informationsmanipulation des britischen Außenministeriums zusammenarbeite und dass ich immer wieder NATO-Versammlungen besuchte, bei denen ich laut ihm lernte, wie man die Kommunikation der Menschen im Keim erstickt. Er schrieb weiter, dass ich in Finnland Unruhen und einen Regierungsumsturz plane. Beunruhigend genau beobachtete er, wer meine Postings in den sozialen Medien likte und wessen Postings ich ein Like gegeben hatte. Dann erstellte er eine Liste von den Likern, fügte einige Verschwörungstheorien und eine Verbindung zur NATO hinzu und veröffentlichte die Story.

Molaris Artikel evozierten Verachtung seiner Leserschaft gegen mich, ich bekam gesundheitliche Probleme und konnte kaum noch arbeiten. Ich war ständig auf der Hut und dachte übermäßig viel darüber nach, was ich mich noch zu schreiben oder zu sagen traute. Manchmal schwieg ich zu meinem eigenen Schutz. Monatelang kommentierte ich nichts in der Öffentlichkeit.

Ich konnte meiner Arbeit nicht mehr nachgehen.

Drei Jahre, nachdem ich um die Ermittlung in den Fällen neuerlicher vermuteter Straftaten ersucht hatte, also im September 2022, landete mein Strafantrag bei der Polizei im Papierkorb. Obwohl Molaris Verhalten augenscheinlich nach Stalking aussah und es mit dem zuvor bei Gericht behandelten Stalkingvorwurf zusammenhing, wertete die Polizei die Taten nicht als Stalking.

Stattdessen hielt der leitende Ermittler fest, dass »Juha Molaris Vorgehensweise, also das Infragestellen von Tatsachen, die Aro *aus dem einen oder anderen Grund* für falsch hält, eine *ganz normale Debatte*« darstelle. »Und überhaupt bedeutet eine fehlerhafte oder unwahre Tatsachenbehauptung über eine Person nicht gleich, dass es sich dabei um ein Verbrechen handelt«, fährt er weiter fort. Molari stehe nicht unter Verdacht, Behauptungen über mich getätigt zu haben, die objektiv gesehen meine Ehre verletzen, also verleumderisch sein könnten. Somit gab es für die Polizei keinen Grund, Molari einer Straftat zu bezichtigen.

Die Polizei hatte drei Jahre für diese Entscheidung gebraucht.

Aber das Bezirksgericht in Helsinki fällte ein Stalking-Urteil über Molari wegen seiner vorherigen Serie gleichartiger Texte und Handlungen. Das Bezirksgericht stellte fest, dass Molari unwahre und abwertende Schriften über mich veröffentlicht hatte, die bei mir Angst und Beklemmung auslösten. Er wurde zu einer Haftstrafe auf Bewährung verurteilt, musste mir Schadenersatz zahlen und mir meine Gerichtskosten ersetzen. Er wurde auch wegen schwerer Verleumdung des zweiten Klägers verurteilt.

Ich vertraue mehr dem rechtsgültigen Urteil des Bezirksgerichts über Molaris Stalking als der Auffassung des leitenden Ermittlers bei der Polizei von Helsinki, nach der es sich lediglich um eine *ganz normale Debatte* gehandelt hatte.

»Er hat seine Drohung doch gar nicht wahr gemacht.«

Die Polizei schaffte es immerhin nach 2019, eine Serie von Morddrohungen zu untersuchen und an die Staatsanwaltschaft weiterzuleiten, obwohl der zuständige Ermittlungsleiter zunächst dagegen war.

Am 18. Oktober 2018, also an dem Tag, an dem die Urteile gegen Ilja Janitskin und Johan Bäckman verkündet wurden, hatte ich von einem Leser von MV-Lehti aus der finnischen Stadt Tampere eine Morddrohung erhalten. Der Mann hatte auch auf Facebook der Partei Die Finnen ein Like gegeben.

Dieser Mann aus Tampere hatte offensichtlich in den Lügenmedien von den Urteilen erfahren und war deswegen erbost über mich, ganz wie die Lügenmedien ihn programmiert hatten.Er ließ mich wissen, dass ich den nächsten Sommer nicht mehr erleben werde. Später präzisierte er seine Drohung mehrmals, indem er schrieb, dass er sowohl mich als auch meine Familie erschießen werde, und damit »Dreck aus der Welt schaffen« wolle.

So würde ich lernen, in welche Sachen ich mich nicht einmischen sollte.

Ich stellte gleich nach der ersten Nachricht einen Strafantrag. Als meine Anwältin später bei der Polizei nachfragte, wie die Ermittlung voranginge, erklärte man bei der Polizei, dass »die Person die Drohung doch gar nicht wahr gemacht hatte«.

Eine schwer nachvollziehbare Begründung. Ich hatte einen Strafantrag wegen einer gefährlichen Drohung gestellt, einer an sich schon strafbaren Handlung. Es ist von Gesetzes wegen nicht erforderlich, dass der Bedrohte sein Opfer erst umbringt, bevor wegen gefährlicher Drohung ermittelt wird.

Ich teilte den seltsamen Kommentar der Polizei auf Twitter, ohne den Polizisten namentlich zu nennen. Bald darauf beschwerte sich die Polizei bei meiner Anwältin Martina Kronström wegen meines Tweets.

Ich wunderte mich darüber, dass die Polizei zwar Zeit fand, meine Tweets zu lesen, aber nicht jenes Verbrechen zu untersuchen, bei dem der Sachverhalt klar vor Augen lag. Aber so sehr ich mich auch wunderte, die Polizei unternahm nichts. Der MV-Lehti-Leser aus Tampere musste mich noch weiter bedrohen und behaupten zu wissen, wo ich wohnte. Als er schrieb, dass er meine Adresse herausgefunden hatte, erschrak ich so sehr, dass ich den Notruf wählte.

Daraufhin erfolgte eine Voruntersuchung, eine Anklage und schließlich ein Urteil des zuständigen Bezirksgerichts in Pirkanmaa wegen gefährlicher Drohung. Das Urteil erlangte im März 2024 Rechtskraft, sechs Jahre nach dem Versenden der ersten Morddrohung. Derselbe Leser von MV-Lehti wurde auch noch wegen einer weiteren, noch viel schwereren Straftat verurteilt.

Im Frühjahr 2019 hatte ich einen Strafantrag wegen Identitätsdiebstählen gestellt, die innerhalb kurzer Zeit vier Mal bei mir begangen worden waren. Die Polizei konnte keinen davon aufklären. Ein Großteil der weit über 300 Jessika-Aro-Müllartikel von MV-Lehti ist auch weiterhin nicht Gegenstand der Ermittlungen geworden. Meinen Berechnungen nach sind von diesen Berichten vor Gericht nur weit unter hundert verhandelt worden.

Wer mich stalkt, erhält also Mengenrabatt.

Bereicherungsverbot

Mein persönliches Vermögen ist wegen der gegen mich begangenen Straftaten aufgebraucht. 2014, vor dem Beginn des Stalkings gegen mich, hatte ich in meinem Sparstrumpf noch eine ganz ordentliche Reserve, die ich mir im Lauf der Jahre langsam mit meiner Arbeit und dem Erbe meiner fleißigen Großeltern angespart hatte.

Dann haben es die Verbrecher geschafft, mich aus meinem Angestelltenverhältnis zu vertreiben, von dem ich fast drei Jahre lang ohne Lohnfortzahlung freigestellt war. Ich schrieb zwar an einem Buch, aber die Arbeit daran zog sich durch die Straftaten in die Länge. Dementsprechend rückte meine Rückkehr nach Finnland in ein Angestelltenverhältnis auch immer weiter in die Zukunft. Ich hatte darüber hinaus einige Ausgaben, die das Leben als Zielscheibe einer beispiellos kriminellen Kampagne erfordert: Krisenberatung, Arztkosten, Sicherheitsvorkehrungen und Umzüge gingen richtig ins Geld.

Ich war während der Stalking-Krise ins Ausland geflohen, um physisch in eine geschützte Lebensumgebung zu kommen. Nach sechs Monaten fiel ich aus dem finnischen Sozialversicherungssystem heraus. Während meines zweiten im Ausland verbrachten Jahres musste ich meine Wohnung in Finnland verkaufen, weil die Einkünfte aus meinen öffentlichen Auftritten und den Schulungen nicht zum Leben reichten. Bald war mein ganzes Vermögen aufgebraucht. Als ich nach Finnland zurückkehrte, hatte ich Tausende Euro Schulden.

Als Ausgangspunkt für Schadenersatz in Finnland gilt der »Grundsatz des vollen Ersatzes«: Derjenige, der den Schaden erlitten hat, sollte in dieselbe wirtschaftliche Lage gebracht werden, in der er sich vor dem Schadensfall befunden hat. Zugleich gilt in Finnland ein »Bereicherungsverbot«. Demnach darf der Geschädigte keinen Nutzen aus dem Schadenersatz erzielen.

Vor Gericht verlangte ich Beträge, von denen jeder Cent genau überlegt und begründet war. Wenn man mit strafbaren Handlungen dafür sorgt, dass der Geschädigte nicht mehr in der Lage ist, seinen Lebensunterhalt zu verdienen, kommt einiges an Schadenersatz zusammen. Meine Forderungen basierten auf dem finnischen Schadenersatzrecht und den offiziellen Empfehlungen des Beratungskomitees für Personenschäden des Justizministeriums. Meine Anwältin half mir dabei, alles bis auf die letzte Kommastelle zusammenzustellen.

Vor dem Bezirksgericht hatte ich von Ilja Janitskin und Johan Bäckman sowie einer dritten Person zusammen über einhunderttausend Euro Schadenersatz gefordert. Viele lachten über den von mir geforderten Betrag und hielten mich für habgierig. Vor dem Berufungsgericht schließlich forderten wir mehr als vor dem Bezirksgericht, weil der zu ersetzende Schaden größer geworden war: Sowohl Bäckman als auch Janitskin hatten nach der Urteilsverkündung des Bezirksgerichts ihre Störaktionen weiter fortgeführt und ich hatte wieder unter ihren neuen Aktionen leiden müssen.

Das Bezirksgericht hatte verfügt, dass Janitskin 50 000 Euro zu zahlen hatte und zusätzlich noch eine kleinere Summe mit Johan Bäckman gemeinsam. Nachdem Janitskin gestorben war, wurde mir von der Vollstreckungsbehörde mitgeteilt, dass die Erblasserin mittellos war und viele weitere Gläubiger Forderungen gestellt hätten.

Ich informierte den Gerichtsvollzieher darüber, dass Janitskins Unternehmen früher Vermögen in Spanien gehabt hatte. Janitskin hatte nämlich in einem Livestream 2016 gezeigt, was er alles besitzt, bevor er vor einem Gerichtsurteil in Barcelona nach Finnland floh. Auf dem Video sah man Männer, die Sachen aus Janitskins Wohnung trugen, was er mit der Bemerkung »die Russen vernichten Beweismittel« quittierte.

Der Beamte der finnischen Vollstreckungsbehörde sagte, dass er nur innerhalb Finnlands handlungsbefugt sei. Wenn ich annehmen sollte, dass Janitskin Vermögen in einem anderen Land habe, müsse ich mit den Behörden des fraglichen Landes Kontakt aufnehmen.

In Finnland gibt es jedoch ein Regulierungssystem für jene Fälle, in denen das Opfer aus irgendeinem Grund nicht die Schadenersatzsumme von dem Straftäter erhält. Das System wird von der Staatskasse verwaltet, die dem Finanzministerium unterstellt ist. Ich wandte mich also zusammen mit meiner Anwältin an die Staatskasse und war wieder einmal voller Hoffnung. Ich nahm an, es sei bloß eine Frage der Zeit, dass ich die vom Gericht bestimmten Schadenersatzforderungen erhalten würde. Nach über einem Jahr Warten erklärte die Staatskasse, von der Schadenersatzsumme nur einen kleinen Teil begleichen zu können, und berief sich dabei auf das Gesetz zum Schadenersatz im Strafrecht.

Auch wenn man aus den Schlagzeilen der Zeitungen einen anderen Eindruck gewinnen konnte, habe ich meinen Schaden nicht ersetzt bekommen. Bei Weitem nicht.

Aber gleichzeitig war klar, dass die Aktivisten, die die Kreml-Propaganda in Finnland verbreiteten, Lohn und andere Vergütungen für ihre Machenschaften bekamen. Tiina Keskimäki hatte zum Beispiel erzählt, dass sie für MV-Lehti arbeite, und dafür bekommt man normalerweise ein Gehalt.

Als ich meinen Strafantrag gestellt hatte, bat ich auch darum, dass die Polizei die Finanzierung der Kriminellen unter die Lupe nimmt. Ich hielt es für den gesellschaftlichen Frieden in Finnland wichtig herauszufinden, auf welche Weise und mit welchen Summen diese Influencer bezahlt werden, die russische Propaganda in den sozialen Medien verbreiten und damit die Menschen aufwiegeln. Bei dem ersten Wust an Straftaten hatte die Polizei bereits herausgefunden, dass zumindest ein Schreiber von MV-Lehti in Kryptowährung und in nicht zurückzahlbaren »Krediten« entlohnt worden war.

Ich wurde von demselben Netzwerk des Kreml belästigt, das sich in Finnland für Waffen, Rechtsradikale, Neonazis, gewaltsame Unruhen, Putins Motorradgang Nachtwölfe, die Straßenpatrouillen der Soldiers of Odin, die Covid-19-Verschwörungstheorien und rechtsradikalen, die Gesellschaft zersetzenden Terrorismus einsetzte. Mich interessierte brennend, wie die Produktion dieser die Gesellschaft zersetzenden Inhalte finanziert wurde.

Aber den leitenden Ermittler bei der Polizei interessierten diese Geldströme nicht im Geringsten. Er schrieb 2021 in seiner Entscheidung:

»Hinsichtlich Aros Ansuchen, die wirtschaftlichen Entlohnungen Tiina Keskimäkis und ihre Beteiligung an einer organisierten Tätigkeit zu untersuchen, stelle ich fest, dass wir keine Voruntersuchung beginnen können, nur um die Möglichkeit einer Sache auszuschließen.«

Den Störenfrieden gab die Entscheidung das Recht, weiterhin zu verbreiten, dass ich hier die *tatsächliche* Kriminelle sei, eine Lügnerin und eine vom Westen bezahlte Propagandistin.

Zum Glück ging es wenigstens bei einer Sache voran. Im Februar 2022, eineinhalb Jahre, nachdem er sich mit dem Fall befasst hatte, verkündete der Oberste Gerichtshof sein Urteil zu Johan Bäckmans Straftaten. Er sah den Tatbestand des Stalkings erfüllt, alle anderen Anschuldigungen gegen Bäckman wurden fallen gelassen. Bäckman wurde dazu verurteilt, mir 9000 Euro Entschädigung zu zahlen für die vorübergehende Beeinträchtigungen sowie einen Verdienstausfall von 9200 Euro.

Mir wurde gratuliert, weil ich »gewonnen« hatte. Ich fühlte mich nicht wie ein Gewinner. Ich war bankrott und die Straftaten nahmen kein Ende.

Der patriotische Janus Putkonen

Die höchste gerichtliche Instanz des Landes hatte festgestellt, dass ich wegen meiner Arbeit zum russischen Informationskrieg gestalkt worden war. Ich hoffte, dass dieses Urteil Vorbildcharakter haben würde und die Polizei in Helsinki dazu bringen würde, den mich auf beängstigende Weise verfolgenden Ring zu untersuchen.

Meine Anwältin erhielt vom leitenden Ermittler bei der Polizei eine Nachricht. Er schrieb, dass er von einem Kollegen gehört habe, dass meine *Lebenssituation* wohl so wäre, dass ich bestimmt »nicht an einem Prozess teilnehmen oder dort Strafen verlangen wolle«. Er erwähnte zum Beispiel die Namen Juha Molari und Janus Putkonen. Die Nachricht fand ich sehr seltsam. Ich hatte niemandem gegenüber etwas Derartiges geäußert.

Ich bat meine Anwältin bekannt zu geben, dass ich selbstverständlich weiterhin verlangte, dass die Beschuldigten bestraft werden würden.

Der Polizist hatte in seiner Nachricht auf meinen Strafantrag von vor drei Jahren Bezug genommen, bei dem ich unter anderem auch darum gebeten hatte, gegen Janus Putkonen zu ermitteln, dem Chefredakteur von MV-Lehti. Er hatte über mich die gleichen beängstigenden Verschwörungstheorien in die Welt gesetzt wie Bäckman, Janitskin, Keskimäki und Huuhtanen. Putkonen hatte damit bereits 2014 angefangen, zwei Tage nach Beginn meiner Recherchen zu den russischen Trollen.

Janus Putkonen ist ein organischer Teil von Russlands Informationskrieg. 2021 schrieb ich mit meinem Kollegen Antti Kuronen zusammen einen Artikel, in dem ich zeigte, wie Putkonen gemeinsam mit Bäckman bereits seit 2015 finnische Freiwillige als Kämpfer auf der Seite Russlands für den Krieg in der Ostukraine angeworben hatte. Putkonen hat auch selbst über den Informationskrieg, den er für den Kreml führte, berichtet, sowie auch über seine Zusammenarbeit mit der Regierung im russisch besetzten ostukrainischen Donbass. Er hat zugegeben, dass er von Moskau aus gebrieft wurde und dann zum Informationskrieg nach Donbass gereist ist. In der sogenannten Volksrepublik Donezk (DPR) hatte er nach eigenen Angaben »behördliche Aufgaben« ausgeführt. Das von Russland eingesetzte damalige Oberhaupt von Donezk, Alexander Sachartschenko, war bis zu seiner Ermordung sein nächster Vorgesetzter. Johan Bäckman hat auf seinem YouTube-Kanal ein Video veröffentlicht, auf dem zu sehen ist, wie Sachartschenko Putkonen eine Pistole schenkt.

»Für mich bedeutete die Ermordung des Oberhauptes der DPR Alexander Sachartschneko letzten August neben dem persönlichen Verlust und der Trauer auch jobmäßig eine Katastrophe«, erzählte Putkonen 2018 in einem Artikel von MV-Lehti.

Nach Donezk wechselte er in einen anderen von Russland in

der Ostukraine gegründeten Marionettenstaat, der sogenannten »Volksrepublik Luhansk«. Dort unterstützte er »die Regierung des Landes« und fungierte zunächst gemeinsam mit Janitskin und später allein als Chefredakteur von MV-Lehti, um dort die Propaganda von Kremls Infokriegsender RT zu verbreiteten. Janus Putkonen sagte, die »Nachrichtenredaktion« sei dort, wo auch er sei, also im Donbass.

Russland hat in Luhansk und Donezk Kriegsverbrechen verübt, hält von dort aus das ukrainische Militär seit 2014 beschäftigt und hat von ebendort 2022 die Großoffensive weiter in das Landesinnere der Ukraine vorbereitet. Janus Putkonen hat den finnischen Behörden über MV-Lehti eine Nachricht zukommen lassen:

»Wenn die Behörden mir etwas mitzuteilen haben, sei festgehalten, dass Vorladungen aus dem Westen hier per Briefpost nicht ankommen; sie sollen mir also E-Mails schreiben oder über die Frontlinien und Grenzen hier antraben, aber vor allem von der Ukraine her würde ich ihnen nicht empfehlen, es auch nur zu versuchen.«

Von Paintball- zum Informationskrieg

Der erfahrene finnische Aktivist und Reservist Antti Rytivaara teilt für dieses Buch seine Informationen darüber, wie Putkonen ursprünglich rekrutiert wurde.

Der aus dem südwestfinnischen Städtchen Porvoo stammende Rytivaara kennt die Hintergründe, weil er ein enger Freund Putkonens war, bis dieser zum Propagandisten des Kreml wurde. Rytivaara erzählt, dass er in den 2000er-Jahren zusammen mit Putkonen in Porvoo ein Theater betrieben habe. Putkonen leitete das Theater und führte die Regie bei großen Produktionen, wie dem Stück *Winterkrieg* (finn. *Talvisota*) mit 150 Schauspielern.

Damals war Putkonen sehr aktiv bei der freiwilligen Landesverteidigung tätig und gab sich sogar äußerst patriotisch, sagt Rytivaara. Eigentlich war es Janus Putkonen, der Rytivaaras Aufnahme als Reservist befürwortete, wo Rytivaara noch immer tätig ist. Putkonens eigene Karriere in gleicher Funktion endete jäh, nachdem er bei einer Wehrübung mit Gewalt gedroht hatte und nach Hause geschickt werden musste.

Der gut aussehende, stattlich gebaute Putkonen war auch als Model tätig und kann in Gesellschaft ein ausgezeichneter Begleiter sein. Er ist von Natur aus sehr charismatisch. Zudem ist er eine Führungspersönlichkeit, der Dinge in Bewegung bringt, erzählt Rytivaara. Aber Putkonen verhielt sich manipulativ, auch in engeren Beziehungen. In seiner Theaterzeit nutzte er psychisch labile Menschen aus, die nicht in der Lage waren oder Angst hatten, ihm zu widersprechen.

Zu dieser Zeit träumten die beiden Freunde davon, ein Paintball-Zentrum in Loviisa zu gründen. Als Publikumsmagnet planten sie dort einen russischen Panzer hinzustellen und zwar einen ganz bestimmten: einen schweren T-72 Kampfpanzer. Die Paintballspieler sollten sogar mit dem alten Panzer herumfahren dürfen.

»Russland verwendet bei den Kämpfen in der Ukraine auch heute noch ähnliche, in den Siebzigerjahren hergestellte Panzer«, berichtet Rytivaara.

Janus Putkonen konnte für das Projekt ein bisschen Geld zusammensammeln, und ungefähr im Jahr 2008 sagte er zu Rytivaara, dass er nach Russland fahren werde, um so einen Panzer aufzutreiben. Bereits vor seiner Reise hatte Putkonen Kontakte nach Russland. Die Reise sollte ein oder zwei Wochen dauern, aber er blieb einen Monat dort.

»Als er zurückkam, war er ein vollkommen anderer Mensch«, sagt Rytivaara.

Rytivaaras Erinnerung nach war Putkonen im russischen Teil Kareliens, möglicherweise in Petrosawodsk unterwegs gewesen. Aber es gibt keine Informationen darüber, wen Putkonen auf seiner Reise traf. Rytivaara hält es für möglich, dass Putkonen auf seiner Reise ein »Unfall« passiert ist, irgendwas, womit er erpressbar wurde. Das hätten sich die Russen dann zunutze machen können, um den zuvor beinahe fanatischen Patrioten anzuwerben. Es muss irgendeine Art von Hebel angesetzt worden sein, sonst wäre es laut Ryytivaara nicht gelungen, Putkonen auf die russische Seite zu ziehen.

Putkonen brachte aus Russland keinen Panzer mit, sondern eine neue Ideologie. Putkonen bat Ryytivaara, auf Facebook der 911-Truth-Gruppe beizutreten. In solchen Gruppen werden Verschwörungstheorien verbreitet, wonach die USA die Terroranschläge 2001 gegen sich selbst verübt haben soll.

»Mit Schaum vor dem Mund erzählte Putkonen Geschichten, dass die westlichen Länder Russland bedrohen würden und CIA-Agenten in Finnland tätig seien. Das schreckte mich ab und ich wollte nichts mehr mit ihm zu tun haben. So endete unsere Zusammenarbeit am Theater«, erzählt Ryytivaara.

Das Paintballzentrum blieb ein Traum. Bald bunkerte sich Putkonen im Hinterzimmer einer aufgelassenen Bar im Zentrum von Porvoo ein und gründete 2011 das Unternehmen Verkkomedia (dt. Netzmedium), das Propaganda zugunsten des Kreml verbreitete. Die Leute fanden ihn zunehmend Furcht einflößend.

»In seiner letzten Nachricht an mich schrieb er, dass ich die Straßenseite wechseln sollte, wenn wir uns je wieder über den Weg laufen sollten, weil sonst etwas Schlimmes passieren würde«, erzählt Rytivaara.

Der Grund für diese Drohung war, dass Rytivaara irgendeinen von Putkonens Texten kritisiert hatte. Rytivaara schätzt, dass er in einer anderen Lebenssituation auch mit in Putkonens Machenschaften hätte hineingezogen werden können, denn der ehemalige Regisseur war manipulativ und konnte gut reden. »Ich glaube, dass für Putkonen alles wie ein Theaterstück ist«, erklärt Rytivaara.

Der Ring der Störenfriede rekrutiert Soldaten

Da Johan Bäckman und Janus Putkonen Hassreden über die Ukraine verbreiten und die russische Kriegsmaschinerie in der Ukraine propagandistisch unterstützen, kann man sagen, dass sie eine Teilverantwortung für den Tod von Ukrainern tragen. Bäckmans und Putkonens Vorgehen bedroht die nationale Sicherheit der Ukraine.

Und weil sie Kämpfer aus dem Ausland in die Ostukraine rekrutiert haben, sind sie auch teilverantwortlich für den Tod von finnischen Staatsbürgern an der Front. Auf russischer Seite ist zum Beispiel ein Kämpfer aus dem finnischen Ort Pieksamäki umgekommen, dem Bäckman seinerzeit half, nach Donbass zu reisen. Putkonen war dem Mann dann vor Ort behilflich.

Ich ärgerte mich. Bereits seit Jahren hatte ich aus der Ferne beobachten können, wie Russland für den Ukrainekrieg Soldaten rekrutiert, aber ich hatte keinen Artikel zu diesem Thema schreiben können, weil die Drohbotschaften dieses Rekrutierungsrings mich so sehr in meiner Arbeit behindert hatten. Weil Putkonen und viele andere mich so hartnäckig belästigt hatten, war ich erst 2021 dazu gekommen, einen Artikel über auf russischer Seite kämpfende Finnen in der Ukraine zu schreiben. Das war ein perfektes Beispiel dafür, wie sehr mich die Straftaten davon abhielten, meiner journalistischen Arbeit nachzukommen. Die Störenfriede schafften es, mich von meiner Berufung abzuhalten: die Öffentlichkeit zu informieren.

Ich fragte für diesen Artikel die Sicherheitsbehörden, wie sie mit finnischen Staatsbürgern in den russischen Reihen umgingen, die womöglich Kriegsverbrechen in der Ukraine begingen. Mich interessierte, ob man diese ausländischen Kämpfer und die Personen, die sie rekrutiert hatten, belangen würde. In vielen anderen europäischen Ländern hatte man eigene Staatsbürger, die in den russischen Reihen gekämpft hatten, bereits verurteilt.

Der finnische Geheimdienst antwortete, dass ihnen das Phänomen bekannt sei, sie es aber nicht kommentieren würden. Die damalige Justizministerin Anna-Maja Henriksson von der Schwedischen Volkspartei in Finnland (RKP) sagte, dass die betreffenden Personen womöglich mehrere Straftaten begingen. Der Artikel wurde veröffentlicht und auch außerhalb Finnlands zitiert, unter anderem in Estland und in der Ukraine.

Die Polizei in Helsinki hatte meinen sorgfältig zusammengestellten Strafantrag gegen Putkonen zur Untersuchung vorliegen. In Putkonens Schriften, die ich dem Gesuch beigelegt hatte, behauptete dieser auf mehreren Kanälen, dass ich eine Berufslügnerin und eine Informationssoldatin sei, die der Agenda des Westens diene, eine Handlangerin, Mitglied im Vorstand der westlichen Trollfabrik, dass ich unbestreitbar und bewiesenermaßen im Dienst einer fremden Macht stünde, für einen ausländischen Geheimdienst und die NATO arbeite, dass ich Teamleiterin einer Trollfabrik sei, die finnische Staatsbürger und Yle-Konsumenten ausspioniere und die an Geheimdienstaktivitäten in Finnland beteiligt sei.

Ich hatte der Polizei auch eine Karikatur weitergeleitet, die Putkonen verteilt hatte. Darauf setzt sich eine Frau in schlechtem Zustand, die mich darstellen soll, einen Schuss in den Arm.

Anfang 2022, während ich mich zu Hause um mein Baby kümmerte, bekam ich von der Polizei einen großen Briefumschlag zugestellt. In dem darin befindlichen Dokument erklärte die Polizei, dass es keinen Grund gäbe, in Putkonens Fall von einer Straftat auszugehen und dass hinsichtlich der Karikatur die Anklagefrist bereits verjährt sei. Laut Polizei hing der größte Teil von Putkonens Behauptungen mit *meiner öffentlichen Tätigkeit als gesellschaftliche Kommentatorin, Journalistin und Schriftstellerin zusammen.* »Solche Äußerungen Putkonens in dieser Sache, die man theoretisch im Nachhinein hinsichtlich ihres Wahrheitsgehaltes nachprüfen könnte, sind dann, auch wenn sie unwahr sein sollten, nicht dazu geeignet, bei Aro solche Folgen hervorzurufen, die den Tatbestand einer Verleumdung erfüllen würden.«

Der leitende Ermittler bei der Polizei hatte nur zwanzig Schriften von Putkonen aus einem kurzen Zeitraum angeschaut. Meiner Bitte zu prüfen, ob womöglich ein Fall von Stalking vorläge, war er gar nicht nachgekommen.

Wenn ich solche Briefe von der Polizei bekam, hinterfragte ich immer mehr meine journalistische Berufung. Mein Beruf und insbesondere mein Interesse für Russland hatten mir große wirtschaftliche Verluste und unermesslich viel Leid eingebracht und jetzt musste ich auch noch ganz auf mich gestellt und ohne Hilfe von der Polizei mit irgendwelchen Informationssoldaten fertigwerden.

Bevor meine Strafanträge in Pasila im Reißwolf zu landen begannen, hatte sich ein sachkundiger Mitarbeiter dort mit dem über mich verbreiteten Hassmaterial befasst und hatte eine Gefährdungseinschätzung erstellt. Danach war ich von der Gefahr eines impulsiven Gewaltakts bedroht, wenn ich zur falschen Zeit am falschen Ort sein sollte. Anders ausgedrückt: Wenn jemand, der gegen mich aufgehetzt worden war, mich auf der Straße erkennen würde, konnte es sein, dass er mich tätlich angreift.

Mit jedem weiteren Beschluss, die Untersuchungen nicht weiter fortzuführen, die mir die Polizei zusandte, wuchs mein Entschluss, den von mir geliebten Beruf als Journalistin an den Nagel zu hängen, immer mehr. Das Problem waren nicht die Straftaten gegen mich, sondern die Ermittlungsbehörden, die mich nicht beschützten.

Ich hatte mein ganzes Erwachsenenleben lang in der Nachrichtenbranche in herausfordernden Tätigkeitsfeldern gearbeitet. Aber es gehörte eine ordentliche Portion Glück dazu, dass ich im Herbst 2022 in eine bedeutende und gesellschaftlich wichtige Stellung in der von mir hochgeschätzten Berufsvereinigung Tehy gewählt wurde, zunächst befristet als Kommunikationsmanagerin und im darauffolgenden Jahr als Kommunikationsleiterin.

Als ich im Herbst 2022 meinen Dienst-Laptop, mein Diensthandy sowie meine Schlüsselkarte bei Yleisradio in Pasila abgab, erinnerte ich mich an einige nette Polizeibeamte in der Polizeistation auf der gegenüberliegenden Straßenseite sowie auch in der Polizeiverwaltung und in den anderen Polizeidienststellen. Auch hatten Menschen in der Staatsanwaltschaft und in den verschiedenen gerichtlichen Instanzen wichtige Arbeit dafür geleistet, damit gegen diejenigen, die mir und vielen anderen das Leben schwer gemacht hatten, ermittelt und sie angeklagt und verurteilt werden konnten. In meinem Herzen wusste ich, dass wir gemeinsam einen Teilsieg in dem Hybridkrieg errungen hatten, den Russland gegen Finnland führt.

Dieser verdienstvolle und aufopferungsvolle Einsatz der Behörden hatte mir noch 2019 meine Rückkehr zu meiner journalistischen Arbeit ermöglicht. Ich bin manchen Menschen in diesen Behörden bis heute persönlich und ewig zu Dank verpflichtet. Aber jetzt war mein Pulver im finnischen Justizwesen verschossen. Es wirkte so, als hätten die Störenfriede die Polizei an die Wand gespielt, indem sie mich mit Straftaten überhäuften.

Aber gegen mich haben sie nicht gewonnen. Gleichzeitig mit meinem ersten Tag in meiner neuen Arbeit habe ich auch die Arbeit an diesem Buch wieder aufgenommen.

Janus Putkonen hatte seine Stalking-ähnlichen Aktivitäten gegen mich unbehelligt bis ins Jahr 2023 fortgesetzt. Im März 2023, als ich bereits bei meinem neuen Arbeitgeber Tehy beschäftigt war, startete er zum ich weiß gar nicht wievielten Mal eine Internetkampagne gegen mich.

Zuerst wurde im von Putkonen geleiteten MV-Lehti ein spöttischer Artikel über mich veröffentlicht, in dem behauptet wurde, dass ich bei meiner Arbeit die Mitglieder von Tehy darin schulte, Anzeichen für den russischen Informationskrieg zu erkennen. Putkonen hatte irgendwo Informationen über eine von mir abgehaltene Schulung ausgegraben und postete jetzt voller Häme darüber in den sozialen Medien. Einer seiner finnischen Follower kommentierte das Posting auf Telegram damit, dass ich »*eine Hure [sei], die man erschlagen muss*«.

Bald darauf rief jemand beim Medientelefon von Tehy an. Ich nahm den Anruf entgegen, aber als dieser jemand, der behauptete, Vertreter eines unabhängigen Mediums zu sein, mich mit Fragen zu löchern begann, warum Tehy ihre Mitarbeiter für den russischen Informationskrieg schult, beendete ich das Gespräch. Der Anrufer wollte Tehy unter Druck setzen, weil dort Schulungen zu den Anzeichen des russischen Informationskrieges stattgefunden hatten.

Der Anrufer veröffentlichte daraufhin ein Spottvideo in den sozialen Medien, aus dem hervorging, dass er den Anruf aufgezeichnet hatte. Er verlachte mich und meinen Arbeitgeber. Es stellte sich heraus, dass er auch Behörden mit Störanrufen belästigt hatte. Das Posting hatte viele Likes in den sozialen Medien.

Wegen der Aktivitäten von Informationskriegern wie Janus Putkonen gibt es in Finnland viele Menschen, die der Meinung sind, dass man öffentlich bestraft werden müsste, wenn man Schulungen zum Thema russischer Informationskrieg anbietet.

Kurz nach Putkonens Kampagne verlangte ein Unbekannter Einlass in mein Büro an meinem Arbeitsplatz. Dem Wachpersonal in der Aula wollte er »aus Sicherheitsgründen« seinen Namen nicht nennen.

Wenn Putkonen auch noch 2024, in dem Jahr, in dem dieses Buch erscheint, über mich schreibt, dann wird er mich seit zehn Jahren verfolgt haben. Aber laut der Helsinkier Polizei *gibt es keinen Grund, in dieser Sache von einem Verbrechen auszugehen.*

2023, als ich gar nicht mehr als Journalistin arbeitete, verschickte die Polizei an wirklich alle, die mich wegen meiner journalistischen Tätigkeit belästigt hatten, die Information, dass die polizeilichen Untersuchungen gegen sie eingestellt worden waren.

Im Frühling 2023 erhielt auch Juha Korhonen diese Information. Und ich bekam wieder einen großen Briefumschlag von der Polizei, der mir diesen Tag verdarb, an dem ich eigentlich mit meiner Familie in den langersehnten Urlaub fahren wollte.

Korhonen, der als Chefredakteur von MV-Lehti tätig gewesen war, hatte in demselben Verfolgerring mit Bäckman, Janitskin, Keskimäki, Molari und Huuhtanen gearbeitet und mich ebenfalls bei den Gerichtsverhandlungen gestalkt, mit dem ganz offensichtlichen Ziel, mich einzuschüchtern. Korhonen bezeichnet mich als Lügnerin und Drogensüchtige, und das derart multimedial, dass sich einige herkömmliche Medienproduzenten an ihm ein Beispiel nehmen könnten.

Die Polizei brauchte vier Jahre, bis mein sorgfältig vorbereiteter Strafantrag gegen Korhonen im Papierkorb landete. Ihre Entscheidung begründete die Polizei damit, dass es zu einem Teil der Internetseiten, auf denen Korhonen über mich geschrieben hatte, *keine Informationen* geben würde. Offensichtlich aus diesem oder aus irgendeinem anderen Grund schrieb die Polizei, dass ein Teil von Korhonens Veröffentlichungen »strafrechtlich verjährt sein könnte«. *Sein könnte.*

Könnte also sein, auch wenn es nichts gab.

Für mich sah es so aus, dass die Polizei Korhonens Texte nicht gefunden hatte oder sie nicht einmal versucht hatte zu finden. Die ganzen vier Jahre lang, in denen die Polizei die Sache liegen ließ, hatte Juha Korhonen mich weiter mit Dreck beworfen.

Aber laut Polizei ging es dabei um eine *geringfügige Tat*. Und die Ursache für die Straftaten lag bei mir:

Es geht um eine Gegenreaktion, die durch Jessikka Aros Buch Putins Trollarmee *hervorgerufen wurde. Eine Gegenreaktion insbesondere in Zusammenhang mit einer Internetpublikation namens MV-Lehti. […] Jessikka Aro ist selbst in der Öffentlichkeit aufgetreten und hat die bei MV-Lehti Beschäftigten mit dem Begriff »Putins Trolle« kritisiert.*

Auch wenn ich die Mitarbeiter von MV-Lehti als Putins Trolle bezeichnet haben sollte, würde das nicht rechtfertigen, dass Juha Korhonen mich jahrelang als Drogensüchtige verunglimpft.

Aber die Polizei war da anderer Meinung. Laut ihr musste man in Korhonens Fall als Milderungsgrund mitberücksichtigen, dass ich selbst einen »besonders großen Beitrag zur Entstehung der Straftat geleistet« hätte: »Weil die Betroffene mit ihrem Buch und im Zuge ihrer öffentlichen Auftritte einen besonders großen Beitrag dazu geleistet hat, dass es überhaupt zu einer Straftat kommt […], bin ich jedoch weiterhin der Meinung, dass die Tat in ihrer Art geringfügig ist, weil man sehen muss, dass die Taten eine Gegenreaktion auf das Buch von Jessikka Aro sind und somit laut Strafrecht ein Milderungsgrund vorliegt.«

Also ist mein Buch schuld an Korhonens Verbrechen, obwohl mein Buch gar nicht veröffentlicht worden war, als Korhonen mit seinen Straftaten anfing oder ich den Strafantrag gegen ihn stellte. Mit anderen Worten hatte die Helsinkier Polizei es geschafft, das Raum-Zeit-Kontinuum zu verbiegen: Korhonen war in die Zukunft gereist, um mein Buch zu lesen, dessen Inhalt ich noch nicht kannte, dann war er darüber beleidigt gewesen und zurück in die Vergangenheit gereist, um sich für mein Buch zu rächen, indem er mich im Internet als Lügnerin, Drogensüchtige und Propagandistin bezeichnete.

»In den Schriften ist die Kränkung über die Behauptungen in Aros Buch, in ihrem Blog und bei ihren öffentlichen Auftritten spürbar. Die Bezeichnungen hat Korhonen meines Erachtens auf sich oder ihm nahestehende Personen bezogen.«

Eine Woche, nachdem ich diesen Brief von der Polizei erhalten hatte, erklärte Korhonen über Twitter, dass Johan Bäckman ihn sogar für die Schriften über mich *bezahlt* hätte.

Während die Polizei ihre Ermittlungen zugunsten jener Personen abbrach, die mit meinem Stalking Geld, Werbeeinnahmen und neue Follower generierten und mir meine Lebensgrundlage zerstörten, wurden im Sommer 2021 die Empfehlungen der UNO an ihre Mitgliedsländer zum Schutz von Journalistinnen und in der Medienbranche arbeitenden Frauen veröffentlicht. Diesem UN-Sonderbericht zufolge sind Journalistinnen aufgrund ihres Geschlechts in dieser Branche in einer »besonders verletzlichen Lage und werden permanent angegriffen«. Im Sonderbericht hieß es weiter, dass die Polizei, die Staatsanwaltschaft und die Justiz dafür verantwortlich sind, die Verpflichtung der Mitgliedsstaaten beim Schutz der Journalistinnen in die Tat umzusetzen. Diesen Amtsträgern wurden Schulungsprogramme empfohlen, damit sich die Behörden ihrer internationalen Pflichten hinsichtlich der Menschenrechte bewusst werden.

Bei der Polizei Helsinki wurde mit dem UN-Sonderbericht samt Empfehlungen der Boden aufgewischt.

Und Juha Korhonen verfolgt und belästigt mich auch nach sieben Jahren weiter.

Copy-paste-Milderungsgrund

Gegen ein Mitglied aus der Anfangszeit des Verfolgerrings namens Marco de Wit hatten wir ebenfalls einen sorgfältig vorbereiteten Strafantrag gestellt. De Wit war YouTuber und Chef einer Internetpublikation mit dem Namen *Laiton lehti* (dt. Illegales Blatt). Er hatte mich besonders in den Jahren 2017 bis 2019 emsig belästigt.

De Wit verfolgte mich und belegte mich mit Namen wie NATO-Tussi, NATO-Troll, Krawall-Jessi, Gestörte, NATO-Häscher, Krawallreporterin, Zuckermaus, Yles NATO-Narkomanin, Tussi der Nation und Listenerste der unverschämtesten Lügenreporter.

Während 2018 im Bezirksgericht hinter verschlossenen Türen über die gesundheitlichen Beeinträchtigungen, die ich durch die Straftaten erlitten hatte, verhandelt wurde, streamte de Wit vor der Tür. Er »interviewte« eine Person, die behauptete, mich Anfang der 2000er-Jahre mit dem Taxi »direkt vom Entzug zum Drogenbeschaffen« gefahren zu haben.

De Wit meinte, dass ich überall Russland-Trolle sehe, alle NATO-Gegner als Russland-Trolle beschimpfe, dass ich süchtig nach der NATO sei und alle NATO-Gegner verfolge, und ich zudem Wahnvorstellungen habe, wenn ich behauptete, dass Janitskin und Bäckman mich verfolgen. De Wit machte sich in den sozialen Medien einen Spaß daraus, mich zu beleidigen.

Als ich im Herbst 2023 im Ausland war, um an diesem Buch zu schreiben, bekam ich wieder einen umfangreichen Brief von der Polizei nach Hause geschickt. Mein Mann erzählte mir lange Zeit nichts davon, denn er wusste, wie sich eine weitere abschlägige Antwort auf einen Strafantrag auf mich auswirken würde. Die Tatenlosigkeit der Polizei und meine eigene Schutzlosigkeit waren beides Stressoren, die verhinderten, dass ich mich aufs Schreiben konzentrieren konnte.

Später zeigte mein Mann mir den Brief. Darin verwarf die Polizei weitere Ermittlungen gegen de Wit mit denselben Worten, wie sie es im selben Frühjahr bei den Ermittlungen gegen Juha Korhonen getan hatte. In diesem Copy-paste-Beschluss war bloß der Name Juha Korhonens durch den Namen Marco de Wit ersetzt worden.

Wieder brachte der Ermittlungsleiter *Milderungsgründe* vor, weil ich mich in der Öffentlichkeit geäußert und ein Sachbuch geschrieben hatte, von dem sich Marco de Wit laut Polizei »beleidigt« gefühlt habe. Es ging laut der Polizei um eine weitere Gegenreaktion zu meinem Buch *Putins Armee der Trolle*. Der Leiter der Ermittlungen schrieb, dass ich *»mich selbst in die Öffentlichkeit begeben und u.a. die bei MV-Lehti Beschäftigten mit dem Begriff Putins Trolle kritisiert habe«*. Und weiter: *»Ich bin jedoch weiterhin der Meinung,* *dass die Tat in seiner Art geringfügig ist, weil man [de Wits] Taten als Gegenreaktion auf Jessikka Aros Buch sehen muss und somit ein strafrechtlicher Milderungsgrund vorliegt. […] In den dieser Anzeige zugrunde liegenden Schriften ist die Kränkung über Behauptungen in Aros Buch, ihrem Blog und bei ihren öffentlichen Auftritten spürbar. Die aufgeladenen Bezeichnungen hat de Wit auf sich und ihm zumindest nahestehende Personen bezogen.*«

Die Staatsanwaltschaft hatte hinzugefügt, dass sie es für nicht wahrscheinlich halte, dass de Wits Schriften mir *tatsächlich* Schaden zufügten.

Ich bin anderer Meinung als die Polizei und die Staatsanwaltschaft. Es ist zeitlich nicht möglich, dass de Wit durch ein Buch beleidigt wurde, von dessen Inhalt er noch keine Ahnung hatte, als er die Taten beging, um die es in meinem Strafantrag geht. Mein Buch kam *vier Monate nach* dem letzten von mir in dem Strafantrag aufgelisteten Müll, den de Wit über mich veröffentlicht hatte, heraus. Außerdem setzt Verleumdung nicht voraus, dass mir ein Schaden entstanden ist. Es genügt, dass de Wits Äußerungen objektiv gesehen Schaden anrichten könnten.

Wie bereits in Juha Korhonens Fall tat die Polizei auch diese Taten als *geringfügig* ab. Das sind sie weder absolut noch relativ gesehen.

2021, während die Polizei auch diesen Fall liegen und verjähren ließ, wurde Marco de Wit im Fall von neunzehn Betroffenen wegen dreier schwerer Verleumdungen und mehrerer Verleumdungen verurteilt. Während ich im März 2024 an diesem Buch schreibe, war dieses Urteil noch nicht rechtskräftig.

Das Bezirksgericht stellte in seinem Urteil fest, dass de Wit über die betroffenen Personen unwahre Behauptungen und Beleidigungen in den sozialen Medien verbreitet hatte. Die Personen waren wegen ihrer Arbeit in de Wits Fadenkreuz geraten, denn sie waren Beamte: Richter beim Bezirksgericht, Polizisten und Staatsanwälte.

De Wit hatte über die Beamten ähnliches Material wie über mich verbreitet: Er hatte sie zum Beispiel als Lügner bezeichnet. Die Verwerflichkeit von de Wits Taten war aufgrund der Schädlichkeit und Gesundheitsgefährdung gegeben, hieß es laut Yle in der Urteilsbegründung. Ein Teil der Opfer erzählte, dass sie die sozialen Medien in ihrer Arbeit nicht mehr verwendeten bzw. »die Arbeit aufgegeben hätten, bei der sie de Wit begegnet waren«.

Meiner Meinung nach ist es eine tolle Sache, dass neunzehn Opfer von de Wits Machenschaften zu ihrem Recht kamen. Ich selbst hätte mir nur gewünscht, dass de Wits Aktionen gegen mich wenigstens in einer Voruntersuchung nachgegangen worden wäre. Es war seltsam, dass meine Arbeit als Sachbuchautorin und Journalistin, die über Russland schreibt, als *Milderungsgrund* für de Wit angesehen worden war, während seine gleichwertigen Taten gegen Beamte als Verbrechen galten. Und ohne die Erfahrungen der Opfer schmälern zu wollen, war die Wortwahl, die de Wit in ihrem Fall gewählt hatte, weit weniger rüde als die, mit der er mich bedacht hatte. Es sah ganz so aus, als ob die Ermittlungsbehörden nicht gleiche Regeln auf mich anwenden wie auf die Beamten.

Vor diesem Erlebnis hatte ich gedacht, dass Milderungsgründe bei Straftaten nur dann zum Tragen kommen, wenn das Opfer die Tat provoziert hat oder selbst eine Straftat begangen hat. Die Polizei stellte also in diesem Fall mein Buch über Russlands Informationskrieg, das erst Jahre nach dem Beginn der Störaktionen de Wits gegen mich erschienen war, sowie meine mit meiner Arbeit zusammenhängenden öffentlichen Aussagen mit einer Provokation oder einer Straftat gleich.

Genau wie die Störenfriede es bereits seit vielen Jahren getan hatten.

In dem Brief, den ich erhalten hatte, erklärte der Staatsanwalt noch, dass ein Teil der durch de Wit in seinen Schriften begangenen Straftaten verjährt seien. Diese Behauptung war wirklich ein schlechter Witz. Ich hatte den Strafantrag bereits 2019 gestellt. Die Polizei stellte die Voruntersuchungen am 12.9.2023 ein, also vier

Jahre nach meinem Strafantrag. Gewöhnliche Verleumdung verjährt nach zwei Jahren, und das wusste die Polizei bereits 2019.

Wenn jemand de Wits Straftaten hatte verjähren lassen, dann war das die Nicht-Ermittlungsabteilung der Helsinkier Polizei.

Abteilung zum Abwürgen von Ermittlungen

Ich weiß nicht genau, was innerhalb der Helsinkier Polizei vor sich gegangen ist, dass 2016 Ermittlungen gegen die Serientäter aufgenommen wurden, die mich im Auftrag einer ausländischen Nation angegriffen hatten, aber nach 2019 nichts mehr unternommen wurde.

Als ich 2016 meinen ersten Strafantrag stellte, wurde die Sache ernst genommen. Die Ermittlungen wurden rasch eingeleitet, die Polizeiverwaltung ordnete eine staatliche Untersuchung von MV-Lehti an und rief landesweit alle Opfer der Inhalte von MV-Lehti auf, sich bei der Polizei zu melden. Die finnische Justizbehörde bekam Ilja Janitskin nach Jahren der Flucht zu fassen, er wurde aus Andorra nach Finnland ausgeliefert, damit er sich dem Gerichtsverfahren stellte und zusätzliche Ermittlungen erfolgen konnten. Es ergingen mehrere Urteile.

Einmal traf ich mit meiner Anwältin Martina Kronström zufällig den damaligen Chef der Helsinkier Polizei Lasse Aapio bei der Polizeidienststelle in Pasila. Wir fragten ihn beiläufig, wie es um die Ermittlungen stünde. Aapio erwiderte, der für meine Fälle zuständige leitende Ermittler sei 2020 ernannt worden und ein *geschickter Jurist.*

Aber Aapio sagte nichts dazu, dass die Hauptaufgabe des für meine Fälle zuständigen Ermittlungsleiters bei der Helsinkier Polizei darin bestand, Ermittlungen einzustellen. Diese Information bekam ich an anderer Stelle zu hören.

Der Leiter der Ermittlungen hatte also die Aufgabe, neben eindeutigen auch kompliziertere Fälle einzustellen. Die Person, die bei meinen Fällen zum Ermittlungsleiter ernannt worden war, hatte auch keinerlei Erfahrung bei strafrechtlichen Ermittlungen. »Seine Berufserfahrung hatte er beim Fälleabwürgen gesammelt. Mit einem Kollegen zusammen taten sie jeden Tag nichts anderes und zwar von acht bis sechzehn Uhr«, erzählte mir eine meiner Quellen.

Offiziell wird bei der Helsinkier Polizei von Voruntersuchungen gesprochen. Hierbei verfolgt der Leiter der Ermittlung die Taktik, die Einstellung der Fälle so zu begründen, dass sie nie zur Beurteilung in der Staatsanwaltschaft landen. Außerhalb der finnischen Hauptstadt ist es üblich, dass die Staatsanwaltschaft über die Einstellung von Ermittlungen entscheidet, aber bei der Helsinkier Polizei tut das die Polizei. Die Staatsanwaltschaft ist nur bei schwereren Straftaten eingebunden, bei Verleumdungsdelikten auch von Anfang an.

Eine meiner Quellen erzählte mir, dass auch wenn ein Fall durchaus strafrechtliche Ermittlungen erfordern würde, die Entscheidung über die Einstellung der Ermittlungen sich im schlimmsten Fall auf fünfzehn bis zwanzig Seiten erstreckt, sodass niemand sie mehr infrage stellen will, wenn er sie vorgesetzt bekommt. Und allein schon der Widerruf gegen diese Entscheidung erfordert einen Anwalt, den man bezahlen muss.

Meine Quelle schätzt, dass bei dem Polizisten, der die Ermittlungen in meinem Fall beendet hatte, der Verweis auf die Verjährung ein übliches Mittel gewesen sein könnte, um Untersuchungen einzustellen. Dabei müsste die Auslegung einer Verjährung an sich klar sein: entweder man geht vom Veröffentlichungsdatum des Inhalts aus oder von dem Zeitpunkt, zu dem der Inhalt zugänglich war. »Wenn daran etwas unklar ist, handelt es sich dabei entweder um Gleichgültigkeit oder um Paragrafenmissbrauch«, sagt meine Quelle.

Die Einstellung der Voruntersuchungen nennt man im Polizeijargon »Fälle abwürgen«. Das sei eine unangenehme Arbeit, erzählt meine Quelle. Vom Büro der Generalstaatsanwaltschaft sind viele Fälle an eben diese »Fälleabwürge-Abteilung« zurückgeleitet worden.

Ich hatte immer Verständnis dafür gehabt, dass die Polizei viel schwerere Straftaten untersuchen muss und dass es zu wenige Ermittler gibt. Es ist kaum vorstellbar, was für fürchterliche Straftaten die Polizei mit viel zu wenig Personal aufklären muss: Straftaten gegen Kinder, Sexualstraftaten, Gewalt, Tötungsdelikte, Menschenhandel. Aber ich hätte mir dennoch gewünscht, dass der finnische Staat seiner Aufgabe nachkommt und mein Recht auf Berufsausübung verteidigt, die aufgrund der Machenschaften der von Russland gesteuerten Agenten bedroht war.

Bis August 2022 verdiente ich mein Geld als Journalistin und zu einem kleinen Teil auch als Sachbuchautorin, wofür ich mich freiwillig auf Universitätsniveau weitergebildet habe.

Meine Arbeit ist öffentlich. Es ist Teil meiner Arbeit, Sachverhalte und Themen an die Öffentlichkeit zu bringen.

Wenn Menschen, die radikalen Gruppen oder dem Wirkungskreis des Kreml angehören, an den Sachverhalten, die ich berufsbedingt aufs Tapet bringe, etwas auszusetzen haben und mich deswegen stalken, ist es einfach die grundlegende Aufgabe des Staates und seiner Institutionen, mich zu beschützen, damit ich weiter meinem Beruf nachgehen kann. Und mit meinem Wunsch war ich nicht allein. 2018 gaben über achtzig finnische Chefredakteure eine gemeinsame Stellungnahme ab, in der sie besseren Schutz für Journalisten und alle Menschen, die in der Öffentlichkeit Erklärungen abgeben, forderten.

Indem man in meinem Fall nicht ermittelte, wurde mir die Ausübung meines Berufs unmöglich gemacht. Der Preis wurde so hoch, dass ich ihn nicht mehr bezahlen konnte. Mit Stolz kann ich jedoch feststellen, dass ich trotz der nicht verfolgten Straftaten fast acht Jahre in meinem Beruf weitermachte.

Ich hätte auch länger weitermachen können, wenn die Helsinkier Polizei ihre Arbeit getan hätte.

Anfang des Jahres 2024 beschwerte ich mich beim Ombudsmann des Parlaments über die von der Polizei nicht untersuchten Fälle. Die Beschwerde ist jetzt, da dieses Buch in Druck geht, noch immer anhängig.

Manasseh Azure Awuni

Auf dem hart befahrenen Sandweg muss man im Schritttempo fahren. Die Schlaglöcher in dem rostroten Lateritboden sind tief, und es sind zu viele, um ihnen auszuweichen. Das Auto schwankt.

Wir sind in Ghana, dem Stolz West-Afrikas, ungefähr 24 Kilometer nördlich der Hauptstadt Accra.

Hier befindet sich ein neues Wohngebiet für den gehobenen Mittelstand, dessen steinerne Einfamilienhäuser und Baustellen von dicken Mauern umgeben sind.

Am Steuer sitzt der mehrfach preisgekrönte ghanaische Journalist Manasseh Azure Awuni. Er weiß, wo wir hinmüssen, obwohl es keine Wegweiser gibt.

Zwei Ziegen überqueren die Kreuzung. Wir biegen nach links ab. Neben der Straße sind ein Schotterhaufen und drei niedrige Palmen. Das Grundstück wird von einer teils unverputzten, teils cremefarbenen Steinmauer umgeben, in dem ein robustes schwarzes Metalltor eingelassen ist. Der Putz ist abgebröckelt und verschmutzt. Hinter der Mauer geschützt steht ein einstöckiges Einfamilienhaus, von dem nur ein kleines Stück des schwarzen Hausdaches bis zur Straße schimmert.

»Das ist das Haus. Von hier aus wurde die Trollfabrik betrieben«, erklärt Awuni und stellt den Wagen vor der Mauer ab.

Ich springe aus dem Auto. Ende Juli 2023 ist es hier am Rand der westafrikanischen Großstadt 28 Grad warm und feucht. Ich spähe über die Mauer, mache Fotos, gehe weiter an der Mauer entlang um die Ecke auf das angrenzende leere Grundstück. Von dort kann man das Haus besser sehen.

Das ist es. Es ist das Steinhaus von dem Nachrichtenfoto, das

2020 in einem Artikel des US-Nachrichtenriesen CNN veröffentlicht wurde. Dieselben weißen Fensterrahmen, dieselbe gelbe Front.

Es ist Russlands Trollfabrik in Afrika.

Vom Kreml angeführte Privatarmee in Afrika

Während ich zu Recherchezwecken für mein Buch nach Ghana fliege, wehen zwei Länder weiter nach Südosten, in Niger, Russlands weiß-blau-rote Flaggen.

Die von Russland unterstützten Soldaten ergriffen in Niger die Macht, und die Unterstützer der Militärjunta bezeugen Russland ihre Dankbarkeit, indem sie bei Demonstrationen die russische Flagge schwenken. Die russischen Fahnen sind in Niger sogar so begehrt, dass die Schneider alle Mühe haben, mit der Produktion nachzukommen, weiß der Nachrichtendienst Reuters zu berichten.

Ich war bereits 2021 auf Russlands Operationen in Afrika aufmerksam geworden, als ein Journalist des Nachrichtendienstes AFP mich um ein Interview bat. Er setzte mir auseinander, warum den YouTube-Zuschauern in Mali Videos gezeigt wurden, in denen eine synthetische Roboterstimme die Truppen des französischen Sicherheitsdienstes in Mali kritisierte und Russlands Wagnertruppen lobte. Das Video schien ein Teil des vom Kreml gesteuerten Informationskrieges zu sein und hatte zum Ziel, die französischen Truppen bei den Bewohnern von Mali in Verruf zu bringen. Die Kontingente halfen damals in Mali dabei, die erstarkten Dschihad-Terroristen und zahlreiche weitere gewaltbereite Aufständische zu bekämpfen.

Das Video sollte ganz klar die Unterstützung für russische Soldaten steigern.

Bereits ein Jahr später, im Jahr 2022, zog Frankreich seine Truppen aus Mali ab und begründete das mit Unstimmigkeiten mit der Militärjunta in Mali. Seitdem hat Russland seine Präsenz in Mali weiter ausgebaut.

Es stellte sich heraus, dass Moskau dasselbe Spiel in mehreren afrikanischen Ländern spielte, besonders in der von gewaltsamen Zusammenstößen zerrütteten Sahelzone, aber auch in West- und Zentralafrika und zum Teil auch anderswo: Zuerst wird der russische Informationskrieg auf diese Länder gerichtet, dann marschieren die Soldaten ein.

Die UNO hat versucht, die afrikanischen Länder vor der sogenannten Gruppe Wagner zu warnen und darauf hingewiesen, dass diese Söldnertruppen systematisch Menschenrechtsverletzungen, Folter, Entführungen und Hinrichtungen verüben.

Vielerorts hat der Kreml tief in den afrikanischen Gesellschaften Fuß gefasst. Und Russland ist beliebt, im Gegensatz zum Westen. Moskau bildet insbesondere mit den mit harter Hand regierenden Staatsoberhäuptern Allianzen. Gleichzeitig verhilft Russland den ihm nützlichen politischen Kräften an die Macht, und das mit allen Mitteln.

Im streng islamischen Sudan unterstützte der Kreml lange den Despoten Omar al Bashir, der sich 1989 an die Macht geputscht hatte und der in Verdacht steht, Kriegsverbrechen begangen zu haben. Der mittlerweile verstorbene Kommandant der Söldnertruppe Gruppe Wagner, Jewgeni Prigoschin, unterstützte bis zuletzt Bashirs Regierung dabei, die Proteste der Bevölkerung zu unterdrücken, indem er Lügennachrichtenkampagnen ins Leben rief und öffentlichkeitswirksame Enthauptungen von Demonstranten auf den Straßen initiierte.

Sudans Oberhaupt Bashir musste trotz Russlands Unterstützung abtreten, aber Russland macht sich noch immer Sudans Goldvorkommen zunutze. Russische Soldaten sind eingeschleust worden, um das illegal geschürfte Gold außer Landes zu bringen. Manche Schätzungen besagen, dass der Kreml mit dem Gold aus Sudan unter anderem seinen Angriffskrieg gegen die Ukraine finanziert.

Das US-Finanzministerium erließ 2020 Sanktionen gegen Prigoschin und die Goldfirma, hinter der Wagner steckte. Russlands

Operationen beschreibt das Ministerium als eine Mischung aus »paramilitärischen Operationen, Unterstützung autoritärer Regimes und Ausbeutung natürlicher Ressourcen«.

Der Welt gegenüber hat der Kreml die »Gruppe Wagner« geschickt als Marke etabliert, die angeblich eine von Russland unabhängige private Sicherheitsfirma ist. In Wirklichkeit arbeitet die Gruppe Wagner eng mit dem russischen Geheimdienst, dem russischen Präsidenten und dem Verteidigungsministerium zusammen. Die Gruppe Wagner ist jedoch nicht die einzige dem Kreml unterstellte, aber als »private Söldnerfirma« beworbene Söldnertruppe. Ähnlich agieren auch Redut und Convoy, die laut Wall Street Journal von russischen Vertretern im Herbst 2023 beim Staatsbesuch in Libyen und Burkina Faso als Nachfolger der Gruppe Wagner beworben wurden.

Putins Regierung gibt sich nicht einmal mehr Mühe, ihre Befehlsgewalt über die Gruppe Wagner geheim zu halten, und hat selbst zugegeben, sie anzuführen. Im Sommer 2023 erwarb sich die Wagner-Truppe wegen ihres Aufstands den Ruf, unzuverlässig zu sein, aber der Kreml hat seinen Partnerländern Zentralafrika, Mali und Syrien gegenüber versichert, dass die Wagner-Operationen ohne Unterbrechung weitergehen.

Als Sachbuchautorin war es eine Herausforderung, die russischen Operationen vor Ort in jenen afrikanischen Ländern zu untersuchen, in denen Russlands Kriegstruppen mit der Regierung zusammenarbeiten. Es war gefährlich. Zu effizient arbeitende Investigativjournalisten, auch ausländische, sind durchaus schon mal getötet worden.

In der armen Republik Zentralafrika, wo russische Truppen die Gold- und Diamantenminen kontrollieren und die örtlichen Soldaten ausbilden, kam der Journalist Jean Saint-Clair Maka Gbossokotto unter ungeklärten Umständen ums Leben, nachdem er in seiner Onlinezeitung kritische Berichte über die Wagner-Operationen im Jahr 2022 veröffentlicht hatte. Vier Jahre zuvor wurden in der Republik Zentralafrika drei russische Journalisten brutal ermordet, die in den Dschungel gereist waren, um Recherchen zu den Wagner-Truppen anzustellen. Dem Komitee zum Schutz von Journalisten (CPJ) zufolge haben weder russische noch zentralafrikanische Behörden die Morde aufgeklärt oder auch nur untersucht.

Ich würde gerne vor Ort, in die Zentralafrikanische Republik, den Sudan und Mali reisen, um Russlands Operationen kennenzulernen. Aber die Außenministerien Finnlands und anderer westlicher Staaten raten davon ab, auch nur zu Urlaubszwecken diese Länder zu besuchen. Außerdem müsste ich für die Einreise in Zentralafrika oder nach Mali in Moskau um ein Visum ersuchen: meinen Pass in den Botschaften der Länder in Moskau vorweisen und ihnen neben meinem Passfoto auch meine Adresse und Informationen zu meiner geplanten Arbeit vorlegen.

Von den Botschaften aus würden die Informationen über mich direkt zu den Sicherheitsbehörden der Länder gelangen, die mit dem russischen Sicherheitsapparat zusammenarbeiten. Das lasse ich lieber bleiben.

Stattdessen reise ich nach Ghana. Das bietet eine sichere Möglichkeit, den Aktivitäten des Kreml zumindest vom selben Kontinent aus nachzugehen. Ghana ist eine politisch stabile Mehrparteiendemokratie, richtungweisend, und laut Freedom House eine der wenigen völlig freien afrikanischen Länder. Soweit bekannt, agieren in Ghana zumindest noch keine russischen Soldaten. Aber auch hier ist Putins Russland aktiv.

Russlands Informationskrieg ist westliche Propaganda

Vor Ort unterstützt mich der 39-jährige Manasseh Azure Awuni, der aus einer armen Familie im Norden Ghanas stammt. Seine Eltern sind Analphabeten und er ist das zweitälteste von elf Kindern. Awuni ist genau die Art von Reporter, die der amerikanische Nachrichtenriese CNN 2020 für sein Projekt benötigte, um mehr über die russische Trollfabrik in Ghana zu erfahren. Er ist ein *sehr* guter Investigativjournalist, der sich in einer Trollfabrik einschleusen und die Menschen zum Reden bringen kann, der sie dazu bringen kann, ihm alles zu erzählen, was sie wissen.

Als Journalist hatte sich Awuni besonders mit Korruption und Menschenrechtsverletzungen beschäftigt. Er hatte Millionen Dollar schwere Korruptionsfälle ans Tageslicht gebracht und schätzt, dass infolge seiner Artikel betrügerische Vertragsabschlüsse im Wert von insgesamt Hunderten Millionen Dollar verhindert worden seien. In den Gerichtsverhandlungen, die auf seine Enthüllungen folgten, wurden Menschen zu Gefängnisstrafen verurteilt.

Awuni hat ein Sachbuch über Journalismus geschrieben und ist in Ghana mit dem Preis für den vielversprechendsten Reporter und besten Journalisten ausgezeichnet worden. Den Preis für den besten Journalisten in ganz Westafrika hat er schon zwei Mal bekommen. Er ist so bekannt, dass die Passanten ihn auf Accras Straßen erkennen, ihm die Hand schütteln und danken.

2020 baten Mitarbeiter von CNN Awuni darum, an einem Projekt als Journalist im Background mitzuwirken, weil sie gerade an einem Dokumentarfilm und Internetartikeln zu Russlands Trollfabrik in Ghana arbeiteten. Awuni bekam die Aufgabe, Menschen ausfindig zu machen, die in der Trollfabrik arbeiteten, und sie auf die Interviews vorzubereiten, bevor die CNN-Reporter aus Amerika nach Ghana reisten, um das Material zu abzufilmen.

Vor diesem Projekt hatte Awuni nichts über die russischen Trollfabriken gewusst. Diese oder gar Russlands internationaler Informationskrieg sind kein großes Gesprächsthema in Westafrika. Im Gegenteil: Die Behauptung, Russland führe einen Informationskrieg gegen die afrikanischen Länder, hätte man eher als westliche Propaganda gegen Russland abgetan. »Die Leute hier interessiert das nicht. Das ist kein aktuelles Thema hier in Ghana«, erläutert Awuni und machte sich dennoch an die Arbeit.

Die russische Trollfabrik in Ghanas Hauptstadt tarnte sich als

Teil der Zivilgesellschaft. In der Öffentlichkeit trat sie als soziale Organisation auf und nannte sich Eliminating Barriers for the Liberation of Africa (EBLA).

Auf den Internetseiten behauptete diese Organisation, Mittel für Schulen zu sammeln, die arme Kinder in Afrika unterrichten. Aufgrund des Internetauftritts seien die Leser vielleicht geneigt, sofort Geld zu spenden, sagt Awuni, weil sie den Eindruck haben, das Projekt sei echt afrikanisch. »Aber die tägliche Arbeit unterschied sich sehr von dem, wie es in der Werbung dargestellt wurde. Die eigentliche Art der Tätigkeit wurde auch vor den Mitarbeitern geheim gehalten«, erzählt Awuni weiter, der einige Mitarbeiter der Trollfabrik aufspüren konnte. Sie hüllten sich in Schweigen und gaben keine Informationen preis. Es war auch wenig hilfreich, dass Ghanas Sicherheitskräfte bereits eine Razzia in dem Trollbüro durchgeführt hatten, als Awuni mit seinen Recherchen begann. »Sie waren sehr misstrauisch«, erzählt Awuni.

Journalisten können außergewöhnliche Mittel anwenden, um an gesellschaftlich relevante Informationen zu kommen, an die man mit gewöhnlichen Mitteln nicht herankommt. Manasseh Azure Awuni entwickelte solche Mittel. Er konnte nicht selbst direkt mit den Mitarbeitern in Kontakt treten, weil er viel zu bekannt ist. Deswegen rief ein weniger bekannter Kollege Awunis bei den Mitarbeitern der Trollfabrik an und behauptete, auf der Suche nach Arbeit zu sein. Er sagte, er habe gehört, dass »ihr sozialen Einfluss nehmen wollt, und ich wäre gerne dabei«. Doch ohne Erfolg. »Die Gruppe hielt dicht, und ich glaube, dass ihr Chef ihnen befahl, zu schweigen und niemanden in die Gruppe hineinzulassen«, erzählt Awuni.

In den sozialen Medien bekam Awuni den früheren Arbeitsplatz eines Trollmitarbeiters heraus. Er suchte einen seiner früheren Arbeitskollegen auf und bat ihn um Hilfe für das Interview. Awuni schlug vor, dass der ehemalige Kollege den Mitarbeiter der Trollfabrik anrufen und ihn zu einem Treffen einladen sollte.

Dieses Mal mit Erfolg.

»Der Trollmitarbeiter vertraute sich mir an. Aber er hatte wirklich sehr große Angst«, sagt Awuni.

WAGNER <3 MILITÄRJUNTA

Ghana ist so gut wie mit keinem Staat verfeindet, erzählt Awuni. In Westafrika gab es schon relativ häufig Staatsstreiche und auch in Ghana wird manchmal über einen möglichen Putsch spekuliert. Deswegen ist es die Priorität der inneren Sicherheit, die demokratisch gewählte Regierung zu schützen. Die akuteste Bedrohung von außen sind für Ghana die terrorbereiten Dschihadisten im nördlichen Nachbarland Burkina Faso im ohnehin unruhigen Sahelgebiet. Manchmal kommen bei den Terroranschlägen in Burkina Faso Dutzende Zivilisten ums Leben. Daher unternehmen die Sicherheitskräfte alles, um die Dschihadisten von Ghana fernzuhalten. »Die Dschihadisten sind ähnlich wie die russischen Trolle: Sie nutzen Desinformation als sehr wirksame Waffe, um ihre Agenda zu verbreiten und um neue Mitglieder anzuwerben«, sagt Awuni.

Im Dezember 2022 erklärte der ghanaische Präsident Nana Akufo-Addo öffentlich, dass Ghanas Nachbarland Burkina Faso begonnen habe, mit Russlands Wagner-Truppen zusammenzuarbeiten. Das war eine Botschaft an die internationale Gemeinschaft.

»Burkina Faso hat nun, wie auch Mali, eine Vereinbarung über die Verwendung von Wagner-Söldnern getroffen. Ich glaube, dass eine Mine in Süd-Burkina an die Wagner-Truppen übergeben worden ist, als Bezahlung für ihre Dienste«, erzählte der ghanaische Präsident Zeitungsberichten zufolge bei einem Treffen mit dem US-Außenminister Antony Blinken.

Der Präsident von Ghana brachte – ebenso öffentlich – zum Ausdruck, dass die Aktivität der Gruppe Wagner an der Nordgrenze des Landes für Ghana ein Grund zur Sorge sei und dass man von den Vereinigten Staaten Unterstützung beim Umgang mit dieser Angelegenheit erwarte.

Als Präsident Akufo Addo diese Enthüllung machte, war in Burkina Faso vor Kurzem die von Ibrahim Traoré angeführte Militärjunta an die Macht gekommen. Traoré hatte sich drei Monate zuvor in einem Putsch gegen die vorherige Militärjunta durchgesetzt.

Die Kritik des ghanaischen Präsidenten an den Wagner-Truppen rief eine Welle der Empörung hervor, sagt Awuni. Viele hielten Akufo Addos Aussagen für einen Fehler. Die Empörung rührte daher, da man befürchtete, die Erklärung des Präsidenten würde sich auf den kollektiven Kampf Ghanas mit Burkina Faso gegen den gemeinsamen Feind, die Dschihadisten, auswirken. Weil Burkina Faso, Mali und Ghana gemeinsam eine Front gegen die Dschihadisten bildeten, sollten die Länder auch nach außen Einigkeit demonstrieren. Burkina Faso und Ghana müssten auch Geheimdienstinformationen miteinander austauschen, was intakte Beziehungen voraussetzt. Kritik an dem ghanaischen Präsidenten hagelte es seitens der politischen Opposition ebenso wie von Sicherheitsanalytikern und in den sozialen Medien allgemein. »Der Präsident hätte die US-Behörden privat über die Lage informieren können, aber nicht in der Öffentlichkeit«, sagt Awuni, laut dessen Quellen Ghana nach der Flut an Kritik eine Delegation entsenden musste, um die Situation mit der Staatsführung in Burkina Faso zu beruhigen. An den Verhandlungen nahm auch Ghanas Minister für nationale Sicherheit teil.

Awuni ist auch der Meinung, dass es möglicherweise nicht zum Vorteil Ghanas ist, Kritik an den Wagner-Truppen zu üben.

»Egal, wie schwach ausgeprägt das Abkommen mit Wagner ist, die Dschihadisten bedrohen die nationale Sicherheit Ghanas«, führt Awuni aus. »Alle sind vielleicht nicht einverstanden mit Wagners Arbeit in Burkina Faso, aber in so einem kritischen Moment kann Ghana nicht die Beziehungen zu Burkina Faso gefährden. Die Dschihadisten bedrohen Ghana unmittelbar, und um sie zu bekämpfen, müssen wir zusammenarbeiten.«

Und an dieser Tatsache offenbaren sich die Gründe dafür, dass eine weitere Verstärkung der Präsenz russischer Soldaten in vielen afrikanischen Staaten in Zukunft wahrscheinlich ist.

Awuni ruft in Erinnerung, dass die Vereinigten Staaten, die offiziell Ghanas Verbündete und größter Partner in der Entwicklungszusammenarbeit sind, nicht physisch vor Ort sind, um Ghana im Kampf gegen die Dschihadisten zu unterstützen. Vor einigen Jahren wurde vorgeschlagen, einige US-Militärstützpunkte in Ghana zu errichten, aber der Protest war groß. »Die Skepsis rührt daher, dass die Vereinigten Staaten sich im Lauf der Geschichte immer wieder in die Angelegenheiten anderer Staaten eingemischt haben, und nicht nur Gutes dabei herausgekommen ist. Man ist sehr misstrauisch gegenüber den USA und dem gesamten Westen, auch wenn die Absichten gut sein sollten.«

Russisches Geheimbüro

Ende Juli 2023 ist in dem gelben einstöckigen Einfamilienhaus in Oyarifa, beinahe eine Stunde Fahrtzeit vom Zentrum der Hauptstadt Accra entfernt, nichts mehr von einer russischen Trollfabrik zu sehen. Das Haus wirkt verlassen. Manasseh Azure Awuni erzählt, dass es seines Wissens derzeit privat zu Wohnzwecken vermietet ist.

Die Lage der ehemaligen Trollfabrik ist äußerst entlarvend. Der Großteil der Büros in der ghanaischen Hauptstadt befindet sich in Accras Geschäftszentrum, aber die Räumlichkeiten der Trollfabrik war abgelegen mitten in einem Wohngebiet untergebracht. Das gelbe Steinhaus liegt versteckt hinter einer Mauer und wirkt wie ein Wohn- und nicht wie ein Bürogebäude.

Awuni zufolge ist es klar, dass jemand das Trollbüro richtiggehend versteckte. Es ist wirklich keine Lage, in der jemand ein Büro errichten wollte. »Vor ein paar Jahren standen an diesem Ort nur Büsche«, erzählt Awuni. Für Google Maps ist das Gebiet 2016 fotografiert worden. Auf den Fotos sieht man, dass dort damals kein einziges Haus fertig gebaut war. Außerdem, sagt Awuni, war für einen Teil der rund sechzehn Mitarbeiter des Trollbüros eine Wohnmöglichkeit in einem nahe gelegenen Wohnhaus organisiert worden, ein auch für ghanaische Verhältnisse ungewöhnliches Angebot.

Wir setzen unseren Weg mit dem Auto fort, weiter durch den Irrgarten aus rotsandigen Wegen voller Schlaglöcher. Wir versuchen das ehemalige Wohnhaus der Trollmitarbeiter zu finden und begegnen aus Stein gebauten Häusern von Wohlhabenden, neuen Autos, Menschen und Haustieren.

Obwohl Awuni vorsichtig fährt, spürt man die wacklige Fahrt in den Eingeweiden.

Hier ist es für jemanden wie Awuni gefährlich. Er hat wegen seiner Arbeit schon so viele Morddrohungen bekommen, dass er zwei Mal ins Ausland ziehen musste, um in Sicherheit leben und seiner Arbeit nachgehen zu können. »In so einer Gegend kann man einen Menschen leicht ausfindig machen und ihn beseitigen, ohne dass der Täter je geschnappt wird. Hier kann man nicht einmal schnell flüchten, weil die Straßen in einem so schlechten Zustand sind.«

Das ehemalige Wohnhaus der Trollbüromitarbeiter finden wir nicht. Wir fahren wieder auf die Hauptstraße und zurück ins Zentrum von Accra. Der Stau nimmt kein Ende, obwohl Samstag ist.

Hass auf den Westen

In vielen afrikanischen Staaten hat man kein Vertrauen zu den westlichen Ländern. Der Grund dafür sind laut Awuni die in Afrika durch den Westen verübten Grausamkeiten in der Kolonialzeit und der Sklavenhandel. In Ghana war Großbritannien die hauptsächliche Kolonialmacht und die Amerikaner betrieben den Handel mit den Sklaven.

»Wenn man sich ansieht, was die Europäer hier angerichtet haben, muss man konstatieren, dass Russland nie hier gewesen ist, um zu kolonisieren oder Sklavenhandel zu betreiben«, sagt Awuni. Auch nach Unabhängigkeit der afrikanischen Länder habe der Westen versucht, in einer solchen Weise Einfluss auf die Regierungssysteme auszuüben, dass es Misstrauen und Groll erregt hat.

Awuni erzählt mir eine Geschichte, die man in ganz Ghana kennt. Der erste Präsident des unabhängigen Ghana, damals Goldküste genannt, Dr. Kwame Nkrumah, war ein Vertreter des Panafrikanismus und Sozialist. Er führte das Land zuerst als Premierminister und dann als Präsident in den Jahren von 1952 bis 1966. Während seiner Regierungszeit wurde Ghana modernisiert und elektrifiziert. »Jeder Ghanaer weiß, dass Nkrumah der beste Präsident war, den wir bisher gehabt haben«, sagt Awuni. Die Zuneigung des Volkes kann man noch immer in Accras mit Springbrunnen verziertem Gedenkpark spüren, in dessen Mitte der Präsident mit seiner Frau in einem Mausoleum begraben liegt. Junge Frauen machen Selfies vor der Fotowand, die Nkrumah feiert. Aber das Schicksal des Präsidenten empört die Ghanaer bis heute. »Die Amerikaner hielten ihn für einen Kommunisten, und der US-Geheimdienst CIA half dabei, ihn zu stürzen. Das ist ein Grund dafür, dass die Menschen hier dem Westen wirklich tief misstrauen.«

Die Geschichte ist wahr, Einzelheiten hierzu waren in den CIA-Archiven einsehbar. Viele denken, dass die westlichen Länder noch immer die afrikanischen Staaten kontrollieren oder die Kolonialzeit auf die heutige Zeit ausdehnen wollen. Insbesondere in den französischsprachigen Ländern gibt es in der Gesetzgebung noch immer Überbleibsel aus der Kolonialzeit und man gibt Frankreich die Schuld an vielen gesellschaftlichen Krisen.

Die Toleranz gegenüber LGBTQ-Gemeinschaften sei eine der Ideen, die die westlichen Länder Afrika aufzwingen würden wollen, und gegen die viele sind, erzählt Awuni. In vielen afrikanischen Ländern werden sexuelle Minderheiten nicht toleriert; das gilt auch für Ghana, wie die Menschenrechtsberichte zeigen. »Die westlichen Länder bewerben diese LGBTQ-Sachen und zwingen die afrikanischen Länder praktisch dazu, sie zu akzeptieren. Der Widerstand hier ist groß.«

Viele Despoten in Afrika greifen auf antiwestliche Rhetorik zurück, um mehr Glaubwürdigkeit beim Volk zu erlangen. In Afrika wird jeder Machthaber, der verkündet, dass er keine Angst vor dem Westen hat, als Held angesehen.

»Wenn ein Politiker irgendein westliches Land unterstützt, gilt er leicht als Verbreiter westlicher Propaganda oder als vom Westen gekauft. In Ghana herrscht so eine Dynamik«, sagt Awuni. Diese Empfindungen, die Feindseligkeit und auch den Hass gegen den Westen, macht sich Russland bei seinen Operationen in Afrika zunutze.

Gemeinsame Sache aller Afrikaner

Der Mann, der 2020 Chef der Trollfabrik in dem ghanaischen Einfamilienhaus war, wusste genau, was er tat, sagt Awuni. Er stachelte die Afroamerikaner in den Vereinigten Staaten dazu an, sich gegen die anderen Amerikaner zu richten. Gleichzeitig führte er seine Mitarbeiter in die Irre, indem er behauptete, es ginge um die *Stärkung der Identität der Schwarzen.*

In Ghana kann man junge Erwachsene leicht dazu bringen, das zu tun, was der Chef der Trollfabrik von ihnen wollte. Viele Ghanaer sind nach ihrer Ausbildung hoch motiviert, die Arbeitslosigkeit ist hoch und die Löhne niedrig. Ein Beispiel: Der Staat zahlt Straßenkehrern einen Monatslohn von nur 25 Dollar – obwohl sie zum Teil gut ausgebildet sind und die Arbeit sehr schwer ist. »Da bekommt man einen Eindruck, wie wenig nötig ist, um eine Trollfabrik zu errichten. Die Mitarbeiter bekommen Laptops, und ihre Arbeit besteht darin, in den sozialen Medien irgendwelche Inhalte zu posten. Den meisten jungen Menschen macht das sowieso Spaß, sie mögen es, in den sozialen Medien aktiv zu sein.«

In der Trollfabrik wurde Tag für Tag in den sozialen Medien gepostet und auf die Postings von anderen geantwortet, erzählt Awuni. Die Vorgehensweise war gut organisiert. Aber über die Bedeutung der Arbeit und dessen Ziele führte man die Mitarbeiter in die Irre. Ein Mitarbeiter erzählte Awuni, dass man ihnen ihre Tätigkeit als eine wichtige, *gemeinsame Sache der Afrikaner* dargestellt hätte. Ein anderer sagte, dass ihnen der Chef auch Schulungen organisierte, wie man in Kryptowährung investiere, obwohl in Ghana der Handel damit verboten ist.

Awuni glaubt, dass die Sache mit Kryptowährung eine List war, mit der man Geld beschaffen wollte oder versuchte, wie man Geld transferieren konnte, ohne Spuren zu hinterlassen. »Wenn die Finanztransaktionen in Kryptowährung getätigt worden sind, hätten die Sicherheitsbehörden es schwer gehabt, überhaupt etwas zu bemerken«, sagt er.

Facebook hat in Zusammenarbeit mit CNN die von Ghana ausgehenden »unechten und koordinierten ausländischen Störaktionen« untersucht. Facebook gab öffentlich bekannt, dass das Netzwerk, das sowohl über Facebook- als auch Instagram-Konten aktiv war, zur Internet Research Agency gehörte, die als russische Trollfabrik gilt. Laut Facebook wurde die Netzwerkaktivität von örtlichen Internetusern – bewusst und unbewusst – für in Russland ansässige Personen aufrechterhalten. Die Aktivitäten zielten größtenteils auf Amerika ab. »Die posteten oft amerikanische Nachrichtenmeldungen und versuchten, ihr Publikum zu vergrößern, indem sie sich auf die Geschichte der Schwarzen, auf Mode, auf Meldungen über aktuelle und historische Berühmtheiten Amerikas sowie auf die LGBTQ-Themen konzentrierten«, heißt es in der Facebook-Mitteilung.

Auf den Konten wurde auch Material zu Ungerechtigkeiten und Polizeigewalt geteilt sowie mehrfach versucht, Werbeanzeigen über diese Seiten zu kaufen, aber Facebook hat diese Versuche unterbunden. Der Konzern hat nach eigenen Angaben auch Konten und Seiten entfernt.

Bereits Jahre vor diesen Enthüllungen war bekannt geworden, dass die Afroamerikaner für Russland eine wichtige Zielgruppe für Einflussnahme sind. Zum Beispiel wurde 2017 eine genau auf in Amerika lebende Schwarze gerichtete Operation bekannt. Damals berichtete CNN, dass Akteure, die in Zusammenhang mit Russlands Trollfabrik stehen, auf Facebook Anzeigen für Trainer finanzierten, die Selbstverteidigungskurse für Schwarze in New York leiteten. Ein Trainer, der so eine Werbeanzeige geschaltet hatte, erzählte CNN, dass eine Person mit afrikanischem Akzent angerufen habe und ihn gebeten habe, Kontaktdaten der Menschen zu sammeln, die an seinen Kursen teilnahmen.

Der Trainer hat diese Daten nach eigenen Angaben nicht weitergegeben und gleich den Verdacht gehabt, dass Russlands Trolle hinter der Aktion steckten.

Ein kleiner Schrotthaufen neben Kotokas Flughafen

Die russische Botschaft in Accra – ein hellgelbes Gebäude, das wie eine Festung aus Stein wirkt – befindet sich auf einem riesigen Grundstück neben dem internationalen Flughafen Kotoka.

Der Straßenbelag der Jawaharlal Nehru Road, die in die Botschaftseinfahrt mündet, ist verfallen, und neben der Eingangspforte hat sich ein Schrotthaufen aus Möbeln, Metallabfall, Türklinken und Ziegeln angesammelt. Auf der Botschaftsmauer wird der Tag des Sieges und der Gedenkmarsch des »Unsterblichen Regiments« angepriesen.

Der neue Präsident von Ghana, Nana Akufo-Addo, gehört der Neuen patriotischen Partei (NPP) an, die eine deutlich kritische Haltung gegenüber Russland innehat. Deswegen ist Ghana auch kritisch gegenüber Russlands Krieg gegen die Ukraine, was in Afrika keine Selbstverständlichkeit ist.

Als die UNO im März 2022 eine Notversammlung als Folge des Angriffs auf die Ukraine einberief, und in der Schlusserklärung

Russlands bedingungsloser Rückzug aus der Ukraine und die Beendigung der Gewalt vorgeschlagen wurde, stimmten nur 28 von 54 afrikanischen Ländern für diese Schlusserklärung. Laut Schätzungen zahlreicher Experten leiden gerade die afrikanischen Länder unter den aufgrund des Krieges steigenden Lebensmittel- und Energiepreisen sowie an einer möglichen Lebensmittelknappheit, wenn Russland die Getreideexporte aus der Ukraine verhindert.

Während der Regierungszeit von Präsident Akufo-Addo leidet Ghanas Wirtschaft; das Wachstum des Bruttoinlandsprodukts hat sich 2022 verlangsamt, und ein Grund für diesen Rückgang sind laut Afrikas Entwicklungsbank gerade die mittelbaren Folgen von Russlands Großoffensive gegen die Ukraine. Die Preise für Energie und Lebensmittel sind gestiegen und die Inflation kletterte 2022 auf 31,5 Prozent (!). Zum Teil kann man sich die Wirtschaftsflaute auch mit Korruption und schlechter Verwaltung erklären, aber Präsident Akufo-Addo hat sowohl in Ghana als auch in den internationalen Medien laut und deutlich gemacht, dass Russlands Angriffskrieg an Ghanas schlechter Wirtschaftsentwicklung und den negativen Auswirkungen auf das Leben der Ghanaer schuld sei.

Das kann Russland nicht gefallen.

Ein halbes Jahr nach Kriegsbeginn sagte Präsident Akufo-Addo in der UNO-Vollversammlung, dass »jede Kugel, jede Bombe, jede Rakete, die ein Ziel in der Ukraine trifft, auch unsere Taschen und Volkswirtschaften in Afrika trifft«. Er hob eindrucksvoll die direkten Auswirkungen des Krieges auf das Leben der Menschen in Afrika hervor. Die russische Invasion in die Ukraine werde uns laut Akufo-Addo noch allen auf den Kopf fallen, in einer Situation, in der wir noch damit beschäftigt sind, die Folgen der Covid-19-Pandemie zu beheben.

Die russische Botschaft in Accra hat sich mehrmals in die öffentliche Diskussion in Ghana eingemischt. Sie hat Ghanas Regierung empfohlen aufzuhören, Russland die Schuld für Ghanas wirtschaftlichen Schwierigkeiten zu geben, denn nach russischer Meinung hätten Ghanas Probleme bereits lange vor dem Ukrainekrieg begonnen.

Manasseh Azure Awuni sagt, es komme selten vor, dass eine andere Nation die Aussagen von Ghanas Regierung in aller Öffentlichkeit angreift. Aber Russlands Botschaft in Accra tut es. Und vielleicht gerade wegen dieser außergewöhnlichen Maßnahme werden die Beiträge der russischen Botschaft in den örtlichen Medien mit Vehemenz thematisiert:

»Russland sendet ein starkes Signal zum Russland-Ukrainekrieg.«

»Russland zu Regierung: Hört auf, uns die Schuld zu geben.«

Ich schaue mir Internetseiten der russischen Botschaft in Accra an, um zu sehen, welche Informationen der Kreml Ghana zukommen lassen will.

Der interessanteste Inhalt ist unter der Überschrift *Militärische Sonderoperation zur Entnazifizierung und Demilitarisierung der Ukraine* zu finden. Auf dieser Webseite gibt es Dutzende Links zu Kremls Propagandaschriften, zu englischsprachigen Lügenmedien und zu YouTube-Verschwörungsvideos, in denen die Ukraine als ein von Neonazis angeführter Staat hingestellt wird. Der gesamte Content hat einen Grundtenor: Der Westen ist ein Schurke. Es wird auch auf Artikel aus internationalen Medien verwiesen, in denen starke, dem Kreml nützliche Sichtweisen vorkommen. Und dann gibt es noch die Unterabteilung *Westliche Fakes.*

Den Ghanaern werden aber auch Kooperationen in Russland angeboten, technische Geräte für den Thunfischfang, Kamaz-Traktoren und UAZ-Transportfahrzeuge. Zuletzt gibt es auf der Webseite auch noch einen Link zur Homepage von Rosoboronexport. Das ist ein russischer Staatsbetrieb, der sich um die Exportgeschäfte der Waffenfirma des russischen Staates Rosteh kümmert. Russland ist 2020 zum größten Waffenlieferanten der afrikanischen Länder aufgestiegen.

Einige Monate vor meinem Besuch, im April 2023, hatte die russische Botschaft einen Artikel darüber veröffentlicht, dass der russische Botschafter Sergej Berdnikow eine Vorlesung am Armed Forces Command and Staff College in Ghana gehalten hatte. Ein offizieller Vertreter Russlands war also an einer Hochschule als Referent aufgetreten, an der Offiziere der ghanaischen Armee ausgebildet werden. Auf den Bildern ist zu sehen, dass Dutzende Vertreter des ghanaischen Militärs an der Vorlesung teilnahmen, zum größten Teil in Uniform. Botschafter Berdnikow hat ihnen das aktualisierte außenpolitische Konzept vorgestellt sowie Moskaus aktuelle Sicht auf die Ukraine und die Getreidelieferungen am Schwarzen Meer.

Auf den Internetseiten wird nicht erzählt, ob Botschafter Berdnikow in seiner Vorlesung den ghanaischen Offizieren auch verriet, dass das russische Militär ukrainische Getreidefelder zerstört und vermint und auf dem Schwarzen Meer ukrainische Getreidefrachter versenkt und damit den Preis für Getreide empfindlich in die Höhe treibt, was letztlich Afrikas Versorgungssicherheit gefährdet.

Aber das auf den Internetseiten veröffentlichte Gruppenfoto zeigt einen Soldaten, der etwas vom russischen Botschafter entfernt steht. Es ist Dr. Wladimir Antwi-Danso, der Dekan der Armed Forces Command and Staff College in Ghana. Auf der Homepage der ghanaischen Militärhochschule wird Dr. Antwi-Danson als hoch angesehener Visionär beschrieben, der sich der Gestaltung der zukünftigen Militärführung von Ghana verschrieben hat. Er ist ein bedeutender Entscheidungsträger in Sachen Sicherheit und Verteidigung des Landes. In den ghanaischen Medien ist der Dekan ein gefragter Interviewpartner, ein Liebling der Reporter. Als Russland die Ukraine angriff, sagte Antwi-Danso, dass er Russland keinen Vorwurf mache, weil Amerika dasselbe getan hätte. Sogar der Papst hätte dasselbe getan, wenn er an der Stelle des russischen Präsidenten gewesen wäre, lautete Antwi-Dansos Analyse. Er hat auch davor gewarnt, dass Ghanas Präsident den Kalten Krieg vor Ghanas Türschwelle bringe, wenn er sich mit den Vereinigten Staaten verbündet. Er meinte damit das Hilfsersuchen Präsident Akufo-

Addos an die USA, in dem das Land um Unterstützung gegen die Wagner-Truppen in Burkina Faso bat. Dr. Antwi-Danso hat auch die Staatsoberhäupter der westlichen Länder dafür gescholten, dass sie Waffen an die Ukraine liefern, anstatt eine friedliche Lösung voranzubringen.

Wir fahren zur Militärhochschule, um Dr. Antwi-Danso für ein Interview zu treffen. Auf dem Campus ist Dr. Antwi-Danso gerade dabei, ein spätes Mittagessen zu beenden, wobei er einen internationalen Nachrichtensender schaut. Ich frage ihn, was er davon hält, dass in Afrika gerade eine Entwicklung vor sich geht, bei der russische Soldaten die bisherigen französischen Sicherheitstruppen und die UN-Friedenstruppen ersetzen. Dr. Antwi-Danso vergleicht die von Russland an der Front eingesetzten Söldnertruppen mit der Sicherheitsfirma Blackwater, die von den USA im Irakkrieg eingesetzt wurde. Laut ihm ist die Gruppe Wagner ein Teil des internationalen, geostrategischen Spionagespiels, zu dem auch die in Ghana aufgeflogene Trollfabrik gehöre. Er ist des Weiteren der Auffassung, dass die Gruppe Wagner seine Vorgehensweise bei seiner Ankunft in den afrikanischen Ländern offenlege, anders als es Blackwater in Irak getan hat. Die Gruppe Wagner helfe auch den afrikanischen Ländern beim Kampf gegen die Rebellen. »In dem Land, in dem sie tätig sind, werden sie auch vergütet. Zum Beispiel Mali: Dort haben sie zehn von den ungefähr 875 Goldminen erhalten«, sagt Antwi-Danso.

Für die russische Regierung sei der Einsatz von Wagner-Truppen einfach, billig und effizient, fährt er fort. Und die Dynamik der Gruppe Wagner ist eine andere als bei den amerikanischen Soldaten: Der Tod eines Wagner-Söldners im Ausland habe keine Auswirkungen, anders als der eines amerikanischen Soldaten. Auch nur ein Sarg eines Amerikaners im Ausland könne eine Änderung der öffentlichen Meinung bewirken, erzählt Antwi-Danso. »Aber die Wagner-Söldner kämpfen und sterben in Afrika – und es interessiert niemanden. Der Tote wird nicht einmal zurück nach Russland gebracht, anders als bei den Amerikanern, die ihre Toten nicht irgendwo herumliegen lassen.«

Die Wagner-Truppen in Afrika muss man laut Antwi-Danso gerade von diesem Blickwinkel aus betrachten. Ich interpretiere das so, dass er meint, dass der Einsatz der russischen Truppen für die afrikanischen Länder einfach und billig und unkompliziert, also praktisch ist.

Während des Interviews stellt sich heraus, dass der Dekan der ghanaischen Militärhochschule eng mit der russischen Botschaft kooperiert. Tatsächlich aber hat er ganz persönlich die wirtschaftlichen Interessen seines Namensvetters Wladimir Putin in Ghana gefördert. Das kommt zur Sprache, als ich ihn frage, wie sich die Beziehungen zwischen Ghana und Russland während Putins Regierungszeit in den letzten zwanzig Jahren entwickelt haben. Laut Dr. Antwi-Danso sind viele Dinge nicht so gelaufen, wie Putin es wollte, weil gegen Putins Russland so viele Sanktionen verhängt worden seien. Auch Ghana hätte von Russland vieles *gebraucht*, was es nicht *bestellen kann*, um nicht die Beziehungen zu den USA zu gefährden. »Wir haben beispielsweise 2018 einen Vertrag mit Gazprom unterschrieben und Gas für ein Drittel des Weltmarktpreises erworben. Das weiß ich, weil ich dabei war.« Die Verträge »mit Putin« waren also unterschrieben und Russland bereit, billiges Gas nach Ghana zu liefern. Aber dann seien die Sanktionen gekommen, sagt Antwi-Danso.

Als ich mehr darüber wissen will, erzählt er, dass der russische Botschafter damals Kontakt zu ihm aufgenommen habe, woraufhin Antwi-Danso seinen Teil zu den Verhandlungen beitrug. Russisches Gas wurde für die neuen Fabriken benötigt, die als Teil des staatlichen Industrieprojektes entstehen sollten. Ghanas Regierung wollte billige Energie. Und Russlands Gazprom, angeführt von den härtesten Silowiken aus Putins innerem Kreis, machten Ghana ein Angebot.

»Ich war begeistert, weil Gazprom der größte Gasproduzent der Welt ist und wir billiger Gas bekommen hatten als irgendein anderes Land. Ich wollte, dass Nana Akufo-Addon billige Energie bekommt«, sagt Antwi-Danso. »Russland will weiterhin seine Beziehungen zu Ghana vertiefen, aber bedauerlicherweise kann aufgrund der Sanktionen kein Vertrag zwischen Ghana und Russland abgeschlossen werden«, grollt Antwi-Danso. Seiner Meinung nach passen Sanktionen und Entwicklungsländer nicht zusammen und der geostrategische Konflikt zwischen Ost und West fügt Ghanas Wirtschaft Schaden zu.

Als ich den Dekan frage, was man davon halten sollte, dass drei Jahre zuvor eine russische Trollfabrik in Ghana aufgeflogen ist, stellt er mir die Gegenfrage, ob wir uns auch Gedanken um amerikanische Trolle machen, die gegen Russland vorgehen. Ich erwidere, dass meines Wissens noch nirgendwo amerikanische Trollfabriken entdeckt worden seien, und er entgegnet, dass es in Ghana wahrscheinlich auch keine gäbe. Aber er kenne mehrere Länder, in denen die USA welche betreiben könnten.

Ich frage ihn noch, ob er an Putins vor Kurzem gegebenes Versprechen glaube, wonach Russland Afrika vollumfänglich das Getreide ersetzen werde, das wegen des russischen Angriffs nicht aus der Ukraine geliefert werden konnte.

»Auf jeden Fall. Ich vertraue darauf. Wegen des Krieges ist die Produktion gesunken, aber Russland kurbelt dementsprechend seine eigene Produktion an.«

Das Interview neigt sich dem Ende. Antwi-Danso weist mich darauf hin, dass er in den Jahren 1980 bis 1986 an der Universität von Leningrad (heute St. Petersburg) studiert habe. Die Sowjetunion habe ihm und den anderen ausländischen Stipendiaten zusätzlich zur Ausbildung eine Unterkunft, warme Kleidung und alles andere zur Verfügung gestellt. »Das waren rosige Zeiten, wir lebten in einer künstlichen Blase. Von Rassismus bekamen wir nichts mit und wir wurden wie Prinzen und Prinzessinnen behandelt. Bei Bedarf bekamen wir Geld und im Krankheitsfall stellte man uns einen Arzt zur Verfügung.«

Wladimir Antwi-Danso erzählt, dass den ausländischen Studierenden, die sich mit dem System in der Sowjetunion anlegten, das Leben schnell schwer gemacht worden sei. Er selbst habe nichts dergleichen getan, sondern sei in der Sowjetunion gewesen, um kostenlos zu studieren. Und dafür sei er bis heute dankbar.

Ich habe genug gehört. Wir fahren mit Manasseh Azure Awuni weiter.

Die Razzia

Zurück in das Jahr 2020. Damals hat Manasseh Azure Awuni den amerikanischen CNN-Reportern geholfen. Er sprach mit jemandem, der dabei gewesen war, als Ghanas Sicherheitsbeamte die Trollfabrik durchsuchten.

Die Polizei verhaftete alle, die sich dort aufhielten, und beschlagnahmte ihre Telefone. Sie wurden zu Autos begleitet und für Vernehmungen nach Accra gefahren.

Die Mitarbeiter des Trollbüros hatten keine Ahnung, was vor sich ging. Bei den Verhören erzählten sie nacheinander die gleiche Geschichte, sagt Awuni: Sie würden in einer Nichtregierungsorganisation arbeiten, die sich für die Sache der Schwarzen, das *black empowerment*, einsetze. »Ein Typ aus Südafrika, der behauptet hatte, dass er mit einem zweiten Südafrikaner zusammenarbeite, hatte sie eingestellt. Dieser Mann hatte sich als Amara vorgestellt.« In Wirklichkeit heißt »Amara« Seth Wiredu, kommt aus Ghana, kann laut Informationen der CNN Russisch und hat lange Zeit in Russland gelebt.

Manasseh Azure Awuni hatte einen Mitarbeiter der Trollfabrik als Quelle gewinnen können, obwohl er Angst davor gehabt hatte aufzufliegen und dass ihm etwas angetan werden könnte.

Die Quelle erzählte, dass »Amara« die Mitarbeiter auch nach der Razzia versuchte davon zu überzeugen, dass die Behörden falschen Informationen aufgesessen seien. »Er behauptete auch, dass die Beamten ihn angeblich mit jemandem verwechselt hätten. Er habe nichts zu verbergen«, erzählt Awuni.

Die Quelle erzählte Manasseh Azure Awuni, wo und wann die Trolltruppe sich nach der Razzia treffen wollte. Amara hatte sich den Universitätscampus in Accra ausgesucht, laut Awuni deswegen, weil ein Treffen junger Erwachsener, die wie Studenten wirkten, dort nicht weiter auffallen würde. Die Quelle wollte auch dabei sein, ebenso Awuni und CNN.

An dem Tag im März 2020, an dem das Treffen stattfinden sollte, ließen Awuni und die Mitarbeiter von CNN die Quelle ein Stück weit entfernt von dem Treffpunkt aus ihrem Auto aussteigen. Sie filmten, wie der Mitarbeiter zu seinen Kollegen ging. Dann kam es zu der Konfrontation, die CNN auf seinen Kanälen veröffentlicht hat.

Die Starreporterin von CNN, Clarissa Ward, ging auf »Amara« zu, stellte sich vor und fragte, wie lange er für die russische Trollfabrik, die Internet Research Agency, gearbeitet habe.

Amara fragte Ward leicht verunsichert, für welche Trollfabrik, und erklärte, dass er keine IRA (kurz für Internet Research Agency) kenne. Die Reporterin ließ sich nicht irritieren und fragte ihn weiter, warum er sich Amara nenne und behaupte, Südafrikaner zu sein.

»Das ist meine Privatsache. Jeder darf sich so nennen, wie er will. Alle dürfen sich verändern wie sie wollen und von Gott behütet sein«, antwortete Seth Wiredu alias Amara und fügte hinzu, dass er das für Gott tue.

Clarissa Ward sagt darauf, dass er es ihrer Meinung nach vielmehr für Russland tue und sich womöglich eines Tages vor Gott dafür rechtfertigen müsse. Seth Wiredu stritt weiterhin alles ab, dann fuhr er mit einem roten Mercedes davon.

Manasseh Azure Awuni ist der Meinung, dass die Mitarbeiter der Trollfabrik erst aus den CNN-Berichten erfuhren, dass ihre Arbeit, anders als man sie glauben machen wollte, gar nicht der

Ermächtigung der Schwarzen diente. Stattdessen steckten verborgene Motive dahinter, von denen sie nichts geahnt hatten. Erst die CNN-Reportagen hätten ihnen eröffnet, wer »Amara« in Wirklichkeit war und wofür sie benutzt worden waren. Die Person, die CNN Informationen gesteckt hatte, hatte nach der Reportage noch mehr Angst, erzählt Awuni. »Die Person fürchtete, Probleme zu bekommen. Sie hatte gehört, dass Informanten in Russland schlimme Dinge zustoßen können.«

Manasseh Azure Awuni fragte auf meine Bitte hin diese Person, ob sie auch mir für mein Buch ein Interview geben wollte. Die Person sagte, sie werde mit ihrer Familie darüber sprechen, aber meldete sich daraufhin nicht mehr bei Awuni, der glaubt: »Die Person lebt weiterhin in Angst.«

Als die CNN-Reportage im März 2020 veröffentlicht wurde, zitierte man sie lang und breit in den internationalen Medien. Aber in Ghana war das keine große Neuigkeit und die örtlichen Medien zitierten den Bericht kaum. Die Menschen in Ghana maßen den Informationen wenig bis keine Bedeutung zu und meinten, es hätte etwas mit Amerika und Russland zu tun, aber nicht mit Ghana. »Wenn bekannt geworden wäre, dass die Amerikaner hier eine Trollfabrik betreiben, wäre das Interesse hier vor Ort größer gewesen«, sagt Awuni, der zu bedenken gibt, dass dieselben ausländischen Akteure, die Ghana benutzen, um gegen Amerika vorzugehen, auch Ghana benutzen könnten, um gegen Ghana vorzugehen, zum Beispiel mit Propagandafabriken und Agenten.

Nur zwei Wochen vor meiner Ankunft in Accra hatte die ghanaische Polizei fünf Menschen verhaftet, die Material verbreitet hatten, mit dem sie Russland und die Gruppe Wagner unterstützen wollten. Ein suspektes Netzwerk hatte Geld für eine Pro-Wagner-Demo in Westafrika gesammelt und tatsächlich fand auch eine überschaubare Kundgebung statt. Die ghanaische Nachrichten-Webseite GhanaFact, die sich mit dem Fall befasst hatte, berichtete zum Beispiel, dass eine Gruppierung, die unter dem Namen Wagner PMC auftrat, für die Demonstranten tausend T-Shirts mit dem Logo der Gruppe Wagner hatte drucken lassen.

Und weil Russlands Trolle über weitreichende internationale Netzwerke verfügen, teilten die großen internationalen für Russland als Trolle agierenden DDGeopolitics und Aussie Cossack Informationen über diese Demonstration.

Ich wollte in Erfahrung bringen, wie es Seth Wiredu ergangen war, nachdem die ghanaischen Sicherheitsbehörden wegen des Verdachts auf Geldwäsche gegen ihn ermittelt hatten. Awuni erkundigte sich bei seinem Informanten, der berichtete, dass Seth Wiredu wegen des Verdachts auf Geldwäsche angeklagt worden war, weil er verdächtiges Geld aus Russland angenommen hatte. In der Gerichtsakte zu diesem Fall steht, dass Wiredu, ein 32-jähriger verheirateter Architekt, im russischen Nowgorod wohne, mehrere Cyberverbrechen begangen und mehrmals auf diese Weise erlangtes Vermögen nach Ghana transferiert hätte.

Awuni konnte aus Sicherheitskreisen in Erfahrung bringen, dass die amerikanische Botschaft in Accra die Berichte um die Entdeckung der Trollfabrik sehr ernst nahm. Sie hatte darum ersucht, noch weitere Anklagen wegen Störaktionen gegen die Vereinigten Staaten gegen die Betreiber der Trollfabrik zu erheben. »Aber die ghanaischen Behörden erklärten der US-Botschaft gegenüber, dass ihnen die Hände gebunden seien. Ghanas Gesetze ermöglichen keine Anklagen auf dieser Grundlage.«

Zudem war der Standpunkt der ghanaischen Sicherheitskräfte der, dass es Amerikas Problem sei, wenn Russland die USA angreife, und nicht Ghanas. Sie sahen nicht ein, warum sie »für Amerika Krieg führen« sollten. »Laut meinen Informationen gab es in dieser Sache einige Unstimmigkeiten zwischen den USA und Ghana«, sagt Awuni. Ihm sei zu Ohren gekommen, dass die Behörden nicht einmal wussten, dass in dem Haus im wohlsituierten Vorort Accras eine russische Trollfabrik betrieben wurde, als sie es Anfang 2020 durchsuchten. Sie seien einem Geldwäscheverdacht auf der Spur gewesen.

Awuni berichtet weiter, dass die Klage wegen Geldwäsche gegen Wiredu keinen Erfolg gehabt hätte. Derzeit weiß man weder, wo sich Seth Wiredu aufhält noch was er tut. Auch über die Aktivitäten der restlichen Trolltruppe weiß man nichts. Es ist möglich, dass sie weiter in den sozialen Medien posten.

Als die für Russland tätige Trollfabrik in Ghana aufgedeckt wurde, berichteten Facebook und CNN, dass ein Teil der Postings dieses Netzwerks von einem anderen afrikanischen Land aus erfolgte, nämlich von Nigeria aus.

In vielen afrikanischen Ländern sind schon seit Jahren Trollfabriken tätig. 2019 wurden in dem Internet Observatory-Untersuchungsbericht der Universität Stanford russische Trolloperationen in den sozialen Medien in Libyen, Mosambik, Sudan, Madagaskar, in der Republik Zentralafrika und in der Demokratischen Republik Kongo entdeckt. In Kamerun ist die beliebte Media Afrique tätig, deren Führung Verbindungen zur Gruppe Wagner hat. Einem Expertenhinweis nach soll sich auch in Ghanas westlichem Nachbarland Elfenbeinküste ein Zentrum der russischen Informationskriegsführung befinden. Als ein Bürger der Elfenbeinküste für Russland in den Krieg gegen die Ukraine zog, feierte der damalige Kommandant der Gruppe Wagner, Jewgeni Prigoschin, dessen Einsatz in Propagandavideos.

Manasseh Azure Awuni sagt, dass Russland seine Trollfabriken in Länder wie Ghana und Nigeria auslagert, weil die Arbeitskräfte billig zu haben sind und die nachgiebigen gesellschaftlichen Strukturen die Aktivität ohne ernsthafte Konsequenzen ermöglichen.

»Der Chef der Trollfabrik hat sich hier nicht der Verantwortung stellen müssen. Wenn er heute wieder eine Trollfabrik gründet und die verdächtigen Sachen bleiben lässt, die ihn zuletzt auffliegen ließen, kann er vollkommen frei agieren.«

Der Bronzekrieger Aljoscha

Der Soldat steht mit leicht gegrätschten Beinen vor einer Steinmauer und starrt auf den Boden. Seinen Helm trägt er in der Hand und stützt ihn an seiner Hüfte ab. Der Soldat heißt Aljoscha. Das ist ein häufiger Männername in Russland und im antiken Griechenland bedeutete er *Beschützer*. Dieser Aljoscha – besser bekannt unter der Bezeichnung Bronzekrieger – ist ein 1947 in der Sowjetunion in Form gegossenes Denkmal eines Sowjetsoldaten, das am Soldatenfriedhof in der estnischen Hauptstadt Tallinn steht.

2007 bereitete der Kreml eine Hybridattacke rund um dieses Bronzekriegerdenkmal vor. Aber weil die Entscheidungsträger in Estland trotz Russlands Protesten an ihrer demokratischen Entscheidung festhielten, rächte sich der Kreml. In vielen Ländern wagt man es nicht, auf Russlands Sabotage- und Terrorangriffe so entschlossen zu antworten, wie Estland es bereits 2007 tat.

Ich interviewte drei Entscheidungsträger, die damals an der Konfliktlösung beteiligt waren, und fragte sie, wie sie in der Situation vorgegangen sind und wie die westlichen Länder ihrer Meinung nach auf Russlands Hybridkrieg reagieren sollten.

Eerik-Niiles Kross

Der ehemalige Chef des estnischen Geheimdienstes und heutiger Abgeordneter sowie international anerkannter Sicherheitsexperte Eerik-Niiles Kross hat bereits jahrzehntelang für Estland und gegen russische Geheimdienstoperationen gekämpft. 2018 ernannte die amerikanische Zeitschrift Politico Kross zum »James Bond des Baltikums«.

Wenn der Kreml Gefühle hätte, würde er Kross aus tiefstem Herzen hassen.

Nach der Unabhängigkeit von der Sowjetunion 1991 begann Kross als Diplomat, Estland in Richtung Westen und in die NATO zu führen. Noch immer waren Truppen der ehemaligen Roten Armee in Estland stationiert, und Kross half dabei, die westlichen Länder hinter Estland zu versammeln, damit die russischen Soldaten aus Estland abzögen.

Später wurden auf Eerik-Niiles Kross' Initiative hin Kriegsverbrechen der Sowjetunion sowie Menschenrechtsverletzungen des KGB in Estland untersucht und russische Geheimdienstoffiziere des Landes verwiesen. Als Kross dann auch noch anregte, dass die Wohnbedingungen der russischen Spione per Gesetz erschwert werden sollten, protestierte der Kreml.

Aber wahrscheinlicher ist, dass Kross dem Kreml schon seit den 1980er-Jahren ein Dorn im Auge ist. Damals kämpfte er für Estlands Unabhängigkeit und wurde vom KGB überwacht.

Im Frühjahr 2007 stand das Bronzekrieger-Denkmal im Zentrum der estnischen Hauptstadt an demselben öffentlichen Ort, an dem es in der Sowjetzeit errichtet worden war. Als der Kreml rund um den Bronzekrieger einen Konflikt zu konstruieren begann, war Eerik-Niiles Kross eine treibende Kraft bei der Entscheidung, die Statue aus dem Zentrum Tallinns auf den abseits gelegenen Soldatenfriedhof zu verlegen, ein Thema, das in Estland schon seit Jahren diskutiert worden war. Die Bronzefigur erinnerte an die Sowjetsoldaten und an die gewaltsamen Besatzungszeiten durch die Sowjetunion und sie sollte aus Tallinns Zentrum entfernt werden.

In jenem Frühjahr wurde in Estland das Gesetz zum Schutz der Soldatengräber erlassen. Das war nötig geworden, weil mit der Verlegung des Denkmals des Sowjetsoldaten mehrere offene juristische Fragen zusammenhingen. Das Land, auf dem die Statue stand, gehörte der Stadt Tallinn, und die damalige Stadtregierung wollte das Denkmal nicht verlegen, erzählt Kross. »In Estland gab es damals noch keinen gesetzlichen Mechanismus darüber, wer über die Verlegung des Bronzekriegers entscheidet und mit welcher Begründung. Die Regierung verfügte noch nicht über klare gesetzliche Mittel, um die Entfernung des Denkmals anzuordnen«, sagt Kross.

Nachdem das estnische Parlament das Gesetz zum Schutz der Soldatengräber erlassen hatte, wurde eine dem Verteidigungsministerium unterstellte Expertenkommission gegründet, die für die Soldatengräber verantwortlich war. Eerik-Niiles Kross war damals Mitglied dieser Kommission und ist es bis heute. Im Frühjahr 2007 beschloss jene Kommission, der estnischen Regierung die Verlegung des Bronzekriegers aus Tallinns Zentrum auf den Soldatenfriedhof zu empfehlen. »Der Plan war, dass das Grab der Sowjetsoldaten beim Bronzekrieger-Denkmal geöffnet wird. Danach sollte auf dem Soldatenfriedhof in Tallinn eine angemessene Beerdigung stattfinden«, sagt Kross. Irgendwann war der Plan so weit ausgereift, dass er umgesetzt werden konnte.

Das Übereinkommen zum Umgang mit Soldatengräbern

Die Verlegung des Bronzekriegers auf den Soldatenfriedhof wurde mit internationalen Übereinkommen begründet, und zwar mit den Genfer Verträgen, die den Umgang mit den im Krieg Verletzten, den Kriegsgefangenen und Zivilpersonen regelt. Sie betreffen auch die Gräber von Soldaten und verpflichten die Parteien, sich um die Gräber zu kümmern, unabhängig davon, um wessen Gräber es sich handelt.

Die Aufgabe umfasse zum Beispiel das Kennzeichnen der Gräber, sagt Eerik-Niiles Kross. Und wenn möglich, sollten diese Gräber auf einen Friedhof verbracht werden. »Die Gräber sollten sich beispielsweise nicht mitten auf dem Marktplatz im Stadtzentrum befinden.«

Viele Staaten schlossen zusätzlich bilaterale Verträge über die Instandhaltung dieser Gräber ab. Estland hat so einen Vertrag mit

Deutschland. Kross erzählt auch von dem Soldatenfriedhof-System Großbritanniens, das eine riesige Anzahl von Gräbern in vielen verschiedenen Ländern umfasst. »Und mehr steckt nicht dahinter. Großbritannien hat mittlerweile keine ideologischen oder imperialistischen Ambitionen hinsichtlich der Pflege der Soldatengräber«, sagt Kross.

Aber Russland benutzt die Soldatengräber als Rechtfertigung für seine imperialistische Politik.

Estland ist verpflichtet, sich um die russischen Soldatengräber auf estnischem Boden zu kümmern, aber die Länder haben keinen bilateralen Vertrag darüber. Der Grund dafür ist, dass Russland die Gräber überall in Europa dafür heranzog, um sein Revier zu markieren. »Und jetzt ebnen all diese Nationen diese Gräber ein, denn niemand will, dass Russland mit diesen kleinen territorialen Symbolen seine Duftmarken setzt«, sagt Kross.

Estland will die Soldatengräber auf den Friedhof verlegen. Deswegen wurden im ganzen Land alle Denkmäler, die Gräber beinhalten, erfasst und auf einen Friedhof umgebettet. Der Kreml ist damit nicht einverstanden. Der Kreml würde die Gräber unbekannter russischer Soldaten lieber auf den Paradeplätzen der europäischen Hauptstädte sehen.

Marko Mihkelson

In Estland gibt es viele Denkmäler aus der sowjetischen Besatzungszeit. Der Bronzekrieger war das sichtbarste von allen und stand an einem prächtigen Ort: im Zentrum Tallinns neben der Bibliothek, dem Domberg, auf Estnisch Toompea, der als Wahrzeichen der Stadt gilt, dem Parlament, dem Regierungsgebäude und dem Hauptsitz der Sicherheitspolizei Kaitsepolits. Der Platz ist symbolisch wichtig.

»Der Bronzekrieger konnte leicht instrumentalisiert werden«, erzählt der auf die Geschichte Russlands spezialisierte Historiker und ehemalige Journalist Marko Mihkelson, der zwanzig Jahre lang Abgeordneter im estnischen Parlament gewesen ist. Während des Bronzekrieger-Konflikts war Mihkelson gerade für eine zweite Amtsperiode gewählt worden. Im Parlament war er Vorsitzender des Auswärtigen Ausschusses sowie Mitglied des Europaausschusses und kümmerte sich für seinen Teil um diese Angelegenheit im Umgang mit Russland.

Als Politiker hatte sich Mihkelson auf die Gebiete konzentriert, die er am besten kennt: Die Außenpolitik, die Sicherheitspolitik und die Verteidigungspolitik. Einen Eindruck von Russlands Imperialismus bekam er als Korrespondent der estnischen Zeitung Postimees in Moskau in den Jahren 1994 bis 1997. Er interviewte russische Politiker der ersten Reihe ebenso wie mehrere einflussreiche tschetschenische Militärführer, häufig reiste er für Reportagen nach Tschetschenien.

Er sah die Grausamkeit Russlands mit eigenen Augen.

»In meiner Zeit als Korrespondent konnte ich mir ein ziemlich genaues Bild von Russlands Eigenart machen und darüber, warum die westlichen Länder hinsichtlich der Entwicklung Russlands auf der Hut sein sollten«, sagt Mihkelson.

Viele konnten nicht glauben, dass der Terror, den Russland in den 1990er- und 2000er-Jahren gegen Tschetschenien gerichtet hatte, auch andernorts Realität werden sollte.

»Jetzt ist er überall. Die Journalistin Anna Politkowskaja schrieb bereits Anfang der Nullerjahre, dass das, was Tschetschenien angetan wird, uns allen passieren wird«, erklärt Mihkelson.

Als der Kreml den Bronzekrieger als Vorwand nutzen wollte, um Krawalle in Tallinn vom Zaun zu brechen, erlebte Mihkelson nicht zum ersten Mal russische Hybridattacken gegen Estland. Als Journalist in den 1990er-Jahren hatte er einen noch intensiveren Hybridkrieg gegen Estland gesehen. Marko Mihkelson zufolge denkt man im Allgemeinen, dass Russlands damit erst in den 2000er-Jahren begonnen habe. Und die auf den Bronzekrieger gerichtete versuchte Einflussnahme war auch sehr gut sichtbar, wie auch Russlands Attacke auf Estlands Strominfrastruktur.

Aber Mihkelson sagt, dass Russlands Hybridkrieg gegen Estland in den Neunzigerjahren weit gefährlicher gewesen sei, weil die russischen Truppen bis 1994 noch immer in Estland stationiert waren und erst im August 1994 das Land verließen. »Damals lautete die große Frage, ob es Estland gelingt, aus dem russischen Imperium auszubrechen und der EU und der NATO beizutreten«, sagt er.

Russland versuchte, das mit (fast) allen Mitteln zu verhindern. In den 1990er-Jahren war Russlands Kampagne gegen Estland immens und von langer Dauer, sie beinhaltete öffentliche, aber auch nicht öffentliche Elemente. Das Ziel war, Estlands Ruf mit den Mitteln der Hybridkriegsführung so sehr zu zerstören, dass es von den westlichen Ländern nicht in ihrer Gemeinschaft akzeptiert werden würde. »Die Russen beschuldigten die Esten, Nazis und Faschisten zu sein, die die Russen in Estland diskriminierten«, so Mihkelson. Die Esten wurden so dargestellt, als ob sie die Geschichte des Zweiten Weltkriegs nicht kennen würden. Auch bei dem Konflikt um den Bronzekrieger verschwieg Russland, was die Sowjetunion in Estland in den 1940er-Jahren getan hatte.

Die verschiedenen Hybridattacken, die Russland in den Jahrzehnten gegen Estland gefahren hat, basieren alle auf der russischen Geschichtsauffassung, sagt Mihkelson. »Das ist das stalinistische Narrativ. Und Russland schreibt auch heute noch die Geschichte neu.«

Russland hat nie aufgehört

Eerik-Niiles Kross sagt, dass Russland nach dem Verfall der Sowjetunion eigentlich nie aufgehört habe, Estland anzugreifen. Nachdem Estland seine Unabhängigkeit wiedererlangt hatte, war auch Mihkelson zufolge die erste große Frage, die geklärt werden musste, der Abzug der russischen Truppen aus Estland. Schon während Estland und Russland darüber verhandelten, verfolgte Russland eine offensive und radikale Politik; Estland hingegen setzte Russland und Präsident Boris Jelzin mit internationaler Hilfe unter Druck. »Der Westen unterstützte die Übereinkunft, laut der Russland wirtschaftliche Unterstützung erhalten sollte, wenn es die Truppen aus Estland abzieht. Aber die Mitglieder der russischen Duma und Russlands Verteidigungsministerium vertraten die Ansicht, dass die Sowjettruppen in Estland bleiben sollten.«

Die Vereinbarung über den Abzug der Truppen wurde im Juli 1994 ratifiziert. Zur selben Zeit führte ein Teil der russischen Medien eine Informations-Operation gegen Estland durch. »Ich war im Herbst 1992 in der UNO, und spätestens da gab es vonseiten Russlands Aussagen darüber, wie Estland seine russischsprachige Bevölkerung diskriminiere. Also gleich von Anfang an«, sagt Kross.

Über die Loslösung Estlands aus der Sowjetunion wurde ein neues Narrativ er- und damit auch Tatsachen geschaffen. Russland war laut Kross immer schon der Meinung gewesen, dass Estland ein »neuer Staat« sei, dem Russland die Unabhängigkeit *gegeben* hätte. Eine illegale Besatzung oder Zwangseingliederung habe es nie gegeben.

Es ist eine historische Tatsache, dass die Sowjetunion im Zweiten Weltkrieg Estland besetzte, das seit 1918 unabhängig gewesen war. Die Sowjetunion griff einen autonomen Staat an und annektierte ihn illegal.

Russland behauptet, dass Estland freiwillig der Sowjetunion beigetreten sei und dankbar dafür sein sollte, dass die Sowjetunion *Estland von den Nazis befreite.* »Darauf baut Russland zahlreiche Geschichten auf. Dass die Esten selbst Nazis sind und dass die Deportationen der Esten deswegen gerechtfertigt waren«, erzählt Kross.

Die Russen sind schon lange gegen die Kernerzählungen der estnischen Nationalidentität vorgegangen. So wird behauptet, dass sich die estnischen Staatsoberhäupter 1940 widerstandslos der Sowjetunion ergeben hätten. Anderen Narrativen zufolge waren KGB-Agenten die Schlüsselfiguren bei der Unabhängigkeit und Staatsgründung Estlands. »Der erste Präsident Estlands, Konstantin Päts, wird als Verräter beschimpft, der die Demokratie zerstört hat, der genauso ist wie die Kommunistenführer«, erzählt Kross.

Auch das estnische Staatsoberhaupt zur Zeit der Unabhängigkeitsbewegung zu Beginn des 20. Jahrhunderts, Jaan Tõnisson, wurde bezichtigt, KGB-Agent zu sein. Sein Schicksal ist ungeklärt, aber das Volkskommissariat für Innere Angelegenheiten der UdSSR (NKWD) verhaftete und tötete ihn wahrscheinlich 1941.

Über die Waldbrüder Estlands, die ein Symbol des nationalen Widerstands sind, wurden ebenfalls Lügen verbreitet. Diese Waldbrüder waren eine Guerillaarmee, die gegen die russische Besatzung kämpfte. Moskau zufolge sind die Waldbrüder Nazis und Verbrecher. »Russland hat Menschen dafür bezahlt, dass sie Schmutzgeschichten über die Waldbrüder in Büchern niederschrieben«, sagt Kross, und Falschinformationen über die Waldbrüder werden noch heute verbreitet.

Russland hat Estland nicht nur des Holocausts und der Massenmorde an Juden bezichtigt, sondern auch behauptet, dass sie sich in der Zeit der Sowjetunion gegenseitig in Gefangenenlager, Gefängnisse und Psychiatrien deportiert hätten, erzählt Kross. »Angeblich hätte es nie Deportationen gegeben, wenn die Esten selbst nicht die Namenslisten der Landsleute zusammengestellt hätten, die deportiert werden sollten.«

Es ist wahr, dass manche Esten mit der Sicherheitspolizei der Sowjetunion zusammenarbeiteten, sagt Kross. Aber ohne die Sowjetunion hätte es bestimmt auch keine Diskriminierungen und Deportationen gegeben. »Also genauso, wie man Nazi-Deutschland laut Russland nicht für den Holocaust verantwortlich machen könne, weil die Esten daran schuld seien, könne man der Sowjetunion nicht die Schuld für die Deportation von Esten geben, weil die Esten es selbst getan hätten«, beschreibt Kross die Propaganda des Kreml.

Die Attacken Russlands gegen Estland seien laut Kross vielschichtig gewesen, breit angelegt und über mehrere Kanäle erfolgt: zum Beispiel mittels Lehrbüchern, Filmen, Vorlesungen und Radio-Sendungen. Die russischen Propagandabotschaften können auch widersprüchlich sein, das stelle für die Russen überhaupt kein Problem dar.

Laut den von Moskau lancierten Kampagnen seien die Esten bloß ein Volksstamm, ohne eigenen Staat oder eigene Geschichte. Die Esten hätten laut Russland auch keinerlei Bedeutung, erzählt Kross. Darüber hinaus stecke Russland alle baltischen Länder in dieselbe Schublade. Sie seien angeblich alle russophobe Handlanger der USA und täten alles, was Amerika von ihnen verlange. »Die Balten sind historisch betrachtet russlandfeindliche Nazis, und diese völlig bedeutungslosen Länder kommen ohne Russland nicht zurecht. Sie fallen in sich zusammen, ihre Wirtschaft wird zerstört, und sie scheitern. Gleichzeitig sind sie, obwohl sie ohne jede Bedeutung sind, eine Bedrohung für Russland«, beschreibt Kross Russlands Informationskrieg gegen die baltischen Staaten.

Ein Denkmal als Mittel zum Zweck

Der Bronzekrieger wäre Teil eines größeren Kreml-Plans, der die Verfälschung der Geschichte des Zweiten Weltkriegs zum Ziel hätte, sagt Eerik-Niiles Kross. »Der von ihnen kreierten Geschichte zufolge hat Russland alle von den Nazis befreit, und nun sind sowohl die Russlandfeinde als auch die Nazis gegen Russland, anstatt ihren Befreiern dankbar zu sein«, erzählt er.

Bevor Russland damit begann, sein Revier zu markieren und einen Konflikt heraufzubeschwören, war der Bronzekrieger weder für die Esten noch für die Russland-Esten besonders wichtig. Hauptsächlich die Russen und die Kriegsveteranen legten am Tag des Sieges, dem 9. Mai, Blumen an diesem Denkmal nieder.

Nachdem Wladimir Putin an die Macht gekommen war, wurde

das Denkmal zur Waffe im Propagandakrieg umfunktioniert. Die russische Botschaft in Tallinn karrte an den Siegestagen Busladungen russische Schüler zur Bronzekrieger-Statue, wo ihnen erzählt wurde, dass die Sowjetunion Estland *befreit* hätte.

Die Propaganda-Operation gewann immer mehr an Sichtbarkeit, und Russland fachte die Spannungen absichtlich an, berichtet der Abgeordnete Marko Mihkelson. Im März 2007 wurden in Estland Parlamentswahlen abgehalten, und einer der ersten Beschlüsse besagte, dass man auf den gegen Estland gerichteten und sich weiter verstärkenden Informationskrieg reagieren werde. »Die Regierung beschloss, dass man das Monument samt den Gräbern aus dem Stadtzentrum an einen Ort verlegen muss, wo man die Überreste der Verstorbenen beerdigen konnte: auf den Soldatenfriedhof«, sagt Mihkelson.

Man wollte die Angelegenheit würdevoll und geordnet über die Bühne bringen. Russland wurde angeboten, sich an der Umbettung zu beteiligen. Die Russen lehnten ab. Und die russischen Medien protestierten lautstark. Sie stachelten absichtlich die in Estland lebenden Russen zum Widerstand gegen die estnische Regierung auf. »Estlands Regierung wurde so dargestellt, dass sie den demokratischen Willen der Menschen, die gegen die Nazis Widerstand geleistet hatten und der Geschichte gedachten, ignorierten«, erzählt Mihkelson, der bereits während der Vorgänge begriffen habe, dass da ein Versuch im Gange war, Estlands innenpolitische Lage zu erschüttern und einen ethnischen Konflikt rund um das Denkmal zu konstruieren. »Und zwar einen, mit dem die Regierung nicht fertig werden könnte«, sagt Mihkelson.

Im Nachhinein vermutet Mihkelson, dass es eigentlich nicht möglich war, die kommenden Ereignisse zu verhindern: die Bronzekrieger-Unruhen, die am 26. April 2007 aufflammten.

Die Statue zieht um, und fertig

Mit der Bekanntmachung, dass der Bronzekrieger umziehen würde, wurde auch kommuniziert, dass im Zusammenhang mit dieser Verlegung eine ordnungsgemäße neuerliche Bestattung organisiert werden würde. Diese sollten estnische Archäologen, die orthodoxe Kirche Estlands und Experten der Gerichtsmedizin realisieren, erzählt Eerik-Niiles Kross. »Niemand wusste, ob überhaupt jemand bei der Statue beerdigt worden war. Und wenn ja, wer und wie viele. Die Beweislage war widersprüchlich. Das betrifft alle russischen Soldatengräber.« In Estland seien zum Beispiel sowjetische Soldatengräber oder vielmehr steinerne Denkmäler untersucht worden, bei denen laut Archivinformationen vierzig Menschen begraben liegen sollen. Aber wenn das vermeintliche Grab dann geöffnet worden sei, habe man dort nichts gefunden, erzählt Kross.

In Russland wird schon lange folgender Ablauf durchgespielt: Am Tag des Sieges wird irgendwo ein Denkmal zu Ehren gefallener Soldaten errichtet, auf dem Namen von irgendwelchen Menschen stehen. Manchmal liegt dort jemand begraben, manchmal aber auch nicht.

Während seiner Zeit in der Expertenkommission für Soldatengräber ist Kross kein einziger Fall begegnet, in dem die Archivinformationen der Wirklichkeit entsprochen hätten, die man im Grab vorgefunden hat. Manchmal sollten im Grab Soldaten aus der Zeit des Zweiten Weltkriegs liegen, aber die Überreste stammten aus der Zeit des Ersten Weltkriegs. Jemand hat bloß das Denkmal durch ein anderes ersetzt. Oder es sind aus irgendeinem Grund zehn Mal weniger Gefallene als im Archiv vermerkt worden ist. »Manchmal sind in einem Grab ganz klar Soldaten begraben, und manchmal vielleicht Kriegsgefangene. Man kann es nie wissen«, sagt Kross.

2007 kannte man Russlands Vorgehensweise hinsichtlich der Soldatengräber nicht so genau wie heute. Die Kommission ließ die

Öffentlichkeit wissen, dass es wichtig sei herauszufinden, wer in dem Bronzekrieger-Grab liege und dass man Zeit benötige, um das herauszufinden. Als vorbereitende Maßnahme vor der Graböffnung wurde ein Zelt über der Bronzekrieger-Statue errichtet, was für noch mehr Unruhe sorgte. Bald kamen Verschwörungstheorien auf, wonach man die dort gefundenen zwölf Gräber mitsamt der Statue *heimlich* verlegen wollte. Eerik-Niiles Kross sagt, dass Russland Gruppierungen in Estland vor Ort hatte, die Krawalle vorbereiteten und organisierten. »Als die Unruhen dann begannen, musste die Kommission eine Entscheidung treffen, und das tat sie auch: Die Statue wird ab- und an anderer Stelle wieder aufgebaut, und fertig«, sagt Kross.

Die Unruhen

Als die Diskussionen rund um Aljoschas Statue an Heftigkeit zunahmen, zogen die estnischen Entscheidungsträger daraus die Konsequenzen. Parallel dazu betonte Wladimir Putin in seinen Ansprachen die Bedeutung des Sieges im Großen Vaterländischen Krieg.

»Damals war es natürlich wichtig, die Gefühle der Menschen zu befeuern, und zwar, wie der Kreml hoffte, die der Russen ebenso wie die der Esten«, sagt Marko Mihkelson.

Die Bronzekrieger-Kampagne wurde in allen russischen Staatsmedien propagiert. Einer der Organisatoren der Krawalle behauptete, Estland stünde am Rande eines Bürgerkriegs. *Russland müsse die Russen verteidigen.*

Es kam zu einer kuriosen Situation, als das russische Fernsehen in Tallinn war; und einige Demonstranten vor dem Parlamentsgebäude behaupteten vor der Kamera, dass die Menschen vom estnischen Parlament dieses oder jenes verlangten. Obwohl niemand etwas vom Parlament verlangte. »Allen war vollkommen klar, dass das inszeniert war.«

Mihkelson sagt, dass er keine Geheimdienstinformationen darüber habe, worauf der Kreml mit seiner Kampagne im Großen und Ganzen abzielte. Aber die estnische Staatsführung selbst erkannte, dass man die Ereignisse in Tallinn schlecht gehandhabt hatte. Man hatte die Stimmung unter den Estland-Russen nicht verstanden.

»Das Ziel war, im Zentrum Zehntausende Russen zu sehen, aber es waren nur ungefähr zweitausend da. Und von ihnen war auch ein Teil mit Bussen aus Nordost-Estland nach Tallinn gebracht worden.«

2007 gab es unter der estnischen Bevölkerung einen breiten Konsens, man verstand und unterstützte die Notwendigkeit, Denkmäler aus den Stadtzentren zu verlegen, damit um sie herum keine Aktionen gegen Estland mehr ins Leben gerufen werden konnten. Als der Lärm um den Bronzekrieger zunahm, hatten viele Esten bald genug davon: Russlands Kampagne richtete sich gegen sich selbst.

Die Krawallmacher in den Straßen zerbrachen Fenster, zerstörten alles und entwendeten Sachen. Die Demonstrationen waren nicht politisch, weil die Unruhestifter in den Straßen sie nicht zu politischen machen konnten, sagt Mihkelson. Sie forderten nichts. »Diejenigen, die einen Bürgerkrieg herbeiführen wollten, waren nicht in der Lage, ihn gut genug zu organisieren.« Bei den Unruhen wurde ein Mensch getötet, ein Mann namens Dmitri Ganin.

»Die Situation war sehr eigenartig. Gut möglich, dass er sogar von den Provokateuren getötet wurde. Die Russen machten sich seinen Tod noch eine ganze Zeit lang zunutze und beschuldigten die Esten, nicht gründlich genug zu untersuchen, was vorgefallen war«, sagt Mihkelson, der glaubt, dass die Russen aus Ganin einen Märtyrer machen wollten, um neue Unruhen heraufzubeschwören. Aber auch das gelang nicht.

2007 war der Begriff des Hybridkrieges noch nicht in Gebrauch, aber im Fall des Bronzekriegers handelte es sich ganz klar um einen Hybridkrieg. »Die Russen wollten die Geschichte instrumentalisieren. Diesmal geschah es nicht nur auf der Ebene der Geschichten im Informationsraum, sondern auch in der Wirklichkeit. Sie versuchten, sich mit physischen Mitteln in die inneren Angelegenheiten Estlands einzumischen, um einen Wandel herbeizuführen«, sagt Mihkelson.

Die Esten nannten die Ereignisse organisierte Krawalle, mit denen mehrere Ziele verfolgt werden sollten: Man habe einen ethnischen Konflikt in Estland lostreten, die Esten und die Russen gegeneinander aufwiegeln und gewalttätige Ausschreitungen provozieren wollen. Die Aktionen waren zielgerichtet und sollten nicht nur kurzfristig, sondern über einen längeren Zeitraum Gewalt und Krawalle bis hin zum Bürgerkrieg hervorrufen. Als Estlands Regierung die Lage analysierte, ergriff sie sofort Gegenmaßnahmen in Form eines Narrativs, das sie an die Öffentlichkeit brachte. Das war leicht, weil die Demonstranten so unverschämt vorgingen. »Anstatt die Erhaltung des Denkmals an seinem Standort zu fordern, stürmten sie auf die Straßen und plünderten Geschäfte. Deswegen war es leicht, von einer Bande von Verbrechern zu sprechen, um die sich die Gesetzeshüter kümmern werden.« Marko Mihkelson hielt es nicht für möglich, dass die Situation in einem gewalttätigen Staatsstreich hätte enden können. »Aber wir haben verstanden, dass wir unsere Institutionen, wie das Parlament und die Regierung, beschützen mussten.«

Neben der Polizei beteiligte sich auch der militärische Freiwilligenverband der estnischen Streitkräfte Kaitseliit (dt. Verteidigungsbund) an der Befriedung der Situation.

Rücktrittsforderung an die Regierung

Marko Mihkelson sagt, dass die Situation sehr angespannt war. Man wusste in Estland nicht, welche Mittel Russland noch anwenden würde oder in petto hatte.

Aber Russlands Forderungen waren eindeutig: Die estnische Regierung müsse zurücktreten, und es sei an der Zeit, dass Estland zugebe, dass Estland die Nazis unterstützt habe.

Mihkelson erzählt, dass seine direkteste Beteiligung an den Ereignissen darin bestand, sich zwei Mal mit russischen Vertretern zu treffen. Die Delegation aus Moskau sei am 28. April in Estland angekommen und sei vom Mitglied der Duma und ehemaligen FSB-Direktor Nikolai Kowaljew angeführt worden, erzählt Mihkelson. Als die Delegationsmitglieder in Moskau das Flugzeug bestiegen, gaben sie ein Interview, in dem sie den Rücktritt der estnischen Regierung forderten.

Marko Mihkelson traf die Delegation als Erster nach ihrer Ankunft in Tallinn und als Letzter vor ihrem Abflug. Das erste Zusammentreffen beschreibt er als eiskalt. Die Delegation trat zwar nicht ganz so forsch auf wie bei ihrem Abflug in Moskau, aber sie meinten, dass Estland dabei wäre, einen großen Fehler zu begehen, der Folgen haben würde. »Die Begegnung war eine ziemlich interessante Herausforderung, und es war gar nicht so einfach, gegen ihre negative und estlandfeindliche Einstellung anzureden«, erzählt Mihkelson.

Die Russen besichtigten auch die Aljoscha-Statue, die verlegt und auf dem Soldatenfriedhof wieder errichtet worden war. Sie prüften das Denkmal sehr gründlich.

Beim letzten Treffen vor ihrem Abflug nach Moskau ließen die Russen auf sich warten. Aber als sie endlich eintrafen, hatte sich ihre Stimmung gegenüber dem ersten Zusammentreffen vollkommen verändert.

»Vielleicht hatten sie verstanden, dass alles, was sie in Moskau geplant, organisiert oder sich erträumt hatten, verloren war und zu nichts führte. Sie hatten geglaubt, dass wir das Denkmal nicht nur verlegen, sondern auch zerstören wollten.«

Außerdem hatten die Russen nach Mihkelsons Einschätzung bemerkt, dass die zweieinhalb Tage andauernden Krawalle in Tallinn nicht so verlaufen waren, wie sie es gerne gehabt hätten.

»Sie wollten vor der Welt zeigen, dass die Russen in Estland diskriminiert werden und dass Estland ein nazifreundliches Land ist, dem die Meinung der Menschen egal ist. Aber auf den Straßen waren fast ausschließlich Unruhestifter, die Geschäfte und Kioske zerstörten und plünderten. Dieser Eindruck war für die russische Delegation nicht gerade hilfreich.«

Anfangs war Mihkelson über das Bild, das in der Öffentlichkeit gezeigt wurde, besorgt gewesen, weil beispielsweise die englische BBC und viele andere internationale Medien von Moskau aus von den Ereignissen berichteten. Die Berichte waren zwar zutreffend, aber sie zeigten die Ereignisse in Tallinn nicht ungefiltert, sondern gewissermaßen unter dem Eindruck der Berichterstattung in Russlands Hauptstadt.

Aber die estnische Regierung konnte einen Perspektivenwechsel herbeiführen und den Verlauf der Geschichten ändern.

»Eigentlich halfen die Russen selbst dabei mit. Aber es war schon interessant, den ehemaligen Direktor des FSB zu treffen«, erzählt Mihkelson.

Auch an der Vorgehensweise der estnischen Regierung gab es Kritik. Damals und auch später hieß es, dass sie die Situation zu harsch gelöst hätten oder die Situation der Bevölkerung gegenüber nicht ausreichend kommuniziert hätten, gegenüber den Russen ganz zu schweigen. Mihkelson ist da anderer Meinung. Er meint, die Art, auf die Estlands Führung die Angelegenheit damals geregelt hat, sei die einzig mögliche gewesen, um das Problem zu lösen, das nicht nur mit der Statue zusammenhing, sondern eine der Informationsoperationen war, die der Kreml gegen Estland startete. »Indem wir das Denkmal auf den Soldatenfriedhof verlegten, gaben wir den Menschen die Möglichkeit, es weiterhin zu besuchen und der Opfer des Zweiten Weltkriegs zu gedenken und Blumen abzulegen«, sagt Mihkelson. Diejenigen, die feindliche Pläne gegen Estland geschmiedet hätten, hätten einen Fehler in der Annahme gemacht, dass Estlands Regierung nicht in der Lage wäre, dem Druck Russlands zu widerstehen. »Das sendete ein klares Signal an die russische Bevölkerung: Estland ist ein richtiger Staat, das

Gesetz steht in Estland an erster Stelle, und wenn ihr euch dagegen auflehnt, bekommt ihr die Folgen zu spüren«, sagt Mihkelson.

Die Cyberattacken

Dann begannen die Cyberattacken. Es war der erste bemerkbare Angriff gegen eine souveräne Nation und schuf eine neue Begrifflichkeit in Estland und in der internationalen Gemeinschaft. Zu jener Zeit war noch nicht allen bewusst, dass ein Staat im virtuellen Raum einen anderen angreifen könnte. »Irgendwann wurde registriert: Gegen Estland waren Cyberattacken oder ein Cyberkrieg im Gange, die zahlreiche kritische Infrastruktur lahmlegte«, sagt Marko Mihkelson.

Diese Situation war neu, doch die Ereignisse in der Cyberwelt zeitigten breit gestreute reale Folgen. Die Cyberattacke hatte Auswirkungen auf fast alle Esten: Mit den EC-Karten war das Bezahlen unmöglich geworden, weil die Geldinstitute lahmgelegt worden waren.

Während der Attacken bemerkte Mihkelson in seinem Zuhause in Tallinn, dass kein Wasser mehr aus dem Hahn kam. »Meine erste Reaktion war: Okay, eine Cyberattacke. Das Wasserwerk ist gehackt und runtergefahren worden.« Aber die Abschaltung der Wasserzufuhr lag nicht an einer Cyberattacke, das örtliche Wasserwerk hatte bloß einen Störfall, der nichts mit den Cyberattacken zu tun hatte.

Schon damals, 2007, war Estlands Internet-Infrastruktur fortschrittlich. Und weil es bereits seit 2005 möglich gewesen war, bei den Wahlen online zu wählen, hatte Estland in die Verteidigung der Cyberwelt investiert. Die Störungen im Internet dauerten nicht lange, sagt Mihkelson.

Aus heutiger Sicht waren die damaligen Internetattacken technisch nicht weit entwickelt. Aber überraschend kamen sie doch und der Schock blieb nicht aus.

Die Gegenmaßnahmen

Um die Situation zu meistern, gründete Estlands Regierung über alle staatlichen Behördengrenzen hinweg ein operatives Koordinationszentrum, in dem Informationen zwischen den Behörden ausgetauscht und Gegenmaßnahmen beschlossen wurden. Im Vorhinein hatte man Informationen und eine Einschätzung der Situation von Estlands Geheimdienst erhalten. »Dennoch kam es überraschend, wie sich die Situation entwickelte«, sagt Mihkelson und berichtet, dass eine der Gegenmaßnahmen der Schutz von Estlands Staatsgrenzen gewesen sei und eine klare Vision darüber, wer die Grenze überqueren dürfe. Hierbei war das Innenministerium der zentrale Akteur.

Estland war im Vorhinein nicht auf Massenunruhen vorbereitet. Seit 1991 wurde in Tallinn erstmalig in großem Ausmaß demonstriert und auch damals war es auf den Straßen nicht zu Krawallen gekommen. Deswegen war es sehr aufwendig, genug Sicherheitskräfte vor Ort bereitzustellen. Es wurden Polizisten aus ganz Estland in der Hauptstadt zusammengezogen und der freiwillige Verteidigungsbund Kaitseliit wurde aktiviert. »Wir erhielten rasch Hilfe bei der Beschaffung der Ausrüstung, wie zum Beispiel Wasserwerfer, und konnten umgehend reagieren. Das Tätigwerden der Polizei war die wichtigste Gegenmaßnahme. Und auch die Tatsache, dass die Polizei die Situation unter Kontrolle halten konnte.«

Zuerst wurde die Polizei in der Öffentlichkeit dafür kritisiert, dass sie die Krawallmacher zu sehr hatten gewähren lassen. Aber die Polizei habe ihre eigene Taktik, mit der sie die Situation kontrolliere, sagt Mihkelson. Seiner Meinung nach hat die Polizei ihre Arbeit gut gemacht.

Und natürlich war auch nicht hundertprozentig abzusehen, wie viele Russen auf die Straße gehen würden. Die russischen Agenten und die russische Botschaft hätten einen Fehler gemacht, weil sie davon ausgegangen wären, dass sich eine viel größere Menschenmenge in Bewegung setzen würde, sagt Mihkelson.

Die Situation ist nicht damit vergleichbar, was Russland 2014 in der Ukraine getan hat. In Tallinn waren keine russischen Sondereinsatzkräfte mit dabei, die es unmittelbar darauf anlegten, Gewalt anzuwenden. »Die Zielsetzung war, ein großes Chaos anzurichten und es als Beweis dafür heranzuziehen, dass Estland als Mitglied der EU und der NATO gescheitert sei und dass man der nazifreundlichen Regierung, die den Ausgang des Zweiten Weltkriegs missachtet, nicht trauen könne«, sagt Mihkelson.

Bald nach diesen Ereignissen gründete Russland einen präsidialen Ausschuss, der gegen die »Verfälschung der Geschichte« vorgehen sollte. »Das war in vielerlei Hinsicht der Startschuss, einerseits für den Angriff gegen uns als auch gegen alle jene, die die Folgen der russischen Besatzung hinterfragen«, sagt Mihkelson.

Als wichtige Gegenmaßnahme machten sich Estlands Diplomaten sofort an die Arbeit, um innerhalb der internationalen Gemeinschaft klarzustellen, was es mit den Ereignissen in Estland auf sich habe. Die Diplomaten arbeiteten in den USA und in den europäischen Hauptstädten daran, alle wissen zu lassen, was passiert war und warum, und dass Estland Hilfe benötigte. »Wir bekamen materielle Unterstützung von unseren Partnern und Nachbarländern. Aber am wichtigsten an der diplomatischen Arbeit war, Unterstützung gegen Russlands Informationskampagne zu bekommen. Es war gewissermaßen ein Gegenangriff an der diplomatischen Informationsfront.«

Eerik-Niiles Kross beteiligte sich an den Gegenmaßnahmen im Konflikt, als alles gerade drohte, außer Kontrolle zu geraten. Er beriet Estlands Verteidigungsministerium dabei, wie es kommunizieren sollte und was es dabei beachten musste. Schon zuvor hatte er für die estnische Regierung einen Vorschlag ausgearbeitet, wie man die Verlegung der Statue am besten organisieren könnte, damit Russland keinen Anhaltspunkt finde, an dem es ansetzen könne. »Aber es war wahrscheinlich eine naive Vorstellung. Es gab zu viele Menschen, die den Fall nicht reibungslos über die Bühne bringen wollten«, sagt Kross. »Moskau wünscht sich immer einen Konflikt, also mangelte es an einem Verhandlungspartner, der das Problem friedlich lösen wollte. Insofern war es eine unmögliche Aufgabe, den Konflikt und die Demonstrationen vermeiden zu wollen.«

In der Bevölkerung taten sich viele Fragen auf: Hatte Estlands politische Führung die Situation richtig gehandhabt und war nun eine riesige Kluft zwischen der russischen und estnischen Bevölkerung Estlands entstanden?

In der Anfangsphase hätte Estland die Situation auf die bestmögliche Weise gemeistert, meint Marko Mihkelson. Der Konflikt wäre auf jeden Fall unvermeidlich gewesen, denn der Kreml hätte die Geschichte verfälscht und den Bronzekrieger als Waffe in seinem Informationskrieg missbraucht. Die Situation hätte unmöglich anders bewältigt werden können als mit der Verlegung des Bronzekrieger-Denkmals auf den Soldatenfriedhof. »Aber wie ich damals dachte, denke ich auch heute: Manchmal, wenn Leute nicht sicher sind, was sie tun können, um das Gesetz zu brechen und gegen die Regierung auf die Straße zu gehen, ist es wichtig zu zeigen, dass die Gesetzeshüter zur Stelle sind und gegen das Land gerichtete Pläne scheitern.«

Der Bronzekrieger war eine große Prüfung für Estland, nicht nur für die Regierung, sondern für die ganze Gesellschaft. Die Gräben sind da, besonders bei einem bestimmten Teil der russischsprachigen Bevölkerung: Rund ein Drittel der russischen Minderheit in Estland sind Putinisten, selbst nach der Großoffensive Russlands gegen die Ukraine 2022. »Und diese Auffassung hängt weitestgehend mit imperialistischem Denken zusammen. Und da hilft es nichts, Entscheidungen aus dem Weg zu gehen, die vielleicht irgendjemandes Gefühle verletzen könnten. Wir müssen Entscheidungen zum Schutz der nationalen Interessen Estlands treffen«, sagt Mihkelson.

Präsident Toomas Hendrik Ilves

Während des Bronzekrieger-Konflikts wurde das Amt des Präsidenten in Estland von Toomas Hendrik Ilves bekleidet. Ilves wuchs in Amerika auf, nachdem seine estnisch-russische Familie aus Sowjet-Estland geflohen war. Aber er ist nach Estland zurückgekehrt. »Die Kommunisten hatten den Bauernhof zerstört, der seit dem 18. Jahrhundert meiner Familie gehört hatte. Seit 30 Jahren baue ich ihn wieder auf«, erzählt Ilves. »Mein ganzes Leben lang musste ich hinter den Russen aufräumen.«

Mittlerweile lebt Ilves auf dem Hof und hält Vorlesungen an der Universität Tartu.

Bereits vor seiner Präsidentschaft war Ilves Estland darauf erpicht, das Land in Richtung Westen zu führen. Als Außenminister war Ilves der Ansicht, dass Estland zuerst der EU und auf diesem Wege auch dem Verteidigungsbündnis NATO beitreten sollte. Ohne die EU-Mitgliedschaft sei es eine NATO-Mitgliedschaft nicht denkbar gewesen, sagt Ilves. In seiner Zeit als Außenminister trat Estland beiden Organisationen bei.

Als seine wichtigste Maßnahme nach der Unabhängigkeit Estlands bezeichnet er den Rauswurf der russischen Truppen aus Estland. »Bei dieser Aufgabe halfen zum Beispiel die Schweden viel, aber aus Finnland gab es keine Unterstützung«, sagt Ilves.

Toomas Hendrik Ilves ist ein selten cyberbewusster Ex-Präsident, der Estland mithilfe der Digitalisierung zielstrebig modernisierte. Alles begann, als er sich durch eine Laune des Zufalls in der Schule am Programmieren probierte. »Der Lehrer schrieb an seiner Dissertation, und dafür wollte er herausfinden, ob er den Schülern in nur einer Schulstunde das Programmieren beibringen könnte. Damals lernte ich codieren. Das war mein Einstieg in die Computerwelt, seither habe ich nie Angst vor Computern gehabt, niemals. Ich benutze sie die ganze Zeit«, sagt Ilves.

Er verfolgte die revolutionäre Entwicklung des Internets mit, und als 1993 der erste Internetbrowser Mosaic auf den Markt kam, hatte er eine Vision. »Mosaic konnte man sich nicht im Internet herunterladen wie die heutigen Browser. Man musste sich im Geschäft ein Paket kaufen, das fünf oder sieben Disketten enthielt. Von diesen konnte man sich den Browser auf den PC installieren.«

Das tat Ilves. Und als er den Browser eingerichtet hatte, begriff er, dass Estland in der digitalen Welt kein Nachzügler sein musste. In diesem Moment waren alle in der digitalen Welt gleich weit und standen an der Startlinie. »Wir hätten genauso gut wie Finnland, Amerika oder wer auch immer sein können«, sagt Ilves.

Ilves begann die Lobbyarbeit für Estlands Digitalisierung. Viele hielten ihn für einen Spinner, aber Estlands Regierung hörte auf Ilves und initiierte das Programm Tigersprung, das auf Digitalisierung abzielte. Schritt für Schritt wurde in ganz Estland die virtuelle Welt etabliert, als weltweit erstes Land. Mitte der 1990er-Jahre hielten die Computer Einzug in den Schulen, Online-Wahlen wurden 2005 möglich.

Als Estland vor 30 Jahren seine Unabhängigkeit von der Sowjetunion wiedererlangte, entsprach das Bruttoinlandsprodukt des Landes ungefähr einem Zehntel vom Nachbarland Finnland. Die Digitalisierung half auch bei der Bekämpfung der Armut. Viele Unternehmer, die heute Milliardengewinne verzeichnen, seien damals beim Tigersprung-Programm dabei gewesen, sagt Ilves. »Das habe ich auf den Weg gebracht. Und darauf bin ich mehr stolz als auf alles andere«, sagt Ilves. »Und heute ist Estlands BIP pro Einwohner ebenso hoch wie das der Japaner«, merkt Ilves an.

Aber mit der frühen Digitalisierung tat Ilves auch der Landesverteidigung einen Gefallen.

Fortsetzung der Politik im Cyberspace

Ich bitte Ilves, von den Ereignissen im Frühjahr 2007 zu berichten und darüber, was er als Estlands Präsident erlebte, nachdem Russland seine Hybridattacken auf Estland begonnen hatte.

Toomas Hendrik Ilves erzählt vom im Cyberspace ausgetragenen Konflikt, der im Anschluss an die Verlegung des Bronzekriegers im Netz ausgebrochen war. Ein Konflikt, den man laut Ilves wohl immer als *Ersten Cyberkrieg* kennen wird. »Cyberkrieg passt zu Clausewitz' Definition von Krieg als bloße Fortsetzung der Politik mit anderen Mitteln«, sagt Ilves.

Im April 2007 nahm Ilves an dem Begräbnis des ehemaligen Präsidenten Boris Jelzin in Russland teil, während dort bereits heftig eine gewisse Estlandfeindlichkeit befeuert wurde. Das bekam auch Ilves zu spüren. »Ich war in der estnischen Botschaft in Moskau, als auf der gegenüberliegenden Straßenseite gegen Estland demonstriert wurde. Die Demonstranten schwenkten Schilder, auf denen mein Name mit SS-Symbolik verunstaltet war«, erzählt er.

Er flog zurück nach Estland, und als er den Fernseher einschaltete, bekam er auch hier Bilder von Demonstrationen zu sehen: »Die Menschen waren in Scharen auf die Straße gegangen.«

Die Polizei war um die Sicherheit des Präsidenten besorgt, sodass er zur Sicherheit Tallinn verließ und die Amtsgeschäfte von seinem Landhaus aus weiterführte.

Die Regierung verkündete, dass sie sich von den Krawallmachern nicht an der Durchführung ihres Beschlusses hindern lassen würde. Das Denkmal wurde verlegt und die Unruhen begannen. Aus Russland reisten über Finnland vom Kreml beauftragte Naschi-Jugendliche an. Die Naschi-Bewegung war eine Kreation des Kreml-Chefideologen Wladislaw Surkow, eine künstlich ins Leben gerufene Jugendbewegung, die Putin und seine Partei offen unterstützte. Als Gegenmaßnahme verhängte Estland für den Chef der Naschi-Bewegung Wassili Jakimenko ein fünfjähriges Einreiseverbot nach Europa. »Außenminister Sergej Lawrow war fuchsteufelswild«, sagt Ilves. »Lawrow sagte immer wieder: ›Wie können die es wagen, was ist da los?‹«

Gleichzeitig forderte das offizielle Russland, dass sein nationaler Prüfungsausschuss die Situation des Bronzekriegers in Estland untersuchen müsse.

Präsident Toomas Hendrik Ilves war auf seinem Landsitz und versuchte, ins Internet zu kommen, konnte jedoch keine einzige estnische Webseite öffnen. »Ich dachte, dass mit meinem Computer etwas nicht stimmte, bis ich merkte, dass ich sehr wohl auf ausländische Webseiten wie die der Financial Times zugreifen konnte, nur auf estnische nicht.« Ilves rief seinen Berater an und fragte ihn, was da vor sich ginge. »Man sagte mir, es sei die Hölle los. Die Banken seien lahmgelegt, ebenso die Nachrichtenseiten. Wir seien mittels eines DdoS-Anschlags angegriffen worden.«

Eine Distributed-Denial-of-Service-Attacke bedeutet, dass auf ein Ziel, wie auf eine oder mehrere Webseiten, gleichzeitig so viel künstlich generierter Traffic geleitet wird, dass der Server hoffnungslos überlastet wird und abstürzt.

Präsident Ilves traf sich mit den Leuten von Estlands Cyberverteidigungsteam. Ein Briefing ergab folgendes Bild: Zuerst war gar nichts passiert, dann, um genau 00:00 Greenwich-Zeit, gingen die Attacken los und hörten um 24:00 Uhr wieder auf. »Ich fragte, warum das so war. Die Cyberexperten sagten, dass den Angreifern das Geld ausgegangen sei. Anders gesagt hatten die Angreifer Attacken für einen bestimmten Zeitraum gekauft«, erzählt Ilves und meint damit, dass man DdoS-Attacken kaufen könne. Man erwerbe dann praktisch Zeit von Botnetzwerken. »Jemand – wir wissen natürlich wer – hatte von Botnetzwerken Zeit gekauft, um ganz Estland lahmzulegen«, erzählt Ilves. »Das war also passiert.«

Die Situation war ernst. Um Angriffe von außen zu verhindern, musste Estland das Internet des ganzen Landes sperren, sodass es von der restlichen Welt nicht mehr erreicht werden konnte.

»Das haben wir getan. Wir mussten das ganz Land erneut hochfahren, weil nichts mehr funktionierte. Von außerhalb, zum Beispiel von einer .fi-Adresse, konnte man nicht auf Webseiten, die mit .ee enden, zugreifen.«

Außenstehende hatten Schwierigkeiten zu verstehen, was in Estland vorgefallen war. Als die Esten sich an einer Erklärung versuchten, schenkte man ihnen keinen Glauben. »Da waren wir nun, das digitalste Land in Europa. Als wir die NATO darüber informierten, was passiert war, hielt man uns vor: ›Ihr seid nur russophob‹«, sagt Ilves.

Das Problem sei gewesen, dass zum damaligen Zeitpunkt Cybergefahren längst nicht so bekannt gewesen seien wie heute; so hätten die NATO-Botschafter im Jahre 2007 mit dem Begriff der Botnetzwerke überhaupt nichts anfangen können. Die Einzigen, die Hilfe schickten, seien die amerikanische Sicherheitsbehörde NSA und der britische Geheim- und Sicherheitsdienst GCHQ gewesen, sagt Ilves. »Es kann sein, dass auch andere insgeheim etwas taten. Aber die beiden Dienste haben verstanden, dass gegen uns ein wirklich ernst zu nehmendes Tool angewendet wurde, mit dem man das ganze Land lahmlegen konnte«, sagt Ilves.

Ein Jahr später, im August 2008, griff Russland Georgien an, indem es eine Kombination aus DDoS-Attacken und physischer Kriegsführung anwendete. Zuerst legte Russland ein Teil des Internets lahm und griff dann mit Waffengewalt an. Russland zündete also Nebelkerzen, um seinen Angriff zu verschleiern. Das alles war vollkommen neu.

Seit Estlands Beitritt 2004 zur NATO hatte das Land gefordert, dass das Verteidigungsbündnis ein Kompetenzzentrum für Cyberangelegenheiten brauche. »Man fragte uns, was es mit diesem Cyberscheiß auf sich habe, und wir entgegneten, dass es mittlerweile eine Selbstverständlichkeit sei«, erzählt Ilves.

Letztendlich kam die Botschaft an. Das Cyber-Kompetenzzentrum der NATO wurde Mitte Mai 2008, also etwas über ein Jahr nach der Cyberattacke auf Estland gegründet.

Als Estlands Führung realisiert hatte, was passiert war, informierte sie die Bevölkerung. Aber im ersten Moment war auch Estlands Führung ratlos, was da vor sich gegangen war. »So im Nachhinein fällt es mir leicht, alles zu erklären, wie alles vor sich ging. Aber damals hatten wir keinen Begriff davon. Niemand wusste, warum es passierte«, sagt Toomas Hendrik Ilves. »Zuerst denkt man, dass es am eigenen PC liegt, aber dann stellt sich heraus, dass das ganz Land betroffen ist. Das war wirklich schrecklich.«

Der Angriff war für Estland ein klares Signal dafür, dass es seine Cyberverteidigung verbessern musste. Und das tat es auch. Heute kennt man Estland wegen des ersten Cyberkriegs und man nimmt es in Sachen Datensicherheit ernst. Estnische Sachverständige, wie Eerik-Niiles Kross und viele andere, haben Georgien und der Ukraine geholfen, als sie Ziel russischer Cyberattacken wurden. Die Esten beraten auch viele andere Länder in Sachen Cybersicherheit. Aber immer noch werden Estlands Ansichten mancherorts für russophob gehalten.

So hat zum Beispiel der französische Präsident Emmanuel Macron Estland als einen der »Falken Osteuropas« bezeichnet.

Russland und Interpol

Russland ließ die Sache nicht auf sich beruhen, und besonders auf Eerik-Niiles Kross hatte das Land es abgesehen, den Russland nun mithilfe von Interpol zur Fahndung ausschreiben ließ. »Interpol ging im Auftrag eines Verbrechers gegen einen unschuldigen Menschen vor«, beschreibt Kross.

Russland lancierte eine Desinformationskampagne gegen Kross und stellte ihn als »Pirat« dar. Als Höhepunkt dieser Kampagne fälschte man dort einen Haftbefehl für Kross und schickte diesen an Interpol: Russland behauptete, Kross plane die Sprengung der Nordstream-Pipeline.

Bevor sie die Fahndung herausgaben, hatten die russischen Behörden eine Pressekonferenz abgehalten, bei der sie bekannt gaben, dass Kross international gesucht wird. Russland schickte Kross eine Ladung zu einer Vernehmung in Nenzen im Nordosten Sibiriens. Das estnische Justizministerium riet Kross davon ab, dieser Ladung Folge zu leisten. »Symbolik ist dem Kreml sehr wichtig. Sie schickten die Unterlagen am 8.8.2013 an Interpol, dem Jahrestag des Kriegsbeginns gegen Georgien. Das war ihre Art, allen zu zeigen, dass es sich um Rache an mir handelte, weil ich Georgien geholfen hatte«, sagt Kross, der gut gelaunt darüber berichtet, obwohl die gegen Kross gerichteten Operationen besorgniserregend sind. »Man darf sich von denen nicht aus der Ruhe bringen lassen. Genau das ist es nämlich, was die Russen erreichen wollen.«

Estland habe den Interpol-Vorfall relativ gut gehandhabt, sagt er. In der Politik hätten alle darüber gelacht.

Aber der Vorfall brachte auch Probleme mit sich. Kross wusste nicht, ob er zum Beispiel die Staatsgrenzen Estlands passieren kann, ohne verhaftet zu werden. Die Behörden mancher Länder, zum Beispiel Finnlands, teilten freundlich und höflich mit, dass es besser sei, wenn Kross es für einige Zeit vermeiden könnte, nach Finnland einzureisen. »Aber ich habe ihnen verziehen«, sagt Kross lachend.

Wie gewinnt man einen Cyberkrieg?

Der Bronzekrieger-Fall sei sehr lehrreich gewesen, sagt Eerik-Niiles Kross. Er war gewissermaßen ein Auftakt für Russlands Aktionen gegen die westlichen Länder. Am Beispiel des Bronzekriegers hätte auch der Westen konkret sehen können, wie Russlands Medien direkt für die Interessen des Kreml eingesetzt werden. »Die russischen Staatsmedien wussten beispielsweise vor allen anderen, wo etwas passieren würde. Sie waren zur Stelle und plötzlich passierte dort auch etwas.«

Beim Abwehrkampf gegen den russischen Hybridkrieg spielt der Staat eine entscheidende Rolle. Wichtig ist aber auch, wie professionell einheimische Journalisten über Russland berichten, merkt Marko Mihkelson an. Und bei den Politikern hängt viel davon ab, wie offen und ehrlich sie die breite Öffentlichkeit über Russland informieren.

»Hat man sie mit russischem Geld korrumpiert? Sitzen sie im Vorstand russischer Unternehmen? In Estland hört man solche Geschichten nicht, aber in Finnland, Deutschland und in vielen anderen Länder sehr wohl«, fügt Mihkelson hinzu.

Die Esten sind in vielerlei Hinsicht einzigartig. Die tragische Geschichte des Landes liegt den Menschen als Nation am Herzen. Jede Familie hat ihre Geschichte und leider hat jede dieser Geschichten mit der Brutalität des Nachbarlandes zu tun. Deswegen ist man in Estland sehr skeptisch gegenüber Russland. So sind beispielsweise alle russischen Fernsehsender bei den Kabelkanälen blockiert.

Russland versucht, Estland als gescheiterten Staat darzustellen, und das sowohl international als auch in Russland und Estland selbst. Laut Russland sei Estland von faschistischer und nazistischer Ideologie geprägt und erkenne Russland nicht als Befreier an. Dieses Narrativ ist seit den 1990er-Jahren entwickelt worden, und 2007 instrumentalisierte Russland diese Geschichte, um einen ethnischen Konflikt in Estland heraufzubeschwören und die russischsprachige Bevölkerung aufzuhetzen.

Russland hat jedoch Schwächen, die man ausnutzen sollte. »Es ist irgendwie bemerkenswert, wie sehr sich ihre eigene starre Denkweise auf die Russen selbst auswirkt, all ihren Geheimdienstinformationen und Fähigkeiten zum Trotz: Sie sind der Meinung, eine imperialistische Nation zu sein, und das rechtfertigt angeblich die Eroberung und Beeinflussung von Nachbarländern wie Weißrussland und die Ukraine«, sagt Mihkelson.

Diese Neigung der Russen zu übertriebenem Selbstbewusstsein ist ein Faktor, den sich die westlichen Länder zunutze machen sollten, fährt er fort. Sowie die Unfähigkeit der Russen zu verstehen, dass sie auch scheitern könnten. »Aber die Geschichte hat uns ebenfalls gelehrt, dass wir die Ausdauer und die Brutalität der Russen nicht unterschätzen dürfen.«

Wie bereits in den Jahrhunderten zuvor, ist Russland in Tschetschenien ebenso grausam gegen die Zivilbevölkerung vorgegangen wie nun in der Ukraine.

Estland hat Russland konkret gezeigt, dass Estlands Polizei und Sicherheitskräfte ernst zu nehmende Machtfaktoren sind, die effektiv die verfassungsrechtliche Ordnung beschützen. Das allein hat schon für seinen Teil dazu beigetragen, die radikalen Tendenzen in der russischsprachigen Bevölkerung zu befrieden.

Nach 2007 hat Russland keine groß angelegte Aktion mehr gegen Estland gestartet. Der Kreml hat akzeptiert, dass der Bronzekrieger Aljoscha jetzt am Soldatenfriedhof steht.

»Heutzutage sieht man russlandfreundliche Demonstrationen in Deutschland oder in anderen europäischen Ländern, aber niemals in Estland. Weil wir da eine Null-Toleranz-Politik verfolgen. Die Russen wissen, wenn sie herkommen, um pro-russische oder Pro-Putin-Fahnen zu schwenken, dass es die estnischen Sicherheitsbeamten gar nicht erst zulassen.«

Estlands Schlüssel zum Erfolg ist vor allem auch die Gegenspionage, die äußerst effektiv ist. Man hat dort ein klares Bild davon, was für eine Bedrohung Russland für Estlands Bestehen darstellt. Es ist nicht erkennbar, dass Russland seinen Hybridkrieg gegen die westlichen Länder in naher Zukunft beenden wird. Dort werden bereits neue Generationen von Informationssoldaten ausgebildet.

Marko Mihkelson war Anfang Februar 2022 in Russland, also drei Wochen, bevor die russische Großoffensive gegen die Ukraine begann. Er traf seine Gesprächspartner in der russischen Duma und Studierende in Russlands Institut für internationale Beziehungen MGIMO.

Dort wussten ihm die Studierenden der estnischen Sprache zu berichten, dass sie eigentlich gar nicht Estnisch lernen wollten, dass man ihnen aber befohlen hatte, estnisch zu studieren. »Du kannst dir vorstellen, warum man sie dazu zwingt«, sagt Mihkelson. »Die Studenten brachten erstaunliche Kenntnisse über die estnischen Angelegenheiten mit.«

MGIMO ist eine berühmte Lehranstalt für Agenten.

Die Esten wurden beschwichtigt, als sie versuchten, vor der russischen Gefahr zu warnen. So erging es Mihkelson 2008 bei einer Konferenz in London, bei der man damals über den zum Präsidenten aufgestiegenen Dmitri Medwedew debattierte. Viele trieb die Hoffnung um, dass Medwedew, der ein Fan von Deep Purple ist, eine bessere Alternative als Putin sei. Zur Enttäuschung der anderen Teilnehmer erklärte Mihkelson, dass Putin irgendwann wieder an die Macht zurückkehren werde, und Medwedew mit Putin ein Kontinuum darstelle. Diese Ansicht wurde nicht gerne gehört. »Ziemlich oft bekommen wir Esten zu hören: ›Wir verstehen eure traumatische Geschichte, ihr seid noch nicht geheilt und daher ein bisschen dramatisch, was Russland betrifft.‹«

Aber Estlands Diplomaten sind besonders professionell und gut ausgebildet. Zuerst verhandelten sie über den Abzug der Sowjettruppen und dann über den Beitritt zur EU und NATO und dass trotz des Trommelfeuers russischer Kampagnen.

Die heutigen Operationen hätten Wurzeln in der Vergangenheit. Die Geheimdienste in der Sowjetunion gründeten bereits 1922 eine eigene Abteilung für Desinformation und Hybridkrieg gegen den Westen. Man wollte sicherstellen, dass die Sowjetunion entweder die Elite des Ziellandes korrumpieren oder aber die Gesellschaft zersetzen könne, sagt Mihkelson.

Als Putin Anfang der 2000er-Jahre an die Macht kam, waren die Attacken Russlands gegen Estland schon seit einer geraumen Weile im Gange. Putins Russland unterscheide sich nicht sehr von Jelzins Russland, gibt Mihkelson zu bedenken. »Ein wichtiger Grund dafür ist, dass trotz des Zusammenbruchs der Sowjetunion die Geheimdienste wie KGB und FSB erhalten geblieben sind. Russlands Geheimdienste sind die großen Player bei der Hybridkriegführung.«

Marko Mihkelson merkt an, dass das Know-how der Russen in Sachen Hybridkriegsführung auf hochprofessionellem Niveau sei und sie ihre Kenntnisse gegen Estland, Finnland, Deutschland, Amerika und andere westliche Gesellschaften einsetzen würden. »Deswegen kann es nicht schaden, weiter in die Geschichte zurückzublicken und sich nicht nur auf die Ära Putin zu konzentrieren.«

Als Estland wieder unabhängig wurde, herrschte ein breiter Konsens darüber, dass sich Estland von Russland entfernen sollte, erzählt er. In Estlands nationalem Gedächtnis sitzen die Wunden aus der Zeit der Sowjetbesatzung noch sehr tief. Estland wollte auch in die westliche Gemeinschaft aufgenommen werden, damit die Massenmorde und Deportationen der Sowjetzeit sich nie wiederholen würden.

Obwohl Estland Vorsicht gegenüber Russland walten lässt, hat das Land doch auch Hoffnung, dass Russland ein offener Nachbarstaat werden könnte, mit Beziehungen, die beiden Seiten nutzen. »Aber von Moskau haben wir diese Bereitschaft, die Vergangenheit hinter uns zu lassen und Beziehungen für unsere Zukunft und unsere Bevölkerung zu knüpfen, nicht zu spüren bekommen.«

Andrej Kozyrew, von 1991 bis 1997 russischer Außenminister, habe selbst in seiner Autobiografie mit dem Namen *The Firebird* geschrieben, dass Russlands Außenpolitik bereits 1992 imperialistisch geworden sei, sagt Mihkelson. Schon im Frühjahr 1992 war die Hoffnung dahin, Russland könne sich zu einem demokratischen und offenen Partner des Westens wandeln. »Und deswegen sage ich, dass schon damals, in den 1990er-Jahren, Russland mit Hybridmitteln gegen Estland vorging.«

1996 interviewte Marko Mihkelson den Forscher des Moskauer Thinktanks Anton Surikow, der damals sagte, wenn Estland auch nur einen Schritt in Richtung NATO machen sollte, dann werde Russland sofort in Estland einmarschieren. »Und diesmal würde kein Este mehr in Estland übrig bleiben, denn sie würden laut Surikow entweder umgebracht oder nach Sibirien deportiert.«

Lange nach dem Interview wurde Surikow als Agent des Militärgeheimdienstes enttarnt, er starb unter ungeklärten Umständen.

Laut Marko Mihkelson solle sich der Westen sowohl kurz- wie auch langfristig gegen einen russischen Informations- und Hybridkrieg wappnen, denn »die populistischen, faschistischen und rechtsradikalen Bewegungen in Europa und die tiefgehende Polarisierung in Amerika [böten] den Hybridkrieg-Strategen des Kreml einen interessanten und verheißungsvollen Boden«.

Quellen und Literatur*

96 Namen

10.04.2010, Passagierliste der Tu-154M. Smolensk Crash, https://smolenskcrash.eu/smolensk-victims 22.3.2024

Natalia Januszko

22.10.2012. Lets allow the evidence to speak for itself. Smolensk Crash https://smolenskcrash.eu/news-45-lets-allow-the-evidence-to-speak-for-itself.html

29.3.2012. Dr. Michael Baden Goes On the Record. Smolensk Crash News https://www.smolenskcrashnews.com/michael-baden-smolensk-crash-interview.html

15.4.2010. Hero's burial for plane crash victim President Kaczynski divides Polish opinion. The Guardian https://www.theguardian.com/world/2010/apr/14/poland-kaczynski-burial-row-crash

Никольская, П, Туманов, Г, Градова, О. 10.4.2010. Самолет оцеплен до комиссии. *Газеты* https://www.gazeta.ru/social/2010/04/10/3349949.shtml?updated

---

* Anmerkung des Goldmann Verlages: Das Quellenverzeichnis wurde von der Autorin nach bestem Wissen und Gewissen erstellt und überprüft. Ein Teil der im Folgenden angeführten Internetquellen ist von Deutschland aus nicht aufrufbar und/oder wurde in der Zwischenzeit aus dem Netz genommen, weshalb im Zuge der Übersetzung ins Deutsche eine vollständige Überprüfung der Quellenlage nicht möglich war.

10.4.2010. Названа предварительная версия крушения самолета президен-та Польши. *Лента* https://lenta.ru/news/2010/04/10/cause/ Viitattu 27.2.2024

11.4.2010. Poland mourns president's death in crash. CNN: https://edition.cnn.com/2010/WORLD/europe/04/10/poland.president.plane.crash/index.html

Сидибе, П. 11.4.2010. Польская делегация вместе с премьером Путиным побывала на месте крушения самолета президента Качиньского. RG.RU https://rg.ru/2010/04/12/putin-tusk.html

12.4.2010. Сергей Иванов: экипаж разбившегося самолета получил преду-преждение о погоде в аэропорту. Вести https://www.vesti.ru/article/2121716

29.4.2010. Катастрофу под Смоленском спровоцировала ошибка экипажа.IZ.RU https://iz.ru/news/470350

29.4.2010. Премьеры России и Польши обсудили ход расследования катастрофы польского Ту-154. Вести https://www.vesti.ru/article/2032322

Шадрина, Т. 19.05.2010. Полностью расшифрованы записи речевых самописцев разбившегося самолета президента Польши. RG.RU https://rg.ru/2010/05/19/tu154-site.html

19.5.2010. В кабине самолета Качиньского находились посторонние. Лента https://lenta.ru/news/2010/05/19/cabin/

19.5.2010. Самолет Качиньского был полностью исправен. *Газеты* https://www.gazeta.ru/news/lenta/2010/05/19/n_1496566.shtml

Marek Pyza

6.6.2010. Venäläispoliisit varastivat Puolan koneturman uhrin luottokortin. *YLE* https://yle.fi/a/3-5575305

30.9.2011. Graś przeprasza OMON i dziękuje za to, co OMON zrobił w Smoleńsku. *Xccx1231* https://m.YouTube.com/watch?si=D87OtLnGv3ELyBwM&v=06Ebv0FDnak&feature=youtu.be

Pyza, M, Wikło, M. 4.12.2019. This is our wreck. See unknown photos. »This is all that remains of the machine which crashed in Smolensk on 10 April 2010«. *WPolityce* https://wpolityce.pl/facts-from-poland/476051-this-is-ourwreck-see-unknown-photos-from-smolensk

Pyza, M. 9.06.2014. Independent Experts Confirm: Explosives Were

Found! The real story of explosives detection and the cover-up that followed. *Smolensk Crash*
News Digest https://www.smolenskcrashnews.com/traces-of-explosiveson-crashed-Polish-president-plane.html

25.3.2019. »Traces of explosives« in samples from Polish president's jet: report. *Radio Poland* http://archiwum.thenews.pl/1/9/Artykul/412600

29.9.2011. Poland and Russia differ on Smolensk disaster autopsy findings. *Radio Poland* http://archiwum.thenews.pl/1/9/Artykul/55973

Crossland, D. 2.9.2009. »Putin Found the Right Words in Gdansk«. *Spiegel International* https://www.spiegel.de/international/europe/the-worldfrom-berlin-putin-found-the-right-words-in-gdansk-a-646547.html

Janusz Kochanowski

16.3.2022. Is it a Russian confession? Rogozin: »Come to Smoleńsk, let's talk«. *Poland Daily 24* https://polanddaily24.com/4205-is-it-a-russian-confessionrogozin-come-to-smolensk-lets-talk/politics/8535

11.4.2022. Polish panel: Russia behind Polish leader's plane crash. *AP News* https://apnews.com/article/russia-ukraine-business-antoni-macierewicz-lechkaczynski-poland-f3f5a2fddb028ffdb4bc12f369aeafd5

Tamkin, E. 10.4.2018. Has the Clock Run Out on the Smolensk Conspiracy? *Foreign Policy* https://foreignpolicy.com/2018/04/10/has-the-clock-run-out-onthe-smolensk-conspiracy/#cookie_message_anchor

Grzegorz Wierzchołowski

Wierzchołowski, G. & Misiak, L. 23.9.2011. 68 przypadków smoleńskich. *Niezalezna.pl. https://niezalezna.pl/polska/16612-68-przypadkow-smolenskich/16612*

Bytwerk, R. 1998. German Propaganda Archive. Calvin university. https://research.calvin.edu/german-propaganda-archive/sedprop.htm

Fitsanakis, J. 19.6.2012. Founder of Polish special forces unit found shot dead in Warsaw. *Intelnews.org.* https://intelnews.org/tag/slawomir-petelicki/

Waleri, Juri und Sergei

Толокнова, Н. 15.2.2013. Военные вызовы XXI века. *Капитал страны* https://kapital-rus.ru/articles/article/voennye_vyzovy_xxi_veka/

Горбачев, Ю. 12.4.2013. Кибервойна уже идет. *Независимой газеты* https://nvo.ng.ru/armament/2013-04-12/1_cyberwar.html

28.3.2015. Shoigu: Information becomes another armed forces component. Interfax https://interfax.com/newsroom/top-stories/37293/

Clark, M. 1.9.2020. The Russian View of Future War: Unconventional, Diverse, and Rapid. *JSTOR* https://www.jstor.org/stable/pdf/resrep 26547.5.pdf

Бартош, А. 11.4.2014. ОДКБ в прицеле цветных революций. *Независимой газеты* https://nvo.ng.ru/wars/2014-04-11/1_odkb.html

Герасимов, В. 11.3.2016. По опыту Сирии. *Военное обозрение* https://topwar.ru/92056-po-opytu-sirii.html

Em Seikkanen

Kluge, C., Von Salzen, C. 29.8.2023. Tarnfirma in Berlin?: Wie ein russisches Staatsmedium die Sanktionen umgehen könnte. *Tagesspiegel* https://www.tagesspiegel.de/politik/tarnfirma-in-berlin-wie-ein-russisches-staatsmedium-die-sanktionen-umgehen-konnte-10382020.html

11.6.2013. Visit to Russia Today television channel. *Kremlin.ru* http://en.kremlin.ru/events/president/news/18319

Подписаться, А. 7.4.2012. »Нет никакой объективности«. *Коммерсантъ* https://www.kommersant.ru/doc/1911336

Вдовенко, А. 17.3.2023. Краснодарка Маргарита Симоньян: »США не остановит ничего, пока они нас не уничтожат«. *Блокнот Краснодар* https://bloknot-krasnodar.ru/news/krasnodarka-margarita-simonyan-v-sleduyushchiy-raz-1582069

14.4.2022. Маргарита Симоньян: »Это не Украина! Это НАТО!«. *Smotrim.ru* https://smotrim.ru/video/2401086?utm_source=internal&utm_medium=vesti2&utm_campaign=vesti-trending-video-link

Ключников, И. 30.11.2023. В Госдуме предупредили о ликвидации всех ИП.*Pravda* https://www.pravda.ru/news/society/1916864-gosduma/

Дуйнов, Ф. 9.6.2022. Симоньян: »За 30 лет жители США свыклись с мыслью о гражданской войне«. *DNI 24* https://dni24.com/

exclusive/368222-simonjan-za-30-let-zhiteli-ssha-svyklis-s-myslju-o-grazhdanskoj-vojne.html
6.9.2022. Симоньян оценила вероятность гражданской войны в США. *Свободная пресса* https://svpressa.ru/politic/news/345210/
22.9.2022. »Не вам нам рассказывать«: Симоньян напомнила американцам их неприглядную историю. *rss+* https://rss.plus/simonyan/330100429/
Былкина, Е. 6.9.2022. »Это мой чёрный глаз«: Симоньян взяла на себя ответственность за лишай генсека НАТО. *Pravda* https://www.pravda.ru/news/society/1717172-margarita_simonjan/
15.11.2022. Третья мировая отменяется? Симоньян указала на »хорошую новость« после падения ракет в Польше. *rss+* https://rss.plus/simonyan/334668886/
Ивченко, Е. 30.11.2022. Украина огромная страна, неприлично огромная, надо бы её подсократить — главред RT. *Pravda* https://www.pravda.ru/news/world/1775162-ukraina/
АКОПЯН, Е. 12.10.2023. Симоньян: если бы Украина не убивала детей, СВО бы не было. *MK RU* https://www.mk.ru/politics/2023/10/12/simonyanesli-by-ukraina-ne-ubivala-detey-svo-by-ne-bylo.html
18.8.2022. Главред RT Маргарита Симоньян подала в суд на компанию Google. *Naonews* https://naonews.ru/exclusive/43323-glavred-rt-margaritasimonyan-podala-v-sud-na-kompaniyu-google.html
Jha, R. 20.1.2015. This Traffic Cop Moonwalks While He Directs Cars And Everything About Him Is Awesome. *Buzzfeed* https://www.buzzfeed.com/regajha/ranjeet-mj-singh
Moye, D. 29.11.2018. Spanish Man Builds 60-Foot Spaceship To Visit Planet From His Novels. *Huffington Post* https://www.huffpost.com/entry/lucioballesteros-spaceship-planet_n_5c003818e4b0864f4f6b7a0b
Briel, R. 5.4.2013. Russia Today launches Ruptly agency. *Broadband TV News* https://www.broadbandtvnews.com/2013/04/05/russia-today-launchesruptly-agency/
Elswah, M, Howard, P. 28.09.2020. »Anything that Causes Chaos«: The Organizational Behavior of Russia Today (RT). *Oxford Academic* https://academic.oup.com/joc/article/70/5/623/5912109
Tabaccos, M, Keshishev, D. 2018. IBC2018 Interview with Matt Tabaccos (Ruptly) and Dmitry Keshishev (Ruptly). *IBC* http://video.ibc.org/detail/videos/search-by-categories/video/5835245113001/ibc2018-interview-with-matt-tabaccos-ruptly-and-dmitry-keshishev-ruptly?autoStart=true&page=93

11.5.2019. Ruptly GmbH gewinnt bei den German Stevie® Awards 2019. *The Stevie Awards* https://www.YouTube.com/watch?v=B5K9AXhYyIc

21.3.2019 Ruptly заняло второе место по просмотрам на YouTube в феврале в Германии. РИА Новости. https://ria.ru/20190321/1551981854.html

Röpcke, J. 9.3.2021. Wie Putin »Journalisten« in Deutschland als Spione einsetzt. *Bild* https://www.bild.de/politik/ausland/politik-ausland/geheimbefehlaus-moskau-wie-putin-journalisten-in-deutschland-als-spione-einsetzt-75681168.bild.html

Röpcke, J. 10.3.2021. So rechtsextrem tickt Putins Propaganda-Sender. *Bild* https://www.bild.de/politik/inland/politik-inland/russia-today-aussteigerpackt-aus-so-rechtsextrem-tickt-putins-propaganda-sender-75685516.bild.html

Muscat, C, Demarco, J. 2.4.2022. Maltese reporter abandons Russian news agency over Ukraine war. *The Shift* https://theshiftnews.com/2022/04/02/maltesereporter-abandons-russian-news-agency-over-ukraine-war/

Schmitt, P. 23.12.2014. Why I quit »Russia Today,« and why it remains necessary. *+972 Magazine* https://www.972mag.com/why-i-quit-russia-today-and-why-its-necessary/

*War & Sanctions h*ttps://sanctions.nazk.gov.ua/en/sanction-person/22943/

2.10.2019. Глава Ruptly на конференции RT MEDIA TALK рассказала о работе с верификацией информации. *Рамблер* https://news.rambler.ru/other/42916647-glava-ruptly-na-konferentsii-rt-media-talk-rasskazalao-rabote-s-verifikatsiey-informatsii/

13.3.2021. Руководитель RT DE: Фейковое разоблачение »русских шпионов« из RT не спасло главреда Bild. *Городской портал* https://gorodskoyportal.ru/news/russia/68558154/

10.3.2021. Chief of RT in Germany Slams Bild for »Paranoid Investigation« Into Broadcaster »Spying« on Navalny. Sputnik. https://sputnikglobe.com/20210310/chief-of-rt-in-germany-slams-bild-for-paranoid-investigationinto-broadcaster-spying-on-navalny-1082306835.html

13.3.2021. Amazon убрал из продажи »фэнтези« про RT DE. *Смотрим* https://webcache.googleusercontent.com/search?q=cache:WZlkbGhJdkMJ: https://smotrim.ru/article/2535772&sca_esv=585603435&hl=fi&gl=fi&strip=1&vwsrc=0

Газдиев, М. 10.3.2021. Bild Zeitung рулит в Германии. *RT*. https://russian.rt.com/world/article/841224-rt-de-bild-obvineniya

Антонов, М. 14.3.2021. Spiegel не ответил на вопрос о связях своего осно-вателя с ГРУ и ФСБ. *Вести* https://www.vesti.ru/article/2536505

3.3.2021 От всего сердца: спасибо, Der Spiegel! *RT. https://russian.rt.com/world/article/838470-rt-de-germaniya-der-spiegel*

18.8.2021. В Германии начался жесткий прессинг на российский канал RT. *Рамблер* https://news.rambler.ru/world/47037476-v-germanii-nachalsyazhestkiy-pressing-na-rossiyskiy-kanal-rt/

Волчек, Д. 18.3.2021. Бывший сотрудник RT утверждает, что телекомпания пытается запретить его книгу. *Радио Свобода* https://www.svoboda.org/a/31157643.html

28.9.2021. Каналы Russia Today удалили с YouTube за нарушение условий использования сервиса. *Интерфакс* https://www.interfax.ru/russia/794175

Sullivan, A. 9.3.2022. Russian gas in Germany: A 50-year relationship. *DW* https://www.dw.com/en/russian-gas-in-germany-a-complicated-50-year-relationship/a-61057166

Töyrylä, K. 7.10.2020. Nord Stream 2:ta vastustava Puola mätkäisi Gazpromille miljardisakot kaasuputkihankkeesta. *YLE* https://yle.fi/a/3-11582881

Lamberty, P, Heuer, C, Holnburger, J. 28.10.2022. Belastungsprobe für die Demokratie: Pro-russische Verschwörungserzählungen und Glaube an Desinformation in der Gesellschaft. CeMAS. https://cemas.io/publikationen/belastungsprobe-fuer-die-demokratie/2022-11-02_ResearchPaperUkraineKrieg.pdf

6.11.2022. »There are many losing sides in this war, Germany among them« A new poll suggests that Russian propaganda has swayed German public opinion. *Meduza* https://meduza.io/en/feature/2022/11/06/there-are-manylosing-sides-in-this-war-germany-among-them

Aro, J. 4.7.2020. Venäjän valtionmediat levittävät koronasta salaliittoteorioita länsimaihin – samat teoriat kiertävät myös suomenkielisillä foorumeilla.

YLE https://yle.fi/a/3-11386660

Nardelli, A, Deutsch, J, Bodoni, S. 23.11.2023. Russia »Spits« on EU Sanctions in Escalating Propaganda Battle. *Bloomberg* https://www.bloomberg.com/news/articles/2023-11-23/ukraine-war-how-kremlin-propaganda-websitesdodge-disinformation-sanctions?embedded-checkout=true

Жегулев, И. 26.11.2015. Самые влиятельные в РПЦ. Meduza https://meduza.io/feature/2015/11/26/samye-vliyatelnye-v-rpts

7.12.2017. »Новая газета« припомнила Патриарху Кириллу миллиарды из »лихих девяностых« и пентхаус с видом на храм. NewsRU https://www.newsru.com/religy/15feb2012/novaya_kirill.html#

Солдатов, А. 4.8.2020. Совсем архиереи, Можно ли скомпрометировать верхушку РПЦ, рассказывая о земном богатстве. Новой газете https://novayagazeta.ru/articles/2020/08/04/86520-sovsem-arhierei

Панкратова, И. 21.5.2019. »Умный дом« для патриарха: для главы РПЦ строят резиденцию стоимостью 2,8 млрд рублей под Петербургом. The Bell https://thebell.io/umnyj-dom-dlya-patriarha-dlya-glavy-rpts-stroyat-rezidentsiyu-stoimostyu-2-8-mlrd-rublej-pod-peterburgom

5.2.2014. Небо патриарха. Какими бортами летает Владимир Гундяев. The Insider https://theins.ru/obshestvo/293

5.2.2020. Патриарх Кирилл снова носит элитные часы. Раньше он обещал пользоваться только »русскими недорогими часами«. Open Media https://openmedia.io/news/n2/patriarx-kirill-snova-nosit-elitnye-chasy-ranshe-on-obeshhal-polzovatsya-tolko-russkimi-nedorogimi-chasami/

Kerkudu, B. 7.1.2020. Патриарх Кирилл призвал россиян отказаться от комфорта. Вот от чего не отказался сам Гундяев. News Land https://newsland.com/post/6986156-patriarkh-kirill-prizval-rossiian-otkazatsia-ot-komforta-vot-ot-chego-ne-otkazalsia-sam-gundiaev

2.8.2020 Мешают говорить »Божью правду«: патриарх Кирилл осудил разговоры о его богатстве. РосБалт https://www.rosbalt.ru/news/2020-08-02/meshayut-govorit-bozhyu-pravdu-patriarh-kirill-osudil-razgovory-o-ego-bogatstve-4841032

Gedeon, J, Toosi, N. 22.6.2022. The pro-Putin preacher the U.S. won't touch. Politico https://www.politico.com/news/2022/06/22/patriarch-kirill-putin-russia-ukraine-00041388

28.5.2012. ПАТРИАРХ КИРИЛЛ ПОЗДРАВИЛ С ДНЕМ ПОГРАНИЧ-НИКА ЛИЧНЫЙ СОСТАВ И ВЕТЕРАНОВ ПОГРАНВОЙСК. Православие http://pravoslavie.ru/53823.html

7.12.2017. Патриарх освятил камень в основании храма при Академии ФСБ, сотрудники которой обеспокоены нападками на РПЦ. NEWS ru https://www.newsru.com/religy/31jul2012/acadfsb.html

»Seraphim Hanisch«. 12.9.2018 A MAGNIFICENT CHURCH SUPPORT-ED BY FSB SHOWS CHANGES IN RUSSIA. Orthochristian https://orthochristian.com/115663.html

18.8.2015. С личной гвардией патриарха Кирилла будет разбираться ФСБ. Агентство Политических Новостей https://www.apn.ru/news/article33965.htm

10.2.2012. Выступление Святейшего Патриарха Московского и всея Руси Кирилла на открытии XVI Всемирного Русского Народного Собора. Всемирный Русский Народный Собор https://vrns.ru/documents/vystuplenie-svyateyshego-patriarkha-moskovskogo-i-vseya-rusi-kirilla-na-otkrytii-xvi-vsemirnogo-russ/

6.11.2011. Vladimir Kiovalainen. Ortodoksi.net https://www.ortodoksi.net/index.php/Vladimir_Kiovalainen

ПАНКИНА, Д. 5.5.2013. В июле в Москве откроются торжества в честь 1025-летия Крещения Руси. Комсомольская правда https://www.kp.ru/online/news/1431756/

24.7.2013. Украинские националисты подготовят встречу Путину ипатриарху Кириллу. Лента https://lenta.ru/news/2013/07/24/svoboda/

7.5.2013. ПАТРИАРХ КИРИЛЛ ПРИЗВАЛ МОЛОДЁЖЬ БРАТЬ ПРИМЕР С МАРШАЛА ЖУКОВА И ЗОИ КОСМОДЕМЬЯНСКОЙ: МНЕНИЯ. REX https://iarex.ru/interviews/36426.html

ЧИНКОВА, Е. 1.5.2014. Патриарх Кирилл: Церковь должна быть поверх украинской схватки! Комсомольская правда https://www.kp.ru/daily/26226/3109458/

3.12.2013. Патриарх Кирилл молится за мир на Украине и за духовное единство Святой Руси. NEWS ru https://www.newsru.com/religy/03dec2013/patrukr.html

1.3.2014. Патриарх Кирилл: братское единство России, Украины и Бело-руссии не продается. Телекомпания НТВ https://www.ntv.ru/novosti/818921/

22.2.2014. Патриарх Кирилл призвал жителей Украины уважать друг другаи закон. Вести https://www.vesti.ru/doc.html?id=1309429&cid=9

»Giordano Bruno«. 14.4.2017. FrolovLeaks: Goebbels of the Patriarch, Recruitment of Ukrainian Generals and Baptism by Fire in Syria. Episode IV. Inform Napalm https://informnapalm.org/en/frolovleaks-goebbels-patriarch-recruitment-ukrainian-generals-baptism-fire-syria-episode-iv/

1.2.2014. Путин поздравил патриарха Кирилла с пятилетием со дня интрони-зации. Взгляд https://vz.ru/news/2014/2/1/670608.html
23.2.2014. Патриарх Кирилл на коленях помолился о прекращении распрей на Украине. ТАСС https://tass.ru/obschestvo/995958
27.5.2014. Патриарх Кирилл написал письмо президенту Украины Порошенко с просьбой прислушаться к мнению всех жителей страныи остановить войну. NEWS ru https://www.newsru.com/religy/27may2014/kirill.html
2.3.2014. Патриарх Кирилл пообещал не допустить кровопролития наУкраине. Лента https://lenta.ru/news/2014/03/02/answer/
1.4.2014. Церковь объявила сбор средств в помощь украинской армии. MK.RU https://www.mk.ru/politics/world/news/2014/04/01/1006741-tserkov-obyavila-sbor-sredstv-v-pomosch-ukrainskoy-armii.html
20.7.2014. РПЦ считает нонсенсом реакцию Киева на планируемый визит патриарха Кирилла. Infox https://www.infox.ru/news/220/131929-rpc-scitaet-nonsensom-reakciu-kieva-na-planiruemyj-vizit-patriarha-kirilla
28.7.2014. Из-за войны на Украине Патриарх провел праздничное богослужение в часть Дня Крещения Руси в Москве вместо Киева. Balt Info https://baltinfo.ru/2014/07/28/Iz-za-voiny-na-Ukraine-Patriarkh-provel-prazdnichnoe-bogosluzhenie-v-chast-Dnya-Krescheniya-Rusi-v-Moskve-vmesto-Kieva-439977
28.7.2014. Патриарх Кирилл: православная вера не даст переформатировать вековое единство Руси. ТАСС https://tass.ru/obschestvo/1345262
1.9.2014. Глава украинской церкви Филарет обвинил патриарха Кирилла во лжи. Фонтанка https://www.fontanka.ru/2014/09/01/202/
25.9.2014. Патриарх Кирилл отвергает обвинения в том, что он является проводником политики Кремля. NEWS ru https://www.newsru.com/religy/25sep2014/patriarchat.html
23.10.2014. Владыка Климент: священники Московского патриархата сотрудничают с ФСБ и раскалывают Крымскую епархию. Крым. Реалии. https://ru.krymr.com/a/26651746.html
Якунов, Е. 26.11.2014. Московский патриархат идеологически обслуживает безумие Путина. Info Resist https://inforesist.org/moskovskij-patriarxat-ideologicheski-obsluzhivaet-bezumie-putina/
Townsend, S. 20.12.2018. FrolovLeaks VIII: The Orthodox Melancholy. Information Napalm https://informnapalm.org/en/frolovleaks-viii-the-orthodox-melancholy/
Кравец, Е. 7.1.2015. Поддержка Кирилла выливается в »русский мир«

Крыма и Донбасса – Зоря. Биржевой лидер http://www.profi-forex.org/novosti-mira/novosti-sng/ukraine/entry1008240870.html

10.3.2015. Патриарх Кирилл дал »первое светское интервью«. NEWS ru. https://www.newsru.com/religy/10mar2015/patr_interview.html

Трушина, Т. 2.2.2015. »Они разрушают храмы и убивают священников«. Националисты выносят заочные смертные приговоры православным на Украине. URA https://ura.news/news/1052200041

2.2.2015. Глава РПЦ: клирикам Украинской православной церкви выносят заочные смертные приговоры. ТАСС https://tass.ru/obschestvo/1738538

Кравец, Е. 2.1.2015. Объединение православных церквей в Украинс должно начаться снизу – эксперт. Биржевой лидер http://www.profi-forex.org/novosti-mira/novosti-sng/ukraine/entry1008240357.html

Bender, J. 17.10.2015. PHOTO: An Orthodox bishop blesses Russian missiles for airstrikes in Syria. Business Insider https://www.businessinsider.com/orthodox-priest-blesses-missiles-2015-10?r=US&IR=T

Balmforth, T. 5.2.2020. Russian priests should stop blessing nukes – church proposal. Reuters https://www.reuters.com/article/us-russia-church-idUSKBN1ZY2H6/

Никитин, А. 7.1.2017. Патриарх Кирилл предостерег от ненависти к Украине. Взгляд https://vz.ru/news/2017/1/7/852496.html

Лебедева, Н. 17.5.2017. Патриарх обратился к мировым лидерам из-загонений УПЦ МП на Украине. RG RU https://rg.ru/2017/05/17/patriarh-obratilsia-k-mirovym-lideram-iz-za-gonenij-upc-mp-na-ukraine.html

Гордеев, В. 1.1.2019. Патриарх назвал происходящее на Украине тяжелым периодом новейшей истории. РосБизнесКонсалтинг https://www.rbc.ru/society/01/01/2019/5c2a89dd9a794758e0e8e4b2?from=copy

6.1.2019. »Россия должна каяться за убийства« – Порошенко после полу-чения томоса. Крым.Реалии https://ru.krymr.com/a/news-poroshenko-tomos-ukraina/29693797.html

6.1.2019. Ирина Луценко: благодаря томосу Путин лишается внутреннего влияния на украинцев. Крым.Реалии https://ru.krymr.com/a/news-tomos-lishaet-putina-vliyania-na-ukraincev/29694325.html

Гриднев, П. 07.1.2019. Патриарх Кирилл назвал »новую церковь« на Украине объединением раскольников. Парламентская газета

https://www.pnp.ru/social/patriarkh-kirill-nazval-novuyu-cerkov-na-ukraine-obedineniem-raskolnikov.html
18.1.2019. Порошенко: патриарх Кирилл — соучастник убийств в Донбассе. Рамблер/новости https://news.rambler.ru/world/41583468-poroshenko-patriarh-kirill-souchastnik-ubiystv-v-donbasse/
Пятигорская, А. 31.1.2019. Путин: Россия не вмешивается в церковные дела на Украине, но готова защищать права людей. Парламентская газета. https://www.pnp.ru/social/putin-rossiya-ne-vmeshivaetsya-v-cerkovnye-dela-na-ukraine-no-gotova-zashhishhat-prava-lyudey.html
Парфенов, С. 30.5.2019. Почему храмов все больше, а доверия к церкви — все меньше. В курсе https://vkurse.pro/exclusive/pochemu-hramov-vse-bolshe-a-doveriya-k-tserkvi-vse-menshe/
7.1.2020. Патриарх связал раскол в православии с давлением внешнепо-литических сил. NEWS ru https://news.ru/society/patriarh-svyazal-raskol-v-pravoslavii-s-davleniem-vneshnepoliticheskih-sil/
Травин, Д. 1.2.2019. ЗАМЕСТИТЕЛЬ ПУТИНА ПО ВОПРОСАМ ОКОРМЛЕНИЯ. World Crisis http://worldcrisis.ru/crisis/3275592
Назарова, А. 22.6.2020. Патриарх Кирилл: Сверхновое вооружение иверность стране гарантируют безопасность России. Взгляд https://vz.ru/news/2020/6/22/1046306.html
Одинцов, Е. 20.11.2021. »Мы живем в счастливой стране«: как патриарх Кирилл отметил юбилей. Газета https://www.gazeta.ru/social/2021/11/20/14225467.shtml
Дмитров, И. 20.11.2021. Патриарх Кирилл связал русофобию на Украине сгреко-католиками. Лента https://lenta.ru/news/2021/11/20/uniaty/
Солдатов, А. 15.8.2019. Разогнанные и очень обиженные, Как патриарх Кирилл сам создал себе мощную оппозицию в РПЦ, »уволив« почти всех членов своей прежней команды. Новой газете https://novayagazeta.ru/articles/2019/08/15/81611-razognannye-i-ochen-obizhennye
27.12.2015. »Тайного в РПЦ стало слишком много« Интервью бывшего председателя отдела РПЦ по взаимодействию церкви и общества Всеволода Чаплина. Meduza. https://meduza.io/feature/2015/12/27/taynogo-v-rpts-stalo-slishkom-mnogo
26.1.2020. Умер протоиерей Всеволод Чаплин. BBC https://www.bbc.com/russian/news-51257378
22.10.2018. Russian Theologian Andrey Kuraev: There Is An Attempt To »Smear« The Ukrainian Conflict Over The Entire Ecclesiastical World.

Memri. https://www.memri.org/reports/russian-theologian-andrey-kuraev-there-attempt-smear-ukrainian-conflict-over-entire#_edn3
31.12.2020. Outspoken Moscow Theologian Defrocked by Orthodox Church. The Moscow Times https://www.themoscowtimes.com/2020/12/30/outspoken-moscow-theologian-defrocked-by-orthodox-church-a72523
Кураев, А. 23.8.2022. Андрея Кураева оштрафовали на 30 тысяч рублей за »дискредитацию« армии из-за поста в ЖЖ. Meduza https://meduza.io/news/2022/08/23/andreya-kuraeva-oshtrafovali-na-30-tysyach-rubley-za-diskreditatsiyu-armii-iz-za-posta-v-zhzh
24.2.2022. Обращение Святейшего Патриарха Кирилла к архипастырям, пастырям, монашествующим и всем верным чадам Русской Пра-вославной Церкви. Patriarchia http://www.patriarchia.ru/db/text/5903795.html
21.7.2013. Патриарх Кирилл назвал гей-браки »апокалиптическим симптомом«. Лента https://lenta.ru/news/2013/07/21/gaaay/
29.5.2019. Патриарх Кирилл сравнил законы о гей-браках с нацистскими. BBC https://www.bbc.com/russian/news-40082310
Гудошников, С. 3.5.2022. Патриарх Кирилл заявил, что Россия никогда нина кого не нападала. Афиша Daily https://daily.afisha.ru/news/63033-patriarh-kirill-zayavil-chto-rossiya-nikogda-ni-na-kogo-ne-napadala/
НИКОЛАЕВ, В. 3.4.2022. Патриарх Кирилл заявил, что Россия – миролюбивая страна. MK RU https://www.mk.ru/politics/2022/04/03/patriarkh-kirill-zayavil-chto-rossiya-miroly-ubivaya-strana.html
7.4.2022. Патриарх Кирилл связал противостояние России и Запада с Апокалипсисом. Лента https://lenta.ru/news/2022/04/07/apocalypto/
17.5.2022. Патриарх: Разделение народов исторической Руси стало результатом вмешательства внешних сил. Взгляд https://vz.ru/news/2022/5/17/1158880.html
Булатов, А. 19.4.2022. АТАКА НА РПЦ. УКРАИНА ВЕДЁТ К САМОМУ МАСШТАБНОМУ РАСКОЛУ В ПРАВОСЛАВИИ. Русский дозор https://rusdozor.ru/2022/04/19/ataka-na-rpc-ukraina-vedyot-k-samomu-masshtabnomu-raskolu-v-pravoslavii_1161075/?utm_source=rss&utm_medium=rss&utm_campaign=ataka-na-rpc-ukraina-vedyot-k-samomu-masshtabnomu-raskolu-v-pravoslavii
24.4.2022. Easter greetings to Patriarch Kirill of Moscow and All Russia. Kremlin http://en.kremlin.ru/d/68270
РУСАКОВ, К. 8.5.2022. Патриарх Кирилл призвал Россию

консолидировать силы для защиты Отечества. MK RU https://www.mk.ru/politics/2022/05/08/patriarkh-kirill-prizval-rossiyu-konsolidirovat-sily-dlya-zashhity-otechestva.html
Добрунов, М. 8.5.2022. Патриарх Кирилл назвал глупостями обвинения в »милитаристских речах«. РосБизнесКонсалтинг https://www.rbc.ru/politics/08/05/2022/627791049a79471ab5df3e3e?from=from_main_12
Иванов, А. 30.5.2022. Патриарх Кирилл назвал Россию миролюбивой державой. 360 tv https://360tv.ru/news/vlast/patriarh-kirill-nazval-rossiju-miroljubivoj-derzhavoj/
Солдатов, А. 18.3.2022. Распятие Кирилла на кресте, Патриарх ищет выход из морально-политической пропасти, пока богословы из разных стран ставят вопрос о его отлучении от церкви. Новой газете https://novayagazeta.ru/articles/2022/03/18/raspiatie-kirilla-na-kreste
10.3.2022. Response by H.H. Patriarch Kirill of Moscow to Rev. Prof. Dr Ioan Sauca (English translation). Oikoumene https://www.oikoumene.org/resources/documents/response-by-hh-patriarch-kirill-of-moscow-to-rev-prof-dr-ioan-sauca-english-translation
10.12.2022. Ukraine's SBU Conducts More Raids At Churches Formerly Under Moscow's Jurisdiction. Radio Free Europe https://www.rferl.org/a/ukraine-sbu-raids-churches-moscow-jurisdiction/32170873.html
1.4.2023. СБУ перехопила телефонні розмови Митрополита УПЦ (МП)Павла. Служба безпеки України https://www.YouTube.com/watch?v=6qDoWr9CVto
Mann, B. 30.9.2023. Anger grows over Ukraine's largest Orthodox church, aligned with Moscow despite war. NPR https://www.npr.org/2023/09/30/1201065400/ukraine-russian-orthodox-church-tensions
4.11.2023. СБУ повідомила про підозру патріарху РПЦ Кирилу, який благословив рашистів на вбивства українців. Служби безпеки України. https://ssu.gov.ua/novyny/sbu-povidomyla-pro-pidozru-patriarkhu-rpts-kyrylu-yakyi-blahoslovyv-rashystiv-na-vbyvstva-ukraintsiv
25.10.2022. В аппарате Совбеза РФ считают все более насущным проведение »десатанизации« Украины. ТАСС https://tass.ru/politika/16150577
Kivelson, V, Worobec, C. 9.2.2023. Satanism, De-Satanization, and Exorcism in Contemporary Russian Rhetoric: Historical Reflections. Cornell University Press https://www.cornellpress.cornell.edu/satanism-exorcism-contemporary-russian-rhetoric-kivelson-worobec-02-2023/

Mavris, G. 4.2.2023. Why Russia sees satanic powers at work in Ukraine. Swiss Info https://www.swissinfo.ch/eng/politics/why-russia-sees-satanic-powers-at-work-in-ukraine/48252960
19.12.2023. Der Metropolit der orthodoxen Kirche der Ukraine Epiphanius: »Russland will die Existenz unserer Kirche verbieten«. Orthodoxe Gemeinde in Helsinki: https://www.hos.fi/ukrainan-ortodoksisen-kirkon-metropoliitta-epifani-venaja-yrittaa-kieltaa-kirkollisen-olemassaolomme/?fbclid=IwAR2flvxcl80A3hV9f0K5nHk0FPUZR1fL5DNlztTZ6ghIL7pXR-Kw7fRPixw_aem_AaKoQ8oihaoIDouUNsW-ve3sAsqZg1U1T3ceCR7IvbrsQc_C9FtHnqyOMJOUPknr8A7w

ICH, JESSIKKA ARO

Runsten, K. 27.9.2019. »Unternehmen, achtet auf eure Internetwerbung!« – fordert die als Journalistin verfolgte Jessikka Aro. Maaseudun Tulevaisuus https://www.maaseuduntulevaisuus.fi/uutiset/7de09313-914d-5709-9a65-4a45586446d9
Mäkinen, M. 21.10.2019. MV-Verhandlung vor Berufungsgericht – Johan Bäckman provoziert mit Bronzestatue-Kopie, Wortgefechte vor Gerichtssaal. Iltasanomat https://www.is.fi/kotimaa/art-2000006280302.html
Keskimäki, T. 10.12.2020. Anhörungen zur Verhandlung wegen Annäherungsverbot vor dem Bezirksgericht Helsinki im Dezember 2019. Tiina Keskimäki https://www.YouTube.com/watch?v=2b0cMtE5PZ8
Halla-aho, J. 21.8.2021. X/@halla_aho https://twitter.com/Halla_aho/status/1164057403748507648?s=20
Vihavainen, T. 13.6.2020. Schwierigkeiten eines Philosophen. Blogspot https://timo-vihavainen. blogspot.com/2020/06/filosofin-vaikeudet.html
Jokinen, J. 8.9.2020. Denkfabrik Suomen Perusta (dt. Finnlands Fundament) muss Staatsförderung zurückzahlen – Grund ist Jukka Hankamäkis gegen den Gleichheitsgrundsatz verstoßendes Werk *Die Wahrheit ist aufregend.* Kaleva https://www.kaleva.fi/ajatuspaja-suomen-perusta-joutuu-maksamaan-valtion/2865636
Aro, J, Kuronen, A. 23.11.2021. Finnen, die in der Ostukraine für Russland gekämpft haben protzen mit ihren Erfahrungen – woanders in Europa sind Söldner verurteilt worden. YLE https://yle.fi/a/3-12153718
UN General Assembly. 15.6-3.7.2020. Combating Violence against Women Journalists. Report of the Special Rapporteur on violence against women, its causes and consequences. Human Rights Council. https://undocs.org/en/A/HRC/44/52

31.5.2021 Bewährungsstrafe für den Ex-Vorsitzenden der Partei Suomen kansa ensin (dt. Finnisches Volk zuerst) Marco de Wit für 19 Straftaten – »Die Schwere der Verleumdungen hervorgehoben durch ihren gesundheitsgefährdenden Charakter«. MTV Uutiset https://www.mtvuutiset.fi/artikkeli/suomen-kansa-ensin-puolueen-ex-puheenjohtajalle-marco-de-witille-ehdollista-vankeutta-19-rikoksesta-kunnianloukkausten-moitittavuutta-on-korostanut-niiden-terveytta-vaarantava-luonne/8157430#gs.58h15u

MANASSEH AZURE AWUNI

9.8.2023. Niger: tailors rush to make Russian flags after coup. Reuters https://www.YouTube.com/watch?v=-lWg400THyg

12.12.2021. How Low-cost YouTube Videos Are Using News Channels For Disinformation. Boom Live https://www.boomlive.in/world/YouTube-videos-disinformation-news-channels-fake-news-15982?infinitescroll=1

Latorre, J.A. 7.5.2022. A change in Mali: The French out, Wagner in. Universidad de Navarra https://www.unav.edu/web/global-affairs/a-change-in-mali-the-french-out-wagner-in

Lawal, S. 25.8.2022. Russian trolls and mercenaries win allies and good will in Africa. Coda Story https://www.codastory.com/disinformation/russian-mercenaries-mali-africa/

Eckel, M. 19.4.2023. Sudan Slips Into Chaos. Russia Lurks In The Background. Radio Free Europe https://www.rferl.org/a/sudan-civil-war-russia-wagner/32369273.html

15.7.2020. Treasury Targets Financier's Illicit Sanctions Evasion Activity. US Department of the Treasury https://home.treasury.gov/news/press-releases/sm1058

Faucon, B, Parkinson, J, Hinshaw, D. 28.6.2023. Putin Moves to Seize Control of Wagner's Global Empire. The Wall Street Journal https://www.wsj.com/articles/putin-moves-to-seize-control-of-wagners-global-empire-26d49286

Said, G. 31.10.2023. Mercenary leader's death sparks hope for new leads in 3 Russian journalist murders. Committee to Protect Journalists https://cpj.org/2023/10/mercenary-leaders-death-sparks-hope-for-new-leads-in-3-russian-journalist-murders/

16.12.2022. Ghana accuses Burkina Faso of hiring Russian Wagner mercenaries. Africa News https://www.africanews.com/2022/12/16/ghana-accuses-burkina-faso-of-hiring-russian-wagner-mercenaries/

Mensah, K. 15.12.2022. Ghana Says Burkina Faso Paid Russian Mercenaries with Mine. VOA News https://www.voanews.com/amp/ghana-says-burkina-faso-paid-russian-mercenaries-with-mine-/6878119.html

15.12.2022. Akufo-Addo courts US support to ward off Russian forces sighted at northern border of Ghana. My Joy Online https://www.myjoyonline.com/akufo-addo-courts-us-support-to-ward-off-russian-forces-sighted-at-northern-border-of-ghana/

Lee, P. 2001. Texas University https://www.laits.utexas.edu/africa/ads/197.html

Gleicher, N. 2020. Removing Coordinated Inauthentic Behavior From Russia. Meta https://about.fb.com/news/2020/03/removing-coordinated-inauthentic-behavior-from-russia/amp/

O'Sullivan, D, Griffin, D, Devine, C. 18.10.2017. In attempt to sow fear, Russian trolls paid for self-defense classes for African Americans. CNN Business. https://money.cnn.com/2017/10/18/media/black-fist-russia-self-defense-classes/index.html

2023. Ghana Economic Outlook. African Development Bank Group https://www.afdb.org/en/countries/west-africa/ghana/ghana-economic-outlook

17.4.2023. RUSSIAN AMBASSADOR TO GHANA SERGEI BERDNIKOV DELIVERS AN ADDRESS AT THE GHANA ARMED FORCES COMMAND AND STAFF COLLEGE. Embassy of the Russian Federation in the Republic of Ghana. https://ghana.mid.ru/en/press_center/news/russian_ambassador_to_ghana_sergei_berdnikov_delivers_an_address_at_the_ghana_armed_forces_command_a/

Our History. The Ghana Armed Forces Command and Staff College https://gafcscmil.edu.gh/about/history

Profile Of Dr. Vladimir Antwi-Danso, Dean, GAFCSC. The Ghana Armed Forces Command and Staff College https://gafcscmil.edu.gh/organisation/academic-board/dean

Peprah, N. 15.02.2023. World leaders not being smart enough to resolve Russian-Ukraine conflict very worrying – Vladmir Antwi Danso. Ghana Web. https://www.ghanaweb.com/GhanaHomePage/NewsArchive/World-leaders-not-being-smart-enough-to-resolve-Russian-Ukraine-conflict-very-worrying-Vladmir-Antwi-Danso-1713416

18.9.2023. REPORT: Police arrests 5 involved in Wagner-backed shadowy online network after organising protest in Ghana. Ghana Fact https://ghanafact.com/2023/09/analysis-police-arrests-5-involved-in-wagner-backed-shadowy-online-network-after-organising-protest-in-ghana/

DANKE

An alle, die nach der Wahrheit suchen: Michał Rachoń, Grzegorz ja Izabela Januszko, Mateusz Kochanowski ja Ewa Kochanowska, Glenn Jørgensen ja Ewa Stankiewicz, Grzegorz Wierzchołowski, Marek Pyza, Em Seikkanen, Susanne Spahn, Manasseh Azure Awuni, Erzbischof Leo, Antti Rytivaara, Eerik-Niiles Kross, Marko Mihkelson, Toomas Hendrik Ilves.

Dank an

meinen Mann, an Millariikka Rytkönen, und an meine Mutter sowie an:

Pipsa Aro
Juha-Pekka Teräväinen
Martina Kronström
Jaakko Pietiläinen
Timo Ernamo und seinen Freund Mikko Kärki
Ana Mitrunen
Jaakko Vuorinen
Elina Ahlbäck
Daniel Majander
Petteri Lalu
Jarno Limnéll
Katri Lindqvist
Harri Ohra-aho
Olli Wainikka
Niko.

An alle, die mein vorheriges Buch *Putins Armee der Trolle* gelesen haben.

Und an alle Beamtinnen und Beamten sowie Juristinnen und Juristen, die mir in all den Jahren geholfen haben.